Título **Title**
THE PUBLIC CHANCE

Subtítulo **Subtitle**
Nuevos paisajes urbanos **New urban landscapes**

a+t In common series

Autores **Authors**
Aurora Fernández Per
Javier Arpa

Asesor editorial **Editorial Advisor**
Javier Mozas

Maquetación y producción **Layout and production**
Ricardo Unquera
Delia Argote

Coordinación **Coordination**
Idoia Esteban

Publicado por **Edited by**
a+t ediciones

Agradecimientos **Acknowledgments**
a+t ediciones agradece a todos los autores y colaboradores de las obras que se incluyen en
este número, su esfuerzo en la comprobación de datos y en la recopilación de la información.
**a+t ediciones thanks the authors of the works featured in this publication as well as all their
collaborators including for their efforts in collecting information and verifying data.**

ISBN 978-84-612-4488-1

Impresión **Printing**
Gráficas Santamaría
VI-262/08
Vitoria-Gasteiz, 2008

a+t ediciones. General Álava 15, 2ºA. E-01005.Vitoria-Gasteiz. Spain
www.aplust.net

INDICE DE AUTORES

AUTHORS INDEX

THE PUBLIC CHANCE

Los ciudadanos tenemos en común un territorio que, sin embargo, cada vez nos pertenece menos. Las ciudades en las que vivimos –nuestras pistas de esfuerzo cotidiano, el ámbito de nuestra rutina, nuestros mapas de obligaciones y placeres– se están fragmentando en dominios acotados. Es un conflicto antiguo, en el que la esfera de lo público es succionada por la espiral de lo privado, a la velocidad que marca la revalorización del suelo.

Las sucesivas crisis industriales, que agitaron el mundo desarrollado a partir de los años 70, ocultaban una recompensa inesperada para las ciudades: enormes cantidades de suelo liberado, vacíos de oportunidad en el centro de las viejas metrópolis, baldíos en cascos urbanos colmatados. El contraste entre esta fuente inesperada de materia prima urbanizable y la creciente escasez de suelo, se convirtió en una tentación a la que desde entonces se enfrentan muchas ciudades, con mayor o menor fortuna para lo público. De una parte pujan los intereses privados de corporaciones más o menos globales, las fobias colectivas, más o menos infundadas, los privilegios adquiridos, más o menos legítimos y de otra resisten los derechos del ciudadano, más o menos maltrechos. Está en juego el dominio público, que es un estado físico y social en el que las personas se reconocen como iguales.

Cuando decidimos, hace ahora dos años, iniciar la serie sobre espacios colectivos, la llamamos *In common*, porque creímos y seguimos creyendo que el espacio público es un territorio que se caracteriza porque lo compartimos en términos de libertad y de igualdad.

The Public Chance. Nuevos paisajes urbanos, ofrece una renovada visión de algunos de aquellos proyectos, hoy completados, e incorpora nuevas actuaciones, todas ellas bajo el análisis temático, característico de las publicaciones de *a+t*.

We, as citizens, have a common territory that in fact pertains less and less to us as time goes by. The cities in which we live, the stages of our daily efforts, the world of our routine and our maps of obligations and pleasures, are getting broken up into limited domains. It is a conflict that has existed for years, a conflict that involves the public sphere being sucked into the private spiral at the rate of land revaluation.

The successive industrial crises, which shook up the developed world beginning in the 1970s, hid an unexpected reward for cities. This reward consisted of huge quantities of freed up emptied territories of opportunity in the centre of the old metropolis, vacant lots in clogged urban centres. The contrast between this unexpected source of usable urban soil and the increasing lack of space has become a temptation that many cities must face, ensuing into more or les fortunate results for what is public. On one side the private interests of global corporations, somewhat unfounded collective fears and acquired privileges bid. On the other side, the rights of citizens, in fairly bad shape, resist. Public domain, a physical and social state where people are equal, is at stake.

Two years ago, when we decided to begin the series on collective spaces, we called it *In Common* because we believed, and still believe, that public space is a territory that is portrayed because we share it on terms of freedom and equality.

The Public Chance. New urban landscapes offers a renewed vision of some of those projects, now finished, and incorporates new interventions, all of them under thematic analysis, characteristic of *a+t*'s publications.

AURORA FERNÁNDEZ PER

Vacíos periféricos

Prags Boulevard. Copenhagen. Denmark, 2005

Torre-Pacheco Library Square. Torre-Pacheco, Murcia. Spain, 2007

TMB Park. Barcelona. Spain, 2006

Ecoboulevard. Villa de Vallecas, Madrid. Spain, 2005

Prés de Lyon Park. Troyes. Francia, 2006

Centenario Park. Algeciras, Spain, 2007

Bordes de agua

Hafencity Public Spaces. Hamburg. Germany, 2005

Melbourne CBD Waterfront. Melbourne. Australia

Peripheral voids

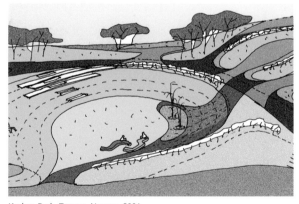

Waterfronts

Zonas industriales

Infraestructuras

Industrial areas

Olympic Sculpture Park. Seattle, Washington. USA, 2007

Sulzer Factory Area. Winterthur. Switzerland, 2004

Infrastructures

A8ernA. Zaanstad. The Netherlands, 2006

The High Line. Manhattan, New York City. USA, 2004-

Barcelona Gran Vía. Gran Vía, Barcelona. Spain, 2007

Boston Central Artery. Boston. USA, 2007

Taichung Gateway Park City. Taichung. Taiwan, 2009

Madrid Río. Madrid. Spain, 2005-2011

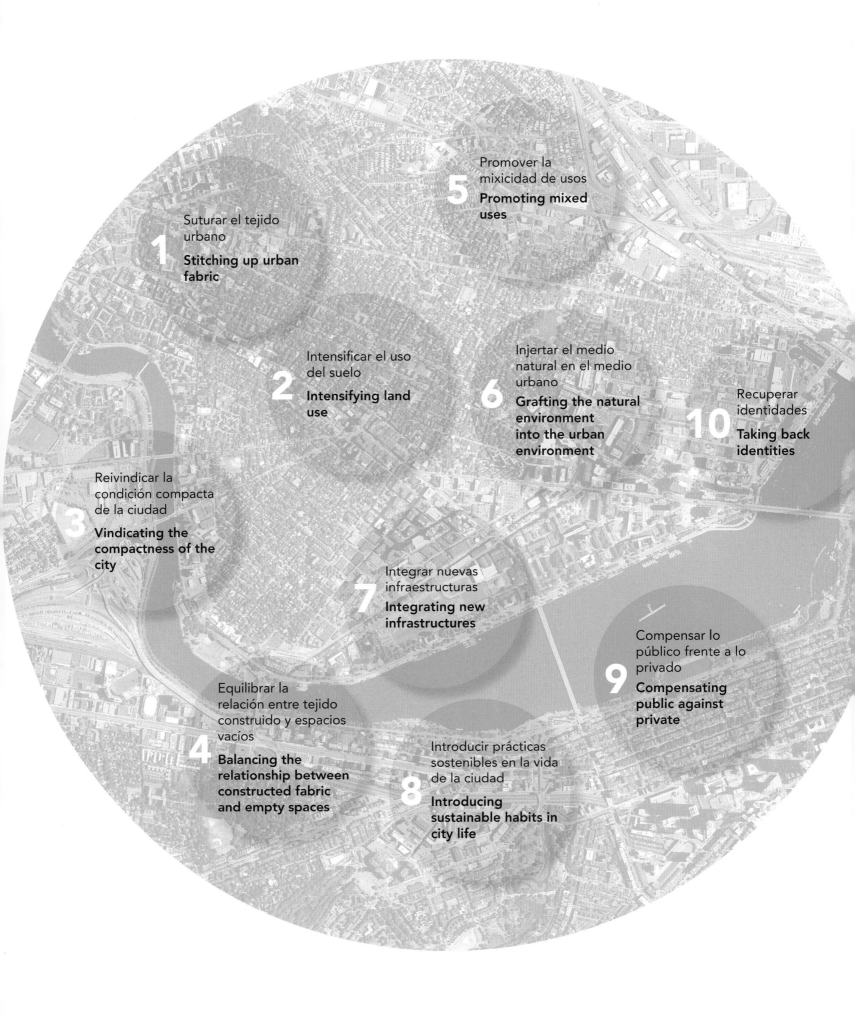

1 Suturar el tejido urbano
Stitching up urban fabric

2 Intensificar el uso del suelo
Intensifying land use

3 Reivindicar la condición compacta de la ciudad
Vindicating the compactness of the city

4 Equilibrar la relación entre tejido construido y espacios vacíos
Balancing the relationship between constructed fabric and empty spaces

5 Promover la mixicidad de usos
Promoting mixed uses

6 Injertar el medio natural en el medio urbano
Grafting the natural environment into the urban environment

7 Integrar nuevas infraestructuras
Integrating new infrastructures

8 Introducir prácticas sostenibles en la vida de la ciudad
Introducing sustainable habits in city life

9 Compensar lo público frente a lo privado
Compensating public against private

10 Recuperar identidades
Taking back identities

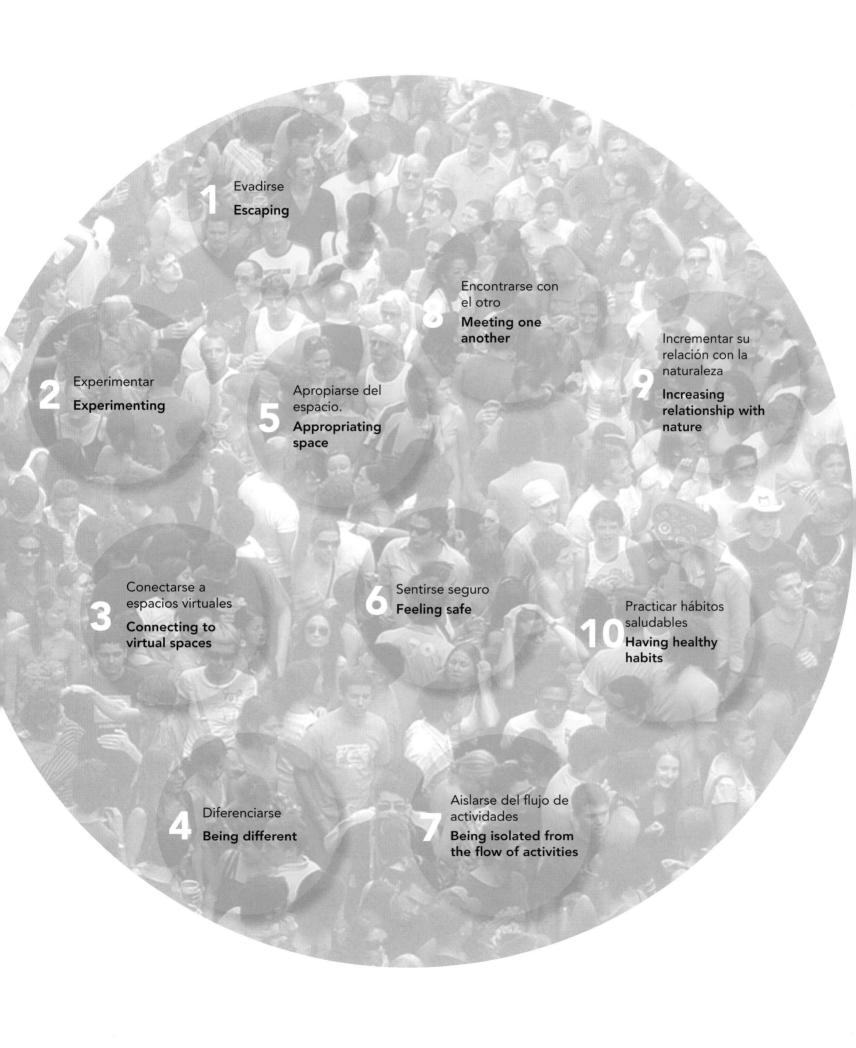

1 Evadirse
Escaping

2 Experimentar
Experimenting

8 Encontrarse con el otro
Meeting one another

9 Incrementar su relación con la naturaleza
Increasing relationship with nature

5 Apropiarse del espacio.
Appropriating space

3 Conectarse a espacios virtuales
Connecting to virtual spaces

6 Sentirse seguro
Feeling safe

10 Practicar hábitos saludables
Having healthy habits

4 Diferenciarse
Being different

7 Aislarse del flujo de actividades
Being isolated from the flow of activities

01 Ampliar el espacio abierto de los equipamientos

Torre-Pacheco Library Square. Torre-Pacheco, Murcia. Spain, 2007
Martín Lejárraga...48-55

Olympic Sculpture Park. Seattle, Washington. USA, 2007
Weiss/Manfredi..258-267

02 Camuflar los equipamientos en el paisaje continuo

Torre-Pacheco Library Square. Torre-Pacheco, Murcia. Spain, 2007
Martín Lejárraga...48-55

TMB Park. Barcelona. Spain, 2006
Coll-Leclerc 74-89

03 Colonizar los espacios intersticiales de las infraestructuras

Marsupial Bridge. Milwaukee, Wisconsin. USA, 2006
La Dallman Architects...288-299

A8ernA. Zaanstad. The Netherlands, 2006
NL Architects...300-309

04 Convertir las cubiertas en espacio público

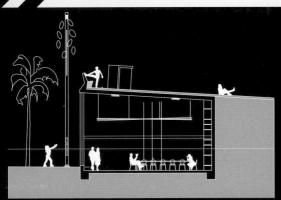

Torre-Pacheco Library Square. Torre-Pacheco, Murcia. Spain, 2007

TMB Park. Barcelona. Spain, 2006

Expanding open space for facilities

Meydan Shopping Square. Umraniye, Istambul. Turkey, 2007
Foreign Office Architects 120-131

Melbourne CBD Waterfront. Melbourne. Australia
Lab Architecture - Studio Bates Smart / Ronald Jones, Helena Piha.......... 198-209

Camouflaging facilities in a continuous landscape

Meydan Shopping Square. Umraniye, Istambul. Turkey, 2007
Foreign Office Architects 120-131

Las Llamas Park. Santander. Spain, 2007
Batlle i Roig Arquitectes 174-183

Colonising interstitial space of infrastructures

The High Line. Manhattan, New York City. USA, 2004-
Field Operations, Diller Scofidio + Renfro 310-325

Ronda del Litoral Promenade. Barcelona. Spain, 2004
Ravetllat/Ribas 326-333

Turning roofs into public space

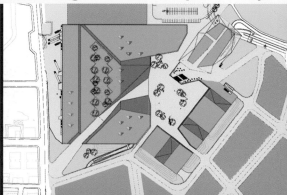

Meydan Shopping Square. Umraniye, Istambul. Turkey, 2007
Foreign Office Architects 120-131

Melbourne CBD Waterfront. Melbourne. Australia
Lab Architecture - Studio Bates Smart / Ronald Jones, Helena Piha.......... 198-209

05 Conciliar los diferentes ritmos de los usuarios

06 Crear redes de espacios conectados entre sí

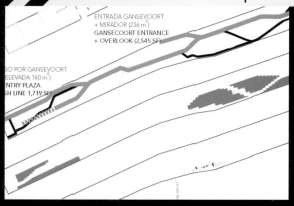

07 Customizar el mobiliario urbano

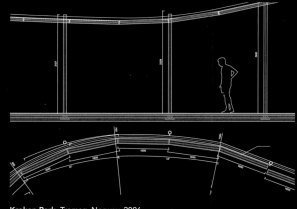

Balancing different rhythms of users

Creating networks of connected spaces

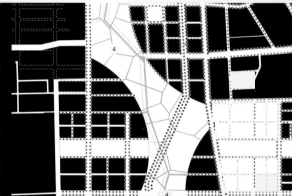

Customising urban furniture

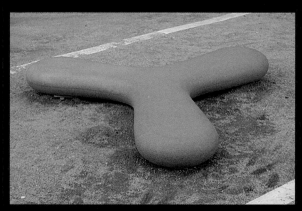

08 Crear espacios diferenciados

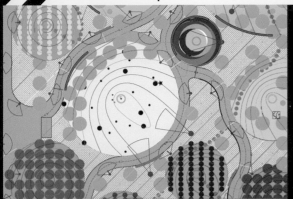

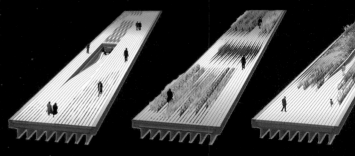

POZO
PIT
0% : 100%

LLANURAS
PLAINS
40% : 600%

PUENTE
BRIDGE
50% : 50%

09 Diseñar con materiales duraderos y de bajo coste

10 Hibridar tectónica y naturaleza

Creating different spaces

RAMPA
RAMP
60% : 40%

PASARELA ELEVADA
FLYOVER
100% : 50%

Kroken Park. Tromsø, Norway, 2006
David Franco & Renata Sentkiewicz.................................. 156-173

Madrid Río. Madrid. Spain, 2005-2011
Mrío Arquitectos Asociados 394-417

Designing with durable and low-cost materials

Pradolongo Park. Madrid, Spain, 2006
José Luis Esteban Penelas............................ 110-119

Centenario Park. Algeciras, Spain, 2007
Cobos, Caffarena, García Alcaraz y Gómez Delgado................................. 144-155

Hybriding tectonics and nature

VEGETACIÓN
VEGETATION
TIERRA VEGETAL
GROWING MEDIUM
FILTRO TEJIDO
FILTER FABRIC
CAPA DE DRENAJE
DRAINAGE MAT
LÁMINA ANTI-RAÍCES
ROOT BLOCKER

PROFUNDIDAD VARIABLE
DEL TERRENO
30 cm - 90 cm
VARIABLE SOIL DEPTH
30 cm - 90 cm²
CAPAS DE DRENAJE
2,5 cm
DRAINAGE LAYERS
2,5 cm

PREPARACIÓN
ADICIONAL PARA
PLANTACIONES
ADDITIONAL PREP.
FOR PLANTING

TABLERO DE PROTECCIÓN
ASPHALT PROTECTION BOARD
ASFALTO EN CALIENTE
HOT RUBBERIZED ASPHALT
TEJIDO DE POLIESTER
POLYESTER FABRIC
ASFALTO EN CALIENTE
HOT RUBBERIZED ASPHALT
IMPRIMACIÓN
PRIMER
LOSA EXISTENTE DE
HORMIGON
EXISTING CONCRETE TUB

6 mm
6 mm

IMPERMEABILIZACIÓN
PRIMARIA
12 mm
PRIMARY WATERPROOFING
12 mm

25 cm
25 cm

PREPARACIÓN
DE LA BASE
BASE PREP.

The High Line. Manhattan, New York City. USA, 2004-
Field Operations, Diller Scofidio + Renfro.................................. 310-325

Sulzer Factory Area. Winterthur. Switzerland, 2004
Vetsch, Nipkow Partner.................................. 268-277

THE PUBLIC CHANCE

CHANCE ESTRATEGIAS STRATEGIES

11 Insertar actividades comerciales

A8ernA. Zaanstad. The Netherlands, 2006
NL Architects.. 300-309

Melbourne CBD Waterfront. Melbourne. Australia
Lab Architecture - Studio Bates Smart / Ronald Jones, Helena Piha.......... 198-209

12 Integrar la vigilancia y la disuasión

Prags Boulevard. Copenhagen. Denmark, 2005
Kristine Jensens Tegnestue 30-47

Pradolongo Park. Madrid, Spain, 2006
José Luis Esteban Penelas... 110-119

13 Introducir actividades recreativas y de experimentación

Ring Walk. Sydney. Australia, 2005
Durbach Block Architects.............................. 240-249

Torre-Pacheco Library Square. Torre-Pacheco, Murcia. Spain, 2007
Martín Lejárraga...48-55

Prés de Lyon Park. Troyes. Francia, 2006
Base Paysagistes...132-143

Centenario Park. Algeciras, Spain, 2007
Cobos, Caffarena, García Alcaraz y Gómez Delgado................. 144-155

Inserting commercial activities

Boston Central Artery. Boston. USA, 2007
Carol R Johnson / Machado And Silvetti / Edaw, Copley Wolff Design Group /
Crosby Schlessinger Smallridge, Gustafson Guthrie Nichol...................... 352-367

Integrating surveillance and dissuasion

Introducing recreation and experimentation activities

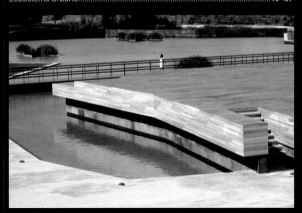

1. PLAZA DE ACCESO POR GANSEVOORT 160 m^2
GANSEVOORT ENTRY PLAZA (STREET LEVEL) 160 m^2

Lugar de encuentro 150 personas
Place to meet 150 people

3. ESPACIO PÚBLICO 749 m^2
PUBLIC ROOFSCAPE 749 m^2

Proyección de películas 900 personas
Film screening 900 people

5. ESPACIO PARA ACTIVIDADES (BLOQUE 646, LOTE 10) 480 m^2
EVENT ESPACE (BLOCK 646 LOT 10) 480 m^2

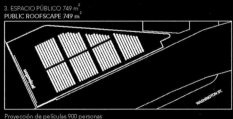

Actuación con público sentado 400 personas
Performance with seated audience 400 people

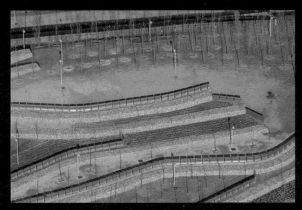

Introducing information technology

INFRASTRUCTURAL NETWORKS

bollard lighting

power/teledata/security conduits

Olympic Sculpture Park. Seattle, Washington. USA, 2007
Weiss/Manfredi.. 258-267

Covering conventional traffic and showing sustainable transport

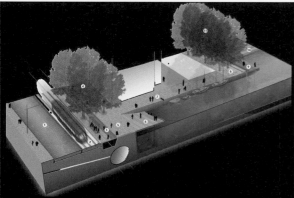

Toronto Waterfront. Toronto. Canada, 2007-
West 8 / Janet Rosenberg, Claude Cormier, Hariri Pontarini 222-237

Madrid Río. Madrid. Spain, 2005-2011
Mrío Arquitectos Asociados 394-417

Recycling land and restoring ecosystems

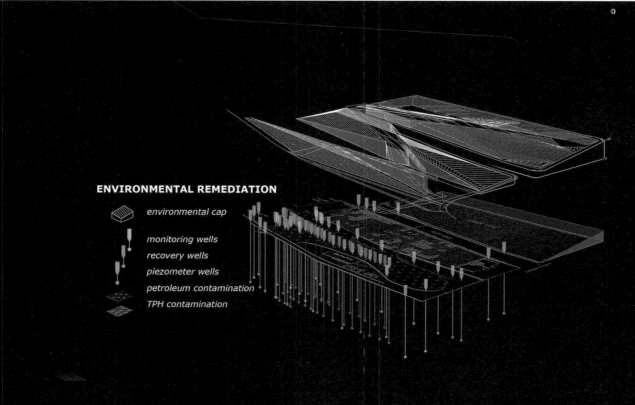

ENVIRONMENTAL REMEDIATION

environmental cap

monitoring wells

recovery wells

piezometer wells

petroleum contamination

TPH contamination

Olympic Sculpture Park. Seattle, Washington. USA, 2007
Weiss/Manfredi.. 258-267

17 Transferir paisajes

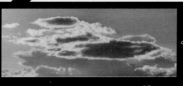
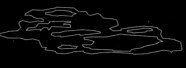
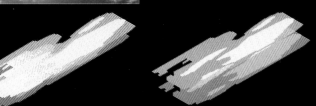

18 Utilizar el pavimiento como panorama

19 Utilizar la gráfica como marca de identidad

20 Utilizar los espacios privados de manera pública

Transferring landscapes

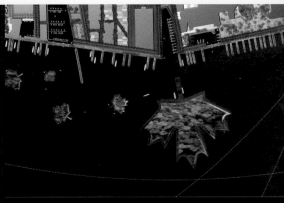

Using paving as landscape

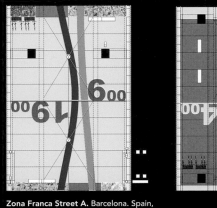

Using graphics as a sign of identity

Using private spaces publicly

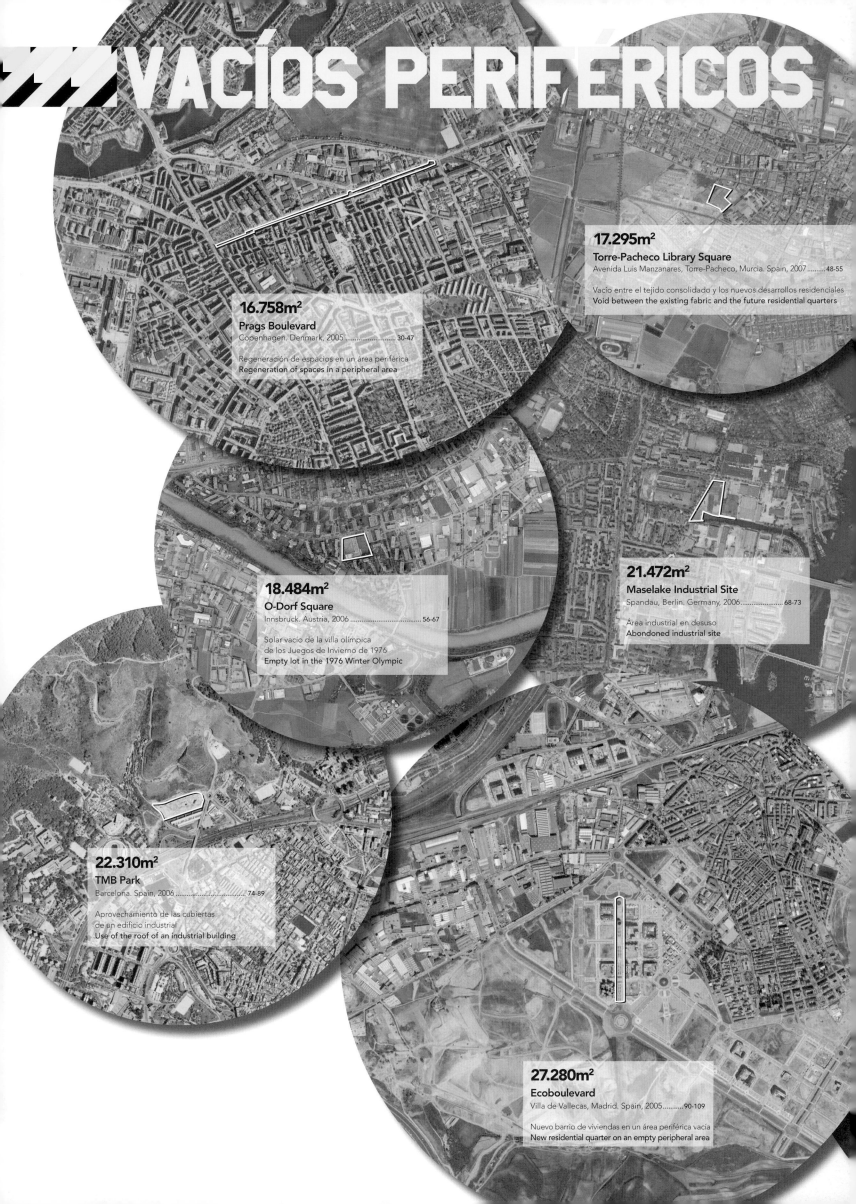

VACÍOS PERIFÉRICOS

17.295m²

Torre-Pacheco Library Square
Avenida Luis Manzanares, Torre-Pacheco, Murcia. Spain, 2007 48-55

Vacío entre el tejido consolidado y los nuevos desarrollos residenciales
Void between the existing fabric and the future residential quarters

16.758m²

Prags Boulevard
Copenhagen. Denmark, 2005 30-47

Regeneración de espacios en un área periférica
Regeneration of spaces in a peripheral area

18.484m²

O-Dorf Square
Innsbruck. Austria, 2006 56-67

Solar vacío de la villa olímpica
de los Juegos de Invierno de 1976
Empty lot in the 1976 Winter Olympic

21.472m²

Maselake Industrial Site
Spandau, Berlin. Germany, 2006 68-73

Área industrial en desuso
Abondoned industrial site

22.310m²

TMB Park
Barcelona. Spain, 2006 74-89

Aprovechamiento de las cubiertas
de un edificio industrial
Use of the roof of an industrial building

27.280m²

Ecoboulevard
Villa de Vallecas, Madrid. Spain, 2005 90-109

Nuevo barrio de viviendas en un área periférica vacía
New residential quarter on an empty peripheral area

PERIPHERAL VOIDS

30.050m²

New Pradolongo Park

Madrid, Spain, 2006 110-119

Antigua escombrera
Former dump site

61.335m²

Meydan Shopping Square

Umraniye, Istanbul. Turkey, 2007 120-131

Vacío periférico junto a infraestructuras
de transporte
Peripheral void nearby several transportation
infraestructures

109.715m²

Prés de Lyon Park

Troyes. Francia, 2006 132-143

Regeneración de un viejo parque
en estado de abandono
Regeneration of an old abandoned park

114.575m²

Centenario Park

Algeciras, Spain, 2007 144-155

Regeneración del litoral urbano
Urban coast regeneration

189.961m²

Kroken Park

Kroken, Tromsø. Norway, 2004- 156-173

Regeneración de un barrio periférico con
nuevos espacios públicos
Regeneration of a peripheral neighbourhood
through public space

316.015m²

Las Llamas Park

Santander. Spain, 2007 174-183

Antiguo vacío urbano usado como escombrera
Former urban void used as dump

1:20.000

Historical Centre

CENTRO CULTURAL Y
DEPORTIVO (DORTE
MANDRUP ARKITEKETER)

RESIDENT'S AND
CULTURE CENTRE (DORTE
MANDRUP ARKITEKTER)

Sundbyoster
Quarter

1:10.000

New Orestad
Neighbourhood

30

16.758m²

MARITIME
YOUTH CENTRE
(PLOT=JDS+BIG)

AMAGER BEACH
PARK (HALOV &
KJAERSGAAD)

KASTRUP SEA
BATH (WHITE
ARKITEKTER)

1:20.000

Influence area /////// Sundbyster
Population /////////// 48.748 inhabitants
Density //////////////// 4.800 inhab/km²
Data source////////// sk.kk.dk, 2005
COWI A/S, DDO, 2008

capas layers

ACTIVIDADES ACTIVITIES

Los espacios de actividad se distribuyen uniformemente a lo largo de la intervención: un escenario, dos pistas deportivas, un parque infantil y una zona de patinaje. Las superficies pavimentadas de estas áreas, de hormigón, asfalto o caucho, dan ritmo la gran banda verde que recorre el bulevar.

The activity areas are uniformly distributed along the intervention: a stage, two sports courts, a children's park, and a skating area. The paved surfaces of these areas, of concrete, asphalt or rubber, go with the green strip that covers the boulevard.

ESTANCIAS ROOMS

Al igual que las zonas de actividad, todos los lugares de estancia que puntúan el bulevar tienen los mismos elementos, materiales, colores e impresiones usados en el proyecto: a la plaza situada en el acceso más próximo a la ciudad, se añade a continuación un jardín concebido como un oasis y, en el otro extremo de la intervención, el área desde la que los padres vigilan los juegos de sus hijos.

Like the activity areas, all of the seating areas that mark the boulevard have the same elements, materials, colours and impressions used in the project: the continuation of a garden conceived as an oasis is added to the closest entrance to the city and on the other side of the intervention, the area where parents can watch their children play.

RECORRIDOS ROUTES

Un sendero de asfalto para ciclistas y peatones recorre el bulevar en toda su longitud. La circulación, acceso y estacionamiento de automóviles se concentran en el lateral septentrional del bulevar.

An asphalt path for cyclists and pedestrians runs along the length of the boulevard. Vehicle circulation, access and parking are concentrated on the northern side of the boulevard.

EDIFICIOS BUILDINGS

El eje está delimitado por los edificios de viviendas y las antiguas edificaciones industriales del distrito de Sundbyøster. A las existentes se han añadido recientemente dos edificios singulares que jalonan el bulevar: el centro deportivo de Holmbladsgade y el centro cultural de Jemtelandsgade.

The axis is delimited by blocks of flats and the old industrial buildings in the district of Sundbyøster Two singular buildings that flank the boulevard have recently been added: the Holmsbladsgade sports centre and the Jemtelandsgade cultural centre.

VEGETACIÓN VEGETATION

Los distintos espacios en que se divide el bulevar se suceden a lo largo de una banda verde continua de césped que se apoya sobre una línea plantada de setos. Se han conservado los árboles de gran porte existentes y se han añadido algunos frutales, álamos y mantos de flores.

The different spaces that the boulevard is divided into occur along a continuous green band of grass that is supported by a planted line of bushes. The existing high trees were saved and some fruit trees, poplars and flowerbeds have been added.

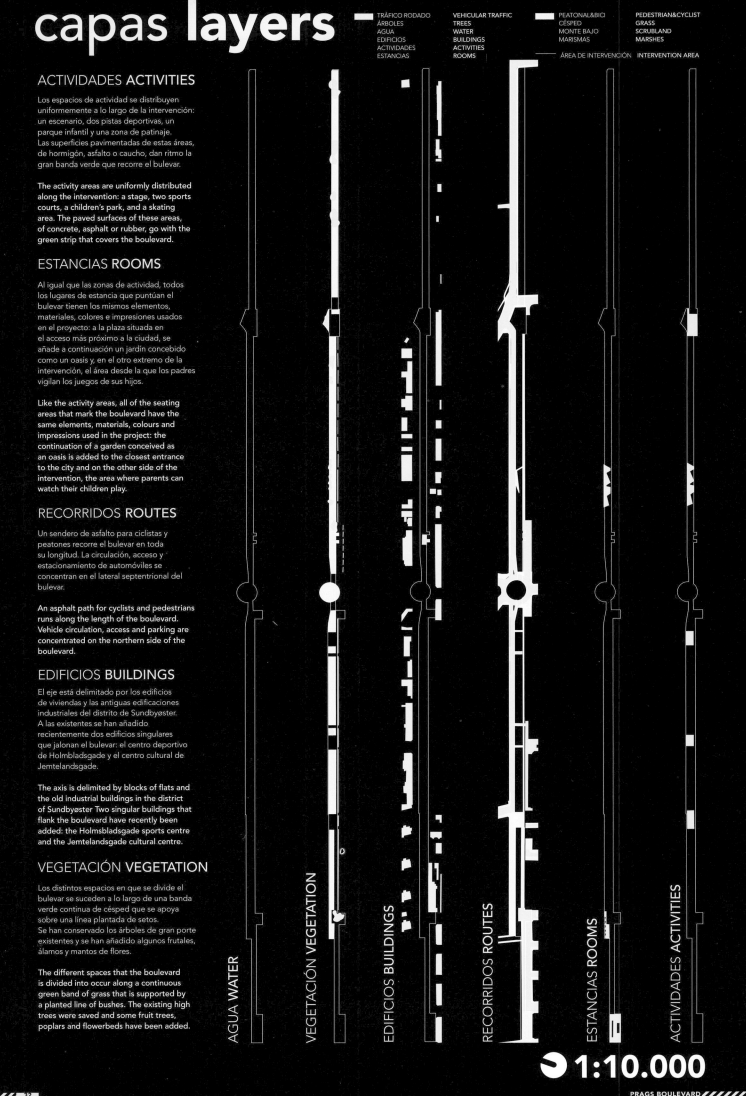

AGUA WATER

VEGETACIÓN VEGETATION

EDIFICIOS BUILDINGS

RECORRIDOS ROUTES

ESTANCIAS ROOMS

ACTIVIDADES ACTIVITIES

◗ 1:10.000

PRAGS BOULEVARD

El bulevar Prags, está rodeado por usos muy distintos – industria, viviendas, tráfico y actividades urbanas– e inspirado por su fuerte carácter. En su remodelación se contraponen una sucesión de actividades frente a un paseo verde continuo. Entre los lugares programados hay un jardín, un recinto vallado, un campo de deporte, un área de patinaje y un anfiteatro. Garantiza que haya lugares para los deportes y el ocio, pero también asegura que puedan coexistir con otros acontecimientos especiales como reuniones políticas o teatro al aire libre. Sin embargo, la variedad y la longitud del bulevar se dotan de una unidad al introducirse elementos que se usan repetidamente: las luminarias, los álamos y las sillas. Todo lo básico, los colores y materiales del bulevar se presentan en la plaza principal. Se trata de bordillos de acero inoxidable, luces de neón verde, adoquines de granito, motivos gráficos en el asfalto, que cortan las zonas verdes y crean una clara distinción entre los espacios activos e inactivos.

Prag's boulevard, which is surrounded by inhomogeneous uses –industry, homes, traffic and urban activities– was inspired by their robust character. For its redevelopment a progression of activity areas is counterbalanced with a continuous green mall. Among the programmed sites are a garden, a cage, a sporting court, a skating-area and an amphitheatre. This guarantees there is ample space for sports and leisure, but also assures that this can coexist with special events like political meetings and outdoor theatre. Nonetheless the diverse and lengthy boulevard is made into a single entity by introduction of objects which are used repetitively –the Prager lamp, the poplars, and Prag's chairs. All the basics, colours and materials of the boulevard are introduced at the main square. Comprising of stainless steel edges, green neon lights, granite kerbstones, and strong graphic patterned footpaths, these elements intersect the green areas and create a clear distinction between the active and inactive spaces.

Estos materiales no convencionales se usan también a lo largo del parque para conseguir la integración. Las superficies de goma negra y roja de las zonas de actividad las distinguen de las verdes, con un contraste parecido al que se produce entre los álamos y las verjas. Los cerramientos de las zonas de actividad son un conjunto de muchos elementos verticales que están dispuestos sobre barras horizontales y en algunos casos muestran los nombres de las zonas. No sólo protegen a los usuarios, sino que también permiten vistas de las actividades desde ciertos ángulos.
Algunas de estas áreas están completamente iluminadas por un único poste de 9 m de alto, mientras que el bulevar está iluminado con luminarias Prags. Dichas luminarias bordean el sendero e ilustran la densidad decreciente de los alrededores, por un aumento de la separación entre ellas.

These unconventional materials are then also consequently used throughout the park to make it a whole.
The black and red rubber surfaces of activity areas distinguish them from the green, comparable to the contrasts created between the populars and the fences. These architectural enclosures around the activities areas are assemblies of numerous, evenly spaced vertical members. That are mounted on 'creased' horizontal bars and in some cases display the names of the areas. Not only protecting the parks users but as well allowing views of the activities within them, from certain angles.
Some of these areas are entirely lit by a single 9 m tall light-post, while the boulevard is more delicately illuminated by numerous Prager lamps. These bright light-poles line the path and illustrate the decreasing density of its surroundings by their increasing distances.

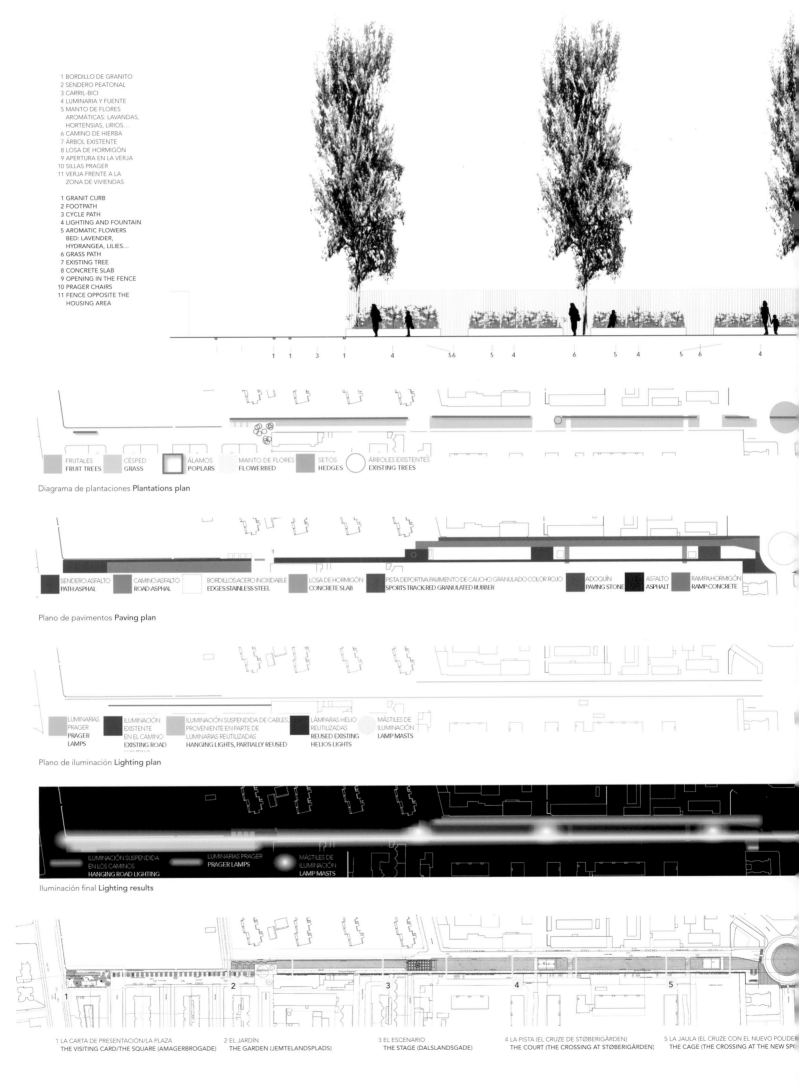

1 BORDILLO DE GRANITO
2 SENDERO PEATONAL
3 CARRIL-BICI
4 LUMINARIA Y FUENTE
5 MANTO DE FLORES
  AROMÁTICAS: LAVANDAS,
  HORTENSIAS, LIRIOS...
6 CAMINO DE HIERBA
7 ÁRBOL EXISTENTE
8 LOSA DE HORMIGÓN
9 APERTURA EN LA VERJA
10 SILLAS PRAGER
11 VERJA FRENTE A LA
   ZONA DE VIVIENDAS

1 GRANIT CURB
2 FOOTPATH
3 CYCLE PATH
4 LIGHTING AND FOUNTAIN
5 AROMATIC FLOWERS
  BED: LAVENDER,
  HYDRANGEA, LILIES...
6 GRASS PATH
7 EXISTING TREE
8 CONCRETE SLAB
9 OPENING IN THE FENCE
10 PRAGER CHAIRS
11 FENCE OPPOSITE THE
   HOUSING AREA

FRUTALES
FRUIT TREES

CÉSPED
GRASS

ÁLAMOS
POPLARS

MANTO DE FLORES
FLOWERBED

SETOS
HEDGES

ÁRBOLES EXISTENTES
EXISTING TREES

Diagrama de plantaciones **Plantations plan**

SENDERO:ASFALTO
PATH:ASPHAL

CAMINO:ASFALTO
ROAD:ASPHAL

BORDILLOS:ACERO INOXIDABLE
EDGES:STAINLESS STEEL

LOSA DE HORMIGÓN
CONCRETE SLAB

PISTA DEPORTIVA:PAVIMENTO DE CAUCHO GRANULADO COLOR ROJO
SPORTS TRACK:RED GRANULATED RUBBER

ADOQUÍN
PAVING STONE

ASFALTO
ASPHALT

RAMPA:HORMIGÓN
RAMP:CONCRETE

Plano de pavimentos **Paving plan**

LUMINARIAS
PRAGER
PRAGER
LAMPS

ILUMINACIÓN
EXISTENTE
EN EL CAMINO
EXISTING ROAD

ILUMINACIÓN SUSPENDIDA DE CABLES,
PROVENIENTE EN PARTE DE
LUMINARIAS REUTILIZADAS
HANGING LIGHTS, PARTIALLY REUSED

LÁMPARAS HELIO
REUTILIZADAS
REUSED EXISTING
HELIOS LIGHTS

MÁSTILES DE
ILUMINACIÓN
LAMP MASTS

Plano de iluminación **Lighting plan**

ILUMINACIÓN SUSPENDIDA
EN LOS CAMINOS
HANGING ROAD LIGHTING

LUMINARIAS PRAGER
PRAGER LAMPS

MÁSTILES DE
ILUMINACIÓN
LAMP MASTS

Iluminación final **Lighting results**

1 LA CARTA DE PRESENTACIÓN/LA PLAZA
THE VISITING CARD/THE SQUARE (AMAGERBROGADE)

2 EL JARDÍN
THE GARDEN (JEMTELANDSPLADS)

3 EL ESCENARIO
THE STAGE (DALSLANDSGADE)

4 LA PISTA (EL CRUZE DE STØBERIGÅRDEN)
THE COURT (THE CROSSING AT STØBERIGÅRDEN)

5 LA JAULA (EL CRUZE CON EL NUEVO POLIDE
THE CAGE (THE CROSSING AT THE NEW SP

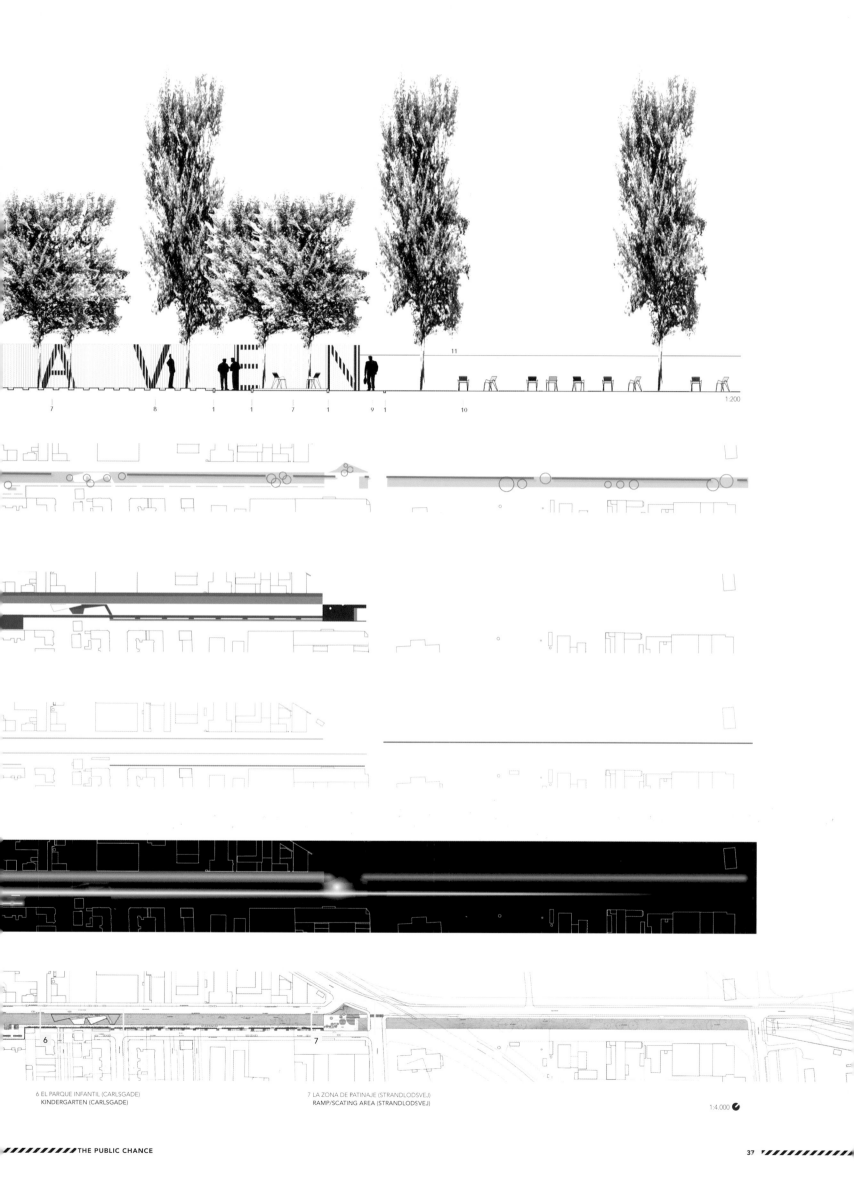

6 EL PARQUE INFANTIL (CARLSGADE)
KINDERGARTEN (CARLSGADE)

7 LA ZONA DE PATINAJE (STRANDLODSVEJ)
RAMP/SCATING AREA (STRANDLODSVEJ)

1:4.000

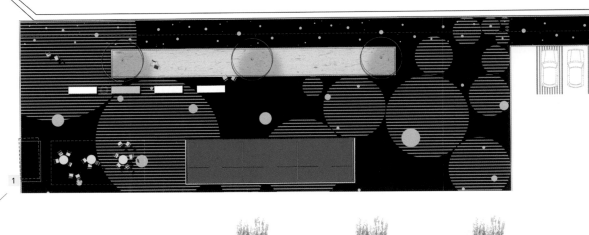

Área 1: La plaza
Durante el proceso de diseño esta plaza fue la tarjeta de visita de Prag's Bulevard. Inspirada por el grupo de contacto, presenta todos los elementos, materiales, colores e impresiones usados en el proyecto.

Area 1: The square
This square has during the process been characterized as the visiting card of Prag's Boulevard. Inspired by the contact group it is created exactly as a visiting card where you are introduced to the elements/colours/impressions/materials of Prag's Boulevard.

En el norte se propone una estrecha zona de césped con tres abedules
To the north a slender grass area with three poplars is layed out

1:400

El aparcamiento de bicicletas existente se desplazó hacia el Este y se completó con aparca-bicis
The existing bicycle parking area is moved east and provided with bicycle racks

1:4.000

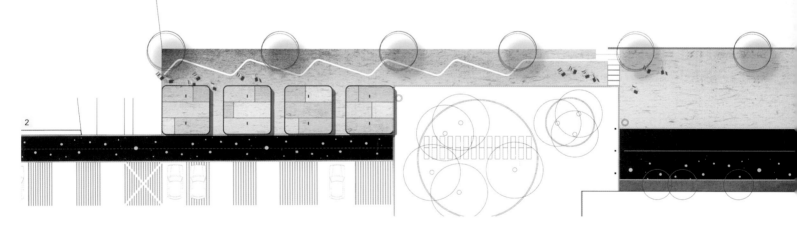

2

Área 2: El jardín

La zona al final de Jemtelandspladsen se ha convertido en un jardín que da forma al final de la plaza. El jardín se sitúa en un recinto y tiene las características de un oasis. Se compone de cuatro áreas de plantación elevadas. En estas áreas, los surtidores se sitúan sobre unas finas barras de acero inoxidable.

Area 2: The garden

The area at the end of Jemtelandspladsen is changed into a garden area that forms the end of the square. The garden is placed in a niche and has the charactistics of an oasis. The garden is created as four large planted areas that are raised. In these areas water jets are placed on slender steel bars.

1:400

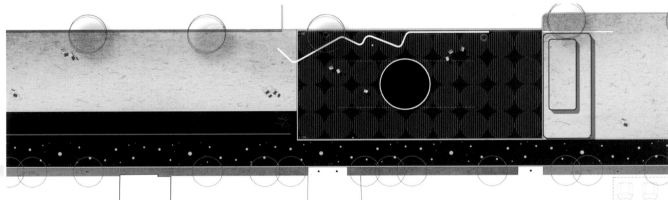

Área 3: El escenario

Cerca de Dalslandsgade se necesitaba un cruce para el carril de peatones y el de bicis. Situamos una pequeña plaza con una plataforma móvil y una pequeña tribuna. La plaza tiene 300 m², delimitados por granito. El asfalto tiene un motivo de bandas rojas en forma de círculo. La plataforma circular es de acero inoxidable con superficie antideslizante. En el Este se sitúa un pequeño teatro, parecido a un anfiteatro, construido con gradas de acero inoxidable y césped.

Area 3: The stage

Near Dalslandsgade a crossing point for both the cycle path and foot path was needed. Here we placed a minor square with a mobile platform and a small grandstand. The square is 300 m² asphalted with demarcations in granite. The asphalte surface is painted with red stripes in a circular pattern. The circular platform is made in stainless steel with non-skid surfaces. To the east a small scene similar to an amphitheatre is placed as closure. It is constructed with sitting steps in stainless steel and sitting surfaces of grass.

1:400

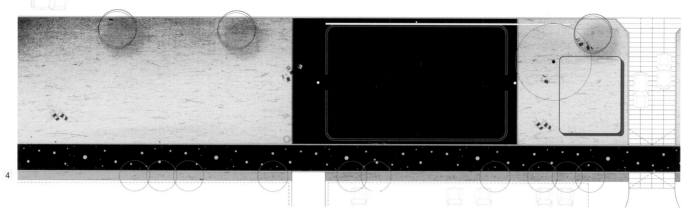

1:4.000

4

Área 4: La pista
Durante la fase de propuestas, el grupo de contacto mostró un gran deseo por dar prioridad a las actividades deportivas. Por tanto se ejecutaron dos lugares de deporte distintos. La pista es una zona asfaltada de 300 m² rodeada por un murete de caucho de 80 cm de altura. Los diferentes campos de juego se marcan con líneas rojas. La verja blanca la separa de la carretera.

Area 4: The court
During the proposal phase of the projectit has been a great wish from the contact group to give priority to the sports facilities. Therefore two places for different games have been made. The court is created as a 300 m² asphalted area surrounded by 80 cm heigh black rubber boards. The court will have red lines for the different types of sports. The white fence is placed against the road.

1:400

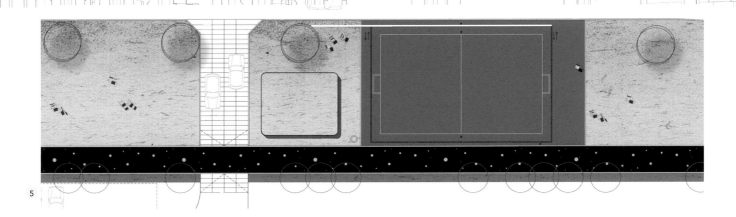

5

Área 5: La jaula
Frente a un nuevo edifico cultural y deportivo se sitúa otra zona de multideporte. La jaula tiene una superficie de caucho rojo, de 300 m². El cerramiento,en tres lados, es de metal y la verja blanca, con textos junto a la calzada.

Area 5: The cage
In front of the new culture and sports building another multiple sports area is placed. The cage has a surface of red rubber and an area of approximately 300 m². The cage is build of three metal sides and towards the road it is closed with the white fence with text.

1:400

1:4.000

Área 6: El parque infantil

El jardín infantil existente estaba en la misma zona, pero con un estilo distinto. Se han mantenido los árboles y la verja blanca se pliega alrededor de los troncos. Tiene una medida de 600 m² y está construido con diferentes superficies, tales como césped a diferentes alturas, caucho rojo, arena y asfalto. La parte superior de la valla tiene diferentes alturas, que permite vigilar a los niños.

Area 6: The kindergarten

It is located in almost the same area as now but in a different version.
The existing large trees are kept and the white fence is creased around the trunks. The size is of 600 m² and it constructed with different surfaces such as both raised and flat grass surfaces, red soft surface, sand and asphalt. The upper part of the fence towards the path is made with different heights which makes it possible to glance through to the children.

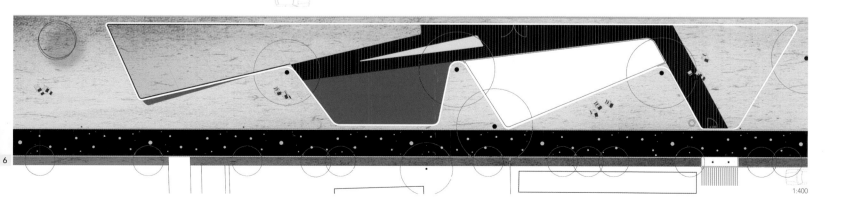

1:400

La silla

La silla verde fue diseñada expresamente para Prag's Boulevard. La idea está inspirada por el deseo de convertir un alambre en una silla. El nombre "Prags" está troquelado en el respaldo.

The chair

The green chair has been designed and developed as original furniture for Prag's Boulevard. The idea is inspired by the thought of folding a thread into a chair. The name 'Prags' is stamped onto its back.

340 mm

PRAGS

380 mm

755 mm

438 mm

608 mm

1:20

PRAGS

7

1:400

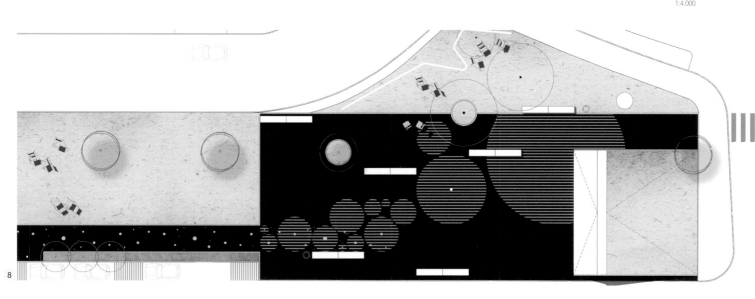

8

1:4.000

Área 7: La zona de patinaje

Con la plaza termina la parte urbana de Prag's Boulevard. A partir de aqui, el diseño y la ejecución son más rurales. Esta zona es tanto una pista de *skate* como una zona verde con árboles. El aparcamiento al final del camino se ha transformado en una gran plaza. La superficie es para patinar y al final hay una superficie ascendente específica para *skate* de aproximadamente 850 m²

Area 7: The ramp/scating area

The square finishes the 'urban' part of Prag's Boulevard. After this both the elaboration and the impression become more 'rural'. The area is created as both a scating place and and a green space with trees. At the end of the path the existing parking area is changed into a large square. The surface will appear as asphalt but tecnically it will be used for skating.

At the end of the square a raised area will have the function of a skating island with a size of approximately 850 m².

1:400

1 TUBO DE HIERRO PINTADO EN BLANCO
2 PLETINA DE ACERO COMO FORJACIÓN
  DE LOS MONTANTES
3 TUBO DE ACERO INTRODUCIDO EN EL
  TERRENO HASTA LA CIMENTACIÓN

1 WHITE-PAINTED ROUND STICK
2 STEEL STRAP TO FASTEN VERTICAL STICKS
3 STEEL TUBE FIXED TO FOUNDATIONS

La verja

Las vallas que se ondulan están realizadas a base de montantes soldados a fijaciones horizontales. Las demás vallas constan de una malla electrosoldada fijada a sus montantes de madera mediante bandas horizontales.

The fence

All the creased fences are made with a construction of electroplated posts which can be fastened where possible.
The fence is a construction of electroplated posts and horizontal bands on which the wooden posts are fastened.

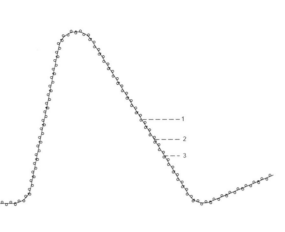

1
2
3

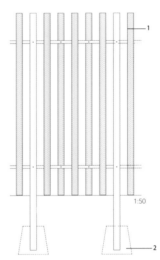

1

1:50

2

3
4
5

1 ESTRUCTURA DE ACERO
2 ZAPATA DE HORMIGÓN
3 TUBO DE HIERRO GALVANIZADO DE Ø 70 mm,
  INTRODUCIDO EN EL TERRENO
4 PLETINA DE HIERRO GALVANIZADO DE 30 x 5 mm
5 TUBO REDONDO DE ACERO DE Ø 70 mm, FIJADO
  MEDIANTE TORNILLOS A LA ESTRUCTURA DE ACERO

1 BEARING STRUCTURE/ STEEL SKELETON
2 CONCRETE FOUNDATION
3 70 mm DIA GALVANIZED IRON TUBE, ANCHORED TO THE GROUND
4 5 x 30 mm GALVANIZED IRON PLATE
5 70 mm DIA WHITE-PAINTED ROUND STICK, FIXED
  WITH BOLTS TO THE STEEL STRUCTURE

La luminaria de Prags

Esta luminaria está diseñada para marcar todo el bulevar, desde la ciudad al agua. Está situada a lo largo del camino, a una distancia creciente desde Amagerbrogade a Strandlodsvej, con el propósito de señalar la dirección urbana del camino. Además de formar parte de la iluminación de la ciudad, la luminaria, da luz de muchas maneras, debido al color de su poste y a su encendido espontáneo.

The prager lamp

The lamp is designed to underline the long straight line of the boulevard from the city to the water. It is placed along the path with a growing distance from Amagerbrogade to Strandlodsvej with the purpose of underlining the urban direction of the line. Besides from being part of the city lights the lamp is in itself 'lighting' in several ways. Its colour is luminous and it has been made with spontaneous ignition.

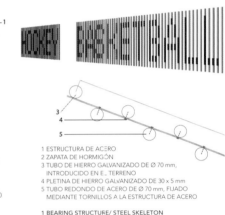

2400 mm

1:500

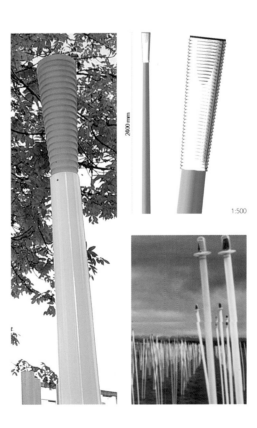

Torre-Pacheco Library Square
Torre-Pacheco, Murcia. Spain, 2007

Martín Lejárraga

17.295m²

F-30 (MAR MENOR: 10 km)

FUTURE RESIDENTIAL
QUARTERS

Historical
Centre

FUTURE
RESIDENTIAL
QUARTERS

FUTURE RESIDENTIAL
QUARTERS

1:10.000

AP-7

1:20.000

Influence area //////// Torre-Pacheco
Population /////////// 29.244 inhabitants
Density /////////////// 154 inhab/km²
Data source /////////// torrepacheco.es, 2006

Digitalglobe, 2008

capas layers

TRÁFICO RODADO	VEHICULAR TRAFFIC	PEATONAL&BICI	PEDESTRIAN&CYCLIST
ÁRBOLES	TREES	CÉSPED	GRASS
AGUA	WATER	MONTE BAJO	SCRUBLAND
EDIFICIOS	BUILDINGS	MARISMAS	MARSHES
ACTIVIDADES	ACTIVITIES		
ESTANCIAS	ROOMS	ÁREA DE INTERVENCIÓN	INTERVENTION AREA

ACTIVIDADES

El solar de la nueva biblioteca semienterrada de Torre-Pacheco acoge un gran espacio público donde se dan cita numerosas actividades sobre una plaza de colores vivos aplicados sobre las distintas superficies: cauchos, asfaltos o pavimentos deportivos. Cuenta con un patio de lectura a la entrada de la biblioteca de césped artificial, pistas deportivas de fútbol y baloncesto, toboganes topográficos, un parque de skate y una zona de juegos.

ACTIVITIES

The lot of the new semi-underground library of Torre-Pacheco has a large public space where numerous activities take place on a square of bright colours applied on different surface materials: rubber, asphalt or paving for sports. It has a reading patio at the entrance made of artificial grass, football fields and basketball courts, a skate park and a play area.

ESTANCIAS

Sobre la cubierta de la biblioteca, los bancos corridos integrados en el peto permiten detenerse y contemplar el entorno desde el punto más alto del proyecto.

ROOMS

On the roof of the library, the integrated continuous benches that run along the barrier encourage stopping and contemplating the area from the highest point of the project.

RECORRIDOS

Una vía perimetral garantiza el acceso de tráfico rodado al solar. Desde la calle, una gran rampa peatonal desciende hasta la entrada de la biblioteca, mientras que otra plataforma de hormigón conduce hacia las acitvidades en el otro lado del recinto.

ROUTES

A perimetral road guarantees vehicle access to the lot. From the street, a large pedestrian ramp goes down to the library entrance while another concrete platform goes to the activities on the other side of the premises.

EDIFICIOS

La ubicación de la biblioteca semienterrada determina la organización de los espacios públicos. Al mismo tiempo cabe destacar la gran cantidad de viviendas que se están construyendo en los alrededores del proyecto y a las que la nueva biblioteca y espacios públicos darán servicio.

BUILDINGS

The location of the library determines the organisation of the public spaces. The large amount of housing that are being built around the project that the new library and public space will serve are also to be noted.

VEGETACIÓN

La intervención incluye un pequeño bosque de árboles de poco porte acompaña el descenso desde la calle hasta el acceso a la biblioteca. Igualmente, se han plantado árboles diseminados por las zonas públicas y en ellas se han reservado fragmentos para que crezca el césped.

VEGETATION

The intervention includes a small forest of low trees that goes along the ramp from the street to the library entrance. Trees were also planted dispersedly around public areas and fragments were also reserved in those areas to allow grass to grow.

AGUA

WATER

1:5.000

Añadiendo multifuncionalidad al programa tradicional de una biblioteca, el proyecto propone nuevas formas de acercarse a la lectura. A las habituales salas se suman un patio exterior de lectura, una zona de estudio nocturna, aulas para cursos y conferencias, y un espacio destinado a sala de exposiciones que completa la oferta cultural de la ciudad.

La intervención sirve además para mejorar el nivel estético del entorno y se apropia del espacio público exterior, difuminando los límites entre parque y edificio, sacando para ello a la biblioteca de sus muros y permitiendo la libre utilización de la cubierta como espacio de encuentro ciudadano.

Además de romper los límites físicos del edificio, el proyecto supone un intento por derribar otras barreras, ésta vez invisibles, que irremediablemente tienden a segregar todo contacto entre generaciones, y propone una amplia oferta de usos dirigidos a promover la convivencia de todas las edades.

This project, by adding multifunctionality to the traditional programme of a library, proposes new ways of approaching reading. An outdoor reading patio, a night study area, lecture halls for courses and conferences, and an area for an exhibition hall are added to the usual library rooms, completing the city's cultural opportunities.

The intervention also serves to improve the aesthetic standard of its surroundings and takes on the outdoor public space, blurring the limits between park and building. To do this, it brings the library out of its walls and allows free use of the roof as an area of public interaction.

Besides breaking through the physical limits of the building, this project is an attempt to tear down other barriers, this time invisible, which so often segregate any contact among generations with a wide variety of functions intended to promote the coexistence of all ages.

Torre-Pacheco es un claro ejemplo del crecimiento acelerado que están experimentando muchos municipios españoles en los últimos años. La región de Murcia, donde se encuentra el pueblo es, en efecto, una de las más afectadas por el urbanismo descontrolado y voraz, que a medio plazo corre el riesgo de esquilmar el paisaje y los recursos naturales.

La cercanía de enclaves turísticos, así como su pujante agricultura especializada, han atraído a numerosos residentes extranjeros, quienes, ya sea en busca de trabajo o de sol, suman unas 60 nacionalidades diferentes.

Para dar servicio a esta población en crecimiento, el ayuntamiento tiene programada la construcción de numerosos equipamientos, que van desde un nuevo Consistorio a dos nuevos museos o un Centro Integral de Seguridad, así como gran cantidad de espacio público.

El proyecto de la nueva Biblioteca se sitúa en un ensanche adosado al casco histórico municipal, un área de crecimiento estratégico del que da cuenta el paisaje de grúas que la rodea.

Actualmente, en esta zona ya se concentran varios equipamientos de uso público (un colegio, un instituto y un polideportivo), pero se espera que con el tiempo se construya también en ella, además de la biblioteca, otro colegio más. El programa requerido para las edificaciones de la biblioteca y el nuevo colegio ha permitido una relación equilibrada entre las parcelas asignadas a cada una de ellas, aunque la intención última es que el conjunto de las dos intervenciones se ofrezca a la ciudad como un único espacio público abierto y continuo.

El parque exterior cuenta con un bosque de 800 m², un patio de lectura, pistas deportivas, toboganes topográficos que permitirán deslizarse por el techo del edificio de la biblioteca, un área para conciertos, una pista de patinaje, dunas de colores y varias zonas ajardinadas.

Torre Pachecho is an obvious example of the rapid growth that many Spanish cities have been undergoing in the past few years. The region of Murcia, where the town is located is one of the most affected by this fierce, uncontrolled urban planning which will soon run the risk of exhausting the landscape and natural resources.

The proximity of tourist areas and its thriving specialised agriculture have attracted numerous foreign residents who, looking for work or for sun, include some 60 different nationalities.

To service this growing population, the municipality has planned the construction of several civic facilities, which range from a new City Hall to two new museums to a new integrated security centre, along with a large amount of public space.

A new library project is located in an expansion area next to the historic district of the city, a zone containing a strategic growth that is made obvious by the cranes that surround it. Currently, several public service buildings are concentrated there (a primary school, a secondary school and a sports centre), but over time, another school is expected to be built in it, along with the library. The required programme for the library and new school buildings allows a balanced relationship between the lots assigned to each of them, though the final intention is to offer both interventions to the city as a unique open and continuous public space.

The outdoor park has an 800 m² forest, a patio for reading, sports courts, topographic slides for sliding down the library building's roof, a concert area, a skating rink, coloured dunes and several garden areas.

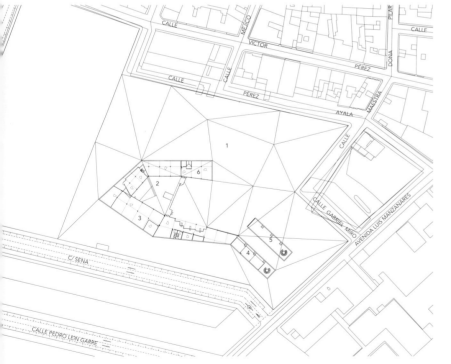

Planta de situación **Site plan** 1:2.500

1 PARQUE	1 PARK
2 PATIO DE LECTURA	2 READING COURTYARD
3 BIBLIOTECA	3 LIBRARY
4 AULAS	4 CLASSROOMS
5 SALA DE EXPOSICIONES	5 EXHIBITION HALL
6 SALA DE ESTUDIO NOCTURNA	6 NIGHT STUDY ROOMS

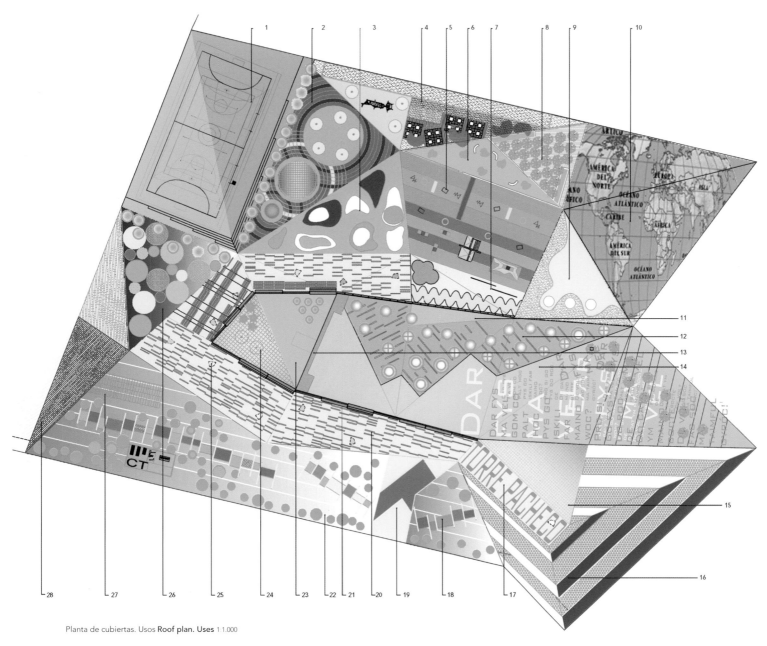

Planta de cubiertas. Usos **Roof plan. Uses** 1:1.000

 1 PISTAS DEPORTIVAS
SPORT COURTS

 2 FUENTE-JUEGOS
INFANTILES
FOUNTAIN-SMALL
CHILDREN'S
PLAYGROUND

 3 DUNAS
DUNES

 4 JUEGOS PARA JÓVENES
TEEN'S PLAYGROUND

 5 JUEGOS PARA ADULTOS
ADULT'S PLAYGROUND

 6 RECINTOS INTERIORES
AJARDINADOS
GARDENS

 7 PARQUE DE SKATE
SKATING TRACK

 8 RECINTOS INTERIORES
BAJO RASANTE
INSIDE SPACES
BELOW GRADE

 9 JUEGOS-DEPÓSITOS
PLAYGROUND-TANKS

 10 JUEGOS DE
APRENDIZAJE-MAPAS
LEARNING GAMES-MAPS

 11 BASE DEL ROCÓDROMO
(CAUCHO)
CONCERTS' AREA
(RUBBER)

 12 BOSQUE
FOREST

 13 GALERÍA DE ACCESO
ENTRANCE ALLEY

 14 ACCESO GENERAL
AL PARQUE
MAIN PARK ENTRANCE

 15 PARQUE-LECTURA
READING PARK

 16 TOPOGRAFÍA DE
MOSAICOS
MOSAIC TOPOGRAPHY

 17 CUBIERTA DE LA GALERÍA
ART GALLERY ROOF

 18 PÉRGOLA-SOMBRA
PERGOLA (SHADOW)

 19 ACCESO A LA GALERÍA
ART GALLERY ENTRANCE

 20 PETOS-ASIENTOS
SEATING PARAPETS

 21 CUBIERTA DE LA
BIBLIOTECA
LIBRARY ROOF

 22 APARCA-BICICLETAS
BICYCLE PARKING

 23 PATIO DE LECTURA
READING COURT

 24 PATIO DE LECTURA-
INFANTIL
CHILDREN'S
READING COURT

 25 PLANTAS AROMÁTICAS
AROMATIC PLANTS

 26 LUCERNARIOS
SKYLIGHTS

 27 INVERNADEROS
WINTER GARDENS

 28 ACCESO AL
INVERNADERO
WINTER GARDEN
ENTRANCE

O-Dorf Square
Innsbruck. Austria, 2006
Froetscher Lichtenwagner froetscherlichtenwagner.at, idealice.com
Idealice idealice.com

INNSBRUCK at

Innsbruck Town Centre: 4 km

Olympic Village

INN RIVER

1:10.000

18.484m²

1:20.000

Influence area /////// O-Dorf
Population /////////// 8.000 inhabitants
Density /////////////// 2.270 inhab/km²
Data source/////////// insnbruck.at, 2006

Cnes/Spot Image, Digitalglobe, 2008

capas layers

TRÁFICO RODADO — VEHICULAR TRAFFIC
ÁRBOLES — TREES
AGUA — WATER
EDIFICIOS — BUILDINGS
ACTIVIDADES — ACTIVITIES
ESTANCIAS — ROOMS

PEATONAL&BICI — PEDESTRIAN&CYCLIST
CÉSPED — GRASS
MONTE BAJO — SCRUBLAND
MARISMAS — MARSHES

ÁREA DE INTERVENCIÓN — INTERVENTION AREA

ACTIVIDADES

La nueva manzana en la antigua villa olímpica de Innsbruck está concebida para reactivar la vida de este barrio periférico. En ella se ha implantado un variada mezcla de usos que la convierten en un atractivo trozo de ciudad: dentro del edificio se dan cita un supermercado, centro juvenil, centro de preescolar, guardería, sala multiusos, salas de asociaciones y viviendas asistidas para mayores. Todo ello se acompaña de una torre de viviendas y, en el exterior, de una plaza pública, un campo de fútbol y otro de juegos.

ACTIVITIES

The new block in the former Olympic Village of Innsbruck was conceived to reactivate life in this outlying neighbourhood. A varied combination of uses that turn it into an attractive part of the city have been implemented in it. In the building there is a supermarket, a youth centre, a pre-school, a nursery, a multipurpose hall, meeting rooms and assisted living for the elderly. All of this is accompanied by a tower of flats and, outdoors, a public plaza, a football pitch and another pitch for games.

ESTANCIAS

Una gran plaza sirve de acceso a las actividades en el interior del edificio. Unas líneas sobre el pavimento indican los ejes visuales que atraviesan el edificio. En la plaza se ha dispuesto una gran pérgola sobre el acceso al aparcamiento subterráneo así como bancos y grandes tumbonas que invitan al encuentro.

ROOMS

A large plaza serves as an entrance to the activities on the inside of the building. Lines on the pavement indicate the visual axes that run through the building. On the plaza there is a large pergola over the access to underground parking as well as benches and large deck chairs that encourage interaction.

RECORRIDOS

La plaza concentra los recorridos peatonales desde el barrio a la entrada del aparcamiento subterráneo, el supermercado, los equipamientos y las viviendas.

ROUTES

The plaza brings the pedestrian routes from the neighbourhood to the underground car park entrance, the supermarket, public service buildings and dwellings together.

EDIFICIOS

El recinto está dominado por un edificio multiusos y la torre de viviendas. Se trata de un contenedor híbrido, un catalizador de la vida social del barrio que concentra un gran número de usos urbanos. Con él se pretende hacer frente al abandono que afecta a este barrio periférico mediante la mezcla de usos -residencial, educativo, comercial y cultural- en la misma manzana.

BUILDINGS

The grounds are dominated by a multipurpose building and the tower of flats. It is a hybrid container, a catalyst of the neighbourhood's social life that brings together a large number of urban uses. The idea is, thus, to combat the abandonment that affects this outlying neighbourhood with a combination of uses: residential, educational, commercial and cultural, all on the same block.

VEGETACIÓN

En uno de los bordes de la parcela, junto a la plaza, se han plantado árboles de pequeño porte, mientras que al otro lado del edificio una gran pradera sirve de soporte al campo de fútbol y la zona de juegos. Por su parte, sobre el pavimento de la plaza se ha instalado un mobiliario que permite el crecimiento de plantas trepadoras.

VEGETATION

On one of the edges of the lot, next to the plaza, small trees have been planted, while on the other side of the building, a large field serves as support to the football pitch and play area. Urban furniture has also been installed on the paving of the plaza that will allow climbing plants to grow.

AGUA

WATER

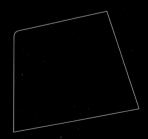

1:5.000

O-DORF SQUARE

La Villa Olímpica de Innsbruck que fue construida para las Olimpiadas de 1964 y de 1976, alberga a 8.000 habitantes. Tiene todas las características de una zona urbana periférica europea y lucha contra los mismos problemas: falta de infraestructura, falta de oferta cultural, monofuncionalidad, así como una tendencia a la segregación espacial de las minorías étnicas. Mediante la participación en Europan IV, la ciudad de Innsbruck dio el primer paso hacia la revalorización de este barrio.

La plaza pública forma el nuevo centro del barrio y está entendida, no tanto como reminiscencia romántica de la ciudad tradicional, sino más como plataforma vital de la vida diaria y de las actividades de la comunidad.

The Olympic Village in Innsbruck was built for the 1964 and 1976 Olympic Games and is a high-rise housing complex with 8,000 inhabitants. It exhibits all the characteristics of an European peripheral housing estate and struggles with the same problems: lacking infrastructure, insuffcient cultural life, mono-functionalism, as well as segregation of ethnic minorities. Through the Europan IV competition, the city of Innsbruck took the first step to the revaluation of the neighbourhood.

The public square constitutes the new centre of the quarter. The intention was not so much to harken back to a notion of tradicional urban form, but rather to allow for an animated platform of everyday life, a well as for community activities.

Desde esta plaza se accede a todas las instituciones públicas y a las viviendas. Las conexiones peatonales se realizan siempre a través de ella.

La sala multifuncional es el corazón del proyecto. Además hay salas para otras necesidades de la comunidad, como, guardería, un centro juvenil, viviendas asistidas y un centro de día, salas para asociaciones, estacionamiento público para la zona, espacio para oficinas y un supermercado.

The access to all the public facilities and to all of the flats is here, and paths within the extended quarter are directed through it.

The hall is the heart of the project. In addition, new facilities were introduced: pre-school, youth centre, assisted living and adult day-care centre, club rooms, garage for the quarter, office space and one supermarket.

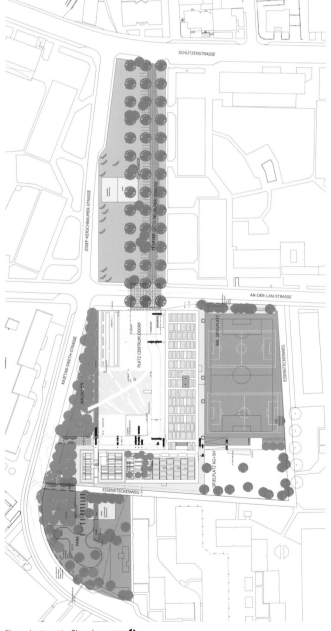

Plano de situación **Site plan** 1:2.500 ◑

1

2

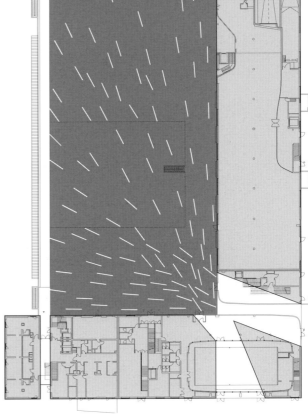

Los canales de visión se marcan en el pavimento con líneas que indican los ejes
Visual channels are marked on the floor with some lines that show the perspective axes

3

4

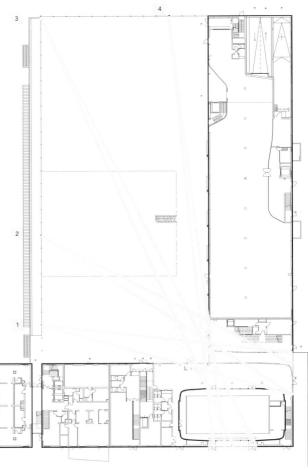

Puntos donde las visuales atraviesan el edificio
Four locations where visuals pass through the building 1:1.000

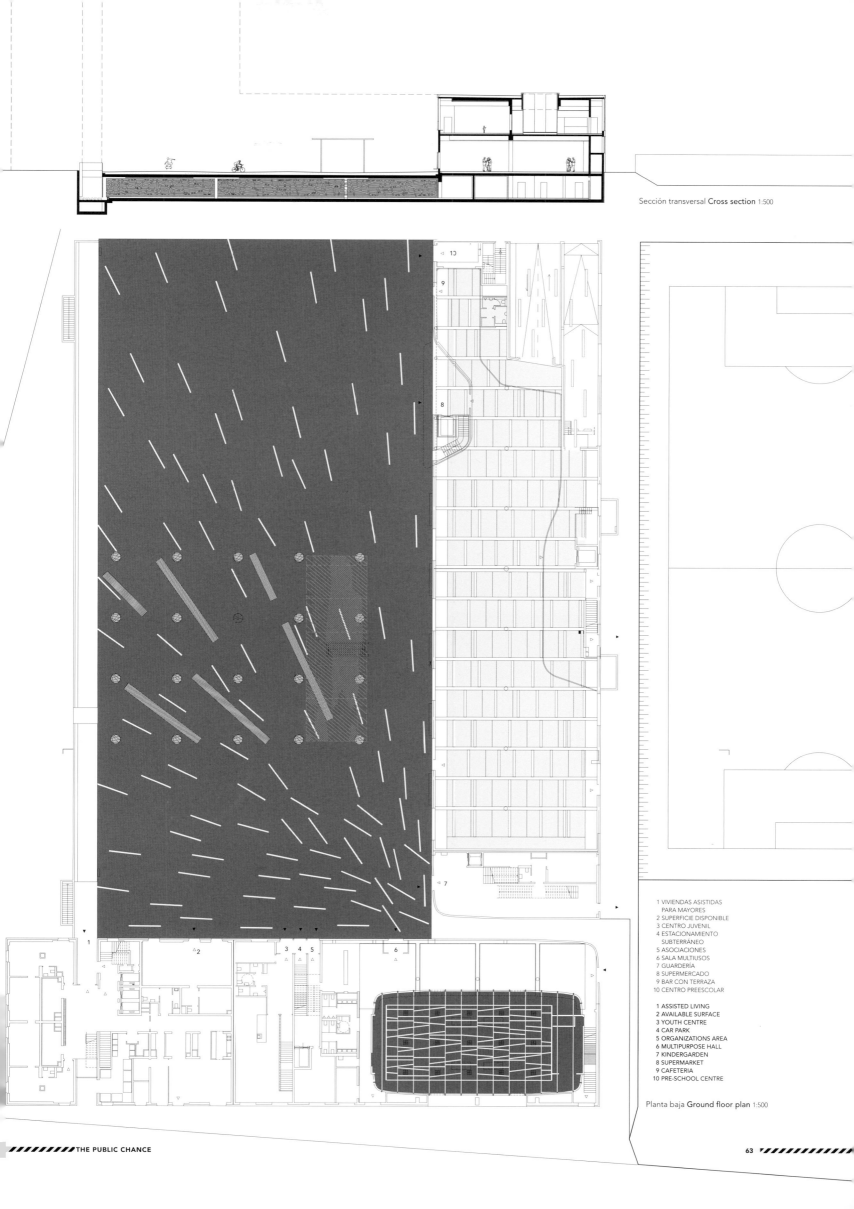

Sección transversal **Cross section** 1:500

1 VIVIENDAS ASISTIDAS
  PARA MAYORES
2 SUPERFICIE DISPONIBLE
3 CENTRO JUVENIL
4 ESTACIONAMIENTO
  SUBTERRÁNEO
5 ASOCIACIONES
6 SALA MULTIUSOS
7 GUARDERÍA
8 SUPERMERCADO
9 BAR CON TERRAZA
10 CENTRO PREESCOLAR

1 ASSISTED LIVING
2 AVAILABLE SURFACE
3 YOUTH CENTRE
4 CAR PARK
5 ORGANIZATIONS AREA
6 MULTIPURPOSE HALL
7 KINDERGARDEN
8 SUPERMARKET
9 CAFETERIA
10 PRE-SCHOOL CENTRE

Planta baja **Ground floor plan** 1:500

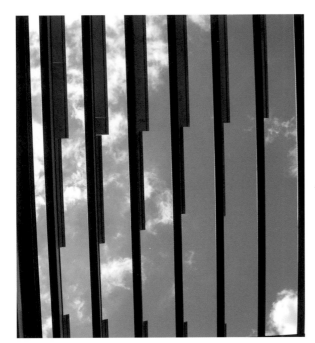

Umbráculo **Pergola**

Este umbráculo tiene una cubierta de lamas metálicas que están recortadas con la forma de una nube. Esta silueta proyecta la sombra de la nube sobre el suelo, incluso en un día soleado.
This shelter has a roof of metallic louvers. The shape of a cloud has been cutting down and that produces a cloud shadow on the floor even in a sunny day.

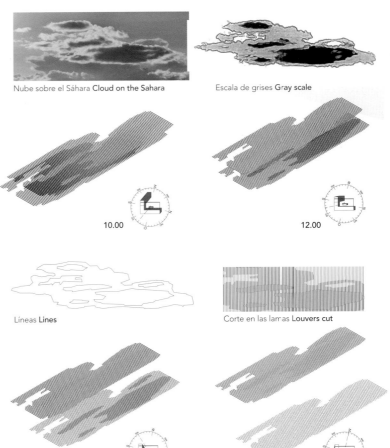

Nube sobre el Sáhara **Cloud on the Sahara**

Escala de grises **Gray scale**

10.00

12.00

Líneas **Lines**

Corte en las lamas **Louvers cut**

15.00

18.00

Sombras de la pérgola el 21 de junio
June 21ˢᵗ shadows of the pergola

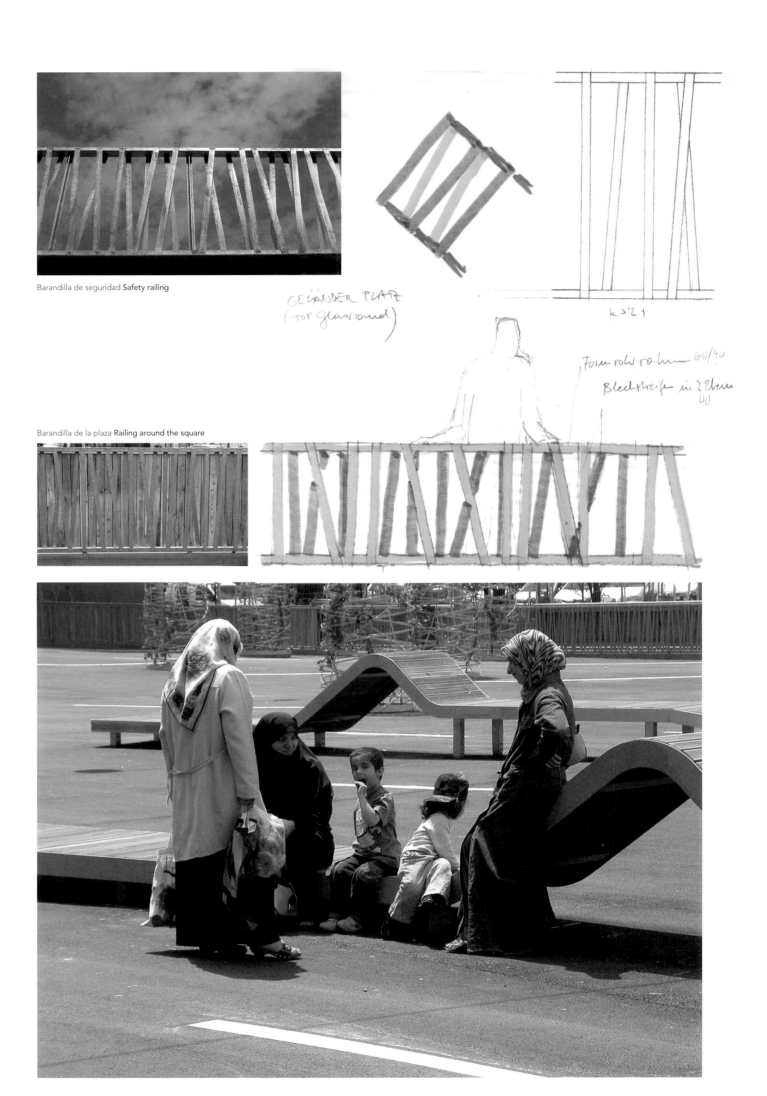

Barandilla de seguridad Safety railing

Barandilla de la plaza Railing around the square

GELÄNDER PLATZ
(vor glasrund)

K 5'2 t

Form rohr rohr 60/40
Blechstreifen in 2 Ebenen
40

Detalle de las jardineras **Flower box detail**

HAVEL RIVER

Hakenfelde
Quarter

1:10.000

21.472m²

TEGEL AIRPORT

Central Berlin: 13 km

1:20.000

Influence area /////// Spandau
Population /////////// 223.768 inhabitants
Density ////////////// 2.435 inhab/km²
Data source////////// berlin.de, 2007

AeroWest, 2008

capas layers -

TRÁFICO RODADO	VEHICULAR TRAFFIC	PEATONAL&BICI	PEDESTRIAN&CYCLIST
ÁRBOLES	TREES	CÉSPED	GRASS
AGUA	WATER	MONTE BAJO	SCRUBLAND
EDIFICIOS	BUILDINGS	MARISMAS	MARSHES
ACTIVIDADES	ACTIVITIES		
ESTANCIAS	ROOMS	ÁREA DE INTERVENCIÓN	INTERVENTION AREA

ACTIVIDADES

El espacio reservado para la construcción de una futura escuela ha sido aprovechado para la creación de espacio público temporal. Los antiguos terrenos industriales se han acondicionado y convertido en focos de actividad. Las superficies asfaltadas pueden acoger cualquier actividad espontánea; tan solo dos pistas han sido específicamente reservadas para la práctica del baloncesto.

ACTIVITIES

The space reserved for the future construction of a school was used for the creation of a temporary public space. The former industrial land was conditioned and turned into a node of activity. The asphalt surfaces can host any spontaneous activity; only two courts have been specifically reserved for basketball.

ESTANCIAS

En la orilla del canal, un graderío de suave pendiente permite acercarse al agua y contemplar las vistas. Además, una serie de bancos en la ribera del canal acompaña el inicio de un paseo por la orilla.

ROOMS

On the bank of the canal, low-rising stands allow one to approach the water and contemplate the views. In addition, a series of benches along the shore begin a promenade along those banks.

RECORRIDOS

Una sencilla malla de caminos asfaltados conecta las zonas de actividad con el resto de calles del barrio. Una ruta para peatones y ciclistas parte de la orilla del canal y permite recorrer el antiguo tejido industrial en pleno proceso de reconversión.

ROUTES

A simple network of asphalted paths connects the activity areas to the rest of the streets in the neighbourhood. A route for pedestrians and cyclists goes from the canal banks and covers the old industrial terrain, in the middle of a conversion process.

EDIFICIOS

Los antiguos edificios industriales del área han sido de derribados y en el lugar está prevista la construcción de viviendas y equipamientos. Mientras esto ocurre, los terrenos han sido habilitados como foco de actividades públicas.

BUILDINGS

The old industrial buildings of the area were demolished and in their place housing and public service buildings are to be built. While this happens, the land has been fit out as public activities centre.

VEGETACIÓN

Una pradera verde sirve de acceso al lugar y en uno de sus laterales se han plantado árboles de hoja caduca para separar el espacio de la vía principal de acceso rodado. Un sauce llorón en la orilla marca el final del graderío junto al agua y el inicio del paseo por el muelle.

VEGETATION

A green field serves as the entrance to the location and on one side, deciduous trees have been planted to separate the space from the main road entrance. A weeping willow on the banks marks the end of the stands next to the water and the beginning of the promenade along the docks.

AGUA

El canal Maselake, en las afueras de Berlín, fue una de las vías de agua que sirvió, en otra época, como soporte al próspero tejido industrial de la ciudad. En la actualidad, sus márgenes están siendo reacondicionados para dar cabida a nuevos usos residenciales.

WATER

The Maselake canal, on the outskirts of Berlin, was one of the waterways that once served to support the prosperous industrial fabric of the city. Its margins are currently being remodelled to allow new residential uses.

1:5.000 ◑

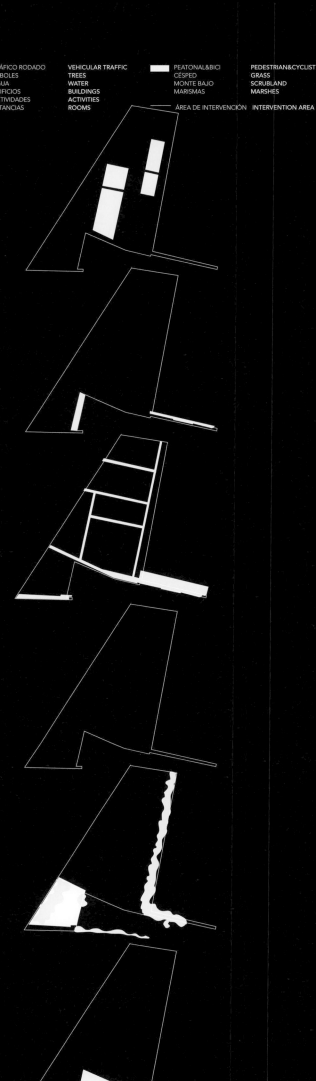

TMB Park
Barcelona. Spain, 2006

Coll-Leclerc coll-leclerc.com

BARCELONA es

22.310m²

SIERRA DE COLLSEROLA

MOUNT TIBIDABO

COLLSEROLA TOWER
(NORMAN FOSTER)

GÜELL PARK
(ANTONIO GAUDÍ)

Gracia Quarter

Montbau Quarter

Horta Quarter

La Vall d'Hebron Quarter

B-20

1:10.000

1:20.000

DIAGONAL AVENUE

TORRE AGBAR
(JEAN NOUVEL)

mple District

Influence area //////// Horta-Guinardó
Population /////////// 169.739 inhabitants
Density//////////////// 14.204 inhab/km²
Data source////////// bcn.es, 2006
Institut Cartogràfic de Catalunya, 2008

capas layers

EDIFICIOS

El parque aprovecha la cubierta de las cocheras de autobuses pertenecientes a la empresa de transportes de Barcelona y es su fachada principal. Tan solo asoman los casetones de las salidas de emergencia y la crujía de accesos a las cocheras.

BUILDINGS

The park uses the roof of the bus garage of the Barcelona transport company and it is its main façade. The only parts that stick out are the emergency exits and the garage's entrance bay.

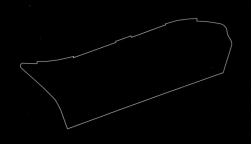

VEGETACIÓN

Algunas de las áreas circulares alrededor de los drenajes de la cubierta acogen plantas herbáceas o rastreras (buganvillas, hiedra y césped), sobre un suelo de mezcla vegetal. Además, se han plantado árboles de pequeño porte (cerezos, tamarindos, paraísos, pinos, acacias, olivos y encinas) diseminados, tanto en alguna de estas áreas, como en las zonas pavimentadas.

VEGETATION

Some of the circular areas around the roof drains have herbal plants or climbing plants (Bougainvillea, ivy and grass), on a mixed plant ground. Besides this, low trees have been planted (cherry, tamarind, chinaberry, pine, acacia, olive and Holm oak) disseminated in some of these areas and also in paved areas.

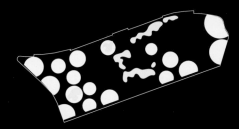

AGUA

El parque oculta bajo su superficie un complejo sistema de desagüe de la cubierta en que se encuentra, con registros cada 40 m. Se trata de una gran máquina de drenaje y conducción de agua, que separa las aguas en conducciones superficiales y drenajes profundos.

WATER

Under its surface, the park conceals a complex drainage system of the roof it is located on, with openings every 40 metres. It is a huge drainage and water-carrying machine that separates water in pipes and drains below the surface.

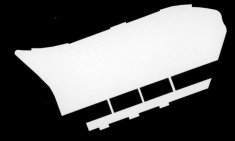

TMB PARK

ACTIVIDADES

Alrededor de los drenajes que necesita la cubierta se han dibujado círculos de tamaño variable revestidos y plantados de diferentes maneras. Aquellos que funcionan como focos de actividad están pavimentados con caucho, arena u hormigón visto y permiten realizar actividades dinámicas (patinar, jugar con el agua, montar en bicicleta, juegos infantiles, etc).

ACTIVITIES

Around the drains that the roof requires, different sized circles have been drawn covered and placed in different ways. Those that serve as centres of activity are covered in rubber, sand or exposed concrete and allow dynamic activities (skating, water games, cycling, children's games, etc.).

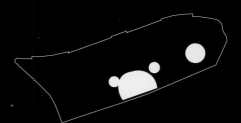

ESTANCIAS

Hay también espacios circulares, que rodean a los puntos de drenaje mencionados, que sirven para establecer áreas de estancia, pavimentadas con hormigón visto, arena o bolos de mármol blanco con mortero, o bien plantados con césped.

ROOMS

There are also circular spaces that surround the mentioned drainage points and that serve to establish sitting areas, either paved in exposed concrete, sand or white marble pebbles and mortar or planted with grass.

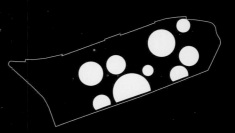

RECORRIDOS

Se ha dispuesto una vía perimetral para el tráfico rodado. En el interior del parque, se establecen recorridos peatonales principales alrededor de las áreas circulares, pavimentados con hormigón lavado con bolos de mármol blanco, y caminos secundarios de hormigón tejido en masa.

ROUTES

There is a perimetral road for vehicular traffic. On the inside of the park, main pedestrian paths are established around the circular areas, paved in concrete with marble pebbles and secondary paths are paved in meshed concrete.

⏱ 1:5.000

El parque sobre la cochera de Horta, más que una superficie verde, es una gran cubierta (similar a la plaza del Parque Güell), con un grueso construido (está hueca) y por tanto con una relación entre anchura y profundidad que la acerca a las primeras esculturas de Giacometti. Es una rotación de 90°, un abatimiento de la fachada en cubierta. La fachada como cubierta y la cubierta como fachada.

La segunda operación es el cambio de escala, que nos sirve para reforzar la ambigüedad, transformar la cubierta sobre la cochera en unos grandes imbornales que recogen el agua de lluvia.

Son dos principios operativos, la rotacion del eje vertical y el cambio de escala, aplicados sobre un parque que es un tablero de juego cuyas reglas o restricciones que condicionan el diseño son: una sobrecarga máxima de 2.000 Kg/m², registro de drenajes cada 40 metros, el caudal de agua mínimo de recogida (son 20.000 m² de cubierta) y su situación como frontera urbana (es la puerta del parque de Collserola).

El parque es una gran máquina de drenaje y conducción de agua, que separa las aguas en conducciones superficiales y drenajes profundos: la artificialidad del lugar (parque sobre una cubierta, límite de la zona urbana) se refleja en unos embudos (aguas superficiales) a la vez que la naturalidad (inicio de Collserola) en las zonas rugosas insersticiales (aguas profundas).

Los embudos de hormigón, de grandes dimensiones, recogen las aguas de lluvias torrenciales hacia un imbornal que ocupa la zona central. Son cuencas con diversos materiales de acabado que provocan dos tipos de paisaje: frío (arena, agua, bolos de mármol, hiedra, hormigón) o un paisaje caliente (césped, enredaderas, caucho de colores). El paisaje frío producirá actividad dinámica (patinar, jugar con el agua, coches teledirigidos, *trial-bike*, juegos de niños) a la vez que el paisaje caliente producirá actividad reposada (tumbarse, tomar el sol, leer, revolcarse, pícnic, mirar, jardinería).

The park above the Horta depot, more than just a green area, is a great open space similar to the plaza of Güell Park. It has a thick, hollow construction and therefore a relationship between height and depth exists which connects it to the first Giacometti sculptures. It is a 90 degree rotation, an overhang of the facade on deck. The facade is the deck and the deck is the facade.

The second operation is the change of scale which will serves us as reinforcement for ambiguity, turning the deck over the depot into large scuppers which will collect rain water. There are two operating principles involved, the rotation of the vertical axis and the change of scale, applied on a park which is a game board. The rules or restrictions that determine the design are a maximum overload of 2,000 kg/m², a drainage register every 40 metres, the minimal flow of water (20,000 m²) and its situation as an urban border, being the entrance to Parque de Collserola.

The park is a great drainage and water flow machine. It separates water into different shallow channels and deeper drains. The artificiality of the location, a park over a deck and the outer limit of an urban area, is reflected in funnels (shallow water) whereas its naturalness (the entrance of Collserola) is reflected in the rough connecting areas (deep water). The large, concrete funnels collect torrential rain water towards a drain that is situated in the central area. They are basins made of different finished materials which create two types of landscape, a cold landscape, using sand, water, marble, ivy and concrete, or a warm landscape, using grass, climbing plants and coloured rubber. The cold landscape produces dynamic activities such as skating, playing in the water, biking, using remote control cars and other children's games. The warm landscape produces relaxed activities such as napping, sunbathing, reading, rolling around, picnicking, observing or gardening.

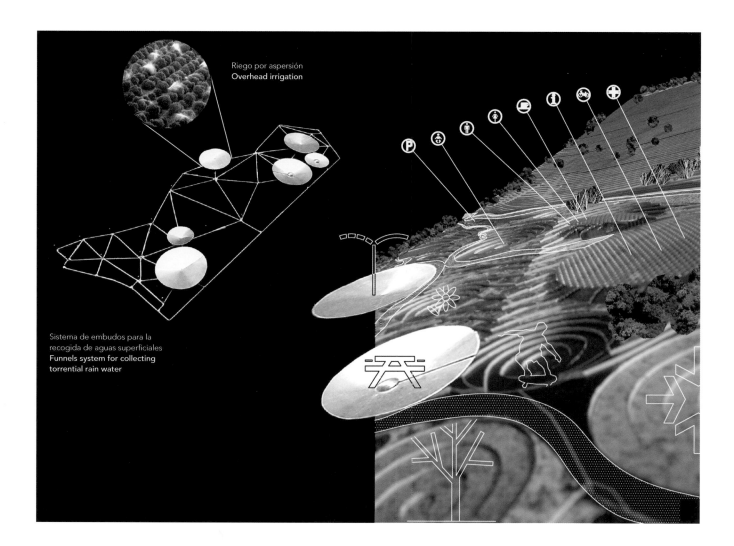

Riego por aspersión
Overhead irrigation

Sistema de embudos para la
recogida de aguas superficiales
**Funnels system for collecting
torrential rain water**

Se sitúa en el límite entre
Barcelona y el parque de
Collserola, al lado sur de un
futuro vial transversal de
conexión este-oeste. Podemos
suponer que la primera función
del parque como puerta de
Collserola será la de un centro
de información y punto de
partida de bicicletas. Será un
espacio de ocio donde se jugará
con la velocidad: alta la de los
coches que circulen por la
Ronda, media de los autobuses
que entren a la cochera, baja la
de las bicicletas, muy baja la de
los jóvenes con patines y lenta la
de la gente que pasea.
El Proyecto es parte de una
intervención mayor que
comenzó en el año 2000 con una
propuesta ganadora *ex aequo*
para una cochera de autobuses
de 60.000 m² con una cubierta
ecológica. La cochera excava
tres niveles subterráneos y los
cubre con una losa escalonada
de hormigón que constituye la
base de nuestro parque.

It is located on the limit
between Barcelona and Parque
Collserola, next to a future
transversal road which runs east
to west. We can assume that the
main function of the park as the
entrance to Collserola will be
that of an information centre
and a starting point for bicycles.
It will be a space for leisure
where speed will be contrasted.
The speed of the cars on the
Ronda will be fast, that of the
buses which enter the depot will
be slower, even slower will be
the speed of bicycles and slower
yet that of young people
skating. The slowest contrasting
speed is the pedestrians walking
pace.
This project is part of a greater
intervention which began in the
year 2000 with a winning *ex
aequo* proposal for a 60,000 m²
bus depot with an ecological
deck. The depot goes three
floors underground and covers
them with a staggered concrete
slab which makes up the base of
our park.

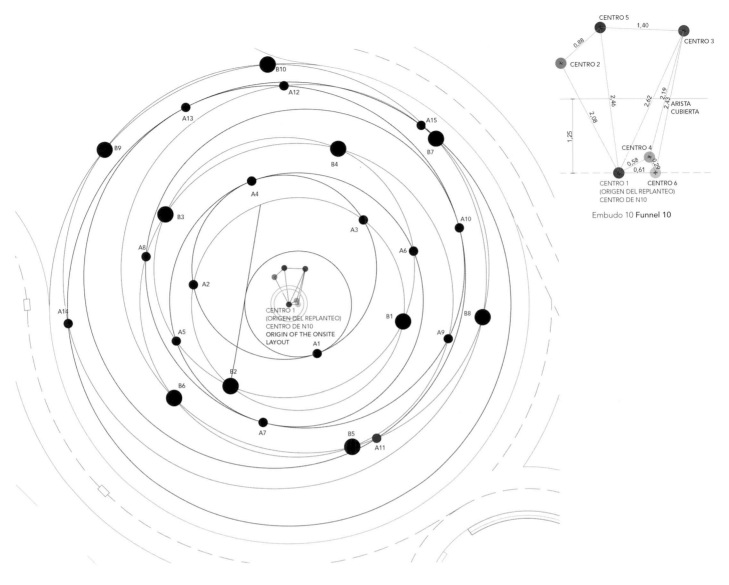

CENTRO 5
0,88   1,40
CENTRO 2   CENTRO 3
2,46   2,52   2,19   2,43
2,08   ARISTA CUBIERTA
1,25
CENTRO 4
0,58   0,29
0,61
CENTRO 1   CENTRO 6
(ORIGEN DEL REPLANTEO)
CENTRO DE N10

Embudo 10 **Funnel 10**

Esquema de evacuación de las aguas: sistema de triple impermeabilización
Drain water diagram: three levels waterpoof system

1 FUNCIONAMIENTO NORMAL	1 NORMAL WORK	
2 FUNCIONAMIENTO DE EMERGENCIA	2 EMERGENCY WORK, ONLY IN CASE OF A BROKEN SLAB OR CONSTRUCTION WOKS	
3 EVAPORACIÓN	3 EVAPORATION	
4 RECORRIDO SUPERFICIAL SOBRE EL TERRENO HACIA EL IMBORNAL	4 SWALLOW WATER OVER THE GROUND TO THE SCUPPER	
5 RECORRIDO PROFUNDO SOBRE LA LOSA HACIA EL IMBORNAL	5 DEEP WATER OVER THE SLAB TO THE SCUPPER	
6 RECORRIDO NATURAL SOBRE LOSA HACIA LOS REBOSADEROS LATERALES DE LA CUBIERTA	6 NATURAL PATH OF THE WATER OVER THE SLAB TO THE SIDE DRAINS	

A NIVEL SUPERFICIAL
SUPERFICIAL LEVEL
B NIVEL BAJO TIERRA
UNDERGROUN LEVEL
C NIVEL LOSA
SLAB LEVEL

LLUVIA RAINWATER
LLUVIA RAINWATER

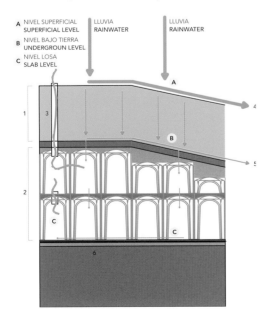

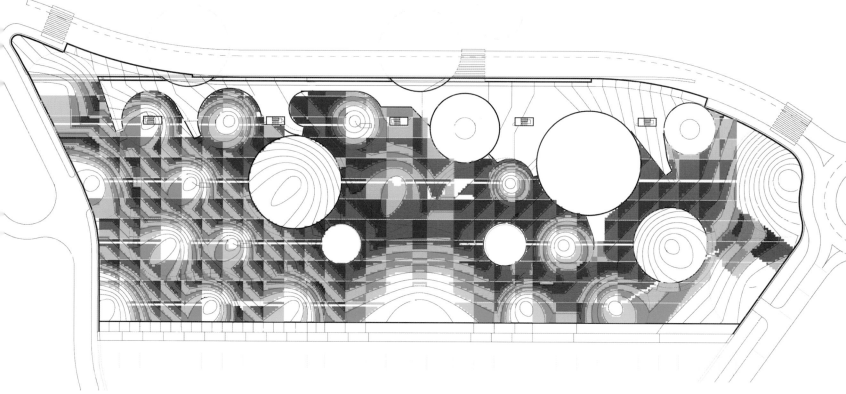

Planta de casetones **Drain water diagram: three levels waterpoof system** 1:1.250 🌑

#11	
ÁREA (m²) **SURFACE**	157.69 m² (Ø 14.17 m)
TIPO DE SUELO **SOIL TYPE**	caucho de color de propileno contínuo e=3 cm
VEGETACIÓN **VEGETATION**	---
ARBOLADO **TREES**	---
PLANTACIÓN **PLANTATION**	---
ACTIVIDAD **ACTIVITY**	danza, gimnasia
CAPACIDAD **CAPACITY**	---
VISTAS **VIEWS**	<10-2> diagonal mar
SISTEMA DE RIEGO **IRRIGATION SYSTEM**	---
INSTALACIONES **FITTING**	---

p=1.50%   p=1.50%

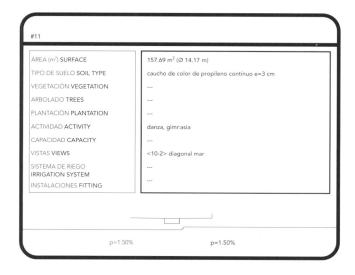

Planta general **General plan** 1:1.250

Sección longitudinal **Longitudinal section**

#01

área(m²)	453.03 m² (ø 26.16 m)
tipo de suelo	mezcla vegetal
vegetación	Bouganvillea glabra
arbolado	---
plantación	---
actividad	---
capacidad	---
vistas	<2-5> tibidabo
sistema de riego	por goteo (tech-line)
instalaciones	---

p=0.06% p=17.81%

#02

área(m²)	394.70 m² (ø 26.58 m)
tipo de suelo	mezcla vegetal
vegetación	Bouganvillea glabra
arbolado	---
plantación	---
actividad	---
capacidad	---
vistas	<1-4> tibidabo
sistema de riego	por goteo (tech-line)
instalaciones	---

p=3.69% p=18.38%

#03

área(m²)	308.88 m² (ø 28.88 m)
tipo de suelo	mezcla vegetal
vegetación	Bouganvillea glabra
arbolado	---
plantación	---
actividad	---
capacidad	---
vistas	<2-5> tibidabo
sistema de riego	por goteo (tech-line)
instalaciones	---

p=3.91% p=21.2%

#04

área(m²)	296.84 m² (ø 18.54 m)
tipo de suelo	sablón + zahorra artificial
vegetación	hiedra
arbolado	Prunus pisardii
plantación	tipo D
actividad	---
capacidad	---
vistas	<4-8> turo de la peira
sistema de riego	aspersión
instalaciones	---

p=3.47% p=26.39%

#05

área(m²)	274.28 m² (ø 18.68 m)
tipo de suelo	mezcla vegetal
vegetación	hiedra
arbolado	Tamarix pentandra
plantación	tipo B
actividad	---
capacidad	---
vistas	<12-5> ciutat vella
sistema de riego	aspersión
instalaciones	---

p=3.90% p=27.20%

#06

área(m²)	403.31 m² (ø 22.66 m)
tipo de suelo	mezcla vegetal
vegetación	césped
arbolado	---
plantación	ver detalle
actividad	---
capacidad	---
vistas	<11-4> poblenou, montbau
sistema de riego	aspersión
instalaciones	---

p=1.20% p=23.90%

#07

área(m²)	362.11 m² (ø 21.46 m)
tipo de suelo	mezcla vegetal
vegetación	hiedra
arbolado	Eleagnus angustifolia
plantación	tipo A
actividad	---
capacidad	---
vistas	<4-9> canyelles, tibidabo
sistema de riego	aspersión
instalaciones	---

p=8.48% p=20.82%

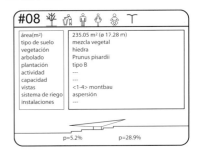

#08

área(m²)	235.05 m² (ø 17.28 m)
tipo de suelo	mezcla vegetal
vegetación	hiedra
arbolado	Prunus pisardii
plantación	tipo B
actividad	---
capacidad	---
vistas	<1-4> montbau
sistema de riego	aspersión
instalaciones	---

p=5.2% p=28.9%

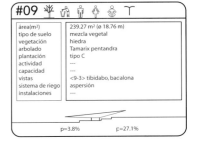

#09

área(m²)	239.27 m² (ø 18.76 m)
tipo de suelo	mezcla vegetal
vegetación	hiedra
arbolado	Tamarix pentandra
plantación	tipo C
actividad	---
capacidad	---
vistas	<9-3> tibidabo, bacalona
sistema de riego	aspersión
instalaciones	---

p=3.8% p=27.1%

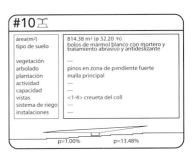

#10

área(m²)	814.38 m² (ø 32.20 m)
tipo de suelo	bolos de mármol blanco con mortero y tratamiento abrasivo y antideslizante
vegetación	---
arbolado	pinos en zona de pendiente fuerte
plantación	malla principal
actividad	---
capacidad	---
vistas	<1-4> creueta del coll
sistema de riego	---
instalaciones	---

p=1.00% p=13.48%

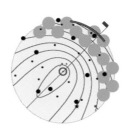

#11

área(m²)	157.69 m² (ø 14.17 m)
tipo de suelo	caucho de color de polipropileno contínuo e=3cm
vegetación	---
arbolado	---
plantación	---
actividad	danza, gimnacia
capacidad	---
vistas	<10-2> diagonal mar
sistema de riego	---
instalaciones	---

p=1.50% p=1.50%

#12

área(m²)	342.15 m² (ø 23.32 m)
tipo de suelo	mezcla vegetal
vegetación	césped
arbolado	Pinus pinea (zona parcial)
plantación	malla principal
actividad	picnic
capacidad	---
vistas	<9-3> montbau
sistema de riego	aspersión
instalaciones	electricidad

p=0.08% p=23.4%

#13

área(m²)	306.35 m² (ø 19.75 m)
tipo de suelo	mezcla vegetal
vegetación	hiedra
arbolado	Acacia retinoides
plantación	tipo E
actividad	---
capacidad	---
vistas	<4-9> turo de la rovira, badalona
sistema de riego	aspersión
instalaciones	---

p=12.13% p=16.13%

#14

área(m²)	510.70 m² (ø 25.53 m)
tipo de suelo	sablón + zahorra artificial
vegetación	---
arbolado	pinos (en zona parcial)
plantación	malla principal
actividad	esparcimiento
capacidad	---
vistas	<10-2> diagonal mar, creueta del coll
sistema de riego	---
instalaciones	armario eléctrico

p=0.93% p=9.89%

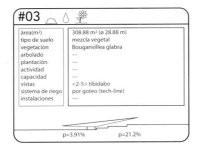
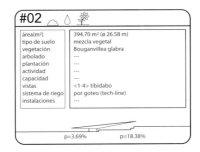
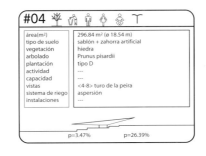

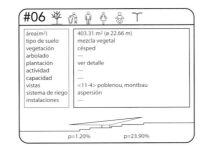
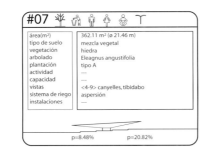

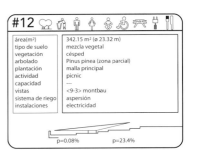

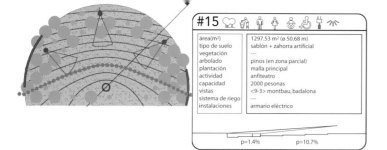

#15

área(m²)	1297.53 m² (ø 50.68 m)
tipo de suelo	sablón + zahorra artificial
vegetación	---
arbolado	pinos (en zona parcial)
plantación	malla principal
actividad	anfiteatro
capacidad	2000 pesonas
vistas	<9-3> montbau, badalona
sistema de riego	---
instalaciones	armario eléctrico

p=1.4%   p=10.7%

#22

área(m²)	368.74 m² (ø 24.40 m)
tipo de suelo	mezcla vegetal
vegetación	césped
arbolado	Prunus pisardii (parcial)
plantación	tipo C
actividad	picnic
capacidad	---
vistas	<9-3> badalona, poblenou
sistema de riego	aspersión
instalaciones	armario eléctrico

p=18.0%   p=6.7%

#16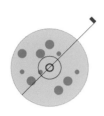

área(m²)	420.71 m² (ø 24 m)
tipo de suelo	hormigón visto
vegetación	---
arbolado	---
plantación	---
actividad	olivos
capacidad	1200 pesones
vistas	<9-3> montbau, badalona
sistema de riego	---
instalaciones	armario eléctrico, agua

p=3%

#23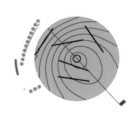

área(m²)	260.12 m² (ø 18.19 m)
tipo de suelo	sorra granada
vegetación	---
arbolado	---
plantación	---
actividad	pipi can
capacidad	---
vistas	<10-2> canyelles, turó de la peira
sistema de riego	aspersor
instalaciones	acceso propio desde calle. banco de madera. cerramiento perimetral >70 cm. papelera. 4 palos.

p=1.5%   p=1.5%

#17

área(m²)	200.63 m² (ø 15.98 m)
tipo de suelo	mezcla vegetal
vegetación	hiedra
arbolado	Olea europaea
plantación	tipo A
actividad	---
capacidad	---
vistas	<11-3> turo de la rovira, poblenou
sistema de riego	aspersión
instalaciones	

p=26.41%   p14.24%

#24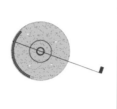

área(m²)	535.78 m² (ø 26.10 m)
tipo de suelo	hormigón visto, tejido en masa (negro)
vegetación	---
arbolado	---
plantación	---
actividad	skateboard
capacidad	---
vistas	<9-3> canyelles, poblenou
sistema de riego	---
instalaciones	armario eléctrico

p=14.79%   p=3.74%

#18

área(m²)	175.06 m² (ø 14.92 m)
tipo de suelo	arena de río lavada de 0,2 a 2 mm
vegetación	---
arbolado	encina ejemplar
plantación	malla principal
actividad	juegos de niños 0-5 años
capacidad	---
vistas	<11-4> diagonal mar, tibidabo
sistema de riego	---
instalaciones	cerramiento perimetral (h=>0.6 m) y banco corrido de madera

p=1.5%   p=1.5%

#25

área(m²)	691.65 m² (ø 40.32 m)
tipo de suelo	mezcla vegetal
vegetación	Bouganvillea glabra
arbolado	---
plantación	---
actividad	---
capacidad	---
vistas	<7-1> muntanya del notari
sistema de riego	por goteo (tech-line)
instalaciones	---

p=16.44%   p=4.99%

#19

área(m²)	256.62 m² (ø 19.59 m)
tipo de suelo	mezcla vegetal
vegetación	hiedra
arbolado	---
plantación	tipo A
actividad	---
capacidad	---
vistas	<11-3> diagonal mar, tibidabo
sistema de riego	aspersión
instalaciones	

p=22.5%   p=4.1%

#26

área(m²)	453.96 m² (ø 32.96 m)
tipo de suelo	mezcla vegetal
vegetación	Bouganvillea glabra
arbolado	---
plantación	---
actividad	---
capacidad	---
vistas	<8-2> diagonal mar
sistema de riego	por goteo (tech-line)
instalaciones	---

p=8.70%

#20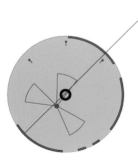

área(m²)	1017.87 m² (ø 36 m)
tipo de suelo	sablón
vegetación	---
arbolado	---
plantación	---
actividad	---
capacidad	3000 personas
vistas	<11-4> turó de la rovira, montbau
sistema de riego	---
instalaciones	armario eléctrico, agua, +f. subterráneo: servicios parques y jardines

1 PUNTO DE INFORMACIÓN, DE ENCUENTRO, CON VISTAS
2 APTO PARA HOMBRES, MUJERES, NIÑOS, MINUSVÁLIDOS
3 SERVICIOS DE CAFETERÍA, RESTAURANTE, LAVABOS, PICNIC, CONEXIÓN ELÉCTRICA, PRIMEROS AUXILIOS, PAPELERA
4 ZONA SKATE-BOARD, BICICLETAS, PI-PI CAN, DANZA-GIMNASIA, JUEGOS 0-5 AÑOS
5 ARBUSTO, BOSQUE, ÁRBOL DE HOJA CADUCA
6 SISTEMA DE RIEGO POR GOTEO, ASPERSIÓN, FUENTE
7 FRUTA, FLOR

1 INFORMATION DESK, MEETING POINT, VIEWPOINT
2 SUITABLE FOR MEN, WOMEN, CHILDREN, DISABLED PEOPLE
3 CAFETERIA, RESTAURANT, TOILETS, PICNIC AREA, POWER POINT, FIRST AID, LITTEN BIN
4 SKATE-BOARD AREA, BICYCLES, DOG TOILET POINT, DANCE AND GIMNASTIC AREA, PLAYGROUND (0-5 YEARS)
5 BUSH, FOREST, DECIDUOUS TREE
6 TRICKLE SYSTEM, WATERING SYSTEM, DRINKING FOUNTAIN
7 FRUIT, FLOWER

Fichas programáticas de los imbornales
Programatic cards of funnels

#21

área(m²)	337.46 m² (ø 20.72 m)
tipo de suelo	mezcla vegetal
vegetación	hiedra
arbolado	---
plantación	ver detalle
actividad	---
capacidad	---
vistas	<11-4> turó de la rovira, montbau
sistema de riego	aspersión
instalaciones	

p=20.7%   p=9.3%

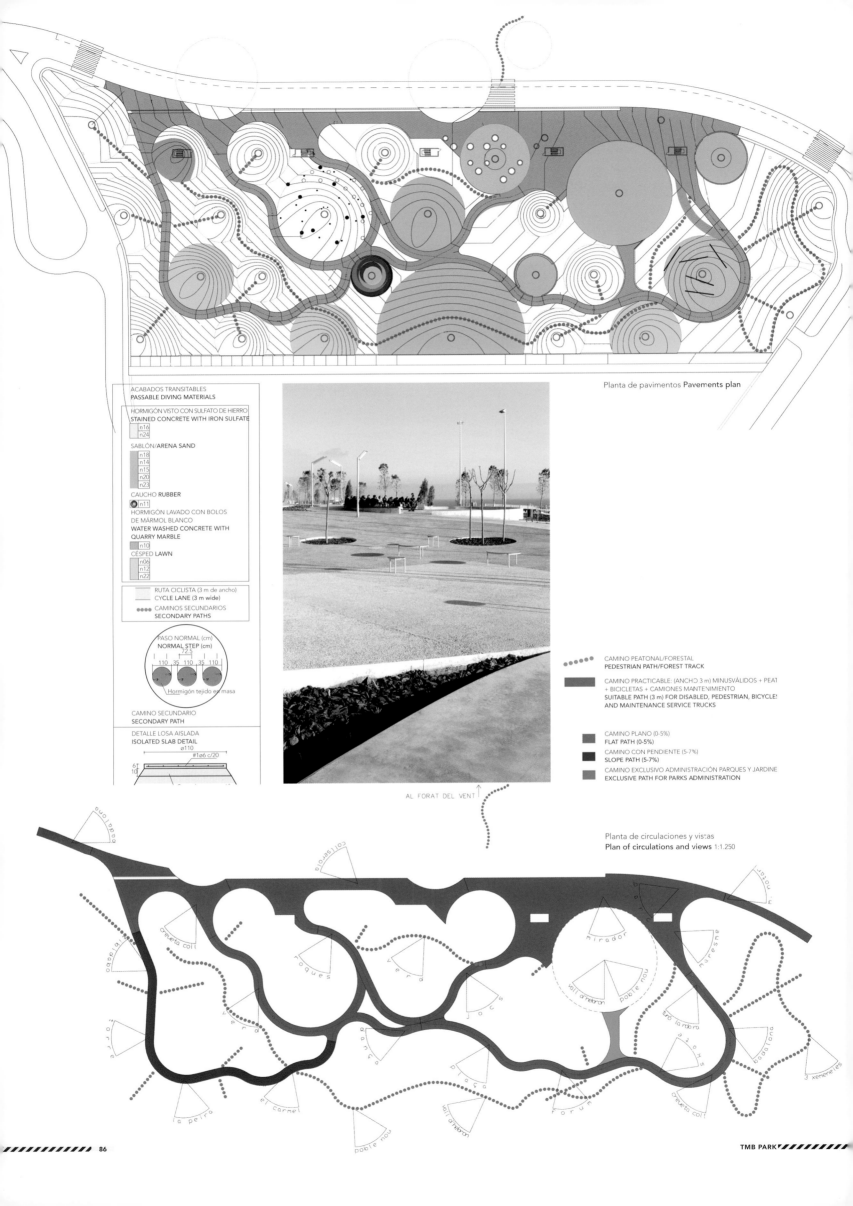

Planta de pavimentos **Pavements plan**

PASO NORMAL (cm)
NORMAL STEP (cm)
72.5
110 35 110 35 110
Hormigón tejido en masa

CAMINO SECUNDARIO
SECONDARY PATH

DETALLE LOSA AISLADA
ISOLATED SLAB DETAIL
ø110
#1ø6 c/20
6
10

AL FORAT DEL VENT ↑

CAMINO PEATONAL/FORESTAL
PEDESTRIAN PATH/FOREST TRACK

CAMINO PRACTICABLE: (ANCHO 3 m) MINUSVÁLIDOS + PEAT
+ BICICLETAS + CAMIONES MANTENIMIENTO
SUITABLE PATH (3 m) FOR DISABLED, PEDESTRIAN, BICYCLES
AND MAINTENANCE SERVICE TRUCKS

CAMINO PLANO (0-5%)
FLAT PATH (0-5%)
CAMINO CON PENDIENTE (5-7%)
SLOPE PATH (5-7%)
CAMINO EXCLUSIVO ADMINISTRACIÓN PARQUES Y JARDINE
EXCLUSIVE PATH FOR PARKS ADMINISTRATION

Planta de circulaciones y vistas
Plan of circulations and views 1:1.250

DETALLE BARANDILLAS-BANCOS
HANDRAILS AND BENCHES DETAILS

1 TUBO DE ACERO GALVANIZADO Ø 60 mm
2 PLANCHA DE ACERO GALVANIZADO 10 x 50 mm
1 GALVANIZED STEEL PROFILE Ø 60 mm
2 GALVANIZED STEEL PLATE 10 x 50 mm

BARANDILLA K / K HANDRAIL — BARANDILLA L / L HANDRAIL — BARANDILLA M / M HANDRAIL — BARANDILLA N / N HANDRAIL

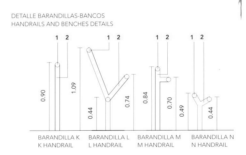

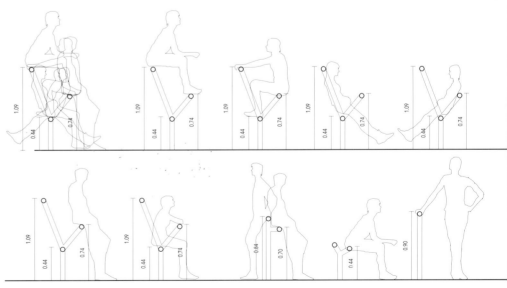

1:50

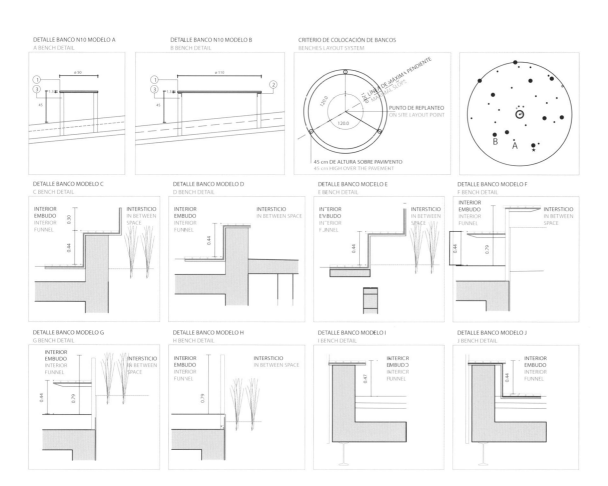

DETALLE BANCO N10 MODELO A
A BENCH DETAIL

DETALLE BANCO N10 MODELO B
B BENCH DETAIL

CRITERIO DE COLOCACIÓN DE BANCOS
BENCHES LAYOUT SYSTEM

ø 50

45

ø 110

45

LÍNEA DE MÁXIMA PENDIENTE
MAXIMAL SLOPE

120.0

120.0

PUNTO DE REPLANTEO
ON SITE LAYOUT POINT

45 cm DE ALTURA SOBRE PAVIMENTO
45 cm HIGH OVER THE PAVEMENT

B A

1 PANEL TRESPA 13 mm
  CORTADO Ø 110 mm
  I Ø 50 mm
  ATORNILLADO A 2
2 PERFIL DE ACERO
  GALVANIZADO L 40
  x 40 CURVADO
3 TUBOS DE ACERO
  GALVANIZADO Ø 50 mm
  FIJADOS ATORNILLADOS A
  LA PRELOSA. SOLDADOS

1 13 mm COMPOSITE PANEL
2 40 x 40 mm L GALVANIZED
  AND CURVED
  STEEL PROFILE
3 Ø 50 mm GALVANIZED
  STEEL PROFILES
  FIXED TO THE
  SLAB AND WELDED

DETALLE BANCO MODELO C
C BENCH DETAIL

INTERIOR
EMBUDO
INTERIOR
FUNNEL

INTERSTICIO
IN BETWEEN SPACE

0.30

0.44

DETALLE BANCO MODELO D
D BENCH DETAIL

INTERIOR
EMBUDO
INTERIOR
FUNNEL

INTERSTICIO
IN BETWEEN SPACE

0.44

DETALLE BANCO MODELO E
E BENCH DETAIL

INTERIOR
EMBUDO
INTERIOR
FUNNEL

INTERSTICIO
IN BETWEEN
SPACE

0.44

DETALLE BANCO MODELO F
F BENCH DETAIL

INTERIOR
EMBUDO
INTERIOR
FUNNEL

INTERSTICIO
IN BETWEEN
SPACE

0.44

0.79

DETALLE BANCO MODELO G
G BENCH DETAIL

INTERIOR
EMBUDO
INTERIOR
FUNNEL

INTERSTICIO
IN BETWEEN SPACE

0.44

0.79

DETALLE BANCO MODELO H
H BENCH DETAIL

INTERIOR
EMBUDO
INTERIOR
FUNNEL

INTERSTICIO
IN BETWEEN SPACE

0.79

DETALLE BANCO MODELO I
I BENCH DETAIL

INTERIOR
EMBUDO
INTERIOR
FUNNEL

0.47

DETALLE BANCO MODELO J
J BENCH DETAIL

INTERIOR
EMBUDO
INTERIOR
FUNNEL

0.44

1:50

Ecoboulevard
Villa de Vallecas, Madrid. Spain, 2005

Ecosistema Urbano ecosistemaurbano.com

MADRID es

Villa De Vallecas
Older District

NEW RESIDENTIAL
QUARTER ON AN EMPTY
PERIPHERAL AREA

1:10.000

27.280m²

Vallecas City
Extension

FUTURE LA GAVIA
PARK (TOYO ITO)

A-3

M-40

M-45

M-31

1:20.000

Influence area /////// Villa de Vallecas, Madrid
Population /////////// 60.783 inhabitants
Density///////////// 1.181 inhab/km²
Data source////////// munimadrid.es, 2005

Digitalglobe, 2008

capas layers

TRÁFICO RODADO	VEHICULAR TRAFFIC	▬ PEATONAL&BICI	PEDESTRIAN&CYCLIST
ÁRBOLES	TREES	CÉSPED	GRASS
AGUA	WATER	MONTE BAJO	SCRUBLAND
EDIFICIOS	BUILDINGS	MARISMAS	MARSHES
ACTIVIDADES	ACTIVITIES		
ESTANCIAS	ROOMS	ÁREA DE INTERVENCIÓN	INTERVENTION AREA

ACTIVIDADES ACTIVITIES

Cada árbol está pensado para facilitar una serie de actividades lúdicas y recreativas.

Each tree is meant to facilitate a series of leisure and recreation activities.

ESTANCIAS ROOMS

Los árboles de aire actúan como principales zonas de estancia, aunque una fila de bancos se extiende por todo el bulevar.

The wind trees act as main usable areas, though the row of benches goes along the entire boulevard.

RECORRIDOS ROUTES

La circulación rodada se produce a lo largo uno de los bordes, mientras que el resto es peatonal. Las rotondas, la separación entre peatones y tráfico está señalada con balizas.

Car traffic runs along one of the edges, while the rest is for pedestrians only. The roundabouts separate pedestrians and traffic and are marked with pegs.

EDIFICIOS BUILDINGS

El bulevar está bordeado en su totalidad por manzanas de vivienda protegida, sin usos comerciales en la planta baja.

The boulevard is lined by blocks of social housing, with no commercial space on ground floor.

VEGETACIÓN VEGETATION

El protagonismo de los árboles artificiales, a los que se incorporan plantas por el interior, irá desapareciendo cuando crezcan las plantaciones arboladas que recorren el bulevar. Una línea de setos separa los aparcamientos

The importance of the artificial trees, which there will be plants inside, will gradually disappear when the planted trees that run along the boulevard grow. A line of bushes separates parking spaces.

AGUA WATER

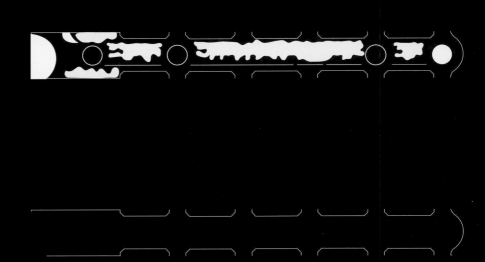

1:5.000

1 Árbol climático **Air tree**   2 Árbol lúdico **Ludic tree**   3 Árbol mediático **Media tree**

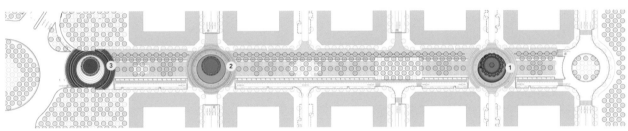

Planta general **General plan** 1:3.500 ↻

En los límites de la ciudad actual, sobre un árido paisaje de yesos, se levanta con rapidez el ensanche de Vallecas. Este proyecto urbanístico forma parte del ambicioso, voraz y anodino programa de ensanches que colmatarán el término municipal de Madrid en pocos años. Este contexto hostil sirve de reactivo a Ecosistema Urbano para plantear su propuesta de bulevar ecológico. Ganadora de un concurso promovido por el Ayuntamiento de Madrid, plantea la construcción de tres grandes cilindros alineados a lo largo del bulevar, y que sirven como catalizadores de la vida pública, mejorando la generalmente pobre calidad de los espacios públicos en este tipo de ensanches.

Cada cilindro pretende funcionar igual que lo haría un árbol de gran porte (recordemos los plátanos que se alinean en el paseo Mirabeau de Aix-en-Provence), y como tales son capaces de regular por sí mismos la atmósfera de los espacios que contienen, además de alojar en su interior variados usos colectivos. Para ello, cada "árbol de aire" se dota de un

On the edges of the current city, on an arid gypsum landscape, rapidly rises the enextension of the Vallecas district. This urban planning project is part of an ambitious, voracious, anodyne enlargement operation that within a few years will have Madrid's municipal area to the brim.

This hostile fact has served as a reagent, with Ecosistema Urbano drawing up a proposal for an ecological boulevard. Winner of a competition organized by Madrid's City Hall, the proposal calls for the building of three large cylinders along the boulevard, one of which has already gone up. The cylinders are to serve as catalysts of public life, thereby improving the generally poor quality of public space in city extensions of this kind. Each cylinder endeavors to play the role that a grand tree would (think of the plane trees lining the Mirabeau Promenade in Aix-en-Provence), while regulating the atmosphere of the spaces it contains, which serve a variety of collective uses. Each 'air tree' has its own bioclimatic functioning: a metal structure

funcionamiento bioclimático diferente: una estructura metálica desmontable se forra por el exterior con una pantalla térmica transpirable y por el interior con plantas trepadoras. Una corona de paneles fotovoltaicos, captadores de viento y atomizadores permiten regular las condiciones de temperatura y humedad del lugar creando así un marco sostenible capaz de promover la vida pública.

El objetivo de Ecosistema Urbano es paliar las graves carencias de determinadas formas de planeamiento descontrolado: estos objetos muebles, fácilmente exportables, permiten ser instalados allí donde sea necesaria una regeneración de la actividad urbana.

that can be taken apart is lined on the outside with a thermal screen that transpires, and on the inside with climbing plants. A crown of photovoltaic panels, wind sensors and atomizers make it possible to regulate the temperature and humidity conditions of the place.

The result is a sustainable stimulator of public life.

The objective of Ecosistema Urbano is to make up for the serious deficiencies of certain forms of uncontrolled planning. Easy to take apart and moved about, these objects can be put up wherever a regeneration of urban activity is in order.

ÁRBOL CLIMÁTICO
AIR TREE
1 CORONA DE PANELES SOLARES FOTOVOLTAICOS
2 CAPTADORES DE VIENTO
3 BATERÍA DE ACONDICIONAMIENTO AGUA-AIRE
4 CONDUCTOS DE ACONDICIONAMIENTO
5 DIFUSORES TRONCOCÓNICOS
6 MALLA METÁLICA PARA CRECIMIENTO DE ESPECIES
7 ESPECIES VEGETALES
8 SISTEMA DE ILUMINACIÓN POR FIBRA ÓPTICA
9 PANTALLAS TÉRMICAS DE CONTROL SOLAR
10 BANCO PERIMETRAL DE PLÁSTICO RECICLADO
11 PAVIMENTO DE CAUCHO RECICLADO EN TOPOGRAFÍA ARTIFICIAL Y PAVIMENTO INTERIOR
12 DENSIFICACIÓN DE LA MALLA DE ARBOLADO EXISTENTE
13 PAVIMENTO TERRIZO ECOLÓGICO (NIVELACIÓN Y PEATONALIZACIÓN CALZADAS EXISTENTES)

1 PHOTOVOLTAIC PANELS
2 WIND CATCHER
3 COOLING SYSTEM
4 VENTILATION PIPES
5 AIR DIFUSSER
6 TIGHENED GALVANIZED STEEL MESH. CLIMBING PLANTS SUPPORT
7 GREEN WALL OF CLIMBING PLANTS
8 LIGHTING SYSTEM. FIBER OPTICS
9 EXTERIOR THERMAL SHIELD
10 CIRCULAR BENCH. RECYCLED PLASTIC PIECES
11 ARTIFICIAL TOPOGRAPHY AND CONTINUOUS PAVING MADE OF RECYCLED TIRES
12 DENSIFICATION OF EXISTING TREE GRID
13 SUPERFICIAL INTERVENTIONS WITHIN THE EXISTING URBANIZATION (BACKFILL, PAINT, ETC.)

ÁRBOL MEDIÁTICO
MEDIA TREE

1 CORONA DE PANELES
  SOLARES FOTOVOLTAICOS
2 SISTEMA DE
  ACONDICIONAMIENTO
  POR
  EVAPOTRANSPIRACIÓN
3 ESTRUCTURA TENSEGRITY
  EN CUBIERTA
4 MEMBRANA TEXTIL
  CUBIERTA (CAPA
  SUPERIOR)
5 MEMBRANA TEXTIL
  CUBIERTA (CAPA INFERIOR)
6 MEMBRANA TEXTIL
  PARAMENTO INTERIOR
7 MALLA METÁLICA
  PARA CRECIMIENTO
  DE ESPECIES
8 MALLA METÁLICA
  PARA CRECIMIENTO
  DE ESPECIES
9 ESPECIES VEGETALES
10 SISTEMA DE ILUMINACIÓN
11 PAVIMENTO DE
  CAUCHO RECICLADO EN
  TOPOGRAFÍA ARTIFICIAL
  Y PAVIMENTO INTERIOR
12 SISTEMAS DE
  INFORMACIÓN
13 ADOQUÍN
  FOTOCATALÍTICO
14 ALINEACIÓN DE ÁRBOLES
15 TERRIZO ECOLÓGICO
16 PASEO PEATONAL

1 PHOTOVOLTAIC PANELS
2 EVAPOTRANSPIRATION
  COOLING SYSTEM
3 TENSEGRITY ROOF
  STRUCTURE
4 TEXTILE ROOF
  MEMBRANE
  (UPPER LAYER)
5 TEXTILE ROOF
  MEMBRANE
  (LOWER LAYER)
6 TEXTILE MEMBRANE
  (INSIDE CYLINDER)
7 METAL MESH FOR
  PLANTS SUPPORT
8 METAL MESH FOR
  PLANTS SUPPORT
9 PLANTS
10 LIGHING FIXTURES
11 RECYCLED RUBBER
  PAVEMENT
12 INFORMATION SCREENS
13 PHOTOCATALYTIC
  COBBLESTONE
14 TREE PLANTING
15 ECOLOGICAL GROUND
16 PEDESTRIAN WALKWAY

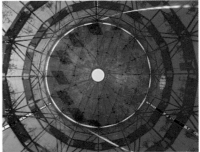

Estructura **Structure**

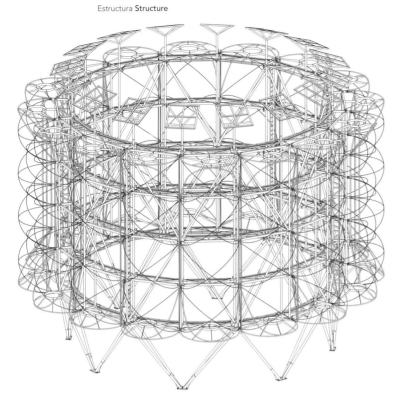

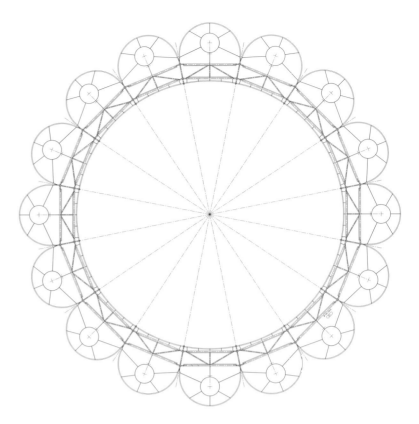

Planta de la estructura **Structure plan**

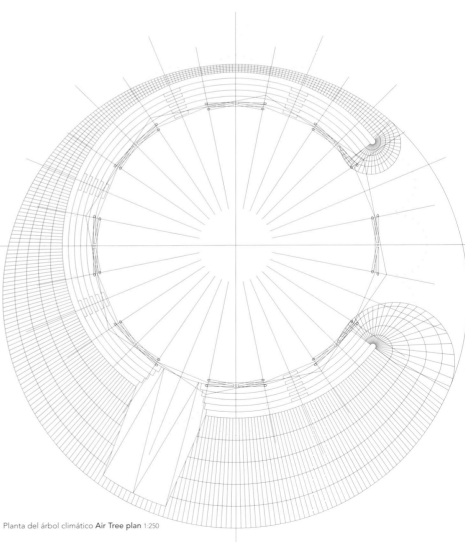

Planta del árbol climático **Air Tree plan** 1:250

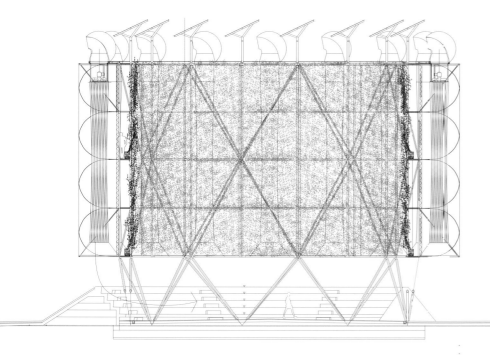

Sección **Section**

Sección **Section** 1:250

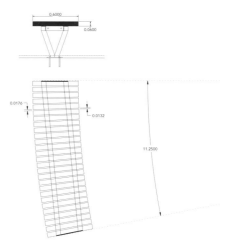

Detalle del banco **Bench detail** 1:50

Año 0 year

Año 20 year

N NO O SO S SE E NE N

SUPERFICIE TOTAL: 1392 m²
INCREMENTO DE SUPERFICIE: 40 %
SUPERFICIE DE SOMBRA: 70 %
TOTAL SURFACE: 1392 m²
SURFACE INCREASE: 40 %

N O S E N

CERRAMIENTO INTERIOR: SUPERFICIE SOMBREADA 12.00 H
INNER TEXTILE SKIN: SHADED SURFACE AT NOON

N O S E N

SUPERFICIE TOTAL: 680,40 m²
SUPERFICIE DE SOMBRA: 50-80 %
TOTAL SURFACE: 680,40 m²
SHADED SURFACE: 50-80 %

VERANO ESPACIO EXTROVERTIDO
EXTROVERT SUMMER SPACE
CONTROL CLIMÁTICO EXTENDIDO
HACIA ÁREA PERIMETRAL EXTERNA
EXTENDED CLIMATE CONTROL
TOWARDS TE NEARBY SURROUNDINGS

INVIERNO ESPACIO INTROVERTIDO
INTTOVERT WINTER SPACE
CONTROL CLIMÁTICO DEL ESPACIO
INTERIOR Y PERÍMETRO PRÓXIMO
CLIMATE CONTROL OV THE INSIDE
SPACE AND NEARBY SURROUNDINGS

1 CERRAMIENTO EXTERIOR
   OUTER SKIN

2 ESTRUCTURA
   ESTRUCTURE

3 SUELO RADIANTE
   RADIANTING SOIL

COMPORTAMIENTO CÉLUCA UNIDAD
(EFECTO SINBIÓTICO)
UNIT CELL BEHAVIOUR (SYMBOTIC EFFECT)

GRADIENTE ZONA DE CONFORT
(EFECTO SIMBIÓTICO)
GRADIEN" THE COMFORT ZONE
(SYMBIOTIC EFFECT)

35°C   7°C

EVAPOTRANSPIRACIÓN
EVAPOTRANSPITATION

CONVECCIÓN
CONVECTION

25°C   15°C

4 REVESTIMIENTO INTERIOR PERÍMETRO
   INTERIOR: PARED VEGETAL
   INSIDE COATING: GREEN WALL

5 BATERÍA DE VENTILACIÓN
   COOLING SYSTEM

6 CAPTADOR DE BRISAS
   ROTATORY WIND RECEIVER

7 BATERÍA DE REFRIGERACIÓN TORRES DE AIRE FRÍO
   NEBULIZER SYSTEM

8 CERAMMIENTO TORRES DE AIRE
   EXTERIOR HEAT SHIELD

9 BATERÍA DE CALEFACCIÓN
   HEATING SYSTEM

10 COLECTORES SOLARES DE ACS
   SOLAR COLLECTORS

11 PANELES FOTOVOLTAICOS
   PHOTOVOLTAIC PANELS

12 ESTRUCTURA SECUNDARIA DEL CERRAMIENTO
   EXTERIOR (VARILLAS DE CARBONO)
   SECONDARY STRUCTURE SUPPORTING THE
   OUTER SKIN (CARBON RODS)

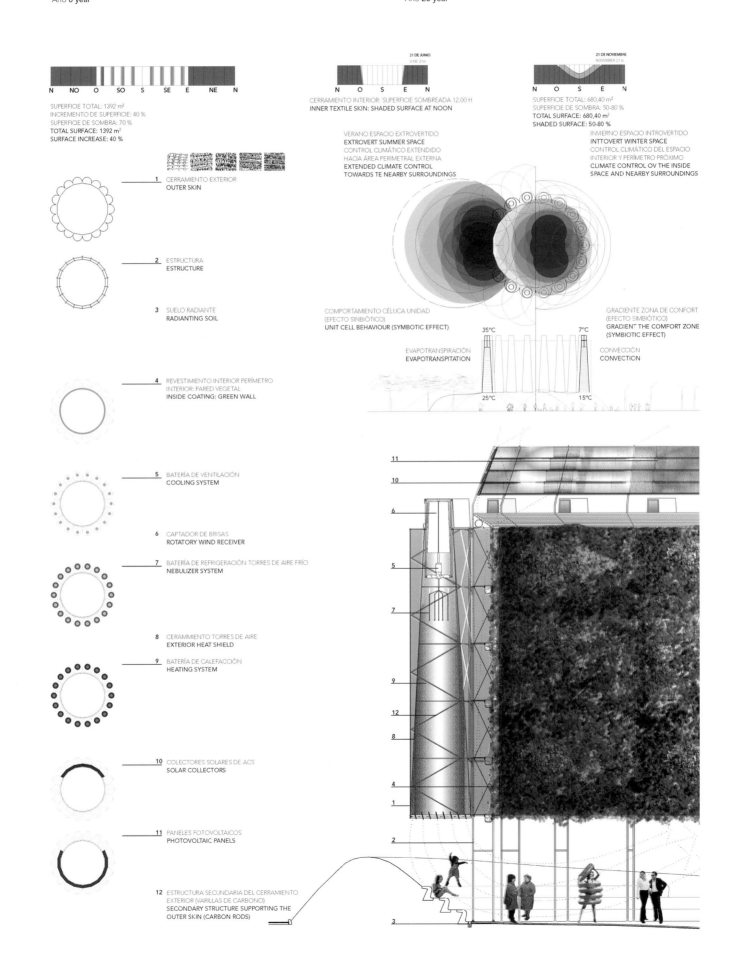

CAPTADOR DE VIENTO DE POLIETILENO TRANSLUCIDO
TRANSLUCENT POLYETHYLENE AIR COLLECTOR
TANQUE DE POLIETILENO DE ø 1.600 mm Y 1.800 mm DE ALTURA
POLYETHYLENE TANK (DIA 1600 mm, HEIGHT 1800 mm)

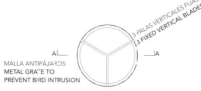

3 PALAS VERTICALES FIJAS
3 FIXED VERTICAL BLADES

MALLA ANTIPÁJAROS
**METAL GRATE TO
PREVENT BIRD INTRUSION**

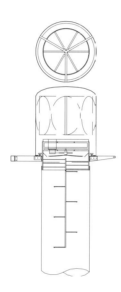

DIFUSOR TRONCOCÓNICO DE POLIÉSTER REFORZADO
CON FIBRA DE VIDRIO
**TRONCOCONICAL DIFFUSER OUT OF POLYESTER WITH GLASS
FIBRE REINFORCEMENT**

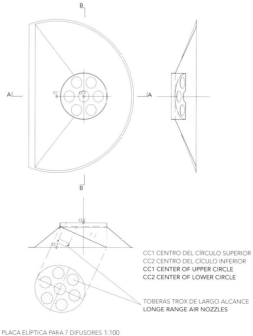

CC1 CENTRO DEL CÍRCULO SUPERIOR
CC2 CENTRO DEL CÍCULO INFERIOR
**CC1 CENTER OF UPPER CIRCLE
CC2 CENTER OF LOWER CIRCLE**

TOBERAS TROX DE LARGO ALCANCE
LONGE RANGE AIR NOZZLES

PLACA ELÍPTICA PARA 7 DIFUSORES 1:100

ÁRBOL CLIMÁTICO

01 PANELES FOTOVOLTAICOS DE TEDLAR TRANSPARENTE A 165 w CONECTADOS A INVERSOR DE INTEMPERIE AC/DC. ORIENTACIÓN SUR INCLINACIÓN 20° SUPERFICIE TOTAL (16 UDS)=80 m²

02 CONJUNTO ESTRUCTURAL PARA SOPORTE DE PANELES FOTOVOLTAICOS, FORMADO POR 1/2 PERFILES IPE180 Y TUBO Ø 90 Y 3 mm DE ESPESOR

03 CAPTADOR DE VIENTO, FABRICADO A PARTIR DE DEPÓSITO DE POLIETILENO TRANSLÚCIDO Ø 60 cm, CON 3 VÍAS DE ENTRADA DE AIRE CIRCULARES Y MALLA ANTIPÁJAROS DE POLIETILENO

04 BARANDILLA DE CABLE DE ACERO TRENZADO Ø 12 mm, CON UNA DISTANCIA DE 1 m ENTRE MONTANTE Y MONTANTE

05 PASARELA DE MANTENIMIENTO A BASE DE PIEZAS TRAPEZOIDALES DE EMPARRILLADO 3 x 3 cm DE PLETINA DE ACERO GALVANIZADO DE 3 mm DE ESPESOR

06 JABALCÓN (EXTREMO SUPERIOR COMPRIMIDO) Y TIRANTE (INFERIOR TRACCIONADO) DE TUBO DE ACERO Ø 50 mm

07 BASTIDOR DE ACERO INOXIDABLE 20 mm DE LADO Y 2 mm DE ESPESOR Y TAMBOR DE CHAPA GALVANIZADA Ø 20 cm, PARA SUJECIÓN DEL EQUIPO DE VENTILACIÓN

08 BATERÍA DE REFRIGERACIÓN AGUA-AIRE, SOBRE APOYO ANTIVIBRATORIO, FORMADA POR:
- VENTILADOR DE 6 PALAS, Ø 975 mm, 1 CV A 1400 RPM, Q=8000 M3/S
- TUBERÍA ANULAR DE ACERO INOXIDABLE A 70 BAR
MICRONIZADORES Q=5,7 L/H, TAMAÑO DE GOTA D=0,2 MICRAS RÉGIMEN DE FUNCIONAMIENTO: INTERVALOS DE 10 S C/20S

09 RED DE 6 NEBULIZADORES PARA EL ENFRIAMIENTO LATENTE DEL AIRE POR EVAPOTRANSPIRACIÓN. SALTO TÉRMICO DE 10 - 12 °C. CONSUMO: 5 L/H

10 CONDUCTO DE VENTILACIÓN Ø 126 cm, DE TEJIDO DE POLIÉSTER DE SECCIÓN HIPERBÓLICA, PARA EVITAR DEFORMACIONES PROVOCADAS POR LA TENSIÓN DE SUS EXTREMOS INFERIOR Y SUPERIOR, CONFECCIONADO CON UNIONES SOLDADAS Y RELINGADO ENTORNO A PLETINA DE ACERO

11 CERRAMIENTO EXTERIOR FORMADO POR 2 CAPAS COSIDAS:
PANTALLA TÉRMICA: TEJIDO MULTICAPA DE POLIETILENO DE ALTA DENSIDAD Y ALUMINIO.
PANTALLA DE PROTECCIÓN CONTRA EL GRANIZO, VIENTO Y HELADAS. DIMENSIÓN 12,5 x 7,35 m (16 UNIDADES)

12 TUBO CURVADO DE ACERO Ø 12 mm PARA CIMBRADO DEL CERRAMIENTO EXTERIOR TEXTIL

13 CUERDA DE POLIÉSTER TRENZADA, PARA RELINGADO DEL CERRAMIENTO TEXTIL A MONTANTES DE ESTRUCTURA PRINCIPAL

14 DIFUSOR TRONCOCÓNICO DE POLIÉSTER, REFORZADO CON FIBRA DE VIDRIO, COLOREADO EN MASA, FABRICADO POR MOLDEO Y ATORNILLADO A ESTRUCTURA METÁLICA

15 TOBERA DE ALUMINIO Ø 30 cm DE IMPULSIÓN DE AIRE, DE LARGO ALCANCE Y ORIENTABLE (7UNIDADES)

16 ESTRUCTURA DE ACERO GALVANIZADO Y PINTADO PARA EL SOPORTE DEL SISTEMA DE ILUMINACIÓN DE 65 x 40 mm Y 2 mm DE ESPESOR, ATORNILLADO A ESTRUCTIRA PRINCIPAL

17 SISTEMA DE ILUMINACIÓN MEDIANTE LÍNEAS DE FIBRA ÓPTICA DE EMISIÓN LATERAL Ø 8 mm Y 321 m DE LONGITUD, MONTADA SOBRE BASTIDOR DE TUBO DE ACERO DE 65 x 40 mm Y 2 mm DE ESPESOR. ILUMINADORES DE LÁMPARA DE HALOGENUROS METÁLICOS DE DESCARGA DE 150 w EN ARMARIOS ESTANCOS (8 UNIDADES), CONECTADOS A PROGRAMACIÓN DE RELOJ ASTRONÓMICO.

18 PROYECTOR REGULABLE DE ALUMINIO FUNDIDO, CON LÁMPARA DE HALOGENUROS METÁLICOS DE DESCARGA DE 35 w

19 ESTRUCTURA METÁLICA DE TUBO DE ACERO GALVANIZADO Y PINTADO CON UNIONES ATORNILLADAS A BASE DE PLETINAS

20 VENTANA DE 70 x 150 mm PARA REGISTRO Y PASO DE REDES DE INSTALACIONES (AGUA, RIEGO, SANEAMIENTO Y ELECTRICIDAD) POR EL INTERIOR DE LOS ELEMENTOS ESTRUCTURALES QUE LLEGAN AL SUELO, Y CONECTAN CON LAS ARQUETAS.

21 JARDINERAS DE 80 x 40 x 45 cm DE POLIETILENO ANTICHOQUE, ANTI UVA, RELLENAS DE SUSTRATO Y TIERRA VEGETAL, CONECTADAS A RED DE DESAGÜE.

22 SISTEMA DE RIEGO POR GOTEO DE POLIETILENO, CONSISTENTE EN ANILLOS DE REPARTO POR CADA PLANTA, SERVIDOS POR MONTANTE PRINCIPAL DE ALTA PRESIÓN.

23 REVESTIMIENTO INTERIOR: PARED VEGETAL DE TREPADORAS DE HOJA PERENNE (HEDERA HELIX, HEDERA ELEGANTISSIMA, HEDERA COICHICA MARMORATA AUREA)

24 MALLA GANADERA DE ACERO GALVANIZADO TENSADA, COMO SOPORTE PARA EL CRECIMIENTO DE ESPACIES VEGETALES TREPADORAS, SUPERFICIE = 700 m²

25 CABLEADO DE ALUMBRADO Y FUERZA Ø 6 mm, PROTEGIDO Y TENDIDO POR EL INTERIOR DE ESTRUCTURA METÁLICA

26 TUBO Ø 50 mm Y 3 mm DE ESPESOR

CURVADO DE 9 m DE RADIO FIJADO MEDIANTE MÉNSULAS A LA ESTRUCTURA DE LA PLANTA SUPERIOR E INFERIOR.

27 PAVIMENTO CONTINUO DE 3 mm DE ESPESOR "IN SITU" A BASE DE VIRUTA DE CAUCHO RECICLADO DE NEUMÁTICO Y LIGANTE DE RESINA

28 TOPOGRAFÍA ARTIFICIAL DE TIERRA COMPACTADA, DE SECCIÓN VARIABLE, PARA CONFINAR EL ESPACIO INTERIOR ACONDICIONADO Y PROTEGERLO DE LOS VIENTOS DOMINANTES

29 BANCO CIRCULAR 10,6 DE RADIO FORMADO POR PIEZAS DE PLÁSTICO RECICLADO DE 60 x 60 x 60 cm (3 COLORES) ATORNILLADAS A ESTRUCTURA DE ACERO GALVANIZADO Y PINTADO

30 PAVIMENTO DE ADOQUÍN FOTOCATALÍTICO DE 12 x 12 x 7 cm, FABRICADO CON MORTERO QUE INCLUYE DIÓXIDO DE TITANIO, COLOCADO SOBRE LECHO DE ARENA Y SOBRE CALZADAS EXISTENTES

31 BALIZAS DE SUELO, EN ADOQUÍN DE VIDRIO PARA FIBRA ÓPTICA Ø 5mm, CONECTADAS A SISTEMA DE ILUMINADORES Y A PROGRAMACIÓN DE RELOJ ASTRONÓMICO.

AIR TREE

1 PHOTOVOLTAIC PANELS (130 x 90 cm AND 165 w POWER). PANELS ARE CONNECTED TO AN OUTSIDE AC/DC REVERSER. TOTAL SURFACE PER TREE: 4.68 m²/UNIT x 16 UNITS = 74.88 m²

2 PHOTOVOLTAIC PANELS SUPPORT STRUCTURE, MADE OF ½ IPE 180 AND 3 mm THICK, 90 mm DIA TUBE 3. WIND CATCHER, MADE FROM A DIA 160 cm TRANSLUCENT POLYETHYLENE TANK WITH 3 90 cm DIA AIR HOLES

4 12 mm DIA PLAITED STEEL CABLE RAILING FOR MAINTENANCE PLATFORM. STEEL POSTS EVERY 1 m

5 MAINTENANCE PLATFORM OUT OF 3 mm THICK GALVANIZED STEEL GRID (3 x 3 cm)

6 50 mm DIA STEEL BRACE, PARABOLICLY CURVED FOLLOWING PERIMETER BOW.

7 VENTILATION SYSTEM FASTENING FRAME: 20 mm DIA, 2 mm THICK STAINLESS STEEL TUBES AND 120 mm DIA GALVANIZED STEEL PLATES.

8 COOLING SYSTEM:
6 BLADE FAN, 975 mm DIA, 1HP 1400 RPM, Q=8000 M3/S - STAINLESS STEEL RING TUBE 70 BAR

9 6 MICRONIZERS: THE SYSTEM IS CAPABLE OF COOLING THE SURROUNDING AREA UP TO 10 °C THROUGHOUT EVAPOTRANSPIRATION.

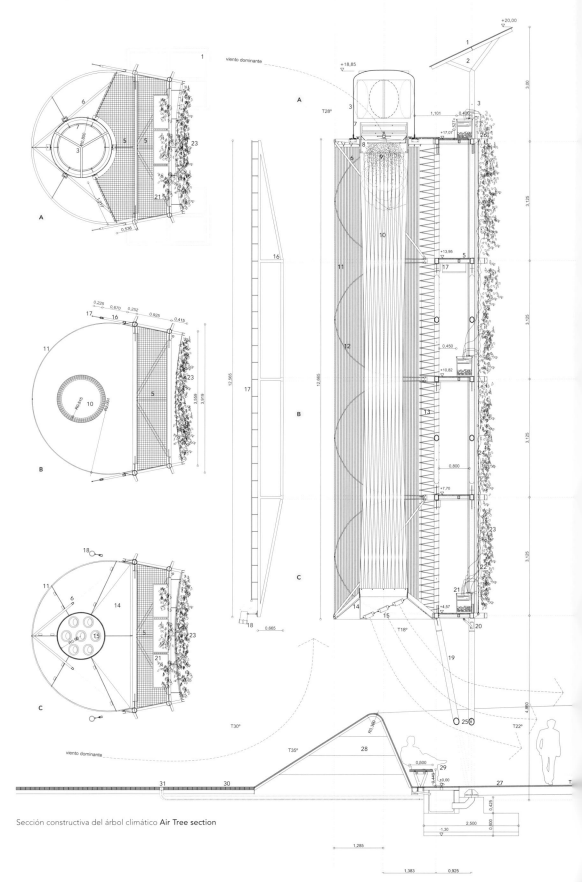

Sección constructiva del árbol climático **Air Tree section**

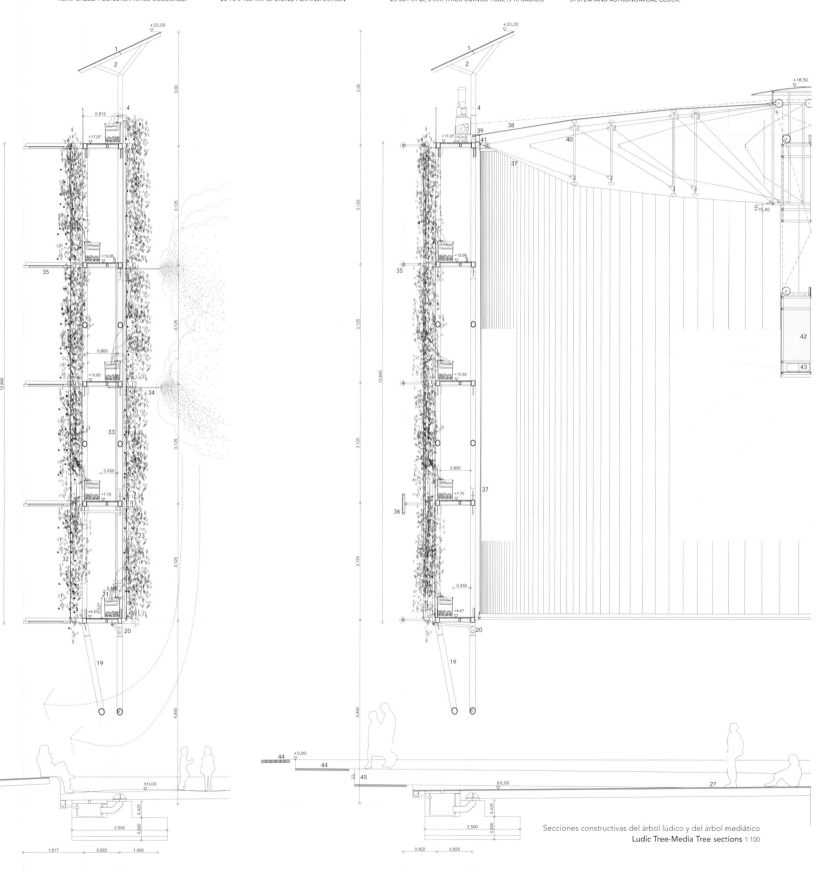

10 126 mm DIA POLYESTER VENTILATION PIPE FOLLOWING A HYPERBOLIC SHAPE IN ORDER TO MEET ALL TENSION REQUIREMENTS AND AVOID POSSIBLE DEFORMATION, WELDED OR SEWED TO THE MAIN STEEL STRUCTURE.

11 OUTER SKIN: EXTERIOR THERMAL SHIELD MADE OUT OF 16 PIECES OF 12,5 x 7,35 m HIGH DENSITY MULTILAYER POLYETHYLENE FILMS AND ALUMINIUM. IT PROTECTS AGAINST HAIL, WIND AND FROST.

12 12 mm Ø STEEL ROD TO TIGHTEN OUTER TEXTILE SCREEN

13 PLAINTED POLYESTER ROPE. FIXATION BY SEWING TO THE MAIN STRUCTURE. REINFORCEMENT IS SUPLIED BY A STICH HEM AND METAL BUTTONHOLES EVERY 20 cm

14 TRONCOCONICAL AIR DIFUSSER. GLASS-FIBER-REINFORZED POLYESTER. MASS COLOURED.

MOULDED. SCREWED TO THE METAL STRUCTURE.

15 30 mm DIA ALUMINUM AIR NOZZLES (7 UNITS), LONG SPAN. 360º ADJUSTABLE DIRECTION.

16 65 x 40, 2 mm THICK, GALVANIZED STEEL TUBE STRUCTURE WITH EPOXY PAINT PROTECTION, SCREWED TO MAIN STEEL STRUCTURE.

17 LIGHTING SYSTEM CONSISTING OF 321 m LONG, 18 mm DIA FIBER OPTICS CABLES, MOUNTED ON STEEL 65 x 40 mm, 2 mm THICK STEEL TUBE. 150 w METAL HALOGEN LAMPS (8 UNITS) INSIDE WATERTIGHT CUPBOARD, CONNECTED TO ASTRONOMICAL CLOCK.

18 FUSED ALUMINUM ADJUSTABLE SPOTLIGHT, WITH METAL HALOGEN LAMP 35 w IP65

19 GALVANIZED STEEL TUBE STRUCTURE WITH EPOXY PAINT PROTECTION. JOINTS MADE BY MEANS OF SCREWED PLATES.

20 70 x 150 mm OPENING FOR INSPECTION

(WATER, ELECTRICITY, IRRIGATION, SEWAGE)

21 80 x 30 x 45 cm POLYETHYLENE PLANTER BOX; SHOCKPROOF AND UV PROTECTED, PROVIDED WITH DRAINAGE TRAY FOR INSPECTION, SUBSTRATE INFILL AND 16 mm DIA WATER DROPPERS

22 DRIPPING IRRIGATION SYSTEM: 1 VERTICAL PIPE SUPPLIES HIGH PRESSURE WATER TO THE DRIPPING RINGS FEEDING EACH PLANT

23 INSIDE COATING: GREEN WALL OF PERENNIAL CLIMBING PLANTS (HEDERA HELIX, ELEGANTISSIMA, COLCHICA, HIBERNICA)

24 TIGHTENED GALVANIZED STEEL MESH (70G ZN/m²) AS CLIMBING PLANTS SUPPORT SURFACE = 700m²

25 6 mm DIA LIGHTING CABLE, PROTECTED INSIDE THE METAL STRUCTURE

26 50 mm Ø, 3 mm THICK CURVED TUBE (9 m RADIUS)

TO ATTACH UPRIGHT CABLES. THE TUBE IS FIXED BY CORBELS TO THE MAIN STRUCTURE.

27 30 mm DEEP CONTINUOUS PAVING MADE OF RECYCLED RUBBER FROM TYRES FIXED WTIH JOINING RESIN.

28 ARTIFICIAL TOPOGRAPHY. CONFINES THE INTERIOR SPACE AND PROTECTS FROM DOMINANT WINDS.

29 10,6 m RADIUS CIRCULAR BENCH, OUT OF 60 x 6 x 6 cm RECYCLED PLASTIC PIECES IN 3 COLOURS, AND SCREWED TO GALVANIZED AND PAINTED STEEL STRUCTURE.

30 12 x 12 x 7cm PHOTOCATALYTIC COBBLE PAVING (TITANIUM DIOXIDE IN MIXTURE), LAYING ON A SAND LAYER AND OVER THE EXISTING ROADS.

31 GLASS COBBLE (2T/cm²) FOR 5mm DIA FIBRE OPTICS, CONNECTED TO THE MAIN LIGHTING SYSTEM AND ASTRONOMICAL CLOCK.

Secciones constructivas del árbol lúdico y del árbol mediático
Ludic Tree-Media Tree sections 1:100

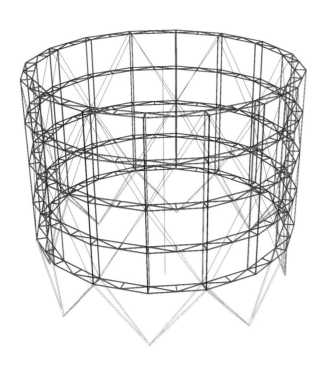

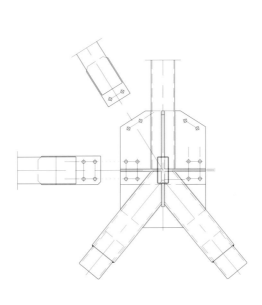

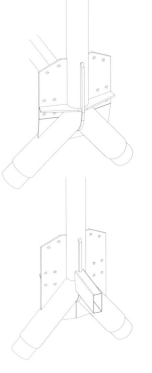

Encuentro de apoyos con cuerpo cilíndrico
Node of supporting tubes with cylindrical vertical posts 1:20

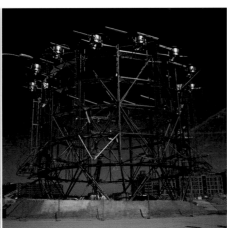

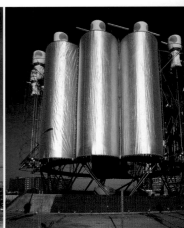

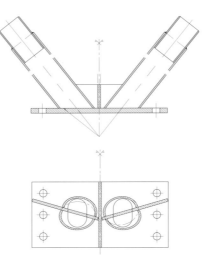

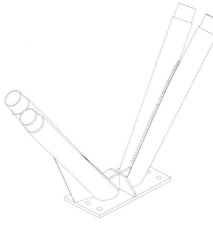

Apoyo de estructura en cimentación
Joint between structural tube and foundation plate 1:20

New Pradolongo Park
Madrid. Spain, 2006

José Luis Esteban Penelas penelas.es

MADRID es

EL RETIRO PARK

ATOCHA RAILWAY STATION

Madrid Río (PP-394-417)

USERA LIBRARY
(ÁBALOS & HERREROS)

Usera District

M-30

M-40

A-42

A-4

30.050m²

HOSPITAL 12 DE OCTUBRE

PRADOLONGO PARK

SOCIAL HOUSING
(WIEL ARETS & NIETO SOBEJANO)

SOCIAL HOUSING
(PAREDES PEDROSA)

1:10.000

1:20.000

Influence area /////// Usera District
Population /////////// 116.799 inhabitants
Density /////////////// 115.168 inhab/km²
Data source/////////// munimadrid.es, 2005
Digitalglobe, 2008

capas **layers**

ACTIVIDADES

En el punto más elevado de esta escombrera recuperada como parque se encontraba una loma natural de 8 m de altura, única zona sin escombros, que se mantiene exactamente con la misma configuración. La plataforma funciona como principal foco de actividad del recinto (plataforma de juegos) y es accesible a personas de movilidad reducida mediante una rampa.

ACTIVITIES

At the highest point of this slag heap taken back as a park, there was a natural 8 metre-high hill, the only area not used as a dump site, whose exact original configuration was preserved. The platform serves as the main nucleus of activity on the grounds (play platform) and has a ramp for wheelchair accessibility.

ESTANCIAS

En el punto más alto del recinto, la plataforma mirador permite la visión de la fachada sur del perfil de Madrid. Además, sobre otras plataformas se han dispuesto bancos que definen pequeñas plazas.

ROOMS

At the highest point of the grounds, the viewpoint platform allows the view of the south facade of Madrid's skyline. On other platforms, there are benches that define small plazas.

RECORRIDOS

Un nuevo vial pavimentado con adoquín de hormigón, del mismo color que el empleado en el interior del parque, permite la circulación en sus proximidades. Al interior, la intervención pretende articular y conectar la diversidad de ámbitos que lo rodean mediante sucesivas plataformas concatenadas que facilitan las circulaciones peatonales, las interconexiones entre el cercano hospital, el resto de calles, el antiguo parque de Pradolongo, las nuevas viviendas y los colegios adyacentes.

ROUTES

A new road paved in concrete paving stones of the same colour used inside the park allows circulation nearby. On the inside, the intervention looks to articulate and connect the diversity of environments that surround it by means of a series of connected platforms that allow pedestrian circulation, interconnections with the hospital, other streets, the old Pradolongo Park, the new homes and the adjacent schools.

EDIFICIOS

La parcela del parque linda con las parcelas de 400 nuevas viviendas sociales recientemente terminadas, y en las proximidades hay un hospital y varios colegios. Por este motivo el proyecto se plantea también como una zona de expansión y articulación de todos estos entornos

BUILDINGS

The park lot borders those of 400 recently finished public housing units and in the surrounding area, there is a hospital and several schools. Because of this, the project is also seen as an area of expansion and articulation of all these environments.

VEGETACIÓN

Las especies vegetales son las adaptadas a la zona climática de Madrid: álamo blanco, morera, sófora, liquidámbar, pawlonia, catalpa, almendro, ginkgo, chopo, ciprés... La vegetación se propone planteando estrictos criterios de ahorro de agua, con praderas naturales, zahorras coloreadas y la ausencia de césped.

VEGETATION

Plant species are those adapted to Madrid's climate zone: white poplar, mulberry, sophora, sweetgum, paulownia, catalpa, almond, ginkgo, cottonwood, cypress, etc. The proposed vegetation has strict water savings criteria, with natural fields, coloured gravel and no grass.

AGUA

WATER

1:5.000

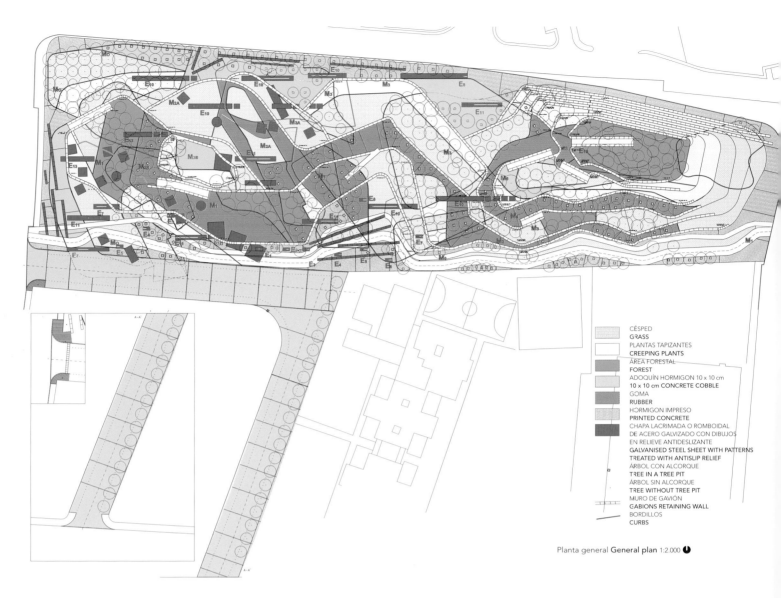

CÉSPED
GRASS
PLANTAS TAPIZANTES
CREEPING PLANTS
ÁREA FORESTAL
FOREST
ADOQUÍN HORMIGON 10 x 10 cm
10 x 10 cm CONCRETE COBBLE
GOMA
RUBBER
HORMIGON IMPRESO
PRINTED CONCRETE
CHAPA LACRIMADA O ROMBOIDAL
DE ACERO GALVIZADO CON DIBUJOS
EN RELIEVE ANTIDESLIZANTE
GALVANISED STEEL SHEET WITH PATTERNS
TREATED WITH ANTISLIP RELIEF
ÁRBOL CON ALCORQUE
TREE IN A TREE PIT
ÁRBOL SIN ALCORQUE
TREE WITHOUT TREE PIT
MURO DE GAVIÓN
GABIONS RETAINING WALL
BORDILLOS
CURBS

Planta general **General plan** 1:2.000 ●

El proyecto del parque surge como movimiento, como concepto filosófico… Desde Heráclito a Deleuze… Como transformación, como proceso de evolución... Quiere representar los conceptos que configuran las situaciones fluctuantes de hoy: espectáculo, movimiento, fragmentación, movimientos suspendidos, lo *glo-cal*, las transformaciones aceleradas del mundo contemporáneo, la emoción frente a la información. Compuesto de mesetas fluctuantes, sin límites precisos… Múltiples entradas y salidas… Un parque fluctuante, como el silencioso cambio de las ciudades de hoy… Espacios hibridados: plaza/calle; jardín/plaza, bosque/paseo…sistemas espaciales hibridados… Nos hemos fijado en las vistas microscópicas de los paisajes, las células vegetales y en las fotografías macroscópicas de los paisajes del planeta hechas desde satélite: vistas que el ojo humano nunca puede observar directamente, sólo a través de medios tecnológicos interpuestos…Proponemos un código de des-orientación (un parque es un lugar para soñar y

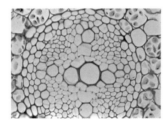

The park project comes as movement, as a philosophical concept… From Heraclitus to Deleuze… As a transformation, as an evolutionary process… It looks to represent the concepts that make up today's fluctuating situations: performance, movement, fragmentation, suspended movements, glocalisation, high-speed transformations of the modern world, emotion vs. information… Made up of fluctuating plateaus, without precise limits… Several entrances and exits…
A fluctuating park like the silent change of today's cities…
Hybrid spaces: plaza/street, garden/plaza, forest/trail… hybrid spatial systems…
We looked into the microscopic views of plant landscape cells and in macroscopic photos of Earth's landscapes from a

perderse…) basado en el código de las mesetas deleuzianas: M1: Meseta 1. , E 2: Estructura 2… código transcrito en acero corten, en letras y dígitos de 2 x 2 m insertadas sobre los pavimentos… Las especies vegetales son las adaptadas a la zona climática de Madrid: álamo blanco, *morus alba*, sófora, liquidámbar, pauwlonia, catalpa, almendro, gingo, chopo, ciprés... La vegetación se propone planteando estrictos criterios de ahorro de agua, con praderas naturales, zahorras coloreadas y la ausencia de césped…
Las estructuras-hito cromáticas de acero ondean como cintas movidas por el movimiento de la ciudad…Realizan la función de transición: escalar entre la escala humana y la urbana… Son unas notas de color que quieren resaltar en el entorno neutro…
Los jardines surgen como un organismo vivo… Conectable y alterable en su uso por los ciudadanos, sin principio ni fin… Suben y bajan… Se contraen y se expanden… Es la emocionante relación entre lo inmutable a través del tiempo (lo construido) y lo constantemente mutable (la vegetación)…
Imaginamos que los habitantes

satellite: views that the human eye can never directly observe, only by technological means…
We propose a code of desorientation (a park is a place to dream and lose oneself…), based on the code of Deleuze's plateaus: P1: Plateau 1, S2: Structure 2… a code written in corten steel, in 2 x 2 m letters and numbers inserted on pavement… The plant species adapt to Madrid's climatic zone: white poplar, white mulberry, sophora, sweetgum, paulownia, catalpa, almond, gingko, poplar, cypress… The vegetation is proposed by setting strict water criteria, with natural meadows, colored gravel and the absence of grass… The milestone chromatic steel structures wave like ribbons to the city's movement… They carry out the function of a scalar transition between the human and urban scale… They are notes of colour that stand out in the neutral surroundings… The gardens arise as a living organism… Connectable and alterable in use by citizens, without beginning or end… They go up and down… They contract and expand… It is the exciting relationship among the

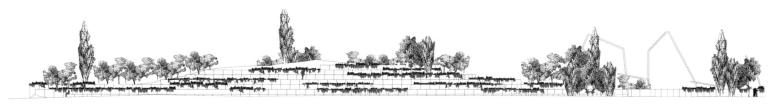

Alzados norte 1 North elevation

Alzados sur 1 South elevation

Alzados norte 2 North elevation

Alzado sur 2 South elevation 1:1.000

quieran sentir estos jardines como suyos… El parque se plantea como la recuperación de una antigua escombrera, en un 80 % del ámbito, con una altura media de escombros de 8 m… Un no lugar degradado y contaminado: una barrera sobre las calles circundantes que impedía la articulación urbana… En la zona oeste de la parcela, se encontraba una loma natural de 8 m de altura, única zona sin escombros, que se mantiene exactamente con la misma configuración, como mirador recuperando la visión de la fachada sur del perfil de Madrid… No existía arbolado ni vegetación…Articular y conectar la diversidad de ámbitos, facilitando las circulaciones peatonales, las interconexiones entre el Hospital 12 de Octubre, la Avenida de los Poblados, el antiguo parque de Pradolongo, las nuevas cuatrocientas viviendas y los colegios adyacentes…Así, el parque se plantea también como una zona de expansión y articulación de todos estos entornos… Los niños lo percibirán como una inmensa zona de juegos, un estallido de color que compense la monotonía gris del entorno…

immutable, throughout time (construction) and the constantly mutable (vegetation)…
We imagine that inhabitants want to feel like those gardens are their own… The park is designed as the recovery of an old landfill, 80% of the environment, with an average height of 8 metres of rubbish… A degraded and polluted 'non-place': a barrier on the surrounding streets that impeded urban articulation… On the western area of the plot, there was an 8 m-high natural hill, the only rubbish-free area, that was maintained with exactly the same configuration, as a viewpoint recovering the view of the southern facade of Madrid… There were no trees or vegetation… Articulating and connecting the diversity of the areas, allowing pedestrian circulation, interconnections

Se acomete un desmonte de tierras de una media de 4 m de altura, con lo que el ámbito queda conectado y abierto… Las características geotécnicas del terreno, así como la conformación y la construcción de las plataformas, conformadas con muros de gaviones, flexibles y fácilmente ejecutables, permiten un completo drenaje… Absorber los futuros asentamientos que puedan ocasionar las peñuelas que serán absorbidos por la flexibilidad de los gaviones… Las plataformas conformadas por los gaviones adquieren una altura media de un metro, conectándose entre ellas con rampas, lo que permite la accesibilidad por las personas de movilidad reducida a todos los puntos del parque, incluso a la oma-mirador… Proponemos unos jardines fluidificados en los que los sentidos, las sensaciones y los sentimientos, vayan guiando a sus visitantes en sus múltiples recorridos… Unos jardines que vayan produciendo nuevos espacios, sensaciones, sentimientos y emociones con el paso de los años…

between the Hospital 12 de Octubre, the Avenida de los Poblados, the old Pradolongo park, 400 adjoining new homes and schools… In this way, the park is also designed as an area of expansion and articulation of all of these other areas… Children will see them as an immense play area, a burst of colour that balances the grey monotony of the surroundings… A clearing of trees measuring four metres is undertaken, connecting and opening up the area… The geotechnical characteristics, as well as the conformation and construction of the platforms of flexible and easily constructed retaining walls, allow complete drainage… Absorbing future settlements that could occur in the hills that will be absorbed by the flexibility of the gabions… The platforms made up of the gabions acquire an average height of one metre, connected by ramps, even the viewpoint… We propose fluid gardens where feelings, sensations, and emotions will guide visitors throughout the paths… gardens that will produce new spaces, sensations, feelings, and emotions as time goes by…

A

Sección transversal **Cross Section**

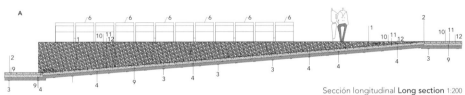

A

Sección longitudinal **Long section** 1:200

1 MUROS DE GAVIONES TIPO A CONFORMADOS POR CANTOS RODADOS, DE MACHAQUEO, DE Ø 20 cm Y MALLAZO DE ACERO GALVANIZADO. COLOR Y TIPO A ELEGIR EN OBRA
2 PLANCHAS DE ACERO CORTEN. 2.000 x 1.000 mm, e=5. RECIBIDOS AL HORMIGÓN DE BASE CON 4 REDONDOS Ø 10 Y LONGITUD 30 cm, SOLDADOS A LA PLACA EN SU CARA INTERIOR CON MORTERO DE RESINA EPOXI

3 RELLENOS EXISTENTES O TERRENO NATURAL EXISTENTE, COMPACTADOS AL 98% DEL PROCTOR
4 50 cm, ZAHORRA COMPACTADA AL 98% DEL PROCTOR NORMAL
5 REMOTE LATERAL DE LA ESCALERA: PIEZAS DE GAVIONES DE RECUBRIMIENTO TIPO A FORMADO POR CANTOS RODADOS, DE MACHAQUEO, DE Ø 20 cm, Y MALLAZO DE ACERO GALVANIZADO. COLOR Y TIPO A ELEGIR EN OBRA, USADO

ÚNICAMENTE PARA CUBRIR LATERALES DE ESCALERA CUANDO NO ABARCA EL MURO
6 BARANDILLA DE ACERO CORTEN EN PLANCHAS (e=3 mm)
7 CIMENTACIÓN Y ARMADO A DETERMINAR
8 PAVIMENTO GENÉRICO
9 RECRECIDO DE HORMIGÓN H-150 CON BASE DL ACERO CORTEN
10 PLANCHA DE ACERO CORTEN 2 x 1 (e=5 mm)

11 REDONDOS DIA. 10
12 UNIÓN DE EPOXI
13 ANCLAJES A CIMENTACIÓN
14 COMPOST ESPECIAL CONSTRUÍDO POR 50% TURBIA RUBIA, 20% ARENA DE RÍO, 15% MANTILLO, 15% TIERRA VEGETAL CRIBADA, 12,5gr/m² ABONO COMPLEJO
15 CÉSPED SOBRE CAMA DE ARENA DE RÍO (e=15 cm)
16 SUSTRATO DE TIERRA VEGETAL. H VARIABLE
17 PLANCHA DE ACERO (E=10 mm)

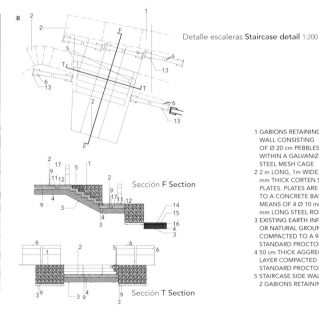

B

Detalle escaleras **Staircase detail** 1:200

Sección F **Section**

Sección T **Section**

1 GABIONS RETAINING WALL CONSISTING OF Ø 20 cm PEBBLES WITHIN A GALVANIZED STEEL MESH CAGE
2 2 m LONG, 1m WIDE, 5 mm THICK CORTEN STEEL PLATES. PLATES ARE FIXED TO A CONCRETE BASE BY MEANS OF 4 Ø 10 mm, 30 mm LONG STEEL RODS
3 EXISTING EARTH INFILLS OR NATURAL GROUND COMPACTED TO A 98% STANDARD PROCTOR DENSITY
4 50 cm THICK AGGREGATE LAYER COMPACTED TO A 98% STANDARD PROCTOR DENSITY
5 STAIRCASE SIDE WALLS: 2 GABIONS RETAINING

WALLS CONSISTING OF Ø 2C cm PEBBLES WITHIN A GALVANIZED STEEL MESH CAGE
6 3 mm THICK STEEL PLATE RAILING
7 FOUNDATION
8 PAVEMENT
9 H-150 CONCRETE LAYER ON CORTEN STEEL BASE
10 2 m LONG, 1 m WIDE, 5 mm THICK CORTEN STEEL PLATE
11 DIA 10 mm STEEL RODS
12 EPOXY SEAL
13 ANCHOR TO FOUNDATION
14 COMPOST LAYER
15 LAWN PLANTED ON TOP OF A 15 cm SAND LAYER
16 VEGETABLE EARTH LAYER
17 10 mm THICK STEEL PLATE

1 BORDILLOS TIPO IV, COLOCADO INVERTIDO CON EL CHAFLÁN HACIA ABAJO SOBRE MORTERO DE ASIENTO M-450
2 HORMIGÓN IMPRESO. COLOR AMARILLO O A ELEGIR CON DEFINICIÓN ÚLTIMA EN OBRA

3 JUNTA DE DILATACIÓN (E=2 cm)
4 ADOQUÍN PREFABRICADO DE HORMIGÓN 10 x 10 x 7 cm, COLOR AZUL A ELEGIR Y CON DEFINICIÓN ÚLTIMA EN OBRA. LOS PIGMENTOS COLOREADOS HAN DE ESTAR MEZCLADOS EN LA MASA DE HORMIGÓN DEL ADOQUÍN

5 PLANCHAS DE ACERO CORTEN. 2.000 x 1.000 mm, E=5. RECIBIDOS AL HORMIGÓN DE BASE CON 4 REDONDOS Ø 10 Y LONGITUD 30 cm, SOLDADOS A LA PLACA EN SU CARA INTERIOR CON MORTERO DE RESINA EPOXIL
6 MUROS DE GAVIONES TIPO A CONFORMADOS POR CANTOS RODADOS, DE MACHAQUEO, DE Ø 20 cm Y MALLAZO DE

ACERO GALVANIZADO. COLOR Y TIPO A ELEGIR EN OBRA
7 PLANCHAS Y LETRAS DE ACERO CORTEN RECORTADAS DE ESPESOR 5 mm
8 SUPERFICIE DE CÉSPED
9 REJILLAS DE ACERO GALVANIZADO (3%) TUBULAR Ø 200 DEJO REJILLA
10 SUPERFICIE DE PLANTAS TAPIZANTES

1 CURB STONE ATOP A MORTAR LAYER
2 YELLOW COLOR IMPRESSED CONCRETE
3 2 CM WIDE EXPANSION JOINT
4 10 x 10 x 7 cm BLUE CONCRETE COBBLE
5 2 m LONG, 1 m WIDE, 5 mm THICK CORTEN STEEL PLATES. PLATES ARE FIXED TO A CONCRETE BASE BY MEANS OF 4 Ø 10 mm, 30 mm LONG STEEL RODS
6 GABIONS RETAINING WALL CONSISTING OF DIA 20 cm PEBBLES WITHIN A GALVANIZED STEEL MESH CAGE
7 5 mm THICK STEEL LETTERS AND PLATES
8 LAWN
9 GALVANIZED STEEL GRATES
10 CREEPING PLANTS

Detalles del pavimento **Paving details** 1:200

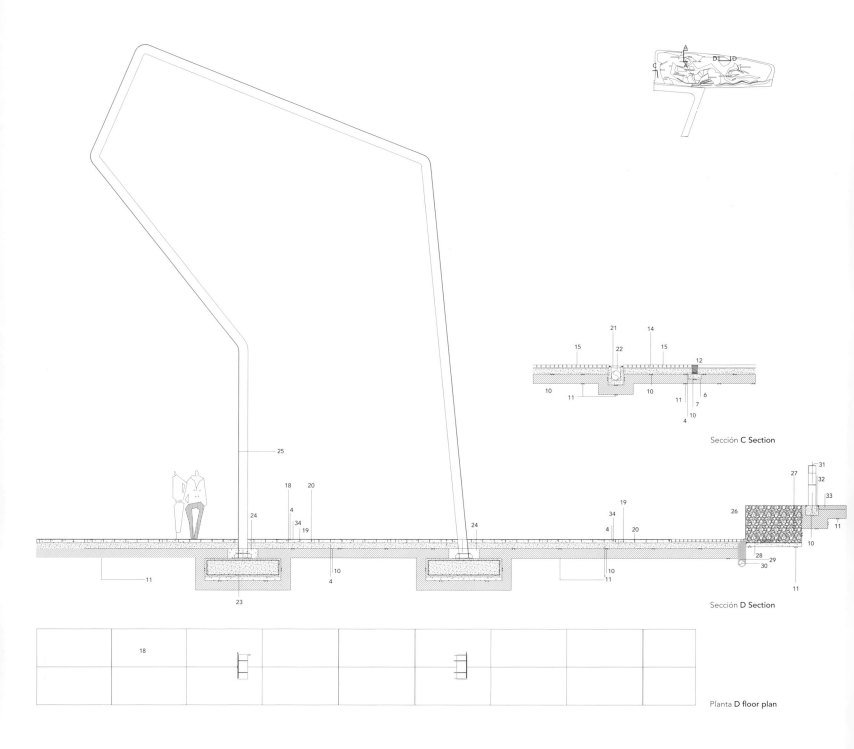

Sección C Section

Sección D Section

Planta D floor plan

Detalle hito **Landmark detail** 1:100

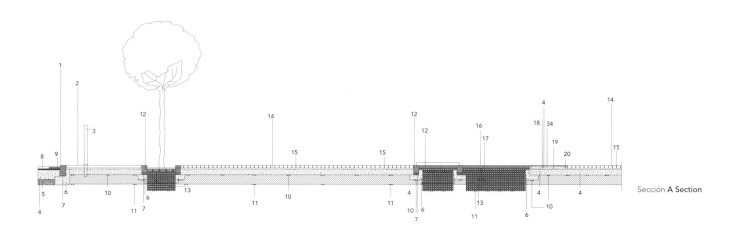

Sección A Section

1 BORDILLO EXISTENTE ORIGEN DE REFERENCIAS
2 HORMIGÓN IMPRESO. COLOR AMARILLO O A ELEGIR CON DEFINICIÓN ÚLTIMA EN OBRA
3 PILAROTE CILÍNDRICO DE 1,10 m SOBRE ALTURA DE PAVIMENTOS
4 HORMIGÓN H-150
5 SUB-BASE DE ARENA DE MIGA S/ART 40-21 DEL PCGT
6 CIMIENTO DE HORMIGÓN H-125
7 MORTERO DE ASIENTO M-450
8 CAPA ASFÁLTICA
9 RIGOLA DE ASFALTO FUNDIDA
10 50 cm, ZAHORRA COMPACTADA AL 98% DEL PROCTOR NORMAL
11 RELLENOS EXISTENTES O TERRENO NATURAL EXISTENTE, COMPACTADOS AL 98% DEL PROCTOR
12 ALCORQUES CON BORDILLOS TIPO IV, COLOCADO INVERTIDO CON EL CHAFLÁN HACIA ABAJO SOBRE MORTERO DE ASIENTO M-450
13 SUSTRATO DE TIERRA VEGETAL H. VARIABLE
14 ADOQUÍN PREFABRICADO DE HORMIGÓN 10 x 10 x 7 cm, COLOR AZUL A ELEGIR

Y CON DEFINICIÓN ÚLTIMA EN OBRA. LOS PIGMENTOS COLOREADOS HAN DE ESTAR MEZCLADOS EN LA MASA DE HORMIGÓN DEL ADOQUÍN
15 RECEBADO DE JUNTAS CON ARENA CALIZA FINA
16 SUPERFICIE DE PLANTAS TAPIZANTES
17 COMPOST ESPECIAL CONSTRUIDO POR 50% TURBÍA RUBIA, 20% ARENA DE RÍO, 15% MANTILLO, 15% TIERRA VEGETAL CRIBADA, 125gr/m² ABONO COMPLEJO
18 PLANCHAS DE ACERO CORTEN. E=5. RECIBIDOS AL HORMIGÓN DE BASE CON 4 REDONDOS 10 Y LONGITUD 30 cm, SOLDADOS A LA PLACA EN SU CARA INTERIOR CON MORTERO DE RESINA EPOXI
19 REDONDOS 10
20 UNIÓN DE EPOXI
21 REJILLAS DE ACERO GALVANIZADO (3%) TUBULAR Ø 200 DEJO REJILLA
22 SUMIDERO CONTINUO
23 ZAPATAS DE HORMIGÓN ARMADO 2 x 2 x 0,6. ARMADO

SUPERIOR E INFERIOR Ø 12 A 0,2
24 PROTECCIÓN DE HORMIGÓN H-150 EN EL ARRANQUE DE LOS PILARES
25 ESTRUCTURA DE ACERO CORTEN CON SECCIÓN ABIERTA COMPUESTA DE PLANCHAS SOLDADAS (10 mm)
26 ENCUENTRO CON EL MURO DE GAVIONES CORTANDO EL ADOQUÍN MÚSICO HASTA ENRASAR CON EL MURO
27 MUROS DE GAVIONES TIPO A CONFORMADOS POR CANTOS RODADOS, DE MACHAQUEO, DE Ø 20 cm Y MALLAZO DE ACERO GALVANIZADO. COLOR Y TIPO A ELEGIR EN OBRA
28 HORMIGÓN DE LIMPIEZA Y NIVELACIÓN (1% PENDIENTE)
29 GARBANCILLO 20-40 mm
30 TUBO DREN 160 mm
31 BARANDILLA DE ACERO CORTEN EN PLANCHAS (E=3 mm)
32 CIMENTACIÓN Y ARMADO A DETERMINAR
33 PAVIMENTO GENÉRICO
34 PLANCHA DE ACERO CORTEN 2 x 1 8E=5 mm)

1 EXISTING CURB STONE
2 YELLOW COLOR IMFRESSED CONCRETE
3 1,10 m TALL CYLINDRICAL COLUMN
4 H-150 CONCRETE LAYER
5 SAND BASE
6 H-125 CONCRETE FOOTING
7 MORTAR LAYER
8 ASPHALT LAYER
9 ASPHALT CURB
10 50 cm THICK AGGREGATE LAYER COMPACTED TO A 98% STANDARD PROCTOR DENSITY
11 EXISTING EARTH INFILLS OR NATURAL GROUND COMPACTED TO A 98% STANDARD PROCTOR DENSITY
12 TREE PIT
13 VEGETABLE EARTH LAYER
14 10 x 10 x 7 CM BLUE CONCRETE COBBLE
15 CALCAREOUS SAND AS JOIN'S INFILL
16 CREEPING PLANTS
17 COMPOST LAYER
18 2 m LONG, 1 m WIDE, 5 mm THICK CORTEN STEEL PLATES. PLATES ARE FIXED TO A CONCRETE BASE BY

MEANS OF 4 Ø 10 mm, 30 mm LONG STEEL RODS
19 Ø 10 mm STEEL RODS
20 EPOXI SEAL
21 GALVANIZED STEEL GRATES
22 CONTINUOUS DRAIN
23 2 x 2 x 0,6 m REINFORCED CONCRETE FOOTING
24 H-150 CONCRETE PROTECTION AT PILLARS BASE
25 CORTEN STRUCTURE OUT OF 10 mm THICK WELDED STEEL PLATES
26 GABIONS RETINING WALL AND CURB JOINT
27 GABIONS RETAINING WALL CONSISTING OF Ø 20 cm PEBBLES WITHIN A GALVANIZED STEEL MESH CAGE
28 1% GRADE CONCRETE LAYER
29 20-40 mm THICK AGGREGATYE LAYER
30 Ø 160 mm DRAIN PIPE
31 3 mm THICK STEEL PLATE RAILING
32 FOOTING
33 PAVEMENT
34 2 m LONG, 1M WIDE, 5 mm THICK CORTEN STEEL PLATE

Meydan Shopping Square
Umraniye, Istanbul. Turkey, 2007
Foreign Office Architects f-o-a.net

ISTANBUL tr

BOSPHORUS BRIDGE

BOSPHORUS STRAIT

Istanbul Central Area: 15 km

D-020

E-80

1:10.000

61.335m²

Umraniye

1:20.000

Influence area //////// Umraniye District
Population /////////// 498.952 inhabitants
Density /////////////// 4.527 inhab/km²
Data source////////// ibb.gov.tr, 2007

Digitalglobe, 2008

capas layers

TRÁFICO RODADO	VEHICULAR TRAFFIC	PEATONAL&BICI	PEDESTRIAN&CYCLIST
ÁRBOLES	TREES	CÉSPED	GRASS
AGUA	WATER	MONTE BAJO	SCRUBLAND
EDIFICIOS	BUILDINGS	MARISMAS	MARSHES
ACTIVIDADES	ACTIVITIES		
ESTANCIAS	ROOMS	ÁREA DE INTERVENCIÓN	INTERVENTION AREA

ACTIVIDADES

El proyecto plantea la revisión de los espacios comerciales suburbanos mediante su integración en la trama del futuro barrio. La actividad comercial privada es el programa principal, pero aporta espacio público de acceso libre cosido al tejido de los alrededores. La plaza central acoge actividades recreativas eventuales .

ACTIVITIES

The project suggests the revision of suburban commercial space by integrating it into the fabric of the future neighbourhood. Private commercial activity is the main programme but does provide free entrance public space connected to the surrounding areas. The main plaza will hold occasional recreation activities.

ESTANCIAS

El corazón del área comercial es una plaza pública al aire libre originada por el pliegue de las cubiertas del complejo comercial. El juego de pendientes da cabida a cafés, zonas de reposo o graderíos desde donde se puede contemplar una actuación.

ROOMS

The heart of the commercial area is an open air public plaza, originated by the folds of the roof of the commercial complex. Its slopes give way to cafe, seating areas or bleachers where a performance can be seen.

RECORRIDOS

El éxito del espacio público en el interior del gran área comercial está garantizado por la tupida red de recorridos peatonales que lo ligan con el interior del centro comercial, los accesos al aparcamiento subterráneo y el viario público del barrio.

ROUTES

The success of the public space on the inside of the large shopping centre is guaranteed by the tightly knit network of pedestrian paths that connect it to the inside of the shopping centre, underground car park entrances and neighbourhood roads.

EDIFICIOS

El complejo comercial pretende alejarse de la tipología de caja aislada rodeada de aparcamiento, habitual en las afueras. Para ello, se ha optado por construir un aparcamiento subterráneo que libera espacio público, obteniéndose una relación muy estrecha con el resto de edificaciones del entono, típica de los grandes almacenes clásicos en el centro de las ciudades.

BUILDINGS

The commercial complex looks to move away from the typology of an isolated box surrounded by parking, habitually seen in suburbs. To do that, an underground car park was decided on, to free up public space, achieving a close relationship with the rest of the buildings in the area, typical of classic department stores in city centres.

VEGETACIÓN

Los pliegues de la cubierta la hacen visible desde el espacio público, y generan una topografía artificial cubierta de un manto verde que es practicable en algunos puntos.

VEGETATION

The folds of the roof are visible from the public space and generate artificial topography covered with a green layer that is factible in some places.

1:10.000 ◖

AGUA **WATER**

VEGETACIÓN **VEGETATION**

EDIFICIOS **BUILDINGS**

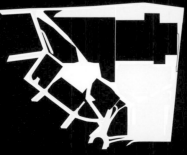

RECORRIDOS **ROUTES**

ESTANCIAS **ROOMS**

ACTIVIDADES **ACTIVITIES**

El complejo Umraniye además de ser un centro comercial pretende convertirse en verdadero centro urbano de una de las áreas de mayor crecimiento de Estambul. El territorio ocupado en la actualidad por un suburbio poco denso, será en breve un área urbana compacta surgida alrededor del nuevo complejo comercial.

El edificio se anticipa mediante su geometría y sistema de circulaciones a su futura integración en un tejido urbano denso, proponiendo una alternativa a los contenedores comerciales aislados típicos de las afueras. En este sentido, se ha previsto un gran aparcamiento subterráneo, con el fin de liberar una gran cantidad de espacio en superficie y disponer de espacio público en el centro de la intervención. A esta plaza central se accede desde distintos puntos mediante recorridos peatonales que la conectan con el aparcamiento subterráneo y también con el resto del barrio a través de la cubierta.

The Umraniye retail development aims to perform not just as a proficient retail complex but as a true urban centre for the future development of one of the fastest growing areas in Istanbul. Currently located in a suburb, the site will become in the near future a dense urban fabric built around the expanding retail complex currently located in the site. The building anticipates through its geometry and circulation strategy its subsequent integration into a dense inner city context aiming to formulate an alternative prototype to the usual out-of-town retail box development. The provision of underground car parking is a major part of this strategy, liberating substantial amount of ground floor space to be used for landscaped areas and a new urban square in the centre of the scheme. The central square is activated though a number of new pedestrian routes, linking the underground car park to the ground level and accessible from the wider city context though two new routes across the roofscape.

Las cubiertas están revestidas de una capa de vegetación y conectadas con la topografía circundante en varios lugares. De esta manera se pretende conseguir que el volumen construido sea una extensión del territorio presente y no una mera caja sobre una plataforma de asfalto. Por otro lado, aquellos lugares donde no hay vegetación, tanto fachadas como suelos, están revestidos o pavimentados con el mismo material: azulejos cerámicos de color tierra perforados en distinto grado según los usos que tienen detrás.

All roofs are covered with extensive vegetation and connected to the surrounding topography at several points, trying to use the volume as an extension of the existing topography rather than as a container deployed onto an asphalt platform for vehicular access. The roof is fitted also with roof lights that provide daylight and ventilation to the inner spaces. All the surfaces of the project that are not planted with greenery, both elevations and floor surfaces, are clad or paved with the same material: earth-coloured ceramic tiles that incorporate various degrees of perforation depending on functions and uses behind.

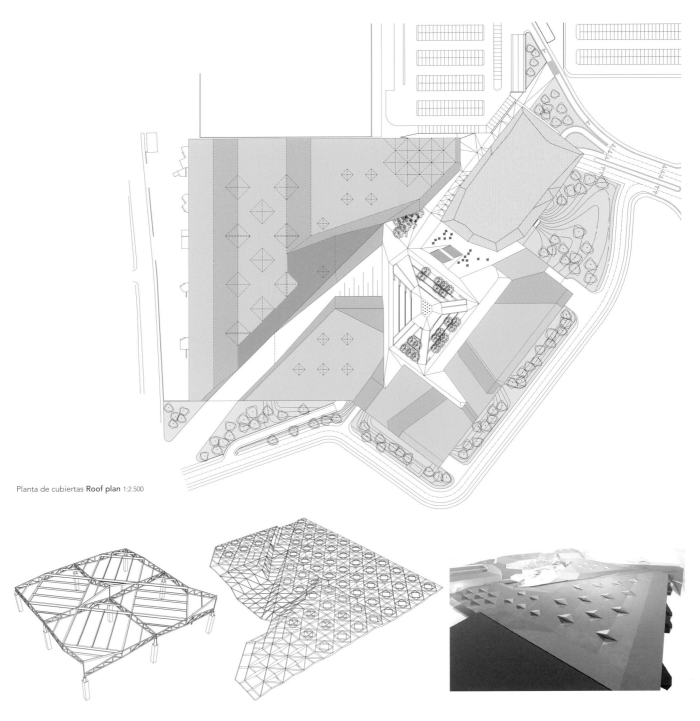

Planta de cubiertas **Roof plan** 1:2.500

TROYES-BARBEREY AIRFIELD

Les Vignettes
Industrial Site

Prés De Lyon
Industrial Site

LA CHAPELLE SAINT-
LUC TOWN HALL

109.715m²

D-610

D-610

D-610

SEINE RIVER

Troyes Historical
Centre: 4 km

1:5.000

1:20.000

Influence area /////// La Chapelle St-Luc
Population /////////// 13.700 inhabitants
Density //////////////// 1.276 inhab/km²
Data source////////// lescommunes.com, 2005

Cnes/sport Image, 2008

capas **layers** —

EDIFICIOS

Para hacer funcionar el parque, se han construido una serie de edificios auxiliares: un almacén y unos aseos junto al teatro, un pabellón junto a las pistas de petanca y unos vestuarios junto a los campos de fútbol. Se trata de estructuras sencillas con predominio de los acabados en acero corten.

BUILDINGS

To make the park work, a series of auxiliary buildings have been constructed: a warehous and toilets next to the theatre, a pavilion next to pétanque areas and dressing rooms next to the football pitches. These are simple structures with predominating corten steel finishes.

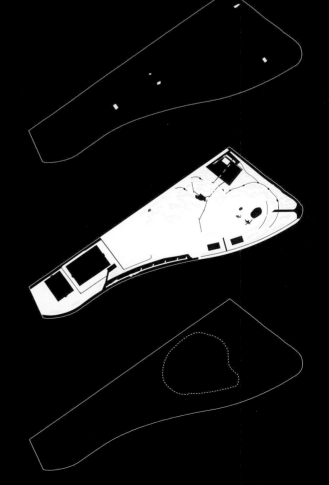

VEGETACIÓN

La vegetación existente en el parque se ha mantenido. Se han salvado aquellos árboles que estaban vivos y retirado los muertos. El recinto está dominado por una pradera central despejada mientras que las arboledas más densas se encuentran en la parte norte, siguiendo el circuito deportivo.

VEGETATION

The existing vegetation in the park has been maintained; trees that were alive were saved and dead ones were removed. The premises is dominated by a central field, while dense groves are located to the north, following the sports track.

AGUA

El agua se acumula en la zona central del parque durante los periodos de mayor precipitación, pudiendo alcanzar un nivel de hasta 80 cm.

WATER

Water accumulates in the central area of the park during times of heavy precipitation, reaching a level of up to 80 cm.

ACTIVIDADES

Este parque en las afueras construido durante los años 70 venía sufriendo un acentuado deterioro al que se pretende poner freno mediante la creación de focos de actividad que atraigan nuevos visitantes, especialmente jóvenes. Con este fin se han puesto en marcha un minigolf, un teatro, nuevas zonas de juegos, campos de fútbol y pistas de baloncesto, skate y petanca.

ACTIVITIES

This suburban park built in the 1970s has suffered marked deterioration that we wish to stop by means of focal activity points that attract new visitors, especially youth. With this goal, a minigolf course, a theatre, new play areas, football pitches, basketball courts, skating and pétanque areas have been started up.

ESTANCIAS

Una gran plataforma de madera levantada en medio de la gran pradera central funciona como solario y punto de encuentro para los jóvenes del barrio. Además, la ladera que rodea al escenario está preparada como lugar de estancia.

ROOMS

A large elevated wood platform in the middle of the central field serves as a solarium and meeting point for the neighbourhood's youth. The slope that surrounds the stage is designed as a seating area.

RECORRIDOS

La recuperación de los senderos del proyecto original es fundamental para reactivar la vida del parque. Se ha diseñado un circuito deportivo y se han añadido nuevos caminos sobre plataformas elevadas de madera, que atraviesan la pradera inundable y conducen al nuevo solarium.

ROUTES

The recovery of the paths of the original project is fundamental in order to reactivate park life. A sports circuit has been designed and new paths on elevated wood platforms have been added. These walkways cross the flood plain and lead to the new solarium.

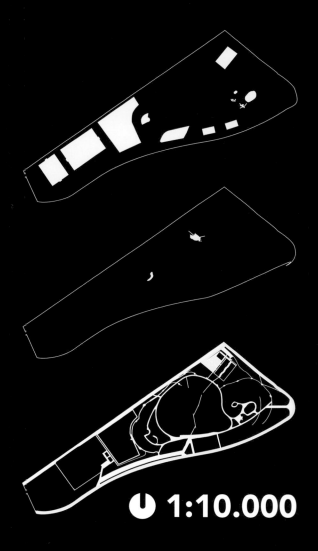

1:10.000

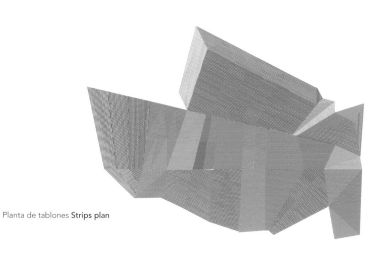

Planta de tablones **Strips plan**

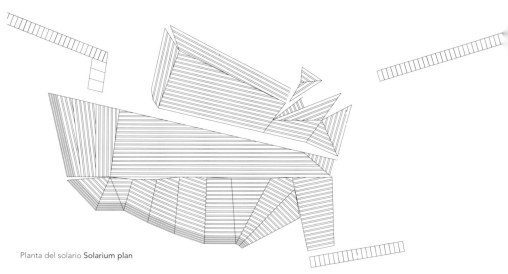

Planta del solario **Solarium plan**

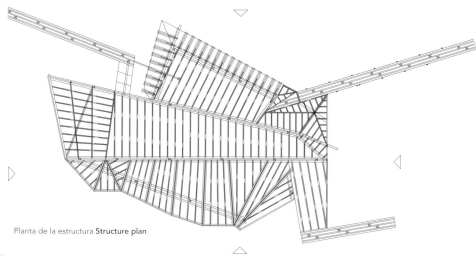

Planta de la estructura **Structure plan**

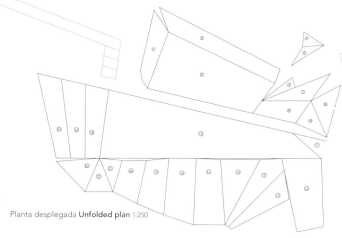

Planta desplegada **Unfolded plan** 1:250

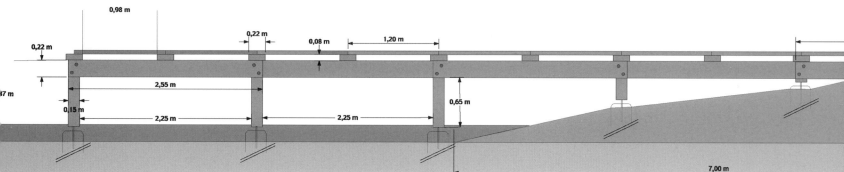

Detalle de la pasarela. Sección longitudinal **Footbridge detail. Long section** 1:50

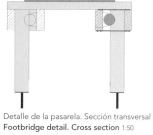

Detalle de la pasarela. Sección transversal
Footbridge detail. Cross section 1:50

PORT OF ALGECIRAS

San García
Residential
Quarter

1:10.000

114.575m²

144

Africa: 22 km

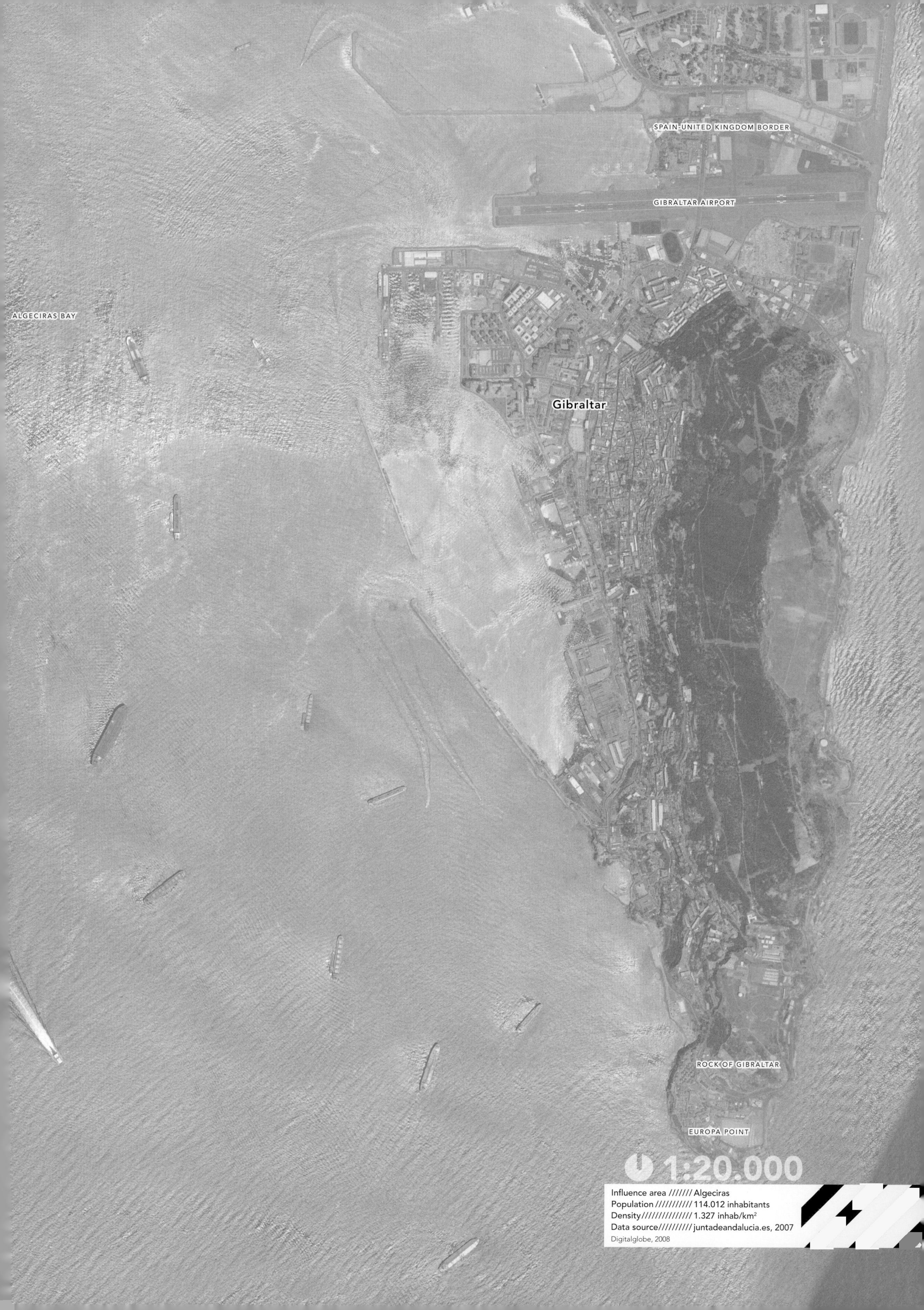

SPAIN-UNITED KINGDOM BORDER
GIBRALTAR AIRPORT
ALGECIRAS BAY
Gibraltar
ROCK OF GIBRALTAR
EUROPA POINT
1:20.000

Influence area /////// Algeciras
Population //////////// 114.012 inhabitants
Density//////////////// 1.327 inhab/km²
Data source////////// juntadeandalucia.es, 2007
Digitalglobe, 2008

capas layers

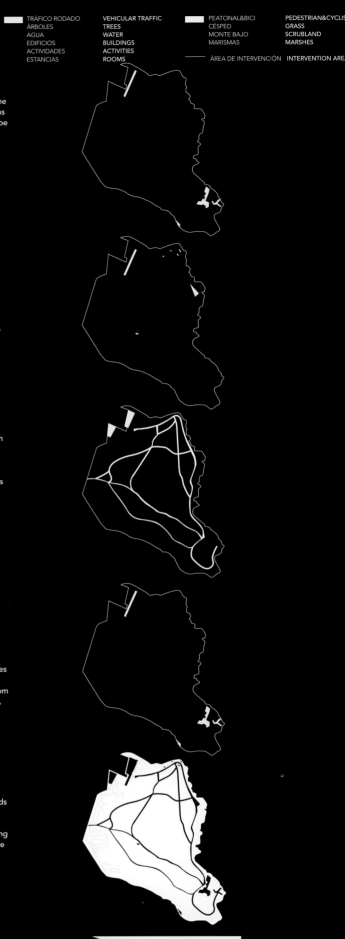

ACTIVIDADES

El área ha sido salvaguardada de la presión urbanística cercana y recuperada como centro de interpretación paisajística e histórica.

ACTIVITIES

The area has been safeguarded from the nearby urban pressure and recovered as an interpretation centre of the landscape and history.

ESTANCIAS

El pabellón de acceso es un mirador desde el que se obtienen las primeras vistas de la Bahía de Algeciras.
El siguiente punto para la contemplación son cuatro miradores de hormigón orientados según la dirección de los vientos dominantes. La sucesión de recintos estanciales se completa con otra plataforma-mirador y una torre-mirador que permite una interpretación clara de la importancia del emplazamiento como punto de control de la bahía.

ROOMS

The entrance pavilion is a viewpoint where the first views of the Bay of Algeciras can be seen. The next place for contemplation are four concrete balconies facing the direction of the dominant winds. The series of seating areas is complemented by another platform balcony and a lookout tower that allows a clear interpretation of the importance of the location as a control point for the bay.

RECORRIDOS

La experiencia del lugar se basa en la realización de un recorrido en forma de anillo sobre los caminos existentes que han sido consolidados. Puntualmente, algunas pasarelas ligeras, apoyadas sobre pilotes de madera, ayudan a salvar hondonadas dando continuidad al paseo. Los caminos laterales invitan a separarse del recorrido principal para bajar a la playa.

ROUTES

The experience of the site is based on the creation of a ring-shaped route along the existing paths that have been consolidated. At certain points light walkways, supported by wood piles, help to overcome gullies that interrupt the continuity of the path. Lateral paths encourage separation from the main path to go down to the beach.

EDIFICIOS

El nuevo pabellón de acceso es el edificio más visible del Parque Centenario. A él se suman los restos del Fuerte San García y el restaurado búnker n° 6, vestigios de la agitada historia del lugar. En los límites del parque se levanta una urbanización de viviendas unifamiliares que lo separan del cercano Parque de los Alcornocales, rompiendo la unidad paisajística.

BUILDINGS

The new entrance pavilion is the most visible building from the Parque Centenario. There are also the remains of the San García fortress and the restored bunker n° 6, remnants of the location's agitated history. On the edges of the park, there is a development of single-family homes that separate it from the nearby Parque de los Alcornocales, interrupting landscape unity.

VEGETACIÓN

Aunque la zona goce de clima mediterráneo, los fuertes vientos que soplan durante todo el año han confeccionado un paisaje de matorral y palmito. En el límite con la urbanización colindante, se propone la plantación de especies arbustivas autóctonas que sirvan de barrera visual frente a la edificación. Además se crean pequeñas zonas boscosas con especímenes de menor tamaño y con arbustos propios del paisaje mediterráneo.

VEGETATION

Although the area enjoys a Mediterranean climate, the strong winds that blow all year long have created a landscape of brush and palmetto. On the border with the adjacent housing development, the idea is to plant native bushes that would serve as a visual barrier opposite the buildings. Small wooded areas with smaller trees and bushes typical of the Mediterranean landscape are also created.

AGUA

El Mar Mediterráneo rodea la Punta de San García.

WATER

The Mediterranean Sea surrounds the Punta de San García.

1:10.000 ◗

El área conocida como Punta de San García se encuentra en el extremo suroccidental de la Bahía de Algeciras, abierta hacia el Estrecho de Gibraltar. Se trata de un cabo elevado sobre el nivel del mar, formando acantilados en todo su perímetro que forma parte del Parque Natural del Estrecho, dada la calidad biológica de la franja costera.

Los condicionantes vientos dominantes en la zona han confeccionado un paisaje específico de matorral y palmito. Los vientos, sin ser elementos distinguibles/físicos del paisaje, sí que forman aquí parte importante de la experiencia del lugar, por su olor, su sonido o su tacto.

Al ser el último refugio del Mediterráneo antes de la salida al Océano Atlántico, numerosos pueblos han utilizado la bahía como escala o destino para sus intereses. Así, la cercana Isla Verde fue el primer lugar de desembarco de los árabes en su conquista de la península.

The area known as Punta de San García is located on the southwest end of the Bay of Algeciras, open to the Strait of Gibraltar. This is an elevated cape over sea level which creates cliffs around the entire perimeter and that make up the Natural Park of the Strait, given the biological quality of this strip of coast.

The dominating determining winds in the area have created a specific landscape of brush and palmettos. The winds, though not distinguishable physical elements of the landscape, make up an important part of the experience of the area with their smell, their sound or their touch.

Since it is the last refuge of the Mediterranean before reaching the Atlantic Ocean, several peoples have used the Bay as a stop or destination for their interests. As an example, the nearby Isla Verde was the Arabs' first disembarkation point on their conquest to the peninsula.

Desde aquí se pudieron ver los intentos de conquista de Gibraltar por parte de españoles y franceses. También fue escenario privilegiado para los propósitos de toma de Gibraltar por parte de los alemanes en la Segunda Guerra Mundial. Todos estos avatares históricos han ido dejando su huella física en la Punta de San García con construcciones en diverso estado de conservación.

De fecha más reciente son los numerosos búnkeres que jalonan la Punta de San García y el resto de la comarca, construidos para evitar el ataque de los ingleses desde Gibraltar durante la Segunda Guerra Mundial. La oportunidad de adentrarse en uno de ellos posibilita una experiencia especialmente sensible como centros de interpretación histórica.

La llegada de la industria a la Bahía de Algeciras en el pasado siglo XX ha marcado definitivamente la imagen de la misma, dando lugar a un nuevo paisaje tanto o más característico que el natural.

Later on, attempts to conquer Gibraltar by the Spanish and French were also made. It was also a privileged scene for German intentions to take over Gibraltar during World War II. Each of these historic phases has left its mark on the Punta de San García with buildings in various states of conservation. The most recent are the numerous bunkers that mark the Punta de San García and the rest of the region, built to avoid a British attack from Gibraltar during World War II.

The opportunity to go into one of them allows an especially sensitive experience, like a historical interactive centre.

The 20th century arrival of industry to the Bay of Algeciras has strongly marked the image if it, giving way to a new landscape that is just as distinctive or more distinctive than the natural landscape.

El objetivo del Proyecto del Parque del Centenario es la puesta en valor de estas situaciones, a partir de una estrategia de consolidación, jerarquización y caracterización de las preexistencias así como de la inclusión de nuevas piezas que colaboren a establecer el diálogo entre los elementos naturales y los artificiales.

Se propone promover el desconcierto/interés por las formas ajenas al paisaje, plantear las relaciones entre el paisaje artificial y el natural, hacer pensar…

Para ello se adoptan criterios de mínima intervención, aunque con actuaciones contundentes. No se trata aquí de hacer un parque urbano, sino de mostrar al ciudadano otra experiencia del paisaje natural, con una mínima dotación de infraestructuras para no afectarlo, implantando una serie de elementos que proporcionen cobijo, a la vez que permiten la contemplación del entorno, y ayudan en el entendimiento del mismo.

The goal of the Project of the Parque del Centenario is the revaluing of these situations based on a consolidation, hierarchy and characterisation strategy of existences such as the inclusion of new pieces that collaborate in establishing dialogue between natural and artificial elements.

The promotion of confusion/interest in shapes foreign to the landscape is proposed, as well as the posing of relationships between artificial and natural landscapes, to make one think…

For this, criteria of minimal intervention are adopted, though with conclusive acts.

The idea is not to make an urban park, but the demonstrate to citizens another natural landscape experience, with minimal infrastructures so that it is not affected, implementing a series of elements that provide shelter and allow contemplation of the surroundings and self-understanding.

Playa de San García

1 CONTROL DE ACCESO, ASEOS, CAFETERÍA
2 ESTACIONAMIENTO DE AUTOBUSES
3 APARCAMIENTOS
4 MIRADOR
5 ÁREA DE DESCANSO
6 FUERTE/CENTRO DE INTERPRETACIÓN I
7 CENTRO DE INTERPRETACIÓN II
8 TORRE-MIRADOR
9 ÁREA ARBOLADA
10 ACCESO DE EMERGENCIAS
11 RECORRIDO DE EMERGENCIAS
12 PASARELAS PEATONALES
13 PARAPETOS

1 ACCES BOOTH, TOILETS, CAFETERIA
2 BUS PARKING
3 CAR PARK
4 VIEW POINT
5 REST AREA
6 FORT/INTERPRETATION CENTRE I
7 INTERPRETATION CENTRE II
8 PANORAMA TOWER
9 TREE PLANTED AREA
10 EMERGENCY ACCESS
11 EMERGENCY PATH
12 FOOTBRIDGES
13 WALLS PARAPET

Plano de situación **Site plan** 1:5.000 ⏻

Así, en la zona de la entrada una gran lámina de hormigón se despega del suelo, plegándose para construir un pórtico de entrada y albergar el programa de equipamientos necesario para el parque: aseos, cafetería, etc. Atravesando este pórtico de entrada, comienza un recorrido en forma de anillo sobre el camino consolidado.

Thus, in the entrance area a large concrete sheet comes up from the ground, folding to create an entrance portico and house a programme of necessary installations for the park: toilets, cafeteria, etc. Going through this entrance portico, a ring-shaped route begins and goes over the consolidated path.

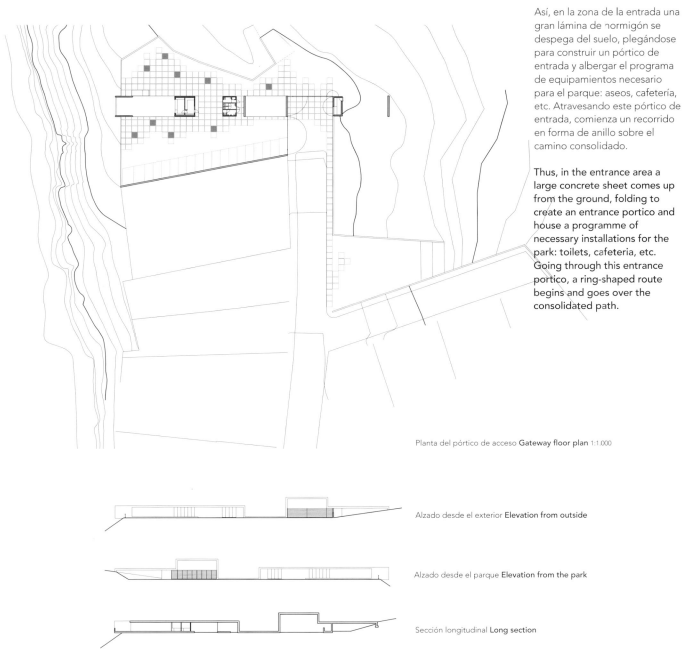

Planta del pórtico de acceso **Gateway floor plan** 1:1.000

Alzado desde el exterior **Elevation from outside**

Alzado desde el parque **Elevation from the park**

Sección longitudinal **Long section**

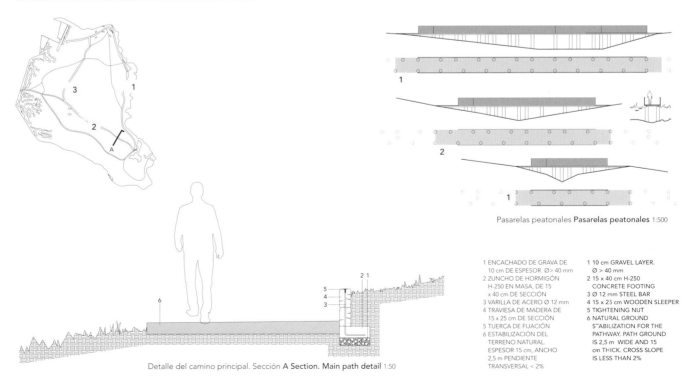

Pasarelas peatonales **Pasarelas peatonales** 1:500

Detalle del camino principal. Sección **A Section. Main path detail** 1:50

1 ENCACHADO DE GRAVA DE
  10 cm DE ESPESOR. Ø> 40 mm
2 ZUNCHO DE HORMIGÓN
  H-250 EN MASA, DE 15
  x 40 cm DE SECCIÓN
3 VARILLA DE ACERO Ø 12 mm
4 TRAVIESA DE MADERA DE
  15 x 25 cm DE SECCIÓN
5 TUERCA DE FIJACIÓN
6 ESTABILIZACIÓN DEL
  TERRENO NATURAL.
  ESPESOR 15 cm, ANCHO
  2,5 m PENDIENTE
  TRANSVERSAL < 2%

1 10 cm GRAVEL LAYER.
  Ø > 40 mm
2 15 x 40 cm H-250
  CONCRETE FOOTING
3 Ø 12 mm STEEL BAR
4 15 x 25 cm WOODEN SLEEPER
5 TIGHTENING NUT
6 NATURAL GROUND
  STABILIZATION FOR THE
  PATHWAY. PATH GROUND
  IS 2,5 m WIDE AND 15
  cm THICK. CROSS SLOPE
  IS LESS THAN 2%

Detalle de la pasarela **Footbridge detail** 1:50

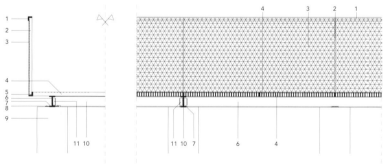

Sección transversal **Cross section**   Sección longitudinal **Long section**

1 PASAMANOS: ANGULAR
DE ACERO 50 x 50 mm DE
SECCIÓN Y 5 mm DE ESPESOR
SOLDADO A MONTANTE
DE LA BARANDILLA
2 MONTANTE DE BARANDILLA:
PLETINA DE ACERO 40 x 10
mm DE SECCIÓN, SOLDADA
A ANGULAR DE BASE
3 MALLA DE TORSIÓN SIMPLE
DE 970 mm DE ALTURA,
DE ACERO GALVANIZADO
DE 2 mm DE ESPESOR
4 TABLERO DE TRAMEX ACERO
GALVANIZADO DE 30 x 30 mm
5 ANGULAR DE ACERO 50
x 50 mm DE SECCIÓN
Y 5 mm DE ESPESOR,
SOLDADO A TABLERO
6 VIGA CORRIDA PERFIL DE
ACERO IPE 140 APOYADO
SOBRE PILOTES MEDIANTE
GRAPAS DE SUJECION
7 GRAPA DE SUJECION DE
CHAPA GALVANIZADA DE
ACERO, DE DIMENSIONES
100 x 100 mm, e=10 mm
8 PERNIO DE ACERO
INOXIDABLE ANCLADO A
LA CABEZA DEL PILOTE
9 PILOTE DE MADERA DE PINO
TRATADA CON CREOSOTA
10 VIGA DE ATADO DE PERFIL
DE ACERO IPE 140 APOYADO
SOBRE PILOTES MEDIANTE
GRAPAS DE SUJECION
11 ANGULAR L DE ACERO DE 40
x 40 mm, Y 4 mm DE ESPESOR
PARA SUJECION DE VIGA DE
ATADO A VIGA CORRIDA

1 HANDRAIL: 50 x 50 mm, 5
mm THICK STEEL ANGLE
WELDED TO RAILING POSTS
2 RAILING POST: 40 x
10 mm STEEL PLATE
WELDED TO BASE
3 970 mm TALL MESH, OUT OF 2
mm THICK GALVANISED STEEL
4 30 x 30 mm GALVANISED
STEEL GRATING SLAB
5 50 x 50 mm, 5 mm
THICK STEEL ANGLE
WELDED TO SLAB
6 IPE 140 STEEL BEAM FIXED
TO PILLARS BY MEANS
OF STEEL CRAMPS
7 100 x 100 mm, 10 mm THICK
GALVANISED STEEL CRAMP
8 STAINLESS STEEL
FASTENING PIECE
9 TAR TREATED PINETREE
WOOD PILLARS
10 IPE 140 STEEL BEAM FIXED
TO PILLARS BY MEANS
OF STEEL CRAMPS
11 40 x 10 mm, 4 mm THICK
STEEL ANGLE AS FIXING

KROKELVA RIVER

Tromsø Town
Centre: 7 km

1:10.000

189.961m²

1:20.000

Influence area /////// Tromsø
Population ////////// 64.492 inhabitants
Density //////////// 25 inhab/km²
Data source////////// ssb.no, 2007

Digitalglobe, 2008

capas layers

▬ TRÁFICO RODADO	VEHICULAR TRAFFIC	▬ PEATONAL&BICI	PEDESTRIAN&CYCLIST
ÁRBOLES	TREES	CÉSPED	GRASS
AGUA	WATER	MONTE BAJO	SCRUBLAND
EDIFICIOS	BUILDINGS	MARISMAS	MARSHES
ACTIVIDADES	ACTIVITIES		
ESTANCIAS	ROOMS	── ÁREA DE INTERVENCIÓN	INTERVENTION AREA

EDIFICIOS BUILDINGS

La intervención acomete la reactivación de la zona que rodea al supermercado existente –cuya fachada será remodelada– e incluye la construcción de cuatro nuevos bloques de viviendas que se integran en el proyecto paisajístico del lugar.

The intervention undertakes the reactivation of the area that surrounds the existing supermarket, whose facade will be remodelled, and includes the construction of four new blocks of flats that are integrated into the location's landscaping project.

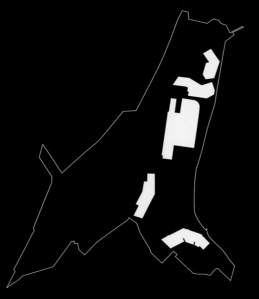

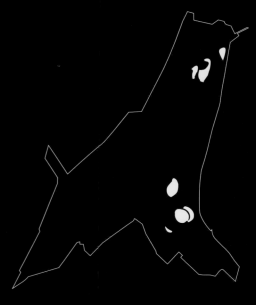

VEGETACIÓN VEGETATION

Un manto verde cubrirá buena parte de la intervención, tanto a nivel de suelo como en las cubiertas de los nuevos edificios. En interior del parque se han previsto plantaciones de césped en algunas de las estancias así como de herbáceas, árboles y arbustos en los taludes.

Green space will cover a good part of the intervention, both on ground level as well as on the roofs of the new buildings. In the park the idea is to plant grass in some of the seating areas as well as herbal plants, trees and bushes on the slopes.

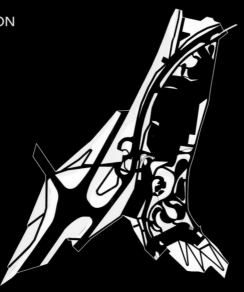

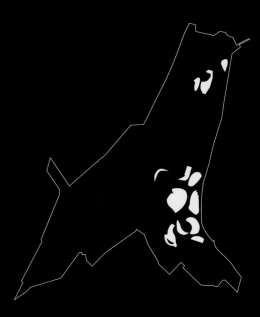

AGUA WATER

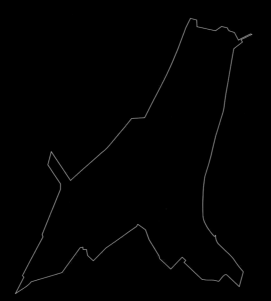

1:10.000 ◗

ACTIVIDADES ACTIVITIES

En el nuevo plan para el centro del barrio de Kroken se incluyen diversas áreas de juegos infantiles, tanto entre los nuevos edificios de vivienda que forman parte de la propuesta global como dentro del nuevo parque, donde sobre un pavimento de asfalto de colores vivos se dispondrán distintos tipos de mobiliario para juegos.

In the new plan for the neighbourhood of Kroken, different areas for children's play are included, both between the new blocks of flats that make up the global proposal and in the new park, where different types of play equipment will be placed on brightly coloured asphalt.

ESTANCIAS ROOMS

Las zonas de juegos infantiles entre las viviendas sirven a su vez de espacios de encuentro y relación; por otro lado, el nuevo parque dispone de un variado conjunto de estancias curvilíneas asfaltadas o plantadas con césped, de diferentes medidas, posiciones, orientaciones y vistas, que se distribuyen por el parque adaptándose a la diferencia de cotas.

The children's play areas between the homes will also serve as meeting points; the new park will also have a varied set of asphalt or grass seating areas, of different sizes, positions, directions and views, which will be distributed throughout the park and will adapt to differences in elevation.

RECORRIDOS ROUTES

El plan para el centro de Kroken prevé la conexión entre los dos lados de la vía rápida que atraviesa la zona mediante una pasarela peatonal. Asimismo, la intervención plantea la puesta en marcha de una tupida red de caminos peatonales entre los edificios existentes y los nuevos bloques de vivienda. Al interior del parque, los caminos de asfalto de colores aseguran la comunicación entre todos sus bordes y entre las distintas estancias entre sí.

The plan for the centre of Kroken foresees the connection between the two sides of the motorway that goes through the area by means of a pedestrian flyover. The intervention looks to start a tightly-knit network of pedestrian paths between the existing buildings and the new blocks of flats. In the park, the coloured asphalt paths will ensure connection among all edges and between the different seating areas.

La zona situada entre el edificio Krokensenteret al sur, y la escuela al norte, está ocupada actualmente por un bosque bastante pequeño de abedules, cruzado por un embarrado sendero sin un papel urbano definido. Su topografía presenta una pendiente bastante homogénea, que aumenta desde el noroeste hacia el sureste, con una diferencia aproximada de 7 m. Debido a las nuevas inversiones que han llegado al barrio, se ha elaborado un plan para organizar la nueva situación que dará origen al nuevo centro de Kroken. De repente y debido a su ubicación, el bosque de abedules es vital para el nuevo esquema urbano del vecindario, pues conecta con la mayoría de los equipamientos del barrio. La total ausencia de espacio público en la zona y el hecho de que este bosque sea el mayor terreno libre del municipio, ha propiciado la oportunidad de crear, en una posición estratégica, un nuevo espacio público de alta calidad, algo así como un parque y una plaza al mismo tiempo: el nuevo parque de Kroken.

The area between the Krokensenteret building, in the south and, the School building, in the north, is currently occupied by a rather small birch forest crossed by a muddy path with no clear urban role. Its topography presents a roughly homogeneous slope that grows higher from northwest to southeast with a total height variance of approximately 7 m. Due to new investments coming into the neighbourhood, a new plan was elaborated in order to organize these forces and create a wholly structure for the new situation: the new Kroken Centre. The birch forest area suddenly becomes vital for the new urban scheme of the Neighbourhood due to its position, connecting the main public facilities. Since there is a total lack of public space in the neighbourhood, and this is the biggest free land by the Tromso Municipality, it turned out to be a great chance to create a new high quality public space, somehow a park and a square at the same time, in this strategic position: the new Kroken Park.

El nuevo plan para el centro de Kroken establece una relación de base en términos de tamaño, forma y posición, entre los dos edificios de viviendas que se construirán en la zona propiedad de Kommune y el nuevo parque. Los edificios enmarcarán el espacio del nuevo parque, definiendo sus límites y protegiéndolo de las principales corrientes de aire, creando a la vez una más clara definición del espacio urbano de Kroken en uno de sus lugares más delicados e importantes. El principal objetivo del proyecto para el parque es crear, dentro de la difusa y desorganizada estructura urbana de Kroken, un nuevo lugar capaz de satisfacer las elevadas necesidades de espacio exterior que tiene ahora el barrio y llevarlo a cabo a través de la mejora del soberbio paisaje natural, característico de una de las zonas más hermosas de Kroken. Para conseguirlo se han desarrollado dos esquemas paralelos:

The new Kroken Centre plan establishes a basic relationship in terms of size, shape and position between the two new housing buildings to be implemented in the Kommune property area and the new Kroken Park: The buildings will frame the space of the new park, defining its limits and protecting it from the main wind directions, creating simultaneously a clearer definition of Kroken urban space.
The most important aim of the project for the new public park is to create inside the diffuse and unorganized urban structure of Kroken a new spot capable to realize the elevated needs for exterior public spaces that the neighbourhood has now. And do it by improving and taking advantage of the superb natural landscape that is distinctive of the most beautiful areas of Kroken. Two parallel schemes are developed to achieve this:

1:7.500

CALLE PRINCIPAL
MAIN STREET

CONNECTIONS
CALLE PRINCIPAL. NUEVO PARQUE
MAIN STREET. NEW KROKEN PARK

LEVEL +17.00 MM
ACCESO DE VEHÍCULOS /
ESTACIONAMIENTOS

LEVEL +24.00 MM/25.00 MM
EDIFICIOS PÚBLICOS
PUBLIC PROGRAM

LEVEL +30.00 MM
VIVIENDAS / TORRES
DWELLINGS / TOWERS

NUEVO PARQUE
NEW KROKEN PARK

REFUGES

CAMINOS Y PROGRAMA
PATHS + PROGRAM

WIND PROTECTION SLOPE

CAMINOS Y BARRERA
CONTRA EL VIENTO
PATH + WIND PROT.

ROAD SOUTH SLOPE
ROAD NORTH SLOPE
OTHERS

TALUDES
SLOPES

HOUSING
BUILDING D

HOUSING BUILDING C

AREA OF DELIVERIES COOP
+23.80

PARKING Coop

+25.00
MEETING POINT
Coop/Market

+21.00

STAT OIL
+19.00

PUBLIC AREA/Café

SUN
SEA

+21.00

5% - Wheelchair-users access

Wheelchair-users parking lot

+19.00

+19.00

+18.00

+17.00

16.00

15.00

HOUSING BUILDINGS D
17 DWELLINGS

HOUSING BUILDINGS C
23 DWELLINGS

COMMON TERRACE

40 DWELLINGS   STAT OIL   COOP SHOP   COOP

COOP SITE

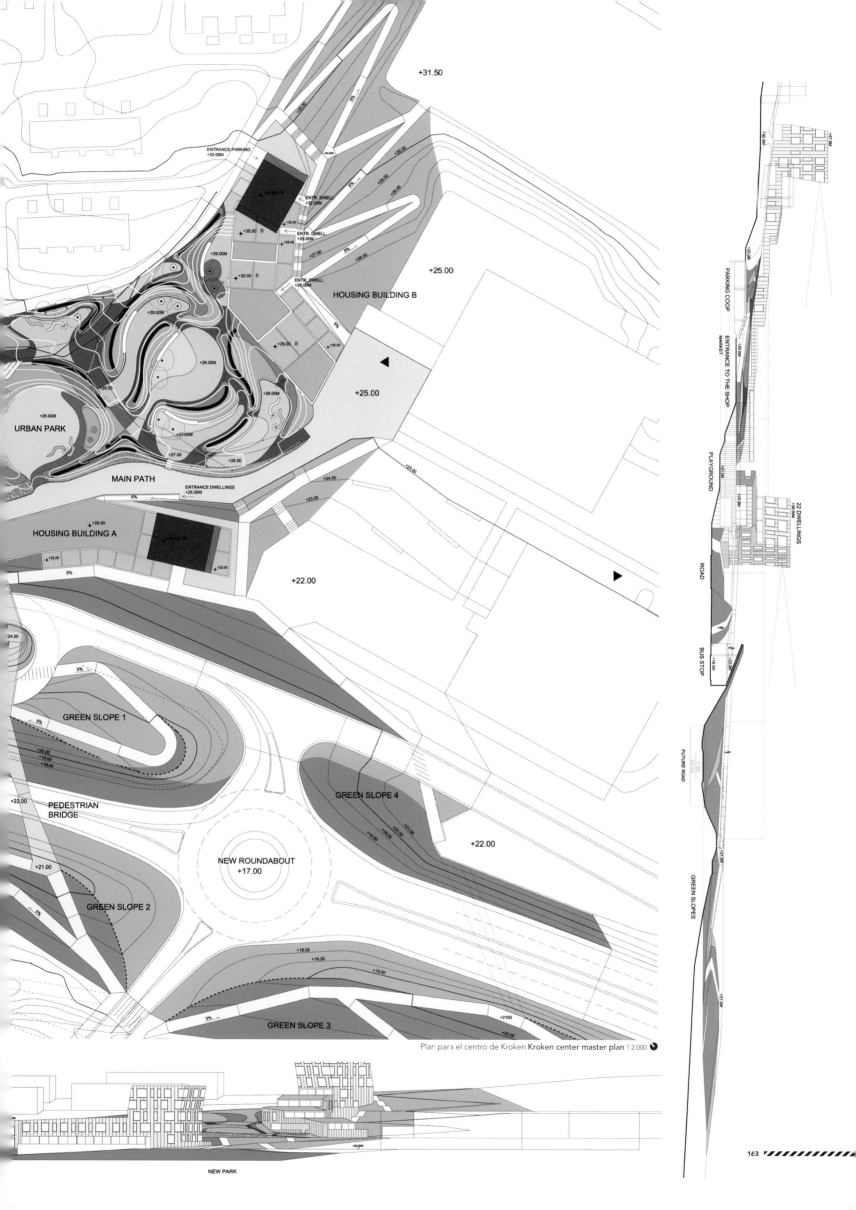

+31.50

ENTRANCE PARKING
+33.00M

ENTR. DWELL
+32.00M

ENTR. DWELL
+29.00M

+35.00 II

+29.00M

+32.00 II

+29.00M

ENTR. DWELL
+26.00M

+29.00 II

+25.00

HOUSING BUILDING B

+25.00

URBAN PARK

+26.00M

+27.00M

MAIN PATH

+27.00

+26.00

ENTRANCE DWELLINGS
+25.00M

+24.00

+23.00

+25.00

HOUSING BUILDING A

+29.00

+22.00

+22.00

24.00

+22.00

GREEN SLOPE 1

+20.00
+19.00
+18.00

GREEN SLOPE 4

PEDESTRIAN
BRIDGE

+21.00
+18.00

+22.00

GREEN SLOPE 2

NEW ROUNDABOUT
+17.00

+18.00
+19.00

+19.00

GREEN SLOPE 3

+21.00

+20.00

Plan para el centro de Kroken **Kroken center master plan** 1:2.000

PARKING COOP

ENTRANCE TO THE SHOP

MARKET

PLAYGROUND

22 DWELLINGS

ROAD

BUS STOP

FUTURE ROAD

GREEN SLOPES

NEW PARK

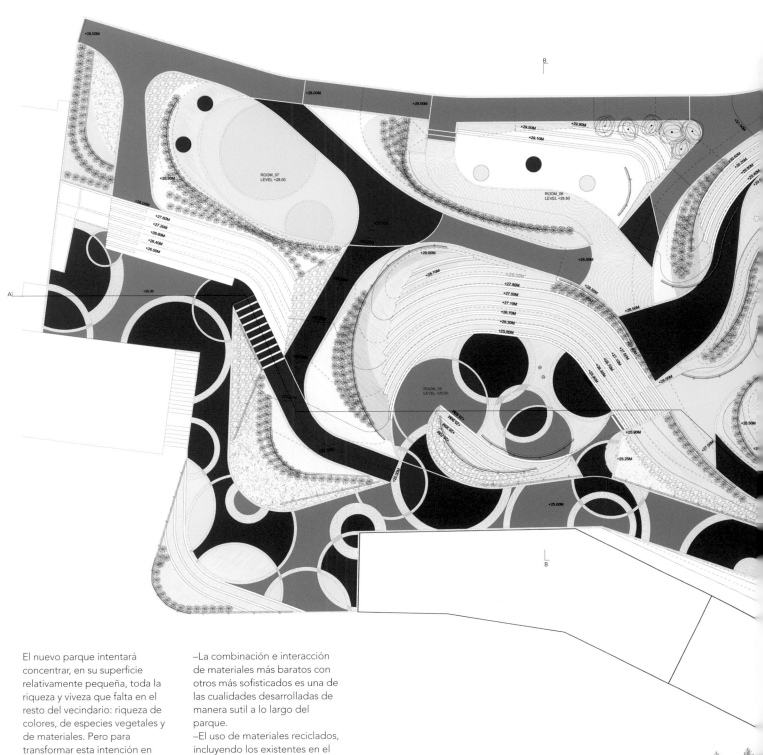

El nuevo parque intentará concentrar, en su superficie relativamente pequeña, toda la riqueza y viveza que falta en el resto del vecindario: riqueza de colores, de especies vegetales y de materiales. Pero para transformar esta intención en una táctica realista, posible y medioambientalmente sostenible usaremos las siguientes estrategias:

–El uso de la geometría como una herramienta básica del paisaje, para aprovechar las posibilidades de formas complejas y provocar efectos de percepción mucho mas complejos.

–La combinación e interacción de materiales más baratos con otros más sofisticados es una de las cualidades desarrolladas de manera sutil a lo largo del parque.

–El uso de materiales reciclados, incluyendo los existentes en el lugar ahora, como la replantación de los abedules más jóvenes existentes, o el uso del suelo actual y las plantas deterioradas para la base de los montículos.

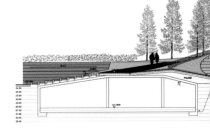

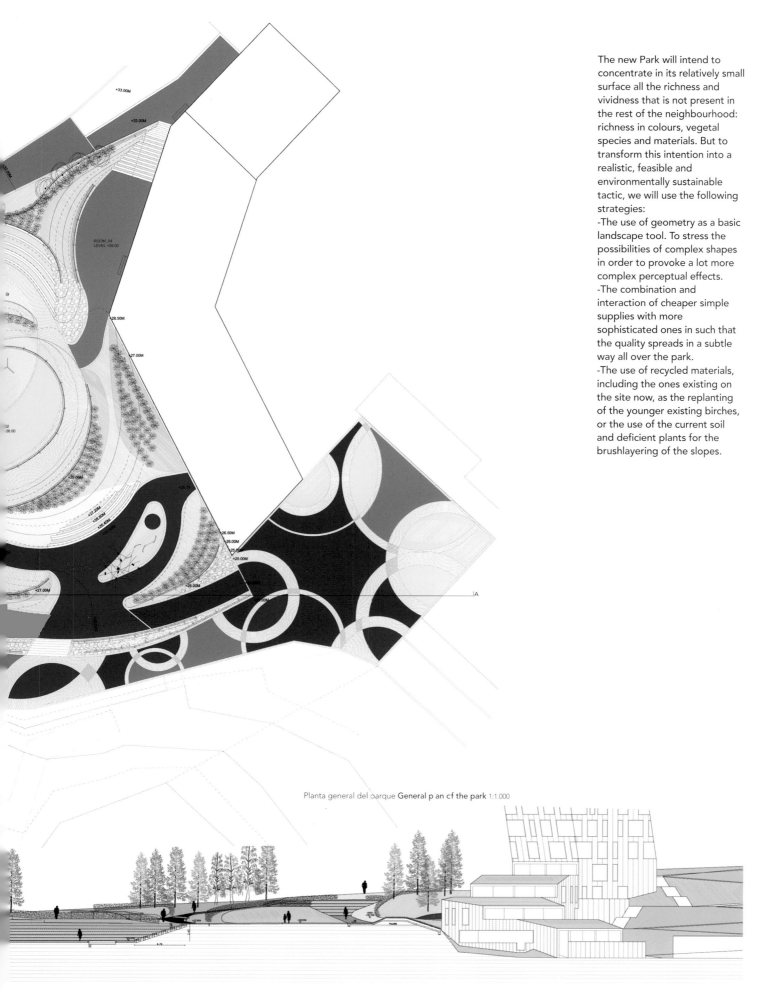

The new Park will intend to concentrate in its relatively small surface all the richness and vividness that is not present in the rest of the neighbourhood: richness in colours, vegetal species and materials. But to transform this intention into a realistic, feasible and environmentally sustainable tactic, we will use the following strategies:

-The use of geometry as a basic landscape tool. To stress the possibilities of complex shapes in order to provoke a lot more complex perceptual effects.

-The combination and interaction of cheaper simple supplies with more sophisticated ones in such that the quality spreads in a subtle way all over the park.

-The use of recycled materials, including the ones existing on the site now, as the replanting of the younger existing birches, or the use of the current soil and deficient plants for the brushlayering of the slopes.

Planta general del parque **General p an cf the park** 1:1.000

Sección **A Section** 1:500

Estructura de estancias:
El primero es un motivo de estancias o espacios curvilíneos de diferentes medidas, posiciones, orientaciones y vistas. Esta colección de estancias establecen una estructura funcional flexible donde cada ciudadano de Kroken podrá encontrar un lugar donde sentirse confortable, un lugar propio, como ocurre con las habitaciones de una casa. La variedad y riqueza del

Room Structure. The first one is a pattern of patches or curvilinear spaces with different sizes, positions, orientations and views. This collection of 'rooms' sets up a highly flexible functional structure where everyone at Kroken will be able to find a place where they feel comfortable, a place of their own, as it happens with the different rooms of a house. The variety and richness of the scheme will help it absorb all the potential of public activities by the inhabitants of the

Red de circulación: El segundo esquema es una estructura de senderos diagonales que discurre a lo largo del parque, comunicando todos sus bordes, especialmente el oeste, a una altura inferior, con el este.
Los trazados más importantes tendrán una pendiente del 5%, lo que permite su uso por discapacitados y el paseo cómodo para todos.
La fusión formal y la interacción funcional de los dos sistemas, el de las estancias y el de los senderos, es lo que configura el

Circulation Network:
The second scheme is a structure of diagonal paths that run along the park area communicating all of its boundaries, specially the western sited at a lower height with the eastern, which is higher. The most important lines of these paths will have a 5% slope so they will be perfectly operative for disabled people and will also be very comfortable to walk for everyone else.
The formal fusion and the

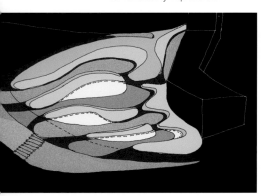

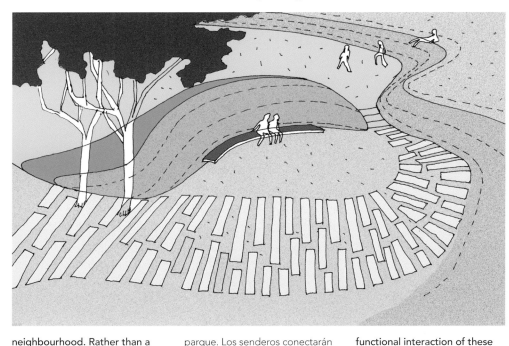

esquema ayudará al parque a absorber todo el potencial de actividades públicas de los habitantes del barrio. Más que un parque urbano clásico, entendido como un lugar dentro de la ciudad donde se exhibe la naturaleza de una manera estética, este parque pretende ser un elemento que interactúa con el vecindario en términos de vida en común, proporcionando una sensación de urbanidad y la posibilidad de disfrutar del espacio exterior, algo que no es posible ahora.
La estrategia para conseguir esta estructura consiste en asignar características diferentes tanto al interior de las estancias como a sus límites. Las estancias serán superficies planas coloreadas, que pueden ser usadas fácilmente para cualquier actividad al aire libre, mientras que los límites entre ellas se configuran como montículos verdes que contienen diferentes plantaciones lineales para enfatizar los bordes.

neighbourhood. Rather than a classic urban park understood as a enclave inside the city where nature is aesthetically exposed, this park intends to be an element that interacts with the neighbourhood in terms of public life, providing a sense of urbanity and a possibility to enjoy the outdoor space that now is not present.
The strategy to achieve this structure will consist on assigning distinctive features both to the room's interior spaces and its boundaries.
The rooms will be flat surfaces colourfully paved, so they can be more easily used for ay type of outdoor activity, meanwhile the boundaries between them will be configured as green slopes containing distinctive linear plantations to emphasize the sense of the limit.

parque. Los senderos conectarán las estancias, generando una estructura total que se completa con el sendero peatonal principal, situado al sur, que es la pieza más urbana del nuevo diseño y que por oposición al resto de los senderos interiores del parque, es totalmente plano.

Parque de verano/parque de invierno. El paisaje de Tromsø varía por completo de invierno a verano. Durante un número importante de meses al año la mayoría de las zonas exteriores están cubiertas por la nieve. Esto significa que si deseamos explotar al máximo los potenciales del paisaje de Kroken necesitamos diseñar dos parques: un parque de invierno y otro de verano.
En el Parque de Verano todas las plantaciones, pavimentos y mobiliario serán visibles.
Los colores, las fragancias... estarán en su máxima vivacidad.

functional interaction of these two systems: the patches and the paths, is what configures the park. The paths will connect the rooms generating a whole structure that is completed by the pedestrian main path, which constitutes on the southern side of the park the most urban piece of the new design, and that oppositely to the all the park's interior paths is perfectly flat.

Summer Park/Winter Park.
The landscape in Tromsø varies completely from winter to summer. An important number of months during the year most of the exterior areas are covered by snow. This means that if we want to exploit at its maximum the potentials of Kroken's landscape we need to design in fact two parks: a winter park and a summer park.

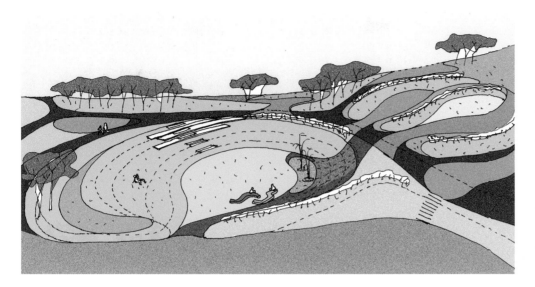

only be systematically removed from the paths and from some small specific areas from the flat rooms will be.
The structure of the patches will disappear. This will create an entirely different scheme, in which the coloured wet paths surrounded by the white snow will take over the park. This is when, in an arctic environment, the light design becomes extremely important. The reflection of the lighting lines on the snow will in fact substitute the colours and vividness of the plants and pavements. These lines will cross the park from one side to the other, underlining the paths or the boundaries between the rooms.

En el Parque de Invierno, la nieve cubrirá la mayoría de la superficie y sólo estarán despejados los senderos y algunas pequeñas estancias.
La estructura de las estancias desaparecerá, lo que creará un esquema completamente diferente, en el que los mojados senderos coloreados, rodeados de nieve blanca, dominarán el parque. Entonces es cuando, en un entorno ártico como éste, el diseño de la iluminación resulta fundamental.

In the 'Summer Park' all the plantations, pavements and furniture will be visible, and so on the room structure will be easily perceived by the walker.
The rooms will be fully usable as flat spaces and the lifestyle of the people during this season will most probably bring about an intensive use of the park.
All the sensual qualities of the park, its colours, its fragrances… will be alive at its maximum.
In the 'Winter Park' the snow will cover most of the surface; it will

Variedad sostenible. El objetivo general de conseguir una cierta intensidad urbana dentro del parque se enfatiza con los materiales, las especies plantadas en los montículos y la iluminación. Actualmente, los acabados, colores y materiales de las zonas exteriores de Kroken son bastante aburridas e impersonales, siendo el asfalto gris el pavimento más abundante y estando a falta de mantenimiento la mayoría de las zonas ajardinadas.

Sustainable Variety.
The general objective of achieving some kind of urban intensity within the park will be emphasized by the materials, the species planted on the slopes and the lighting design. Currently the finishing, colours and materials of the outdoor areas in Kroken are rather dull and impersonal, being grey asphalt the most abundant paving material and having almost no maintenance in most of the planted areas.

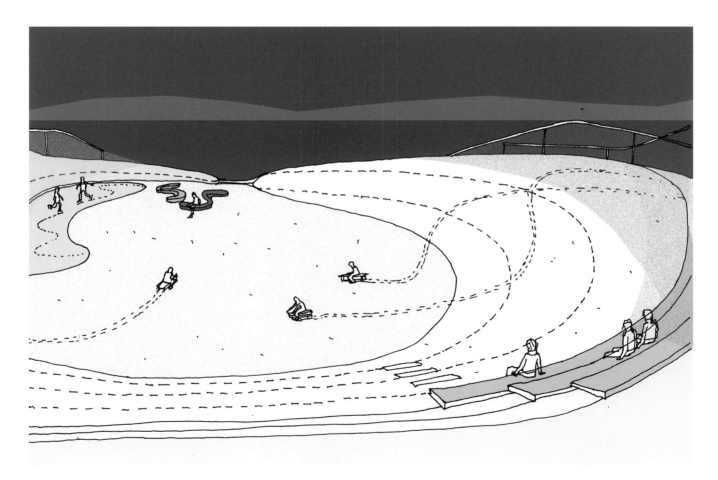

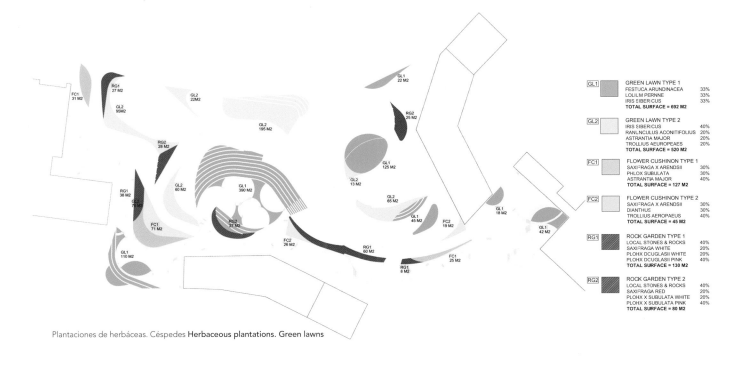

GL1	GREEN LAWN TYPE 1	
	FESTUCA ARUNDINACEA	33%
	LOLIUM PERNNE	33%
	IRIS SIBERICUS	33%
	TOTAL SURFACE = 692 M2	

GL2	GREEN LAWN TYPE 2	
	IRIS SIBERICUS	40%
	RANUNCULUS ACONITIFOLIUS	20%
	ASTRANTIA MAJOR	20%
	TROLLIUS AEUROPEAES	20%
	TOTAL SURFACE = 520 M2	

FC1	FLOWER CUSHINON TYPE 1	
	SAXIFRAGA X ARENDSII	30%
	PHLOX SUBULATA	30%
	ASTRANTIA MAJOR	40%
	TOTAL SURFACE = 127 M2	

FC2	FLOWER CUSHINON TYPE 2	
	SAXIFRAGA X ARENDSII	30%
	DIANTHUS	30%
	TROLLIUS AEROPAEUS	40%
	TOTAL SURFACE = 45 M2	

RG1	ROCK GARDEN TYPE 1	
	LOCAL STONES & ROCKS	40%
	SAXIFRAGA WHITE	20%
	PLOHX DCUGLASII WHITE	20%
	PLOHX DCUGLASII PINK	40%
	TOTAL SURFACE = 130 M2	

RG2	ROCK GARDEN TYPE 2	
	LOCAL STONES & ROCKS	40%
	SAXIFRAGA RED	20%
	PLOHX X SUBULATA WHITE	20%
	PLOHX X SUBULATA PINK	40%
	TOTAL SURFACE = 80 M2	

Plantaciones de herbáceas. Céspedes **Herbaceous plantations. Green lawns**

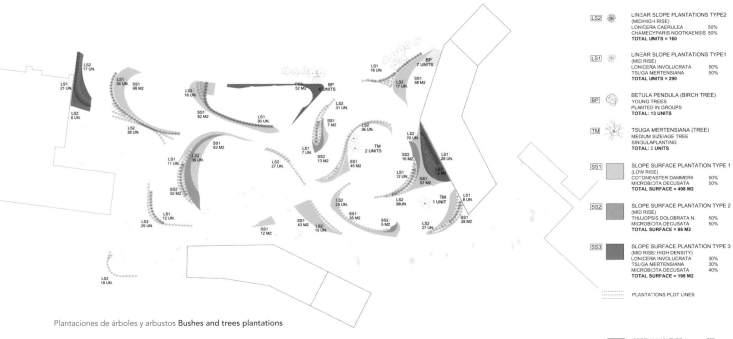

LS2	LINEAR SLOPE PLANTATIONS TYPE2	
	(MID/HIGH RISE)	
	LONICERA CAERULEA	50%
	CHAMECYPARIS NOOTKAENSIS	50%
	TOTAL UNITS = 160	

LS1	LINEAR SLOPE PLANTATIONS TYPE1	
	(MID RISE)	
	LONICERA INVOLUCRATA	50%
	TSUGA MERTENSIANA	50%
	TOTAL UNITS = 290	

BP	BETULA PENDULA (BIRCH TREE)	
	YOUNG TREES	
	PLANTED IN GROUPS	
	TOTAL: 13 UNITS	

TM	TSUGA MERTENSIANA (TREE)	
	MEDIUM SIZE/AGE TREE	
	SINGULAPLANTING	
	TOTAL: 3 UNITS	

SS1	SLOPE SURFACE PLANTATION TYPE 1	
	(LOW RISE)	
	COTONEASTER DAMMERII	50%
	MICROBIOTA DECUSATA	50%
	TOTAL SURFACE = 498 M2	

SS2	SLOPE SURFACE PLANTATION TYPE 2	
	(MID RISE)	
	THUJOPSIS DOLOBRATA N.	50%
	MICROBIOTA DECUSATA	50%
	TOTAL SURFACE = 86 M2	

SS3	SLOPE SURFACE PLANTATION TYPE 3	
	(MID RISE / HIGH DENSITY)	
	LONICERA INVOLUCRATA	30%
	TSUGA MERTENSIANA	30%
	MICROBIOTA DECUSATA	40%
	TOTAL SURFACE = 198 M2	

- - - - - - PLANTATIONS PLOT LINES

Plantaciones de árboles y arbustos **Bushes and trees plantations**

LINEAR SLOPE PLANTATIONS TYPE2
(MID/HIGH RISE)
LONICERA CAERULEA 50%
CHAMECYPARIS NOOTKAENSIS 50%
TOTAL UNITS = 160

LINEAR SLOPE PLANTATIONS TYPE1
(MID RISE)
LONICERA INVOLUCRATA 50%
TSUGA MERTENSIANA 50%
TOTAL UNITS = 290

BETULA PENDULA (BIRCH TREE)
YOUNG TREES
PLANTED IN GROUPS
TOTAL: 13 UNITS

TSUGA MERTENSIANA (TREE)
MEDIUM SIZE/AGE TREE
SINGULAPLANTING
TOTAL: 3 UNITS

	GREEN LAWN TYPE 1	
	FESTUCA ARUNDINACEA	33%
	LOLIUM PERNNE	33%
	IRIS SIBERICUS	33%
	TOTAL SURFACE = 692 M2	

	GREEN LAWN TYPE 2	
	IRIS SIBERICUS	40%
	RANUNCULUS ACONITIFOLIUS	20%
	ASTRANTIA MAJOR	20%
	TROLLIUS AEUROPEAES	20%
	TOTAL SURFACE = 520 M2	

	RCCK GARDEN TYPE 1	
	LOCAL STONES & ROCKS	40%
	SAXIFRAGA WHITE	20%
	PLOHX DOUGLASII WHITE	20%
	PLOHX DOUGLASII PINK	40%
	TOTAL SURFACE = 130 M2	

	RCCK GARDEN TYPE 2	
	LOCAL STONES & ROCKS	40%
	SAXIFRAGA RED	20%
	PLOHX X SUBULATA WHITE	20%
	PLOHX X SUBULATA PINK	40%
	TOTAL SURFACE = 80 M2	

	FLOWER CUSHINON TYPE 1	
	SAXIFRAGA X ARENDSII	30%
	PHLOX SUBULATA	30%
	ASTRANTIA MAJOR	40%
	TOTAL SURFACE = 127 M2	

	FLOWER CUSHINON TYPE 2	
	SAXIFRAGA X ARENDSII	30%
	DIANTHUS	30%
	TROLLIUS AEROPAEUS	40%
	TOTAL SURFACE = 45 M2	

	SLOPE SURFACE PLANTATION TYPE 1	
	(LCW RISE)	
	COTONEASTER DAMMERII	50%
	MICROBIOTA DECUSATA	50%
	TOTAL SURFACE = 498 M2	

	SLOPE SURFACE PLANTATION TYPE 2	
	(MID RISE)	
	THUJOPSIS DOLOBRATA N.	50%
	MICROBIOTA DECUSATA	50%
	TOTAL SURFACE = 86 M2	

	SLOPE SURFACE PLANTATION TYPE 3	
	(MID RISE/ HIGH DENSITY)	
	LONICERA INVOLUCRATA	30%
	TSUGA MERTENSIANA	30%
	MICROBIOTA DECUSATA	40%
	TOTAL SURFACE = 198 M2	

Plano de plantaciones **Plantations plan** 1:2.500

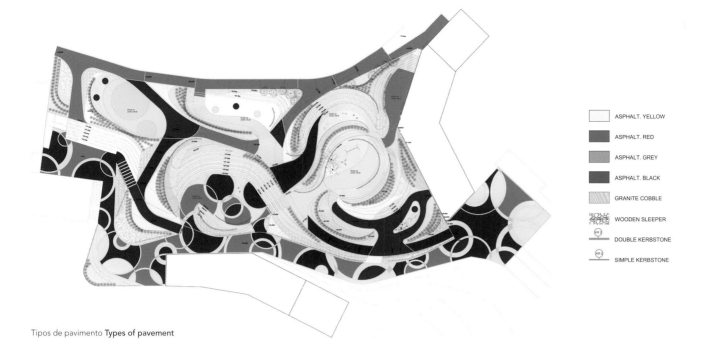

Tipos de pavimento **Types of pavement**

ASPHALT. YELLOW

ASPHALT. RED

ASPHALT. GREY

ASPHALT. BLACK

GRANITE COBBLE

WOODEN SLEEPER

DOUBLE KERBSTONE

SIMPLE KERBSTONE

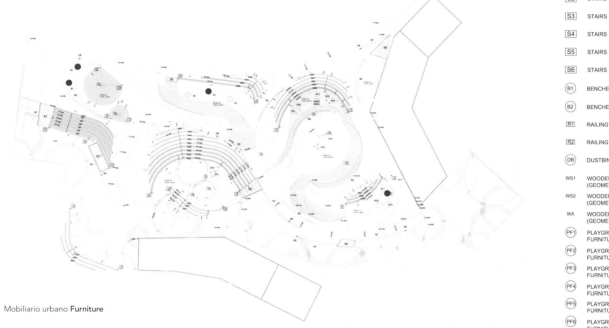

Mobiliario urbano **Furniture**

S1	STAIRS	w=0.52 m h= 0.175 m
S2	STAIRS	w=0.98 m h= 0.15 m
S3	STAIRS	w=0.60 m h= 0.175 m
S4	STAIRS	w=0.31 m h= 0.15 m
S5	STAIRS	w=0.60 m h= 0.175 m
S6	STAIRS	w=0.37 m h= 0.15 m
B1	BENCHES TYPE 1	
B2	BENCHES TYPE 2	
R1	RAILING SIMPLE	
R2	RAILING DOUBLE	
DB	DUSTBIN	
WS1	WOODEN SLEEPER SIMPLE (GEOMETRICAL PLOT)	
WS2	WOODEN SLEEPER DOUBLE (GEOMETRICAL PLOT)	
WA	WOODEN AMPHITHEATRE (GEOMETRICAL PLOT)	
PF1	PLAYGROUND FOR CHILDREN FURNITURE TYPE 1	
PF2	PLAYGROUND FOR CHILDREN FURNITURE TYPE 2	
PF3	PLAYGROUND FOR CHILDREN FURNITURE TYPE 3	
PF4	PLAYGROUND FOR CHILDREN FURNITURE TYPE 4	
PF5	PLAYGROUND FOR CHILDREN FURNITURE TYPE 5	
PF6	PLAYGROUND FOR CHILDREN FURNITURE TYPE 6	
	PLAYGROUND FOR CHILDREN SAND AREA	

Topografía **Topography** 1:2.500

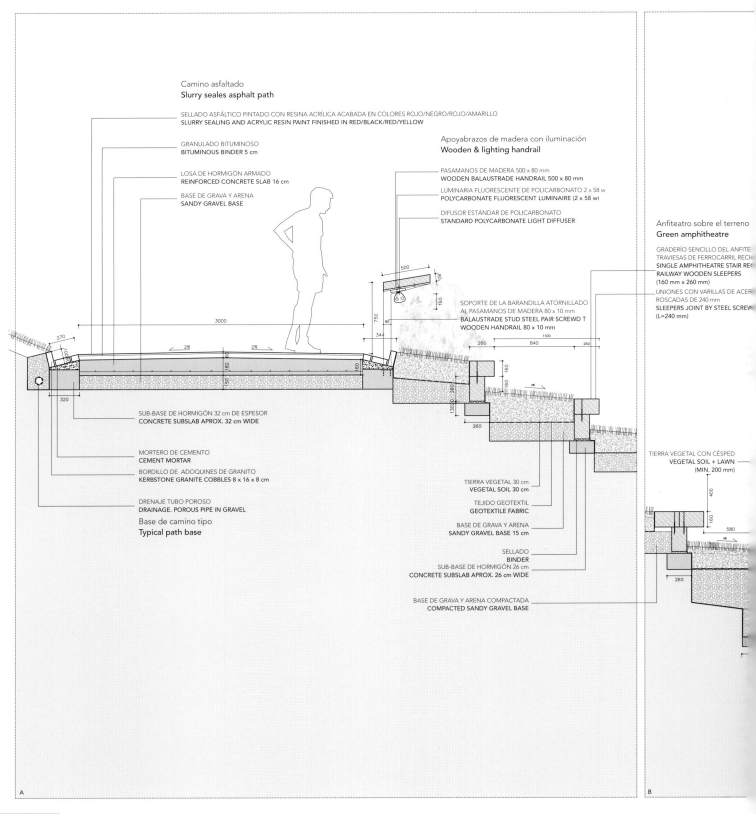

Camino asfaltado
Slurry seales asphalt path

SELLADO ASFÁLTICO PINTADO CON RESINA ACRÍLICA ACABADA EN COLORES ROJO/NEGRO/ROJO/AMARILLO
SLURRY SEALING AND ACRYLIC RESIN PAINT FINISHED IN RED/BLACK/RED/YELLOW

GRANULADO BITUMINOSO
BITUMINOUS BINDER 5 cm

LOSA DE HORMIGÓN ARMADO
REINFORCED CONCRETE SLAB 16 cm

BASE DE GRAVA Y ARENA
SANDY GRAVEL BASE

Apoyabrazos de madera con iluminación
Wooden & lighting handrail

PASAMANOS DE MADERA 500 x 80 mm
WOODEN BALAUSTRADE HANDRAIL 500 x 80 mm

LUMINARIA FLUORESCENTE DE POLICARBONATO 2 x 58 w
POLYCARBONATE FLUORESCENT LUMINAIRE (2 x 58 w)

DIFUSOR ESTÁNDAR DE POLICARBONATO
STANDARD POLYCARBONATE LIGHT DIFFUSER

Anfiteatro sobre el terreno
Green amphitheatre

GRADERÍO SENCILLO DEL ANFITE
TRAVIESAS DE FERROCARRIL RECI
**SINGLE AMPHITHEATRE STAIR REC
RAILWAY WOODEN SLEEPERS**
(160 mm x 260 mm)

UNIONES CON VARILLAS DE ACER
ROSCADAS DE 240 mm
SLEEPERS JOINT BY STEEL SCREW
(L=240 mm)

SOPORTE DE LA BARANDILLA ATORNILLADO
AL PASAMANOS DE MADERA 80 x 10 mm
**BALAUSTRADE STUD STEEL PAIR SCREWD T
WOODEN HANDRAIL 80 x 10 mm**

SUB-BASE DE HORMIGÓN 32 cm DE ESPESOR
CONCRETE SUBSLAB APROX. 32 cm WIDE

MORTERO DE CEMENTO
CEMENT MORTAR

BORDILLO DE ADOQUINES DE GRANITO
KERBSTONE GRANITE COBBLES 8 x 16 x 8 cm

DRENAJE TUBO POROSO
DRAINAGE. POROUS PIPE IN GRAVEL

Base de camino tipo
Typical path base

TIERRA VEGETAL 30 cm
VEGETAL SOIL 30 cm

TEJIDO GEOTEXTIL
GEOTEXTILE FABRIC

BASE DE GRAVA Y ARENA
SANDY GRAVEL BASE 15 cm

SELLADO
BINDER

SUB-BASE DE HORMIGÓN 26 cm
CONCRETE SUBSLAB APROX. 26 cm WIDE

BASE DE GRAVA Y ARENA COMPACTADA
COMPACTED SANDY GRAVEL BASE

TIERRA VEGETAL CON CÉSPED
VEGETAL SOIL + LAWN
(MIN. 200 mm)

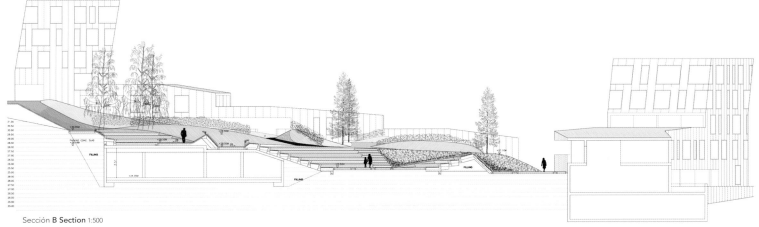

Sección **B Section** 1:500

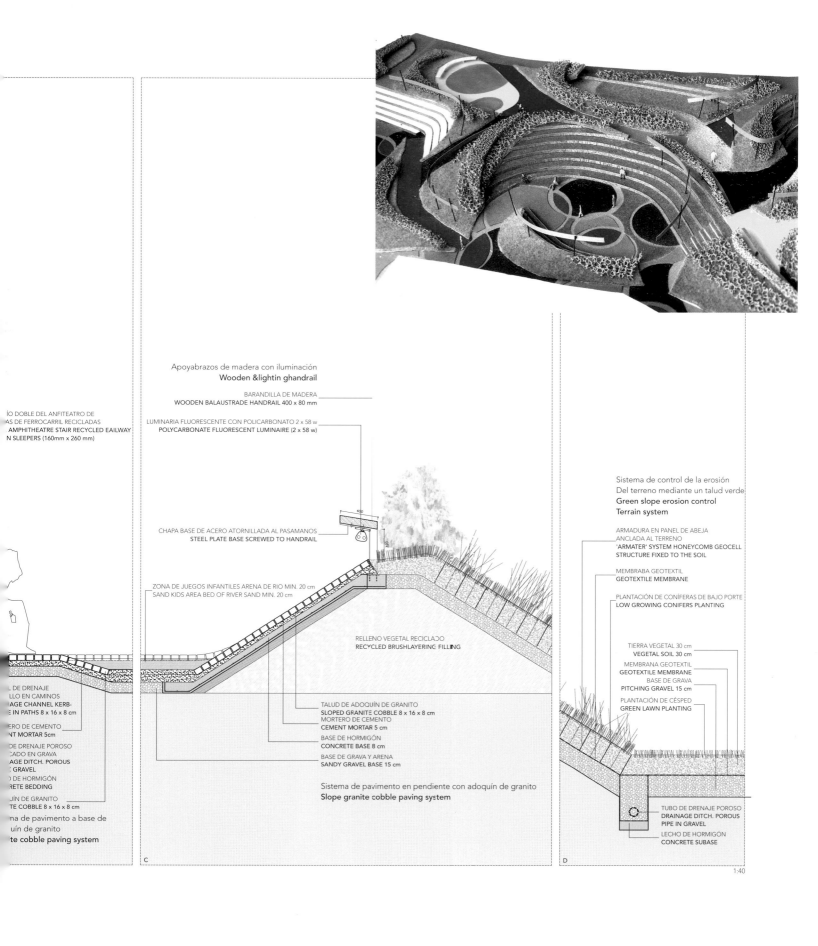

Apoyabrazos de madera con iluminación
Wooden &lightin ghandrail

BARANDILLA DE MADERA
WOODEN BALAUSTRADE HANDRAIL 400 x 80 mm

LUMINARIA FLUORESCENTE CON POLICARBONATO 2 x 58 w
POLYCARBONATE FLUORESCENT LUMINAIRE (2 x 58 w)

ÍO DOBLE DEL ANFITEATRO DE
AS DE FERROCARRIL RECICLADAS
AMPHITHEATRE STAIR RECYCLED EAILWAY
N SLEEPERS (160mm x 260 mm)

CHAPA BASE DE ACERO ATORNILLADA AL PASAMANOS
STEEL PLATE BASE SCREWED TO HANDRAIL

ZONA DE JUEGOS INFANTILES ARENA DE RIO MIN. 20 cm
SAND KIDS AREA BED OF RIVER SAND MIN. 20 cm

RELLENO VEGETAL RECICLADO
RECYCLED BRUSHLAYERINC FILLING

L DE DRENAJE
LLO EN CAMINOS
AGE CHANNEL KERB-
E IN PATHS 8 x 16 x 8 cm

ERO DE CEMENTO
NT MORTAR 5cm

DE DRENAJE POROSO
CADO EN GRAVA
AGE DITCH. POROUS
GRAVEL

O DE HORMIGÓN
RETE BEDDING

UÍN DE GRANITO
TE COBBLE 8 x 16 x 8 cm

na de pavimento a base de
uín de granito
te cobble paving system

TALUD DE ADOQUÍN DE GRANITO
SLOPED GRANITE COBBLE 8 x 16 x 8 cm
MORTERO DE CEMENTO
CEMENT MORTAR 5 cm

BASE DE HORMIGÓN
CONCRETE BASE 8 cm

BASE DE GRAVA Y ARENA
SANDY GRAVEL BASE 15 cm

Sistema de pavimento en pendiente con adoquín de granito
Slope granite cobble paving system

Sistema de control de la erosión
Del terreno mediante un talud verde
Green slope erosion control
Terrain system

ARMADURA EN PANEL DE ABEJA
ANCLADA AL TERRENO
'ARMATER' SYSTEM HONEYCOMB GEOCELL
STRUCTURE FIXED TO THE SOIL

MEMBRABA GEOTEXTIL
GEOTEXTILE MEMBRANE

PLANTACIÓN DE CONÍFERAS DE BAJO PORTE
LOW GROWING CONIFERS PLANTING

TIERRA VEGETAL 30 cm
VEGETAL SOIL 30 cm
MEMBRANA GEOTEXTIL
GEOTEXTILE MEMBRANE
BASE DE GRAVA
PITCHING GRAVEL 15 cm

PLANTACIÓN DE CÉSPED
GREEN LAWN PLANTING

TUBO DE DRENAJE POROSO
DRAINAGE DITCH. POROUS
PIPE IN GRAVEL

LECHO DE HORMIGÓN
CONCRETE SUBASE

C

D

1:40

A   B   C   D

ALZADO
ELEVATION

VIGA TUBULAR 100 mm ø
BEAM STEEL TUBULAR PROFILE 100 mm ø

SOPORTE DE ACERO TUBULAR 10 mm ø
PILLAR STEEL TUBULAR PROFILE 100 mm ø

CHAPA BASE DE ACERO SOLDADA AL SOPORTE ANCLADA A LA SOLERA DE HORMIGÓN
STEEL PLATE BASE WELDED TO PILLAR SUPPORTED OVER CONCRETE FOUNDATION

3228

3107

200

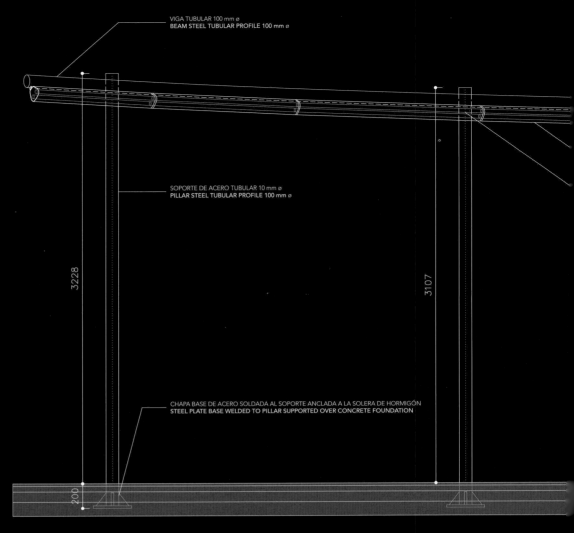

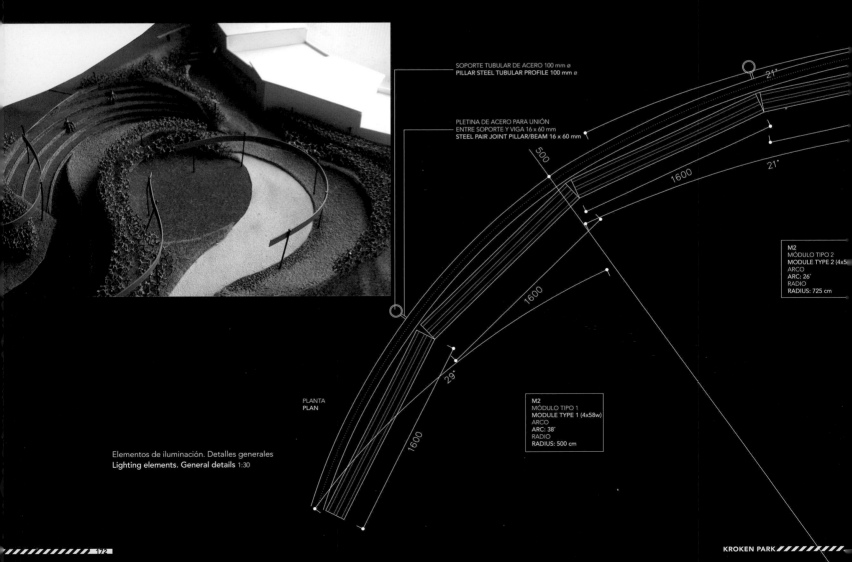

SOPORTE TUBULAR DE ACERO 100 mm ø
PILLAR STEEL TUBULAR PROFILE 100 mm ø

PLETINA DE ACERO PARA UNIÓN
ENTRE SOPORTE Y VIGA 16 x 60 mm
STEEL PAIR JOINT PILLAR/BEAM 16 x 60 mm

21°

500

1600

21°

1600

29°

1600

M2
MÓDULO TIPO 2
MODULE TYPE 2 (4x5
ARCO
ARC: 26°
RADIO
RADIUS: 725 cm

M2
MÓDULO TIPO 1
MODULE TYPE 1 (4x58w)
ARCO
ARC: 38°
RADIO
RADIUS: 500 cm

PLANTA
PLAN

Elementos de iluminación. Detalles generales
Lighting elements. General details 1:30

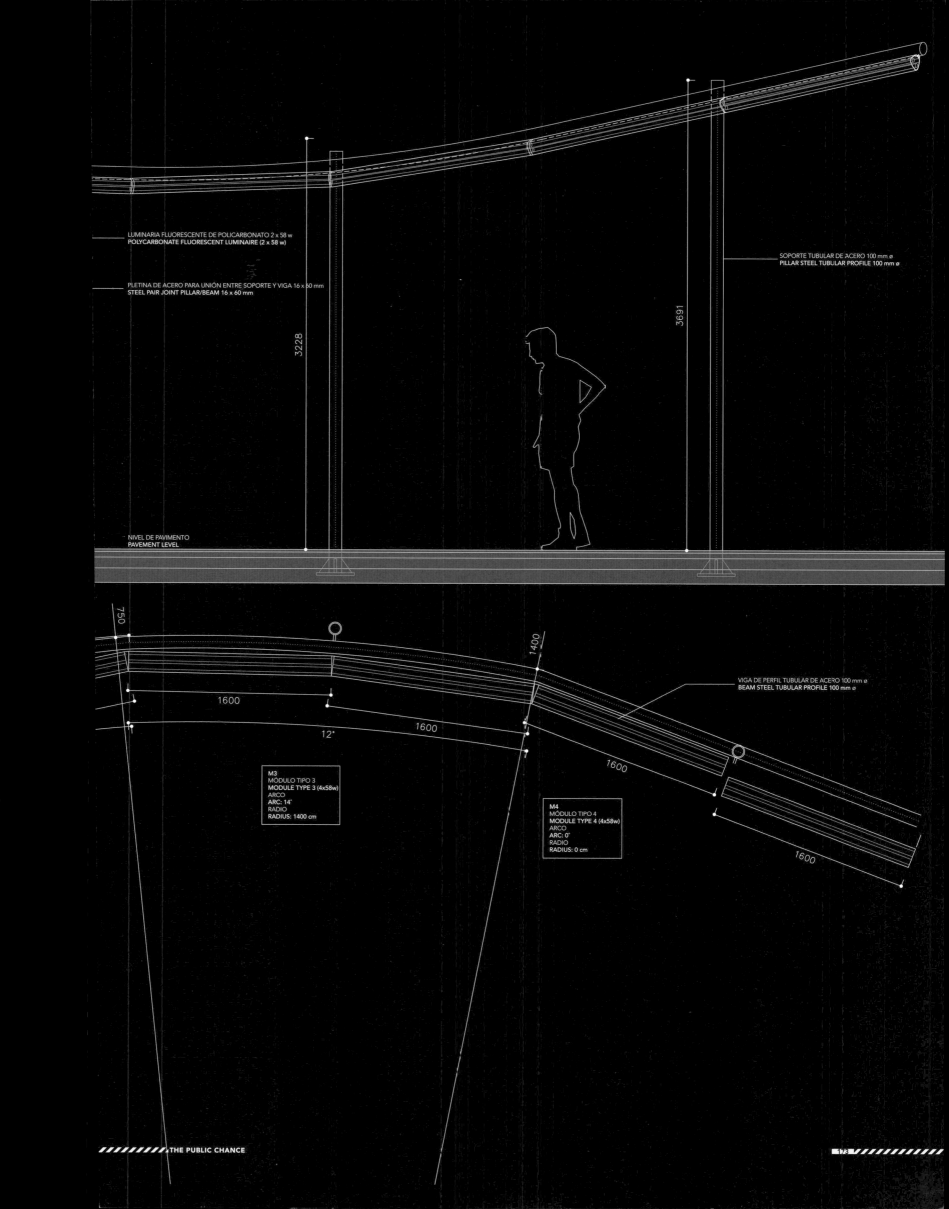

LUMINARIA FLUORESCENTE DE POLICARBONATO 2 x 58 w
POLYCARBONATE FLUORESCENT LUMINAIRE (2 x 58 w)

PLETINA DE ACERO PARA UNIÓN ENTRE SOPORTE Y VIGA 16 x 60 mm
STEEL PAIR JOINT PILLAR/BEAM 16 x 60 mm

SOPORTE TUBULAR DE ACERO 100 mm ø
PILLAR STEEL TUBULAR PROFILE 100 mm ø

3228

3691

NIVEL DE PAVIMENTO
PAVEMENT LEVEL

750

1400

VIGA DE PERFIL TUBULAR DE ACERO 100 mm ø
BEAM STEEL TUBULAR PROFILE 100 mm ø

1600

12°

1600

1600

M3
MÓDULO TIPO 3
MODULE TYPE 3 (4x58w)
ARCO
ARC: 14°
RADIO
RADIUS: 1400 cm

M4
MÓDULO TIPO 4
MODULE TYPE 4 (4x58w)
ARCO
ARC: 0°
RADIO
RADIUS: 0 cm

1600

EL SARDINERO
STADIUM

SANTANDER
SPORTS ARENA

CANTABRIA UNIVERSITY

1:10.000

174

316.015m²

EL SARDINERO BEACH

LA MAGDALENA
PALACE

City Centre

PORT OF SANTANDER

🔽 1:20.000

Influence area / Santander
Population /////182.926 inhabitants
Density/////////5.226 inhab/km²
Data source////anuarieco.lacaixa.comunicacions.com, 2006
Digitalglobe, 2008

capas layers -

EDIFICIOS BUILDINGS

Un edificio preexistente aloja las instalaciones para el tratamiento de las aguas que rellenan el océano central y el lago artificial. Por otro lado, se ha previsto una nueva cafetería insertada en la topografía de terrazas del parque.

An existing building holds water treatment installations that fill the central ocean and artificial lake. A new cafeteria is also foreseen on the topography of the park's terraces.

VEGETACIÓN VEGETATION

Toda la vegetación se organiza en unas franjas transversales que siguen el orden de los Paralelos. En cada una de estas franjas se introduce la vegetación perteneciente a la latitud representada.

All vegetation is organised in transversal strips that follow the order of the Parallels. On each strip the vegetation of the represented latitude is planted.

AGUA WATER

El agua es el elemento central del parque y ocupa la cota más baja del recinto. Los sistemas de recogida y gestión del agua son visibles y contribuyen a estructurar el parque. Se distinguen dos zonas: un área central que contiene gran parte de la flora y fauna protegidas existentes y nuevas especies de juncos y, un gran lago artificial con surtidores y agua en movimiento.

Water is the main element of the park and occupies the lowest level of the premises. The water collection and management systems are visible and contribute to structure the park. Two areas can be distinguished, a central area, which contains most of the existing protected flora and fauna as well as a large artificial lake with jets and moving water.

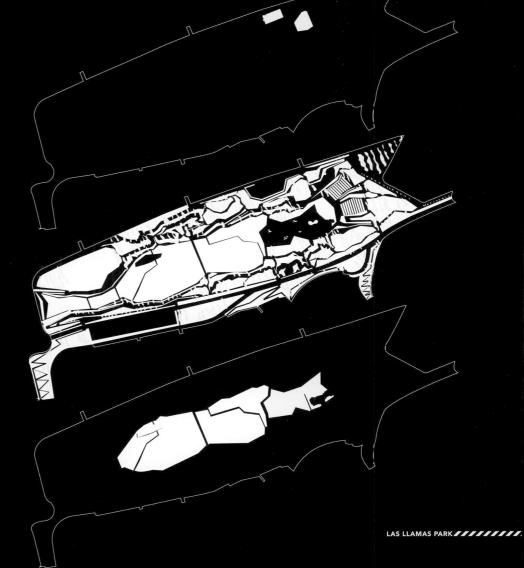

ACTIVIDADES **ACTIVITIES**

En el escenario del auditorio tienen cabida múltiples eventos. Mientras, junto a la cafetería se ha dispuesto una gran zona de juegos infantiles pavimentada en colores vivos. Otra plataforma en la cota más alta del parque sirve como foco de actividad.

The auditorium stage can hold multiple events. Meanwhile, next to the cafeteria there is a large children's play area paved in bright colours. Another platform at the park's highest elevation serves as an activity nucleus.

ESTANCIAS **ROOMS**

Un gran anfiteatro recibe a los visitantes que acceden desde el acceso principal del parque. Frente a la cafetería se ha dispuesto un zona de mirador y una serie de pequeños pabellones cubiertos jalonan el recorrido.

A large amphitheatre receives visitors that enter from the main entrance of the park. Across from the cafeteria there is a viewpoint and a series of small, covered pavilions flank the path.

RECORRIDOS **ROUTES**

Un carril bici de 2.600 m recorre longitudinalmente el parque. Transversalmente, una serie de caminos y pasarelas conectan ambas orillas.

A 2,600 m cycling path runs the length of the park. A series of paths and walkways go across the park and connect both shores.

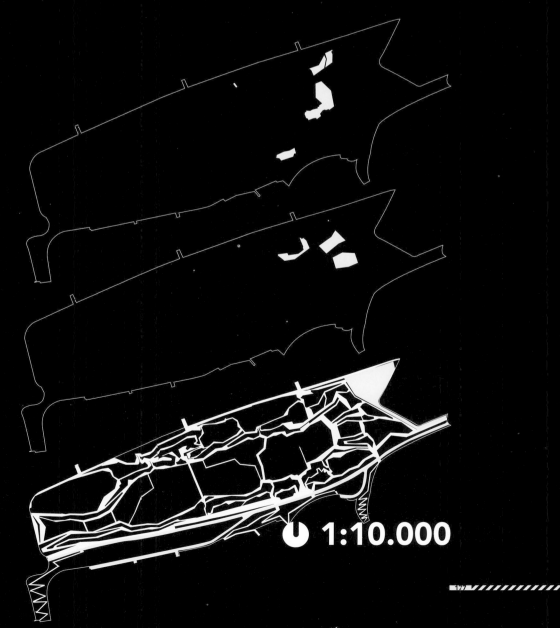

1:10.000

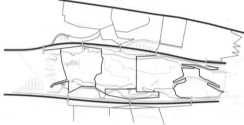

Planta de situación **Site plan** 1:5.000 ◐

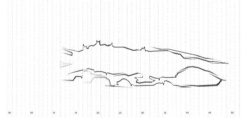

Accesos **Accesses**

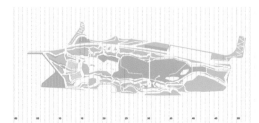

Muros **Walls**

Vegetación **Vegetation**

Arbolado **Trees** 1:20.000

La Vaguada de las Llamas es un gran espacio del que la ciudad disponía para convertirlo en parque urbano. Se trata de una parcela paralela a la estructura de la ciudad y delimitada por dos vías perimetrales que definen una forma alargada. Como su nombre indica, la topografía del parque es la característica de una vaguada y su punto más bajo está recorrido por un torrente.

La propuesta se basa en crear en la Vaguada de las Llamas un Centro del Arte de los Jardines y de la Cultura del Paisaje Atlántico, encaminados a representar la variedad, riqueza y diversidad del paisaje y la vegetación que se dan en el clima atlántico.

La gran superficie de la que se dispone permite proponer una estructura general con una idea unitaria a partir de la cual se ordenan jardines de diferente tamaño y contenido, así como edificios integrados en sus laderas y un gran espacio escénico que dará cabida a diferentes tipos de espectáculo.

Accesos

El acceso principal del parque se produce por el lado este.
Se pretende así conectar la Playa del Sardinero, un espacio natural de singular importancia para Santander, con el Parque Atlántico. En la llegada al parque, un sistema de caminos nos conduce a través de una densa arboleda que da paso a la

La Vaguada de las Llamas is a large space that the city had for conversion into an urban park. It is a plot that is parallel to the structure of the city and bordered by two perimetral roads that define an elongated shape. Its name in Spanish reveals that the characteristic of the park's topography is a watercourse (vaguada) and its lowest point has a torrent.

The proposal is based on the creation of a Garden Art and Atlantic Landscape Culture Centre in la Vaguada de las Llamas, focused on the representation of the variety, richness and diversity of the landscape and the vegetation in the Atlantic climate.

The large surface area allows the proposal of a general structure with a unitary idea that the layout of gardens of different sizes and content will be based on, as well as buildings integrated on their slopes and a large performance space that will allow for different types of performances.

Entrances

The main interest of the park is on the east side. The idea is to thus connect the Sardinero beach, a natural space of utmost importance for Santander, with the Parque Atlántico. Upon arriving to the park, a system of paths guides us through a dense grove that gives way to the top part of the large amphitheatre where the large central space of

parte superior del gran anfiteatro donde, como telón de fondo, aparece el gran espacio central del parque. Un mar de juncos y agua se extiende a lo largo del parque dibujando el contorno del océano atlántico con la complejidad y singularidad que aportan sus accidentes geográficos.

Transversalmente se introducen accesos puntuales allí donde la ciudad los requiere.

Estructura del Parque

La estrategia de organización del parque surge de la intención de reproducir la geometría de la geografía atlántica, definiendo para ello un contorno de carácter geográfico. Estos contornos se materializan en taludes vegetales escalonados que bordean todo el parque. Los taludes, que contienen vegetación en sus tramos horizontales, generan escaleras, rampas y anfiteatros que darán la continuidad necesaria a este nuevo límite geográfico. Las plataformas resultantes estructuran el parque en tres cotas, tres tipos de espacios con usos y percepciones diferentes de la cultura atlántica.

En la cota más baja encontramos el océano central, inaccesible al visitante, que contiene gran parte de la flora y fauna protegidas existentes, así como nuevas especies de juncos. También encontramos en él un lago artificial con surtidores y agua en movimiento.

the park appears like a backdrop. A sea of rush and water extends over the park, drawing the contour of the Atlantic Ocean with the complexity and singularity that its geographical features contribute.

Occasional entrances are introduced transversally where the city requires them.

Park structure

The park organisation structure arises from the intention to reproduce the geometry of Atlantic geography, defining a geographic contour.

These contours are materialized in natural staggered batters that border the entire park.

The batters, which hold vegetation in their horizontal stretch, generate stairs, ramps and amphitheatres that will give necessary continuity to this new geographical limit. The resulting platforms mark three levels, three types of spaces with different uses and perceptions of Atlantic culture.

At the lowest level we find the central ocean, inaccessible to the visitor, which holds most of the existing protected flora and fauna, as well as new species of rushes. We also find an artificial lake with jets and moving water.

Bordering this central space is the Atlantic seaside, a route with few trees from which the walker can contemplate, close up, the pre-existing vegetation or new plantation located on the lower level.

Bordeando este espacio central se encuentra la orilla atlántica, un recorrido con pocos árboles desde el cual el paseante puede contemplar de cerca la vegetación preexistente o de nueva plantación dispuesta en la cota más baja.

Por encima de la orilla se eleva otra plataforma que organiza la mayor parte del programa del parque: arboledas densas, jardines atlánticos, espacios para juegos infantiles, cobertizos, restaurante, aparcamientos, etc.

Recorridos

El parque está ordenado por una trama de caminos longitudinales y transversales que lo recorren en toda su extensión y conducen a los visitantes.

Los recorridos longitudinales se producen bordeando el océano central, siguiendo su geografía y respetando las zonas húmedas centrales. Permitirá al paseante contemplar de cerca estas especies y disfrutar de la tranquilidad de la cota más baja. Asimismo, un carril bici recorre longitudinalmente el parque, generando un circuito de 2.600 metros.

Transversalmente se proponen una serie de caminos que conecten la orilla europeo-africana con la americana. Estas rutas se producirán a través de pasarelas que penetran entre los juncos, sin apenas tocar el suelo, respetando la vegetación e introduciendo al visitante en el corazón del océano.

At the seaside another platform is raised, which will organize most of the park's programme: dense groves, Atlantic gardens, children's play areas, sheds, a restaurant, parking, etc.

Routes

The park is organised into a set of longitudinal and transversal paths that run throughout and guide visitors.

The longitudinal routs go along the central ocean, following its geography and respecting the central wet areas. It will allow the walker to contemplate these species close up and enjoy the calmness of the lowest level.

A bike path will also run longitudinally along the park, generating a circuit of 2,600 metres. Transversally, a series of paths that connect the European/African shores to the American shores are proposed. These routes will be produced by means of walkways that go into the rush, hardly touching the ground, respecting vegetation and letting the visitor into the heart of the ocean.

Agua

El agua se convierte en un elemento de gran importancia en la configuración del parque, ya que el sistema de recogida y gestión será visible y contribuirá a estructurarlo.

Vegetación

La vegetación se organizará en unas franjas transversales que seguirán el orden de los paralelos. En cada una de estas franjas se introduce la vegetación perteneciente a la latitud representada, líneas de árboles que se desdensifican desde los bordes hasta la orilla colonizando el parque, obteniendo una imagen variada pero ordenada.

Water

Water is a highly important element, since the collection and management system will be visible and will contribute to its structure.

Vegetation

The vegetation is organised in transversal strips that follow the order of the parallels. In each strip, the vegetation pertaining to the represented latitude will be introduced, rows of trees that blur from the edges to the shore, colonizing the park, creating an image that is varied but orderly.

30.518 + 90.048m²

Melbourne CBD Waterfront

Antiguas vías del tren
Former rail yards

74.940m²

Hafencity Public Spaces

Antiguos terrenos portuarios
Former harbour site

142.098m²

Vila do Conde Seafront

Recuperación de la playa y su entorno
Rehabilitation of the beach and its surroundigns

1.479.617 + 24.281m²
Toronto Waterfront
Toronto. Canada, 2007- 222-237
Frente costero desligado del centro de la ciudad
Lake front detached from the downtown area

1:20.000

HAMBURG CITY HALL

RATHAUSMARKT
SQUARE

Hafencity

FUTURE
ELBPHILARMONIE
CONCERT HALL
(HERZOG & DE MEURON)

1:10.000

BINNENALSTER

Historical District

74.940m²

ELBE RIVER

PORT OF HAMBURG

1:20.000

Influence area //////// Hafencity
Population ////////// 12.000 inhabitants (2020)
Density ////////////// 7.741 inhab/km²
Data source////////// international.hamburg.de, 2008
AeroWest, 2008

capas **layers** –

EDIFICIOS

Las antiguas instalaciones portuarias a orillas del Elba han dejado paso a nuevos edificios de viviendas, oficinas, comercios y equipamientos sobre los muelles del puerto. El proyecto Hafencity supondrá la transformación de un total de 155 hectáreas y la expansión del centro de Hamburgo en un 40%.

BUILDINGS

The old dock facilities on the banks of the Elba have given way to new housing, offices, businesses and public services on the docks of the port. The Hafencity project will involve the complete transformation of a total of 155 hectares and a 40% expansion of the city of Hamburg.

VEGETACIÓN

Los árboles se reparten por los nuevos espacios a cualquier nivel, plantados en alcorques rellenos de césped o grava en las aceras o en alcorques rellenos de tierra sobre las terrazas junto al agua.

VEGETATION

Trees are spread out throughout the new spaces at any level, planted in tree wells filled with grass or gravel on pavements or in tree wells filled with earth on the terraces next to the water.

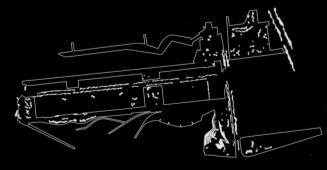

AGUA

Las aguas del Elba que en su día bañaban las instalaciones portuarias son visibles desde cualquier punto del nuevo espacio público y la intención principal de la intervención es establecer un contacto fluido entre residentes y visitantes con el agua.

WATER

The waters of the Elba that once bathed the dock facilities are visible from any point of the new public space and the main intention of the intervention is to establish fluid contact between residents and visitors and the water.

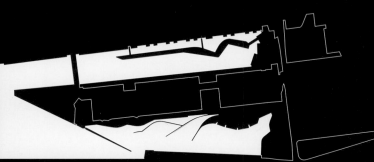

1:10.000 ◑

ACTIVIDADES

Los terrenos, a excepción de los paseos junto al agua, se han elevado entre 7, 5 y 8 metros en previsión de las variaciones del nivel del mar, y en algunas de estas zonas entre los edificios, a nivel de la nueva cota de la calle, se han previsto áreas de juegos.

ACTIVITIES

The land, except the promenades next to the water, are between 7.5 and 8 metres high, taking into acccount the variations in sea level and in some of these areas between buildings, at the new height of the street, play areas are to be placed.

ESTANCIAS

Las zonas de estancia tanto entre los edificios de viviendas como en las proximidades del agua tienen un acabado mineral de hormigón prefabricado. Para salvar la diferencia de nivel entre la calle y la cota 4,5 m del borde del agua, los espacios se organizan en terrazas comunicadas por rampas y escaleras de piedra.

ROOMS

The seating areas between the blocks of flats and near the water both have a mineral finish in prefabricated concrete. To overcome the difference in height between the street and the 4.5 m elevation of the water's edge, the spaces are organised in terraces connected by ramps and stone steps.

RECORRIDOS

El proyecto pretende dirigir al público desde los nuevos bloques de vivienda hacia el borde del agua. Dos grandes plataformas flotantes permiten el acceso hasta los barcos que pueden atracar en las dársenas. Además, se ha previsto un paseo junto al agua conectado con la principal vía de acceso rodado al área, Kibbelstegstrasse, con aceras de asfalto.

ROUTES

The project looks to direct the public from the new blocks of flats towards the water's edge. Two large floating platforms allow access even to the boats that could be tied up on the docks. A promenade along the water connected to the main entrance road, Kibelstegstrasse, is also foreseen, with asphalt pavement.

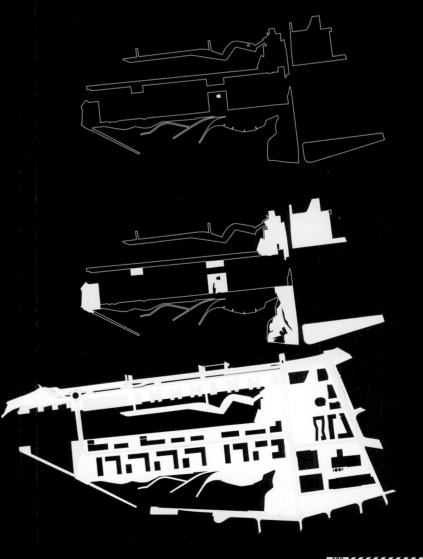

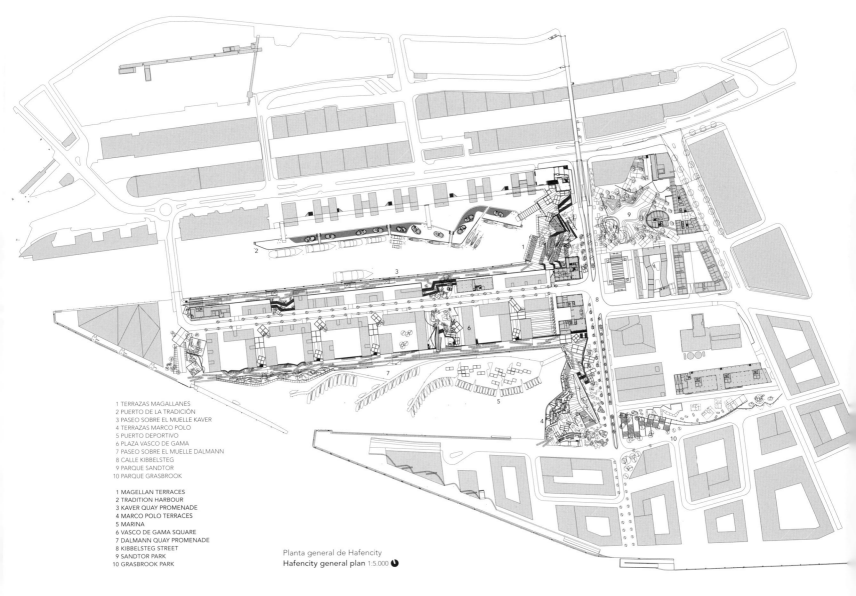

1 TERRAZAS MAGALLANES
2 PUERTO DE LA TRADICIÓN
3 PASEO SOBRE EL MUELLE KAVER
4 TERRAZAS MARCO POLO
5 PUERTO DEPORTIVO
6 PLAZA VASCO DE GAMA
7 PASEO SOBRE EL MUELLE DALMANN
8 CALLE KIBBELSTEG
9 PARQUE SANDTOR
10 PARQUE GRASBROOK

1 MAGELLAN TERRACES
2 TRADITION HARBOUR
3 KAVER QUAY PROMENADE
4 MARCO POLO TERRACES
5 MARINA
6 VASCO DE GAMA SQUARE
7 DALMANN QUAY PROMENADE
8 KIBBELSTEG STREET
9 SANDTOR PARK
10 GRASBROOK PARK

Planta general de Hafencity
Hafencity general plan 1:5.000 🌗

El puerto, cerca del centro, se ha transformado en un barrio residencial y de oficinas.
Para hacer atractivas las zonas públicas de esta zona oeste de Hafencity, se ha diseñado una serie de condiciones topográficas y espacios, caracterizada por tres planos diferentes: el nivel del agua, los históricos frentes de los muelles y el nuevo nivel de crecidas de la ciudad. Como todos estaban relacionados con el agua, su diseño está basado en este elemento.
Los muelles se llenaron con agua para que surgiesen nuevas actividades, como amarre de navíos históricos en el Sandtorhafen. Este puerto está conectado con la arteria principal, Kibbelstegstrasse, por una secuencia de rampas y escaleras que conducen hacia varias isletas de natación.
Al final de la misma comienza un paseo bordeado de edificios. Crea una continuidad espacial que cruza Kibbelsteg y conecta los estanques de los muelles con Sandtorpark.

The harbour, close to the centre, is being transformed into residential and office quarters.
To make the public surroundings in the western part of Hafencity attractive, multiple functions, squares and topographic conditions were introduced. Three substantially different planes characterize it; the water-level, the historic wharf-edges and the new flood-proof city level. As these are all related to the water, their designs are based on this feat.
The docks in the harbour were filled with water, so new activities could emerge. Historical ships were docked in the Sandtorhafen. This harbour is connected to the main artery, the Kibbelstegstrasse, by a sequence of ramps and stairs that lead over several swimming islands. At the head of it, a promenade starts and on its edges is lined with buildings. The spatial continuity this creates crosses the Kibbelsteg and connects the harbour-basins to the Sandtorpark.

1 ESCALERAS
2 RAMPA
3 BORDE DE LOSAS
  PREFABRICADAS
4 BARANDILLA
5 MURO DE LADRILLO
6 ANILLO METÁLICO EN
  TORNO A ÁRBOL
7 ANILLO ESPECIAL EN
  TORNO A ÁRBOL
8 GRANITO
9 PAVIMENTO DE HORMIGÓN
  PREFABRICADO
10 MOSAICO DE LADRILO
11 ALFOMBRAS
   DE ELEMENTOS
   PREFABRICADOS
12 PÉRGOLA LUMINOSA
13 FAROLA
14 ILUMINACIÓN MULTIUSOS

1 STAIRS
2 RAMP
3 EDGE PRECAST
4 HANDRAIL
5 BRICK WALL
6 METALL RING FOR TREE
7 SPECIAL RING FOR TREE
8 GRANIT
9 CONCRETE PRECAST
  PAVEMENT
10 MOSAIC OF BRICKS
11 PRECAST PIECES CARPETS
12 LIGHTING PERGOLA
13 STREET LIGHT
14 MULTIPURPOSE LIGHT

Planta de la Terraza Magallanes
Magellan Terrace plan 1:1.000

Las grandes piezas de hormigón del
frente marítimo es otro recuerdo de
la escala y el uso primitivo del lugar
–un puerto–, a las que se yuxtapone
sutilmente la barandilla de forma libre
que as recorre
The enormous concrete curbs of the
water's edge is another reminder of
the scale and former use of the site – a
harbour – which is subtlety juxtaposed
with a fine, free-form railing on top

MÓDULO DE PAVIMENTO TIPO 1
PAVING STONE TYPE 1

MÓDULO DE PAVIMENTO TIPO 3
PAVING STONE TYPE 3

MÓDULO DE PAVIMENTO TIPO 4
PAVING STONE TYPE 4

MÓDULO DE PAVIMENTO TIPO 5
PAVING STONE TYPE 5

MÓDULO DE PAVIMENTO TIPO 6
PAVING STONE TYPE 6

MÓDULO DE PAVIMENTO TIPO 7
PAVING STONE TYPE 7

Las características de este parque
son las escaleras serpenteantes e
inclinadas que llegan hasta el
agua. A lo largo del camino hay
bancos a varios niveles que
ofrecen asiento con vistas sobre el
puerto.
La dureza de los espacios se
suaviza con diferentes
tratamientos de superficie y con
colores. Las aceras de
Kibbelstegstrasse son de asfalto,
con alcorques rellenos de césped
o de grava. Las escaleras y las
rampas son de pavimento de
piedra, alternado con hormigón
prefabricado, que tiene motivos
de pájaros y peces.

Characteristic of this park are the
meandering stairs and extensive
inclines that lead down to the
water. Benches on various levels
along this route offer seating with
views of the harbour.
The fastness of spaces is
mediated with different surface
treatments and colours.
The Kibbelstegstrasse's sidewalks
are made from asphalt, with holes
with grass or gravel. The stairs
and inclines consist of alternating
stone pavement and prefab
concrete, which is decorated with
patterns of birds and fishes.

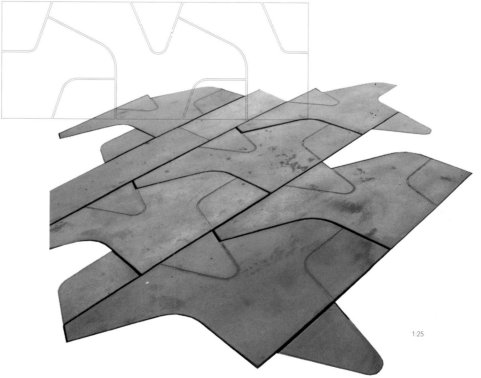

1:25

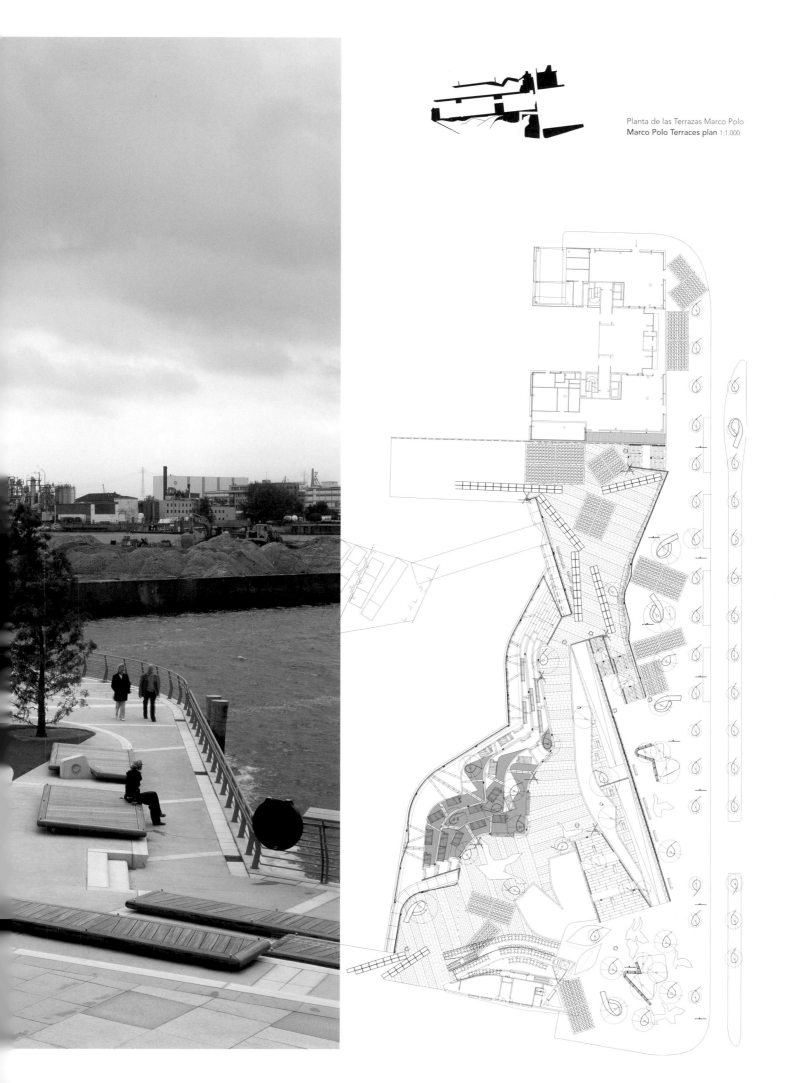

Planta de las Terrazas Marco Polo
Marco Polo Terraces plan 1:1.000

Melbourne CBD Waterfront
Melbourne. Australia, 2004
Birrarung Marr, Federation Square

MELBOURNE au

FLINDERS STREET
STATION

YARRA RIVER

QUEEN VICTORIA GARDENS

MELBOURN
DOCKLAN

1:10.000

Melbourne CBD

Federation Square

30.518m²

Birrarung Marr

90.048m²

1:20.000

Influence area /////// Melbourne Metropolitan Area
Population ////////// 3.744.373 inhabitants
Density ///////////// 486 inhab/km²
Data source////////// melbourne.vic.gov.au, 2006
Sinclair Knight Merz, 2008

capas layers

Federation Square Lab Architecture labarchitecture.com
Studio Bates Smart batessmart.com.au

TRÁFICO RODADO	VEHICULAR TRAFFIC	PEATONAL&BICI	PEDESTRIAN&CYCLIST
ÁRBOLES	TREES	CÉSPED	GRASS
AGUA	WATER	MONTE BAJO	SCRUBLAND
EDIFICIOS	BUILDINGS	MARISMAS	MARSHES
ACTIVIDADES	ACTIVITIES		
ESTANCIAS	ROOMS	ÁREA DE INTERVENCIÓN	INTERVENTION AREA

ACTIVIDADES

La plaza está pensada como lugar de actividades culturales al aire libre, con una capacidad de hasta 15.000 personas.

ACTIVITIES

The plaza is meant to be a location for open-air cultural activities, with a capacity of up to 15,000 people.

ESTANCIAS

La mayoría de las zonas de estancia están ocupadas por terrazas de uso hostelero.

ROOMS

Most of the usable areas are occupied by restaurant terraces.

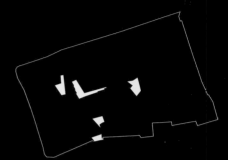

RECORRIDOS

La plaza está revestida de adoquín de piedra arenisca multicolor. Se une a la calle adyacente de Swanston St. y asciende a un nivel superior por el este para facilitar la entrada a varios edificios de la plaza.
El diseño del pavimento es obra del artista Paul Carter y cuenta la historia de algunos sucesos ocurridos en el lugar.

ROUTES

The square was paved in hand-laid cobblestones of coloured Kimberley sandstone. The square joins seamlessly to the surrounding streetscape at Swanston Street, then rises up one level towards the east, providing entry at an upper level to several of the buildings of the square.
The sandstone paving is an artwork by Paul Carter and records the site's history.

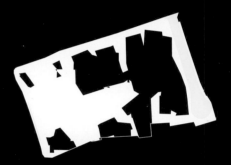

EDIFICIOS

El espacio comercial y cultural construido suma 44.000 m², repartido en las nuevas salas para el Museo de Victoria, oficinas, varios restaurantes, cafés y una tienda.

BUILDINGS

The constructed commercial and cultural space makes up 44,000 m², distributed in new rooms for the Victoria Museum, offices, several restaurants, cafe and a shop.

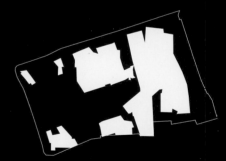

VEGETACIÓN

La escasa vegetación actúa para proporcionar zonas de sombra.

VEGETATION

The little vegetation there is provides areas with shade.

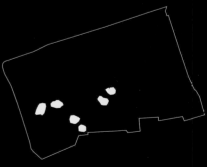

AGUA

La proximidad del río Yarra y de uno de sus puentes principales, el Princess Bridge, ha sido determinante en la ubicación de la plaza.

WATER

The nearness of the Yarra River and one of its main bridges, the Princess Bridge, was a determining factor in the location of the plaza.

1:5.000 ☕

Federation Square supone la
creación de un nuevo orden
urbano en un lugar que siempre
careció de él. Más que un simple
grupo de edificios, Federation
Square es el nuevo foco de la
vida cultural de Melbourne.
El proyecto requería la
construcción de un centro
cívico capaz de acoger a 35.000
espectadores en un anfiteatro
al aire libre, además de edificios
comerciales y equipamiento
cultural. En total, el espacio
comercial y cultural construido
suma 44.000 m², repartido en las
nuevas salas para el Museo de
Victoria y la sede del grupo de
comunicación SBS, que incluye
varios restaurantes, cafés y una
tienda de libros y discos.
La superficie del recinto
ocupa pues 3,6 hectáreas, el
equivalente a una manzana
entera de la retícula del centro,
y puede acoger diferentes
actividades simultáneamente o
bien un espectáculo único de
gran repercusión.

Federation Square is the
creation of a new urban order
on a site that never existed.
More than just a set of
buildings, Federation Square
is the new centre of cultural
activity for Melbourne.
The project demanded the
design of a new civic square,
capable of accommodating up
to 35,000 people in an open-air
amphitheatre, including cultural
and commercial buildings. The
cultural and commercial facilities
combine for almost 44,000 m².
They comprise new spaces for
the National Gallery of Victoria
and the facilities of SBS radio
and television, with numerous
restaurants, cafes and a book
and music store. All of this exists
on a site of 3.6 ha, equivalent to
the construction of a new city
block.
The civic plaza has been
developed to operate as a
compound spatial figure, with
multiple points of activity or,
otherwise, operate as a single
activity space.

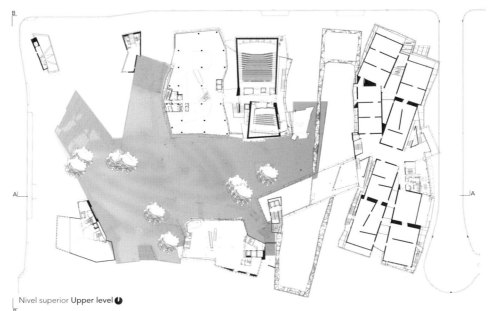

Nivel superior **Upper level** ⬇

Sección **A section**

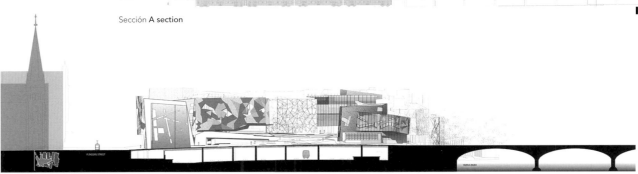

Sección **B section** 1:2.000

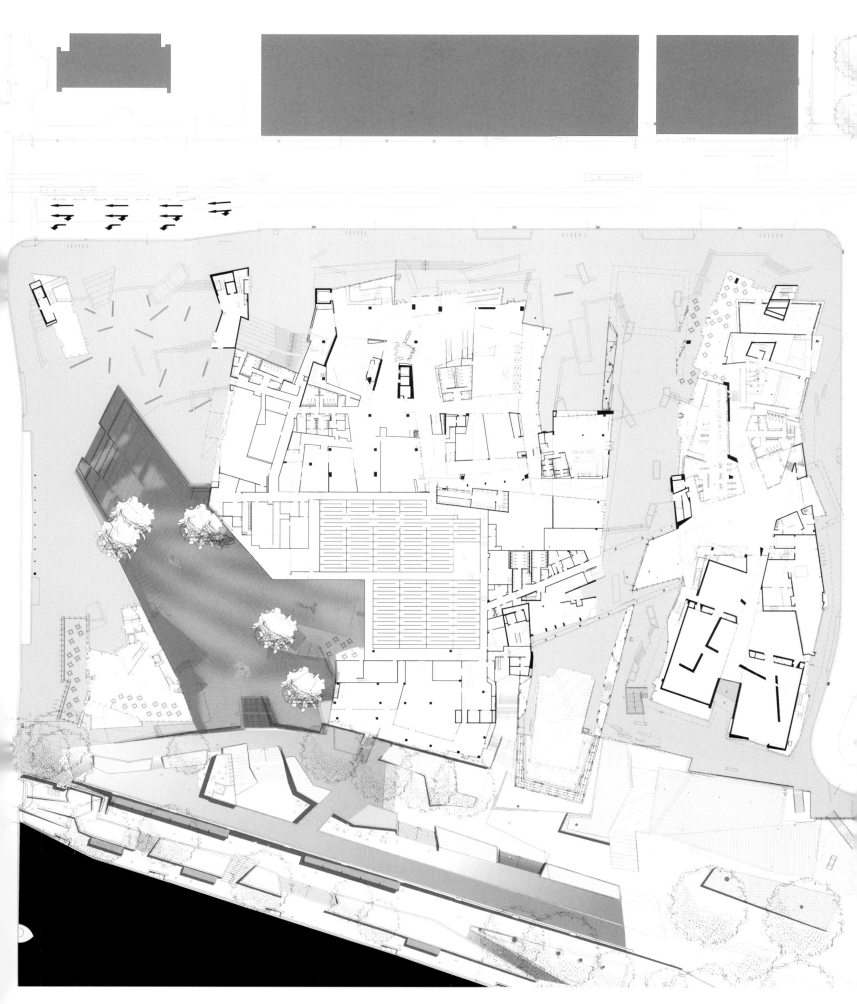

Nivel superior **Lower level** 1:1.000

capas layers

Birrarung Marr Ronald Jones, Helena Piha

TRÁFICO RODADO — VEHICULAR TRAFFIC
ÁRBOLES — TREES
AGUA — WATER
EDIFICIOS — BUILDINGS
ACTIVIDADES — ACTIVITIES
ESTANCIAS — ROOMS

PEATONAL&BICI — PEDESTRIAN&CYCLIST
CÉSPED — GRASS
MONTE BAJO — SCRUBLAND
MARISMAS — MARSHES

ÁREA DE INTERVENCIÓN — INTERVENTION AREA

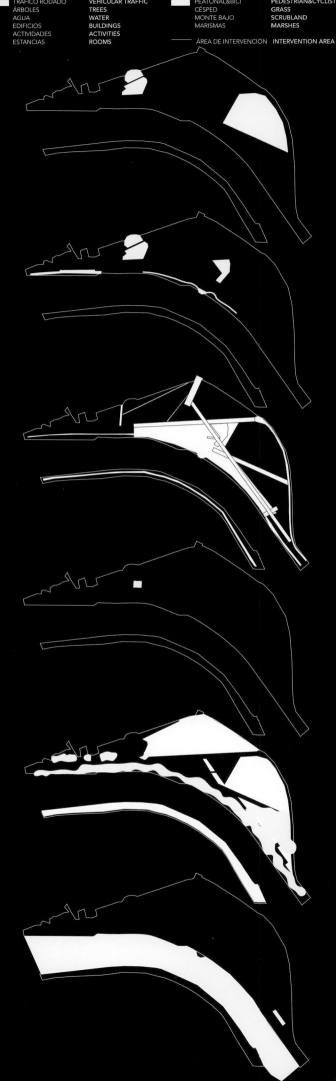

ACTIVIDADES

El parque está diseñado para ofrecer un espacio de calma junto al distrito comercial y financiero de Melbourne. No tiene actividades programas, si bien está previsto que puedan celebrarse eventos puntuales.

ACTIVITIES

This park is designed to offer a calm area next to the commercial and financial district of Melbourne. It does not have programmed activities but occasional events are foreseen.

ESTANCIAS

Una línea de bancos recorre parte de la orilla y hay zonas de juegos y para barbacoas.

ROOMS

A line of benches runs along part of the riverbank and there are also play areas and barbecue areas.

RECORRIDOS

Además de los recorridos que bordean la orilla, una serie de pasarelas salvan los desniveles desde las calles adyacentes.

ROUTES

Besides the paths that run along the riverbank, a series of walkways overcome the difference in height from the adjacent streets.

EDIFICIOS

Un edificio, perteneciente al antiguo tinglado ferroviario que ocupaba la zona, alberga el centro cultural ArtPlay. Sobre las terrazas se ubican temporalmente algunas instalaciones recreativas.

BUILDINGS

One building, belonging to the old railroad that occupied the area, is home to the ArtPlay cultural centre. Recreation installations are temporarily placed on terraces.

VEGETACIÓN

En las terrazas elevadas se emplea césped, mientras que la orilla está bordeada por antiguos olmos. Otras especies autóctonas fueron plantadas en la esquina con Exhibition St.

VEGETATION

On the elevated terraces grass is used, while old elm trees border the riverbank. Other native species were planted on the corner of Exhibition Street.

AGUA

El río Yarra bordea el parque y lo separa de Alexandra Gardens, situados en la orilla sur.

WATER

The Yarra river runs along the edge of the park and separates it from Alexandra Gardens, located on the south bank.

1:10.000

El nuevo parque debe su importancia a su tamaño, a su proximidad al centro y como contribución paisajística contemporánea a la extensión de la red de parques históricos de la ciudad.

Situado sobre las antiguas vías del tren, el proyecto incluye importantes movimientos de tierras, el diseño de nuevas vías de agua, espacios para eventos y actividades sociales, zonas de juegos infantiles, zonas de reconocimiento botánico y pasarelas que facilitan los recorridos peatonales.

The park is owes its significance to its scale, proximity to the CBD and as a contemporary landscape development to extend Melbourne's renowned historic park network.
Located at a former rail yard, the project comprises dramatic earth forms, formalised water courses, events and function spaces, children's play areas, feature display planting and linking bridge structures.

Vila do Conde Seafront

Vila do Conde. Portugal, 2005

Álvaro Siza

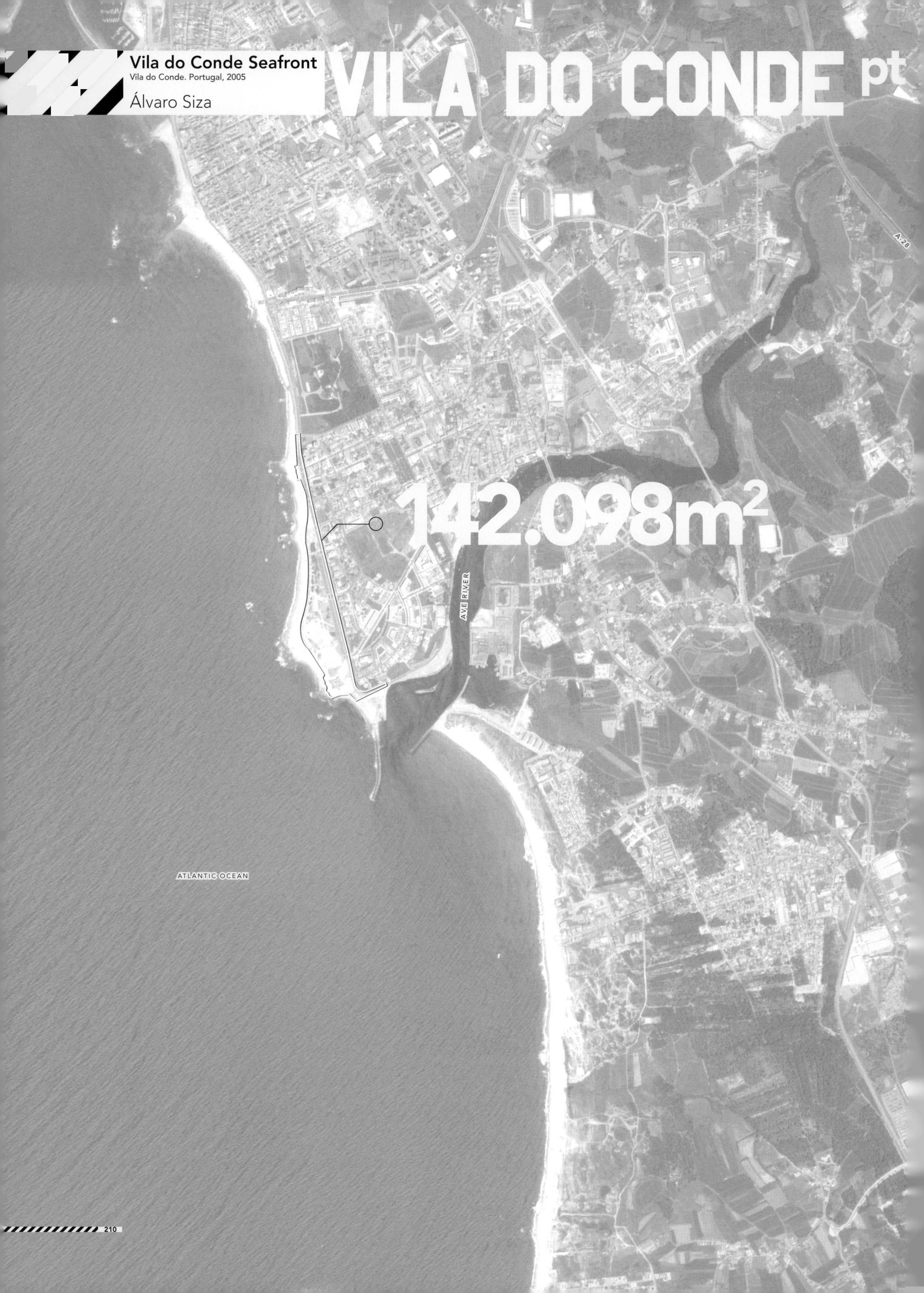

VILA DO CONDE pt
142.098m²
AVE RIVER
A-28
ATLANTIC OCEAN

1:10.000

Historical Centre

FORTRESS

Porto: 25 Km

1:20.000

Influence area /////// Vila do Conde
Population ///////////// 75.981 inhabitants
Density///////////////// 508 inhab/km²
Data source////////// cm-viladoconde.pt, 2004
Digitalglobe, 2008

capas layers

TRÁFICO RODADO	VEHICULAR TRAFFIC	PEATONAL&BICI	PEDESTRIAN&CYCLIST
ÁRBOLES	TREES	CÉSPED	GRASS
AGUA	WATER	MONTE BAJO	SCRUBLAND
EDIFICIOS	BUILDINGS	MARISMAS	MARSHES
ACTIVIDADES	ACTIVITIES		
ESTANCIAS	ROOMS	ÁREA DE INTERVENCIÓN	INTERVENTION AREA
		ESCOLLERA BREAKWATER	

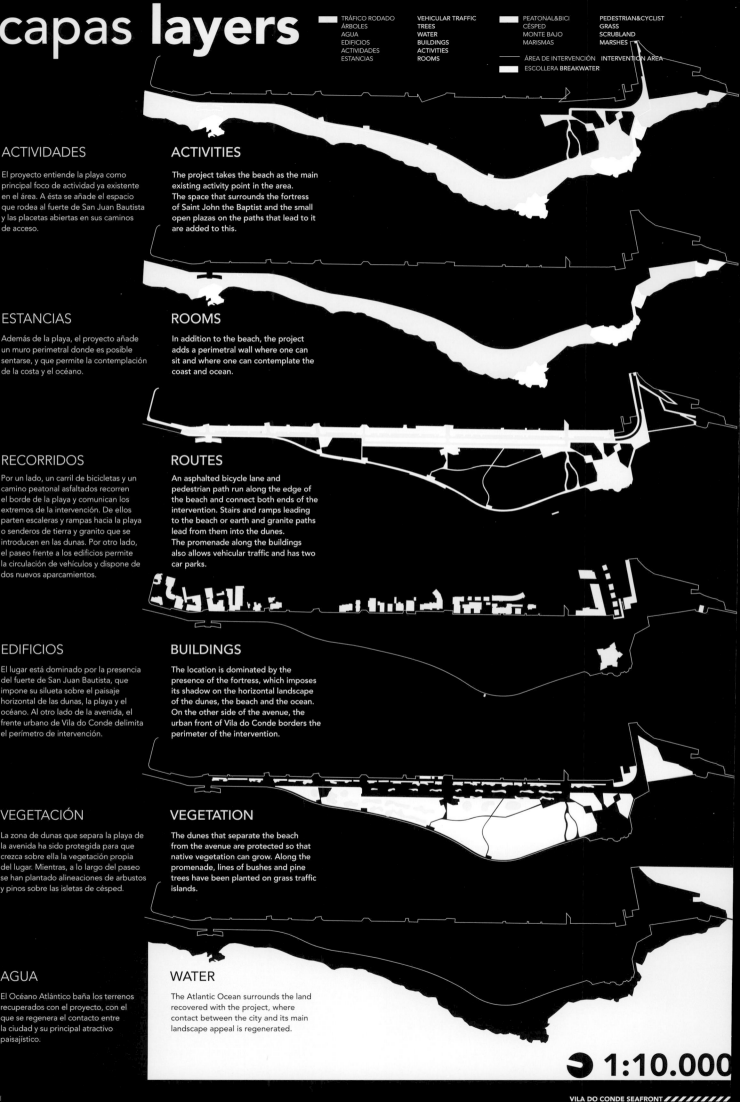

ACTIVIDADES

El proyecto entiende la playa como principal foco de actividad ya existente en el área. A ésta se añade el espacio que rodea al fuerte de San Juan Bautista y las placetas abiertas en sus caminos de acceso.

ACTIVITIES

The project takes the beach as the main existing activity point in the area. The space that surrounds the fortress of Saint John the Baptist and the small open plazas on the paths that lead to it are added to this.

ESTANCIAS

Además de la playa, el proyecto añade un muro perimetral donde es posible sentarse, y que permite la contemplación de la costa y el océano.

ROOMS

In addition to the beach, the project adds a perimetral wall where one can sit and where one can contemplate the coast and ocean.

RECORRIDOS

Por un lado, un carril de bicicletas y un camino peatonal asfaltados recorren el borde de la playa y comunican los extremos de la intervención. De ellos parten escaleras y rampas hacia la playa o senderos de tierra y granito que se introducen en las dunas. Por otro lado, el paseo frente a los edificios permite la circulación de vehículos y dispone de dos nuevos aparcamientos.

ROUTES

An asphalted bicycle lane and pedestrian path run along the edge of the beach and connect both ends of the intervention. Stairs and ramps leading to the beach or earth and granite paths lead from them into the dunes. The promenade along the buildings also allows vehicular traffic and has two car parks.

EDIFICIOS

El lugar está dominado por la presencia del fuerte de San Juan Bautista, que impone su silueta sobre el paisaje horizontal de las dunas, la playa y el océano. Al otro lado de la avenida, el frente urbano de Vila do Conde delimita el perímetro de intervención.

BUILDINGS

The location is dominated by the presence of the fortress, which imposes its shadow on the horizontal landscape of the dunes, the beach and the ocean. On the other side of the avenue, the urban front of Vila do Conde borders the perimeter of the intervention.

VEGETACIÓN

La zona de dunas que separa la playa de la avenida ha sido protegida para que crezca sobre ella la vegetación propia del lugar. Mientras, a lo largo del paseo se han plantado alineaciones de arbustos y pinos sobre las isletas de césped.

VEGETATION

The dunes that separate the beach from the avenue are protected so that native vegetation can grow. Along the promenade, lines of bushes and pine trees have been planted on grass traffic islands.

AGUA

El Océano Atlántico baña los terrenos recuperados con el proyecto, con el que se regenera el contacto entre la ciudad y su principal atractivo paisajístico.

WATER

The Atlantic Ocean surrounds the land recovered with the project, where contact between the city and its main landscape appeal is regenerated.

1:10.000

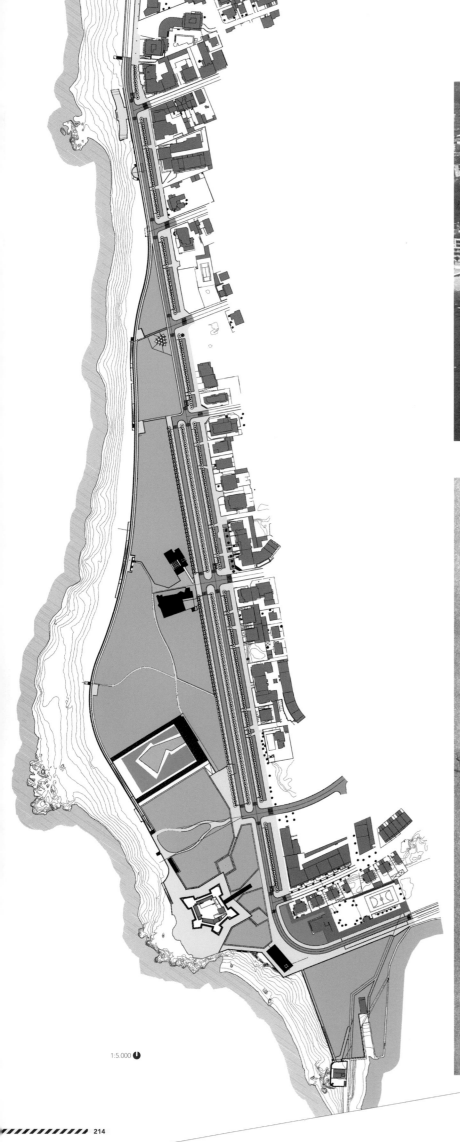

1:5.000

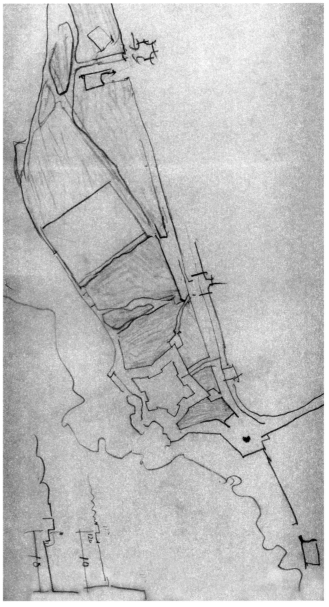

La recuperación del frente atlántico de Vila do Conde consiste en la recualificación de todo el espacio público de la avenida Marginal, desde el límite norte del municipio, hasta la capilla de Nuestra Señora de Guía, al sur, incluido el entorno del Fuerte de San Juan Bautista. Incluye una reformulación del viario, que hasta ahora suponía una barrera entre la ciudad y el mar. El proyecto del sector sur, que aqui se muestra, ha sido diseñado en coordinación con el del sector norte, obra de Alcino Soutinho.

El límite de la playa se señala con un muro de hormigón visto, que recupera el existente, y al que se adosan diversos elementos de acceso y disfrute, como escaleras, rampas y miradores.

Paralelo al muro, se traza un carril de bicicletas y un paseo peatonal, que enlaza los dos sectores y llega hasta la desembocadura del río Ave, en el sur. El tráfico de vehículos continua por la avenida de Brasil y dispone de dos nuevos aparcamientos, que suman, en total 740 plazas. Entre la zona de aparcamientos y el frente edificado, se desarrolla un paseo ajardinado

La amplia zona de dunas que separa la playa de la ciudad se ha protegido para que pueda recuperar su manto vegetal. Se han insertado senderos de

The restoration of the Atlantic side of Vila do Conde consists of rezoning all of the public space of the Avenida Marginal from the city limits to the north all the way to the chapel of Our Lady of Guía to the south, including the lands of the fort of St John the Baptist. This includes the redesigning of roads which created a barrier between the city and the sea until now. The project for the southern sector, which is shown here, was designed in coordination with that of the northern sector, a project by Alcino Soutinho.

The limits of the beach are marked with a concrete wall recovering the existing one. Different elements of different uses, such as stairs, ramps and balconies will be attached to this wall. Parallel to the wall, there is a bicycle lane and a pedestrian walkway, which connects the two sectors and goes all the way to the mouth of the river Ave to the south. Vehicle traffic will continue on the Avenida de Brasil and now makes use of two new car parks, which together hold 740 cars. Between the parking area and the built-up side, a garden-lined promenade has been created. The expansive area of dunes that separates the beach from the city has been protected so that it can recover its vegetation. Paths made of granite and others of earth have been inserted, as well as light protective barriers.

granito y otros de tierra, así como ligeras barreras protectoras.

A lo largo de toda la actuación, se han diseñado pavimentos adecuado a cada uso, así como mobiliario urbano, sistemas de iluminación e infraestructuras.

En el futuro, está prevista la construcción de una piscina de agua salada en la zona más próxima al fuerte de San Juan, además de algunos equipamientos de playa a lo largo de los caminos peatonales.

Throughout the entire project, pavings adequate to each use have been designed, as well as urban furniture and fixtures, lighting structures and infrastructures.

In the future the construction of a salt water pool is planned for the area closest to the fort of St. John, as well as the placement of beach equipment along the pedestrian areas.

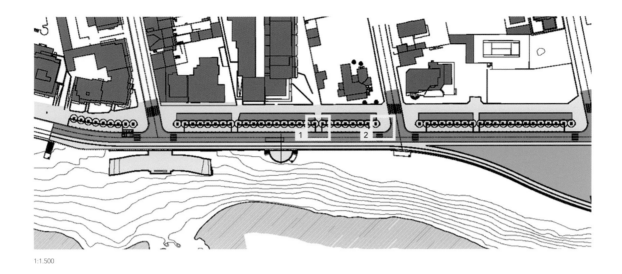

1:1.500

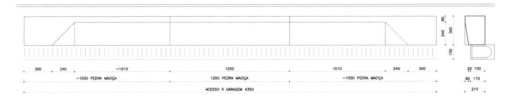

Rampa del paso cebra **Ramp at pedestrian crossing**

Alcorque **Tree pit**

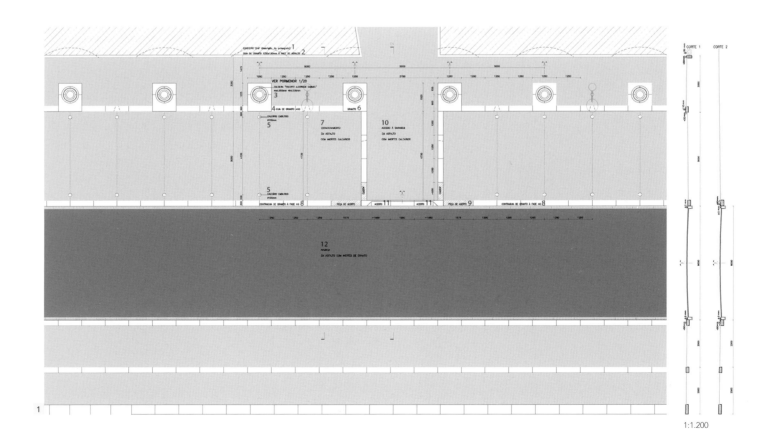

1:1.200

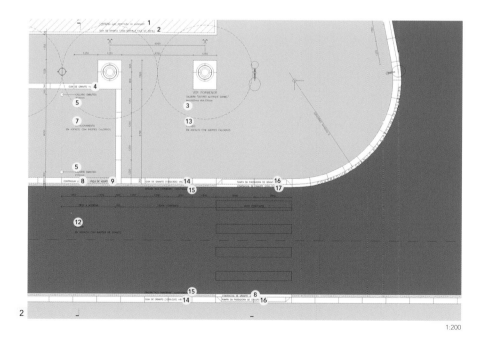

1:200

1 PARTERRE
2 BORDILLO DE GRANITO 1250 x 120
   mm A CARA DE ASFALTO
3 ALCORQUE DE HORMIGON
   EXT. 920 mm INT. 530 mm
4 BORDILLO DE GRANITO + 60 mm
5 PIEDRA CALIZA EMBUTIDA Ø 100 mm
6 GRANITO
7 ESTACIONAMIENTO SOBRE ASFALTO
   CON ÁRIDOS CALIZOS
8 BANDA DE GRANITO A CARA ±0 mm
9 PIEZA DE AJUSTE
10 ACCESO A GARAJE EN ASFALTO
   CON ÁRIDOS CALIZOS
11 PIEZA LATERAL DE AJUSTE EN VADO
12 AVENIDA EN ASFALTO CON ÁRIDOS DE GRANITO
13 ACERA EN ASFALTO CON ÁRIDOS CALIZOS
14 BORDILLO DE GRANITO 1250 x 300 mm + 60 mm
15 REJILLA SUMIDERO 1000 x 150 mm
16 RAMPA DE PASO CEBRA EN GRANITO
17 BANDA DE GRANITO 2000 x 150 mm

1 GRASS LAYER
2 1250 x 120 mm GRANITE CURB
   FLUSH WITH ASPHALT
3 CONCRETE TREE SURROUND
   EXT 920 mm INT 530 mm
4 GRANITE KERB AT + 60 mm
5 100 mm Ø LIMESTONE INLAY
6 GRANITE STONE
7 PARKING ON ASPHALT WITH
   CRUSHED LIMESTONE
8 GRANITE STRIP AT ± 0 mm
9 PIECE TO FIT
10 GARAGE ENTRANCE ON ASPHALT
   WITH CRUSHED LIMESTONE
11 EXTERNAL PIECE TO FIT WITH CURB
12 MAIN ROAD ON ASPHALT WITH
   CRUSHED GRANITE STONE
13 SIDEWALK ON ASPHALT WITH
   CRUSHED LIMENSTONE
14 1250 x 300 mm GRANITE CURB AT 60 mm
15 1000 x 150 mm GRID AS DRAIN
16 RAMP AT PEDESTRIAN CROSSING
   MADE IN GRANITE
17 2000 x 150 mm GRANITE STRIP

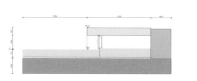

Banco con foco empotrado **Bench with luminaire under the seat**

Alzado. Sección longitudinal **Elevation. Longitudinal section**

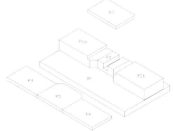

Despiece **Exploded view**

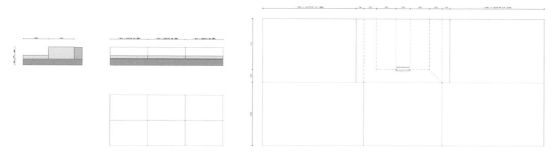

Banco tipo **Typical bench** 1:75

Tipo de foco **Type of luminaire**

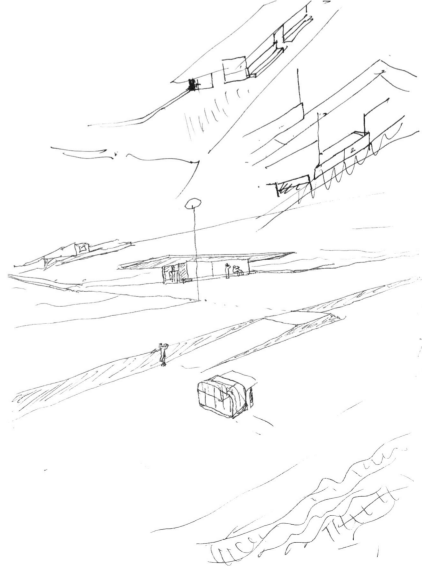

Toronto Waterfront
Toronto. Canada, 2007-
HtO Park,Central Waterfront

TORONTO ca

LAKE ONTARIO

SHARP CENTRE FOR DESIGN
(ALSOP ARCHITECTS)

TORONTO CITY HALL
(VILJO REVELL)

Toronto
Downtown

TORONTO DOMIN ON CENTRE
(MIES VAN DER ROHE)

BCE PLACE GALERIA
(SANTIAGO CALATRAVA)

UNION RAILWAY
STATION

GARDINER EXPRESS WAY

CN TOWER

QUEENS QUAY

Toronto Central Waterfront

HtO Park

1.479.617m²

24.281m²

TORONTO CITY CENTRE AIRPORT

1:20.000

Influence area /////// Toronto
Population /////////// 2.503.281 inhabitants
Density //////////////// 3.979 inhab/km²
Data source ////////// statcan.ca, 2006
First Base Solutions, 2008

capas layers

Toronto Central Waterfront West 8

TRÁFICO RODADO	VEHICULAR TRAFFIC	PEATONAL&BICI	PEDESTRIAN&CYCLIST
ÁRBOLES	TREES	CÉSPED	GRASS
AGUA	WATER	MONTE BAJO	SCRUBLAND
EDIFICIOS	BUILDINGS	MARISMAS	MARSHES
ACTIVIDADES	ACTIVITIES		
ESTANCIAS	ROOMS	ÁREA DE INTERVENCIÓN	INTERVENTION AREA

EDIFICIOS

La zona de la intervención está dominada por la presencia de la Torre CN, de 553 m de altura. En los últimos tiempos, el creciente atractivo de la zona ha propiciado la construcción de nuevas torres de vivienda y con ellas la llegada de nuevos residentes al área central de Toronto.

BUILDINGS

The area of intervention is dominated by the presence of the 553 metre high CN Tower. Lately, the increasing appeal of the area has caused the construction of new residential towers and with them, new residents in the central area of Toronto.

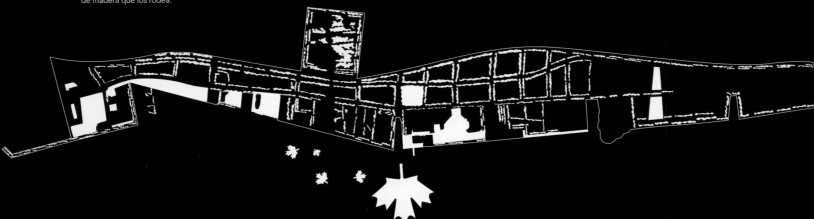

VEGETACIÓN

El plan general del proyecto plantea la consecución de un eje arbolado paralelo a la ribera tras la remodelación del bulevar Queens Quay, así como el establecimiento de alineaciones de árboles en las vías secundarias y la recuperación de los parques existentes en la zona. Sobre el agua se han propuesto unos jardines flotantes de nenúfares que se pueden recorrer mediante un camino de madera que los rodea.

VEGETATION

The general plan of the project proposes the achievement of a tree-filled axis along the riverside after the remodelling of Queens Quay boulevard as well as the establishment of lines of trees on the secondary roads and the recovery of the area's existing parks. On the water, floating water lily gardens are proposed, where one can walk on a wooden walkway around them.

AGUA

El proyecto pretende recuperar para la ciudad de Toronto la franja de costa del lago Ontario más cercana al centro de la ciudad. Tras décadas de abandono, el objetivo del proyecto es restablecer el contacto entre la ciudad y el lago mediante un eje público continuo junto al agua.

WATER

The project looks to take back the strip of Lake Ontario shore closest to the city centre for the city. After years of abandonment, the goal of the project is to re-establish contact between the city and the lake by means of a public axis next to the water.

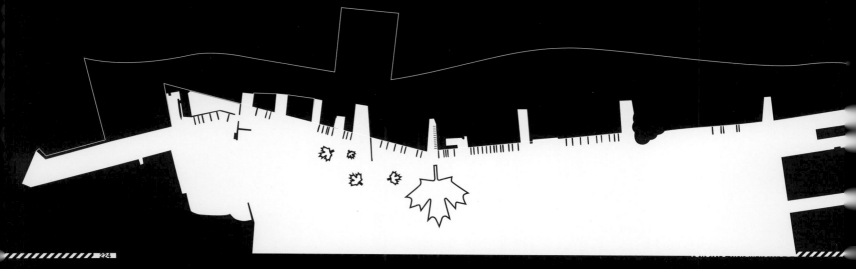

ACTIVIDADES

No figuran actividades programadas.

ACTIVITIES

There are no programmed activities.

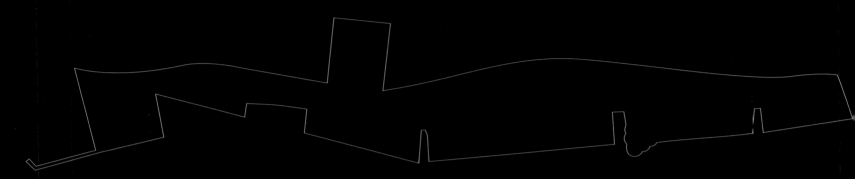

ESTANCIAS

Una sucesión de nuevos muelles peatonales distribuidos uniformemente por la ribera permitirá a los peatones adentrarse en el lago, detenerse y contemplar el agua.

ROOMS

A series of new pedestrian docks uniformly distributed along the riverside will allow pedestrians to go into the lake, stop and contemplate the water.

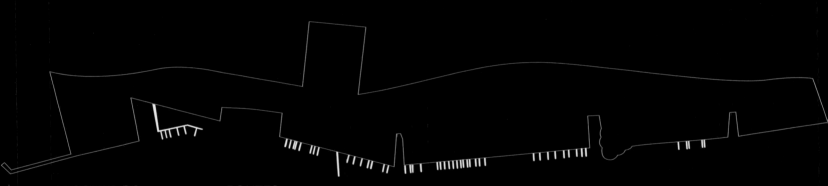

RECORRIDOS

El plan servirá para mejorar las conexiones entre la ciudad y su lago. Con este fin, dentro de la mejora general del viario en la zona, están previstas la supresión del paso elevado por el que discurre actualmente la autopista Frederick G Gardiner y la remodelación del bulevar Queens Quay, donde convivirán equilibradamente automóviles, transporte público, ciclistas y peatones. Además, un paseo peatonal continuo junto al agua permitirá recorrer los 3,5 km de ribera regenerados; y para ello, se ha planteado la construcción de puentes peatonales que salven las dársenas existentes.

ROUTES

The plan will serve to improve the connections between the city and the lake. With this objective, as part of the general road improvement of the area, the elimination of the Frederick G Gardiner motorway bridge and the remodelling of Queens Quay boulevard are planned. Here, cars, public transport, cyclists and pedestrians will coexist in balance. In addition, a continuous pedestrian promenade along the water will allow for walks along the entire 3.5 km regenerated riverside. To do this, the construction of pedestrian bridges that overcome the existing docks is planned.

1:20.000

Dársena de Spadina **Spadina head of slip**

Plano de situación **Site plan** 1:10.000 ⏻

El área frente al lago Ontario a lo largo del centro de negocios de Toronto ocupa una franja de 3,5 km de longitud y es uno de los principales activos de la ciudad. Sin embargo, tras décadas de planificación de la zona en fragmentos sueltos, el resultado es un conjunto de piezas carente de conexión física o visual. Ante esta situación, el objetivo principal del proyecto es abordar esta deficiencia mediante la creación de una identidad consistente y legible para toda la ribera del lago, tanto arquitectónica como funcionalmente. Nuestra propuesta plantea un lenguaje de diseño rotundo cuya fuerza y sencillez pretenden acabar con el ruido visual existente, dando lugar a una lógica de conectividad e identidad común a toda el área. El plan tiene como prioridades, por un lado, la conexión entre la ciudad y su lago y, por otro, la creación de un paseo público continuo junto al agua. Asimismo, el proyecto introduce la sostenibilidad y la ecología en la rica cultura de la ciudad.

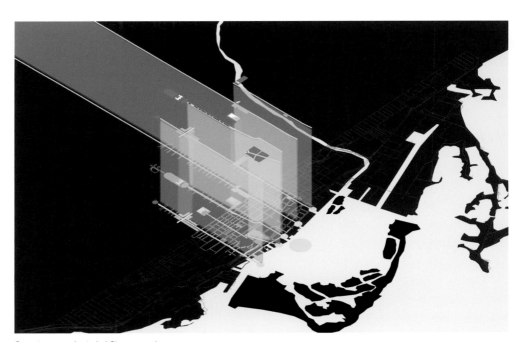

Conexiones con la ciudad **City connections**

The Central Waterfront, a 3.5 km length of Lake Ontario in direct proximity to the downtown business district, is one of Toronto's most valuable assets. Yet despite decades of planning and patchwork development projects, there is no coherent vision for linking the pieces into a greater whole – visually or physically. In this context, the fundamental objective of the project is to address this deficiency by creating a consistent and legible image for the Central Waterfront, in both architectural and functional terms. Our vision for the Central Waterfront produces a powerful design language with the strength and simplicity to overcome the existing visual noise and create a sense of interconnectedness and identity. Connectivity between the vitality of the city and the lake and a continuous, publicly accessible waterfront are the plan's priorities. The plan expresses a vision for the Central Waterfront that brings a sustainable, ecologically productive 'green foot' to the rich culture of the metropolis.

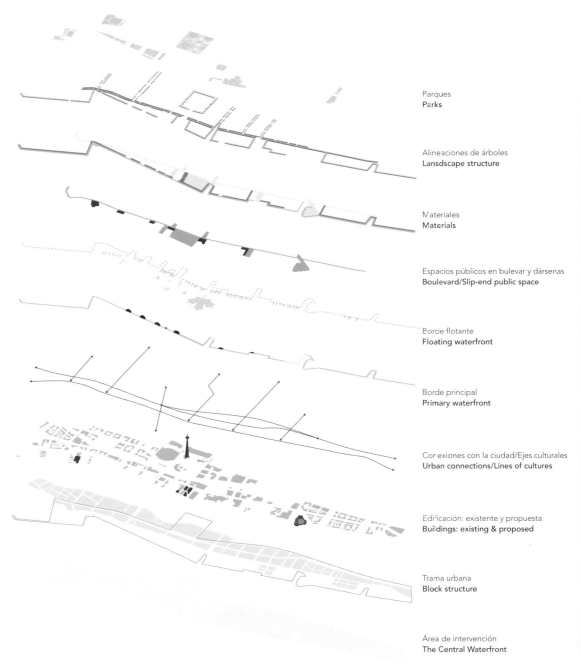

Parques
Parks

Alineaciones de árboles
Lansdscape structure

Materiales
Materials

Espacios públicos en bulevar y dársenas
Boulevard/Slip-end public space

Borde flotante
Floating waterfront

Borde principal
Primary waterfront

Conexiones con la ciudad/Ejes culturales
Urban connections/Lines of cultures

Edificación: existente y propuesta
Buildings: existing & proposed

Trama urbana
Block structure

Área de intervención
The Central Waterfront

Dársena **Head of slip**

 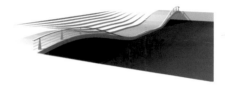 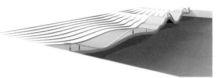

La forma de una ola se convierte en el prototipo de estructura para los muelles, que se repite en cada dársena con sutiles variaciones, produciendo una coherencia formal a lo largo de todo el borde

A simple wave form becomes a prototype for a deck structure that is repeated at each slip end with subtle variations, producing an overall coherence along the shoreline

Nuestra propuesta se basa en la realización de cuatro acciones muy sencillas encaminadas a crear un espacio múltiple: el Frente Principal, un paseo continuo junto al agua dotado de pasarelas peatonales que aseguran su continuidad; el Frente Secundario, formado por un renovado Bulevar Queen's Quay y los espacios públicos adyacentes alrededor de las dársenas; el Frente Flotante, compuesto de elementos flotantes que sirven a la vez de nuevos muelles y espacio público; por último en el capítulo Culturas de la Ciudad se prevén conexiones desde los distintos barrios de Toronto hacia la ribera del lago.

El resultado ofrece un frente del lago de carácter eminentemente público y diverso que se materializa en multitud de experiencias distintas. En la actualidad, West 8 se encarga de la redacción de un plan estratégico para el área y de la primera fase de ejecución, que incluye la transformación del Bulevar Queen's Quay para reequilibrar los flujos de automóviles, transporte público, peatones y ciclistas, así como el diseño de las plataformas ondulantes sobre las dársenas.

The project suggests a new coherence and continuity along the waterfront produced by four seemingly simple gestures that create a new 'Multiple Waterfront':
The Primary Waterfront
–a continuous water's edge promenade with a series of pedestrian bridges, *the Secondary Waterfront*
–a recalibrated Queens Quay Boulevard with a new urban promenade and public spaces at the heads-of-slips, the Floating Waterfront
–a series of floating elements that offer new boat moorings and public spaces in relation to the lake, and the
Cultures of the City
–connections from Toronto's diverse neighborhoods towards the waterfront.

The proposal creates a waterfront that is public, diverse and expressed through a multiplicity of experiences. West 8 is now engaged in developing a strategic master plan for the Central Waterfront and its first phase implementation, including the reconstruction of Queen's Quay Boulevard to create a new balance between automobiles, public transportation, pedestrians and cyclists and the design of waving-deck public spaces at the heads of slips.

Puente peatonal de madera **Timber pedestrian bridge**

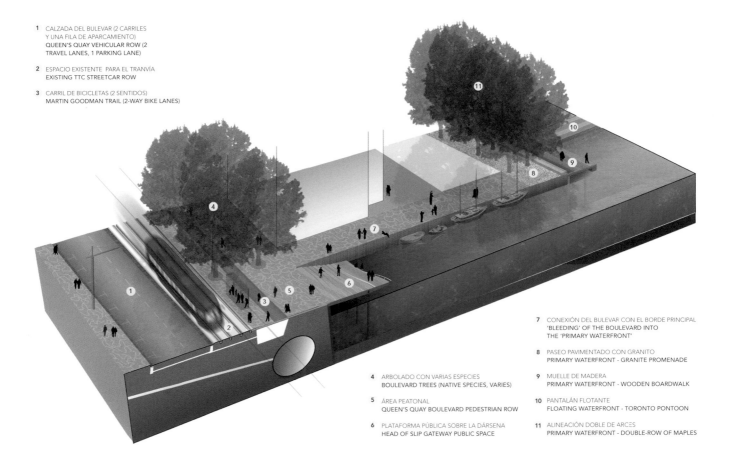

1 CALZADA DEL BULEVAR (2 CARRILES
Y UNA FILA DE APARCAMIENTO)
QUEEN'S QUAY VEHICULAR ROW (2
TRAVEL LANES, 1 PARKING LANE)

2 ESPACIO EXISTENTE PARA EL TRANVÍA
EXISTING TTC STREETCAR ROW

3 CARRIL DE BICICLETAS (2 SENTIDOS)
MARTIN GOODMAN TRAIL (2-WAY BIKE LANES)

4 ARBOLADO CON VARIAS ESPECIES
BOULEVARD TREES (NATIVE SPECIES, VARIES)

5 ÁREA PEATONAL
QUEEN'S QUAY BOULEVARD PEDESTRIAN ROW

6 PLATAFORMA PÚBLICA SOBRE LA DÁRSENA
HEAD OF SLIP GATEWAY PUBLIC SPACE

7 CONEXIÓN DEL BULEVAR CON EL BORDE PRINCIPAL
'BLEEDING' OF THE BOULEVARD INTO
THE 'PRIMARY WATERFRONT'

8 PASEO PAVIMENTADO CON GRANITO
PRIMARY WATERFRONT - GRANITE PROMENADE

9 MUELLE DE MADERA
PRIMARY WATERFRONT - WOODEN BOARDWALK

10 PANTALÁN FLOTANTE
FLOATING WATERFRONT - TORONTO PONTOON

11 ALINEACIÓN DOBLE DE ARCES
PRIMARY WATERFRONT - DOUBLE-ROW OF MAPLES

El frente se caracteriza por las variaciones del borde, con elementos flotantes y los espacios públicos del Queens Quay Boulevard

The Multiple Waterfront is characterized by the weaving of the water's edge, floating elements, and Queens Quay Boulevard/Slip-End public spaces

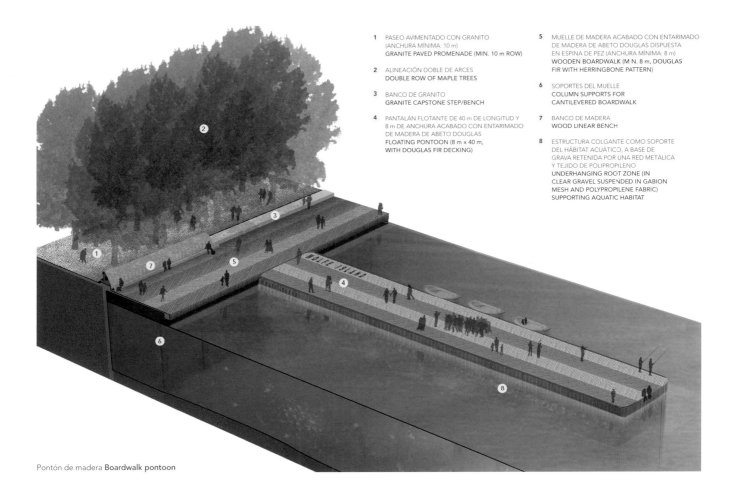

1 PASEO AVIMENTADO CON GRANITO
(ANCHURA MÍNIMA: 10 m)
GRANITE PAVED PROMENADE (MIN. 10 m ROW)

2 ALINEACIÓN DOBLE DE ARCES
DOUBLE ROW OF MAPLE TREES

3 BANCO DE GRANITO
GRANITE CAPSTONE STEP/BENCH

4 PANTALÁN FLOTANTE DE 40 m DE LONGITUD Y
8 m DE ANCHURA ACABADO CON ENTARIMADO
DE MADERA DE ABETO DOUGLAS
FLOATING PONTOON (8 m x 40 m,
WITH DOUGLAS FIR DECKING)

5 MUELLE DE MADERA ACABADO CON ENTARIMADO
DE MADERA DE ABETO DOUGLAS DISPUESTA
EN ESPINA DE PEZ (ANCHURA MÍNIMA: 8 m)
WOODEN BOARDWALK (M N. 8 m, DOUGLAS
FIR WITH HERRINGBONE PATTERN)

6 SOPORTES DEL MUELLE
COLUMN SUPPORTS FOR
CANTILEVERED BOARDWALK

7 BANCO DE MADERA
WOOD LINEAR BENCH

8 ESTRUCTURA COLGANTE COMO SOPORTE
DEL HÁBITAT ACUÁTICO, A BASE DE
GRAVA RETENIDA POR UNA RED METÁLICA
Y TEJIDO DE POLIPROPILENO
UNDERHANGING ROOT ZONE (IN
CLEAR GRAVEL SUSPENDED IN GABION
MESH AND POLYPROPILENE FABRIC)
SUPPORTING AQUATIC HABITAT

Pontón de madera Boardwalk pontoon

1 PANTALÁN DE LA HOJA DE ARCE
   MAPLE LEAF LOOP BOARDWALK

2 ESTANQUE DE NENÚFARES
   WATER-LILY FLOATING WETLAND

3 CORTINA DE FILTRACIÓN
   FILTER CURTAIN

4 CAFETERÍA-RESTAURANTE CON JARDÍN
   ACUÁTICO INTERIOR Y MIRADOR
   RESTAURANT/CAFE WITH INNER
   WATER GARDEN AND LOOKOUT

5 PARADA DE TAXI ACUÁTICO
   WATER TAXI STOP

6 LASTRE DE ESTABILIZACIÓN
   BALLAST TANK FLOAT

El paseo de la Hoja de Arce es una gran isla flotante que contiene un jardín de nenúfares. Las cortinas de filtración se extienden desde la superficie hasta el fonco del lago. El agua de lluvia se bombeará desde una de las dársenas en la orilla hasta el estanque, mientras que las cortinas de filtración se encargará de retener en los sólidos y partículas contaminantes

The Maple Leaf icon is designed as a large floating island that supports a robust community of floating submergent plants (water-lilies). Filter curtains are proposed to extend from the boardwalk that surrounds the etland to the lake bottom. Stormwater from the proposed York Street overflow outlet from the biofilter system will be piped to the wetland for treatment. The filter curtains will serve to contain suspended solids and contaminants within the wetland to enhance treatment efficiency

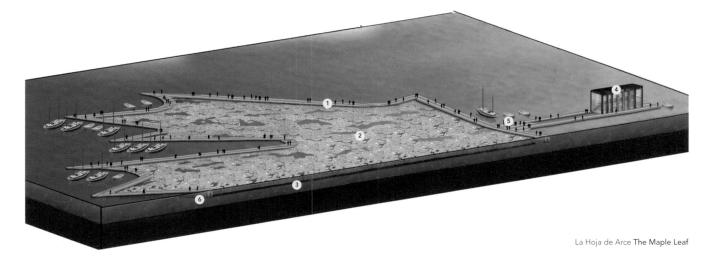

La Hoja de Arce **The Maple Leaf**

capas layers ─

HtO Park Janet Rosenberg, Claude Cormier, Hariri Pontarini

EDIFICIOS

En cada una de las plataformas había dos edificios que se han mantenido: al este, una estación de bomberos, al oeste un edificio de viviendas. Cabe destacar el rápido aumento de precio que están experimentando las viviendas de la zona, empujados por el atractivo de la orilla del lago recuperada.

BUILDINGS

On each of the platforms, there are two buildings that have been kept: to the east, a fire station and to the west a block of flats. Brought on by the appeal of the renovated waterfront are highly noticeable.

VEGETACIÓN

Sobre las dos plataformas de que consta el parque se dibujan isletas onduladas plantadas con césped y algunos árboles dispersos. Cada isleta verde es un montículo que supera levemente la cota general del parque.

VEGETATION

On the two platforms that make up the park, wavy islands are placed and planted with grass and disperse trees. Each green island is a hill that rises slightly about the general elevation of the park.

AGUA

El parque HtO debe su nombre a un juego de palabras a partir de la fórmula del agua: H_2O se convierte en HtO para subrayar su importancia como nexo de unión entre la ciudad y su lago. Se trata de una de las primeras intervenciones en la orilla (sobre dos plataformas separadas por una dársena) con el fin de recuperar la zona ribereña del lago Ontario .

WATER

The HtO park owes its name to a play on words using the chemical formula for water: H_2O becomes HtO to highlight its importance as the connector between the city and its lake. It is one of the first interventions on the lakeshore (on two platforms separated by a dock), in order to take back the shores of Lake Ontario.

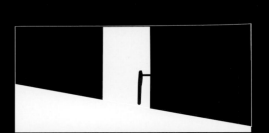

ACTIVIDADES

No figuran actividades programadas.

ACTIVITIES

There are no programmed activities.

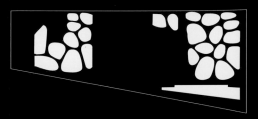

ESTANCIAS

Las isletas vegetales que ocupan el interior de las plataformas funcionan como praderas donde descansar, tomar el sol, aprovechar la sombra de los árboles, contemplar el entorno o hacer picnic. Por otro lado, frente al agua se ha instalado una playa con arena y llamativas sombrillas de color amarillo que hacen reconocible al parque en toda la ciudad.

ROOMS

The green islands that occupy the inside of the platforms work as fields to rest, sunbathe, stay under the shade of the trees, contemplate the area or picnic. Facing the water, there is a sand beach with bright yellow parasols that make the park recognisable throughout the city.

RECORRIDOS

El espacio es enteramente peatonal. Las rutas perimetrales que permiten un acceso directo al agua y a los edificios existentes se suma una malla de caminos sinuosos entre las islas de vegetación.

ROUTES

The space is exclusively for pedestrian use. A network of winding paths between the islands of vegetation are added to the perimetral routes that allow direct access to the water and existing buildings.

1:5.000

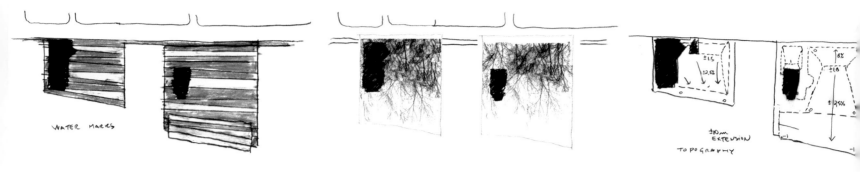

WATER MARKS

from EXTENSION
TOPOGRAPHY

HtO es el parque conocido como la playa urbana de Toronto. Se trata de un lugar único en la ribera del Lago Ontario que proporciona a usuarios de todas las edades un espacio para la estancia o la realización de actividades.
Su diseño se inspira en la pintura de George Seurat *Un domingo de verano en la Grande Jatte*, que muestra a los paseantes del domingo de una isla del Sena, animando la escena con actividad, color y energía.
Los visitantes del parque pueden, tal y como se representa en el cuadro, pasar el día en la orilla, contemplando el agua.

HtO is known as Toronto's urban beach. It is a unique destination along the waterfront that provides people of all ages with a functional space for active and passive uses. The park's design was inspired by Georges Seurat's painting called 'A Sunday Afternoon on the Island of La Grande Jatte' , where people are leisurely gathered along the water's edge, animating it with activity, colour, and energy. Visitors to HtO, much like the people in the painting, can likewise spend a day sitting on the shore, looking out at the water.

Desde su apertura en junio de 2007, el parque HtO proporciona una imagen claramente identificable de la ribera de Toronto gracias a sus vistosas sombrillas amarillas.
Su popularidad entre los ciudadanos ha convertido al parque en un importante foco de actividad junto al lago.
Proyectado para conectar la ciudad con el agua, se trata del primer parque construido en el frente del lago en mucho tiempo, y por este motivo está considerado como el catalizador del desarrollo de la costa de Toronto.

Since its opening in June of 2007, HtO quickly became an icon by identifying Toronto from the water's edge through its multiple yellow umbrellas.
By way of its popularity and people's instant embrace of the park as a much need public space, HtO has positioned Toronto as a vibrant city with an active waterfront. Designed to connect the city to the water, HtO has often been referred to as a catalyst for Toronto's waterfront development as it is the first park in a long time to be completed along the water's edge.

QUEENS QUAY WEST

SPADINA AVENUE SLIP

PETER STREET SLIP

PETER STREET SLIP

Plano general **General plan** 1:1.500

TORONTO INNER HARBOUR

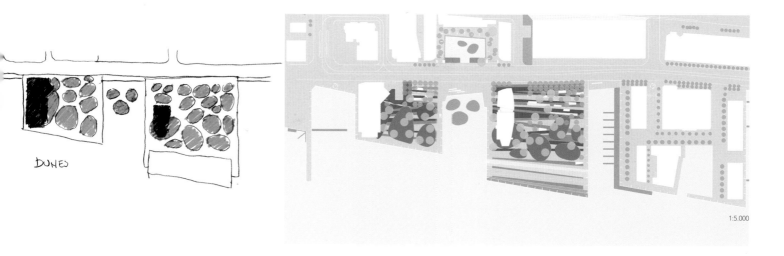

DUNES

1:5.000

Su nombre, HtO, procede de la fórmula química del agua, H₂O, donde la ciudad y el agua han sido reunidas al eliminar las barreras entre el Lago Ontario y el centro urbano. Este nombre se eligió además para crear una marca del lugar al tiempo que le proporciona identidad.

Por otro lado, el parque se ubica en una zona marcada por el legado de los daños infringidos históricamente al medio ambiente. Durante el proyecto, se abordaron problemas relacionados con la contaminación del suelo y otras consecuencias del progreso industrial.

The name, HtO, is a play on the formula for water, H₂O, where the water and the city are brought together, eliminating any barriers between Lake Ontario and the downtown. The name has been strategically devised as a way of branding the space and bringing a sense of identity to the site. Furthermore, HtO sits on a site with history and legacy of environmental damage. The design had to address issues of soil contamination and other remnants of industrial

Dichos terrenos contaminados han permanecido donde estaban, han sido protegidos para que no contaminen las zonas cercanas pero no han sido trasladados con el fin de no contaminar otros lugares. La gestión del agua de lluvia se basa en la instalación de superficies permeables que absorben la precipitación encaminándola hacia pozos de infiltración. Además, toda el agua empleada para el riego procede del lago. Por último, las áreas del lago acondicionadas como hábitat para peces, junto al borde del parque y al interior de la dársena, están construidas con hormigón reciclado y restos de escombros.

progress. Contaminated soils were left undisturbed through the use of capping, whereby contaminants were left on site rather than shipped off to cause problems elsewhere. On-site storm water management systems were put in place such as pervious surfaces that infiltrate water and gradually dispersing infiltration pits. In addition, all the water that is used for irrigation is lake water. Fish habitats along the edge of the park and in the slip were built using recycled concrete from the site and rip-rap.

Un domingo de verano en la Grande Jatte de George Seurat
Georges Seurat: *A Sunday Afternoon on the Island of La Grande Jatte*

Sección transversal **Cross section** 1:500

Ring Walk
Sydney. Australia, 2005

Durbach Block Architects durbachblock.com

SYDNEY .au

1.320m²

SYDNEY OLYMPIC
PARK

SILVERWATER
NATURE RESERVE

HOMEBUSH
BAY

HOMEBUSH
BICENTENNIAL PARK

1:10.000

Sydney Downtown: 10 Km

1:20.000

Influence area /////// Auburn
Population ////////// 65.601 inhabitants
Density ////////////// 2.035 inhab/km²
Data source////////// auburn.nsw.gov.au, 2006

Digitalglobe, Cnes/Spot Image, Sinclair Knight Merz, 2008

capas layers

TRÁFICO RODADO	VEHICULAR TRAFFIC	PEATONAL&BICI	PEDESTRIAN&CYCLIST
ÁRBOLES	TREES	CÉSPED	GRASS
AGUA	WATER	MONTE BAJO	SCRUBLAND
EDIFICIOS	BUILDINGS	MARISMAS	MARSHES
ACTIVIDADES	ACTIVITIES		
ESTANCIAS	ROOMS	ÁREA DE INTERVENCIÓN	INTERVENTION AREA

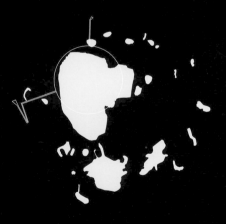

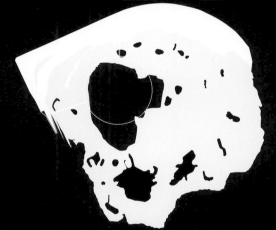

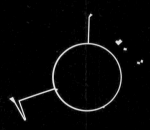

AGUA WATER

La antigua mina de arcilla sobre la que se levanta el proyecto se ha rellenado de agua y convertido en refugio de la rana verde dorada, una especie en extinción.

The old clay mine the project is built on was filled with water and has been transformed into a refuge for the green and golden bell frog, a vulnerable species.

VEGETACIÓN VEGETATION

La intervención pretende respetar al máximo el hábitat surgido tras el abandono de los yacimientos, y por ello se ha reducido al mínimo el contacto y la intervención sobre el terreno.
La vegetación presente es la que ha crecido en el lugar espontáneamente y no se ha modificado.

The intervention looks to respect the habitat that came about after the abandonment of the site, and has thus reduced contact and intervention on the land to a minimum.
The current vegetation is that which has spontaneously grown in the area; it has not been modified.

EDIFICIOS BUILDINGS

Además de las construcciones dispersas ya existentes, el proyecto introduce la pasarela circular que se posa cuidadosamente sobre la vaguada artificial que creó la mina, así como los accesos que la ponen en contacto con la trama urbana y el Parque Olímpico de Sidney.

Besides the existing disperse buildings, the project introduces the circular walkway that is placed interestingly on the artificial watercourse that the mine created, as well as the entrances that place it in contact with the urban grid and Olympic Park in Sydney.

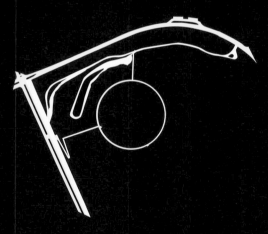
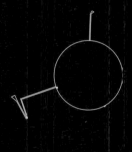

RECORRIDOS ROUTES

Desde las calles que rodean el recinto, dos pasarelas de acceso peatonal conducen a la pasarela central. Dentro del anillo se ha dispuesto un recorrido circular que permite tanto un paseo de 10 minutos como una experiencia detallada del lugar a través de los paneles de exposición y los puntos destinados a la contemplación del hábitat natural. Además, una senda que aprovecha la antigua carretera que se adentraba en la mina permite acercarse hasta pocos metros del agua y da servicio a las edificaciones existentes.

From the streets that surround the premises, two pedestrian entrance walkways lead to the main walkway. Inside the ring there is a circular path that allows both a ten minute walk and a detailed experience of the place by means of exhibition panels and points for contemplating the natural habitat. In addition, a path that uses the old road that went inside the mine allows visitors to get as close as even a few metres from the water and gives service to the existing buildings.

ESTANCIAS ROOMS

Dos miradores se asoman desde el anillo circular y permiten detener la marcha para disfrutar de la contemplación del hábitat convertido en refugio de vida salvaje.

Two viewpoints look over the ring and allow for stopping and contemplating the habitat turned into a wildlife refuge.

ACTIVIDADES ACTIVITIES

Cuatro zonas cubiertas en la pasarela circular instalada sobre la vieja mina de arcilla permiten llevar acabo funciones educativas sobre el estado y la protección del medio surgido tras el abandono de las instalaciones.

Four covered areas on the circular walkway installed on the old clay mine allow for educational uses on the state and protection of the environment that came about after the installations were abandoned.

◑ 1:10.000

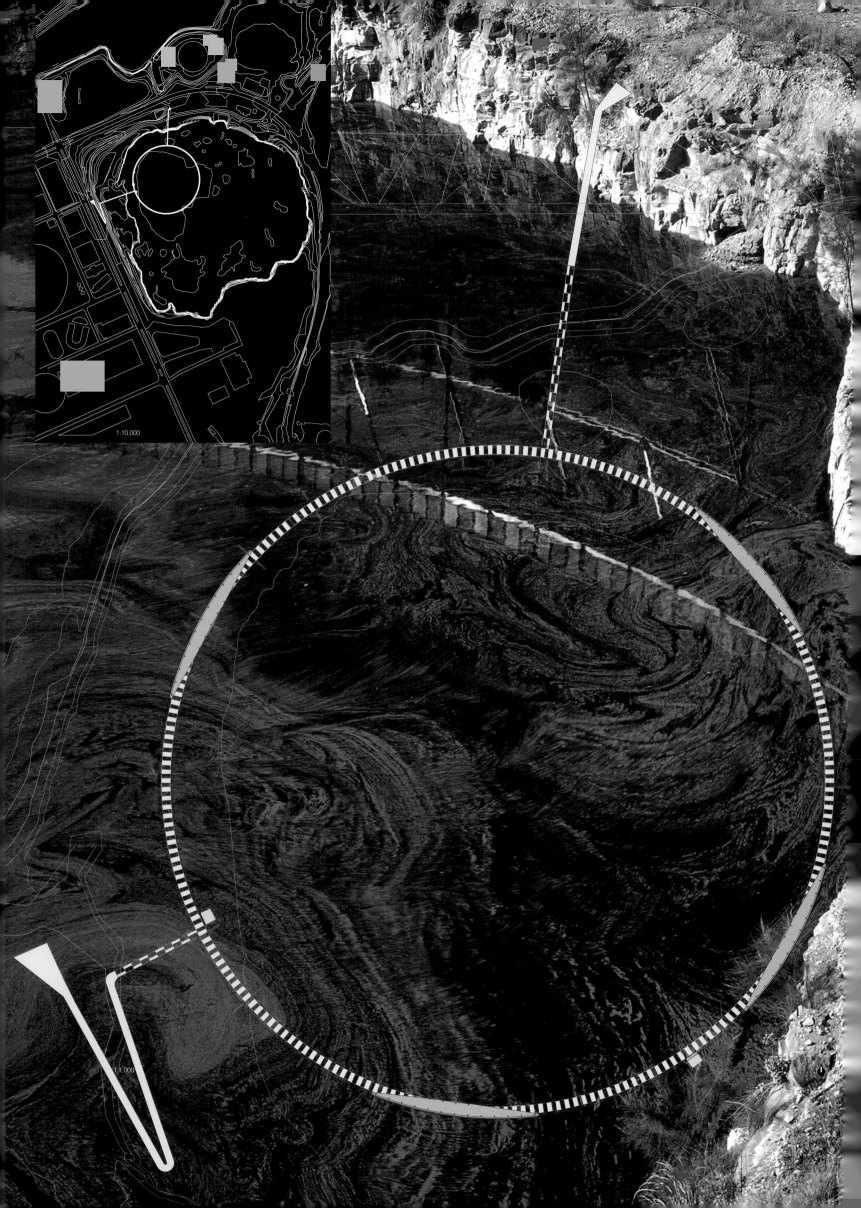

1:10.000

1:1.000

La mina de arcilla es la última evidencia tangible de una gran industria en Homebush Bay. Es arquetípica y primitiva, y se encuentra reformada en bandas. La mina de arcilla es, ante todo, un lugar de extraordinario esfuerzo humano ahora detenido. Es el retrato del maltrato de la tierra a través del uso.

Al mismo tiempo es un lugar de adaptación, donde una industria inviable ha sido reemplazada por nuevas tecnologías sostenibles y se ha convertido en un refugio para la rana verde dorada, una especie en extinción.

Con la pasarela aérea y una exposición al aire libre, a veinte metros sobre el nivel del agua, el paseo circular le da a la mina de arcilla una conexión urbana real y una presencia dentro del Parque Olímpico de Sidney.

Un sencillo artefacto separado, la pasarela circular facilita, tanto el acceso como la interpretación del pozo, mientras respeta su hábitat, extremadamente frágil.

La pureza de la forma y la altura adecuada del anillo muestra sus lados cambiantes y su profundidad. Permite tanto el paseo de 10 minutos como una experiencia más detallada, a

The Brick Pit is the last tangible evidence of a vast working industry at Homebush Bay. It is archetypal and primitive, raw, stripped and modified.

The brick pit is first a place of extraordinary human endeavour, arrested. It is a portrait of land disturbance through use.

Equally it is a place of adaptation, as an unviable industry is replaced by new sustainable technologies and a refuge for the rare and endangered Green and Golden Bell Frog.

An aerial walkway and outdoor exhibition, twenty metres above the brick pit floor, the Ring Walk gives the brick pit a genuine urban connection and presence within Sydney Olympic Park.

A simple ordering device, the ring walk facilitates both access and interpretation to the brick pit, while fully recognising its extremely fragile habitat.

The pure form and consistent level of the ring registers the shifting sides and depth.

The Ring Walk allows for both the ten minute walk and a longer layered experience, through widened and shaded sections of the platform.

través de las secciones más amplias y protegidas de la plataforma.

El borde exterior del anillo es una pantalla multicolor: paneles de exposición, malla, y paneles de vidrio transparente.

Junto a los dispositivos interpretativos, el anillo ofrece a los visitantes perspectivas de la historia de la mina de arcilla y de su uso como refugio de vida salvaje.

Tiene dos puntos de conexión con el parque: uno hacia Australia Avenue y el centro de la ciudad y otro con Marjorie Jackson Drive y el parque que continua más allá.

La estructura de acero es una intervención esbelta y delicada dentro de la masiva tosquedad del pozo. Una estructura cruciforme arriostrada compuesta por una serie de finas pletinas de acero que se posan suavemente sobre la base.

Esta liviana estructura parece caminar de puntillas sobre el frágil entorno.

La forma de cruz es capaz de ajustarse a la idiosincrasia del terreno: ampliando los soportes hasta los cimientos del embalse o cerrándolos para salvar el estanque de ranas.

The outside edge of the ring is a variegated screen: part exhibition, mesh and glass viewing panels.

Interlaced with interpretive devices, the ring provides visitors with perspectives into the history of the brick pit and its use as a wildlife refuge.

The ring has two points of connection to the parklands: one to Australia Avenue and the Town Centre the other to Marjorie Jackson Drive and the extensive parklands beyond.

The steel structure is a slender and delicate intervention within the massive roughness of the pit. A braced cruciform structure comprising a series of improbably thin, flat steel members lightly touch the base. This attenuated structure appears to tip toe across this fragile site.

The cruciform is capable of adjusting to the idiosyncrasies of the base terrain: extending the supports to the foundation of the reservoir or straightening to avoid a frog pond.

1:100

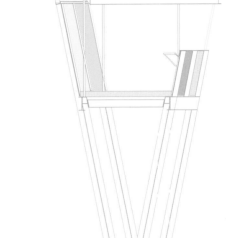

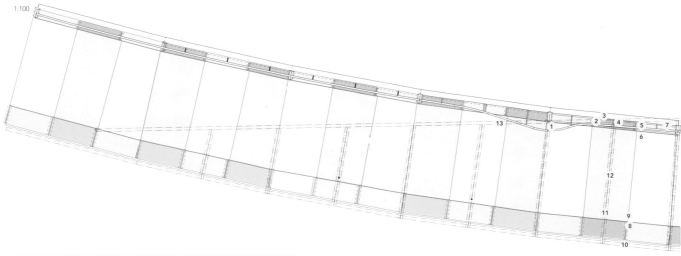

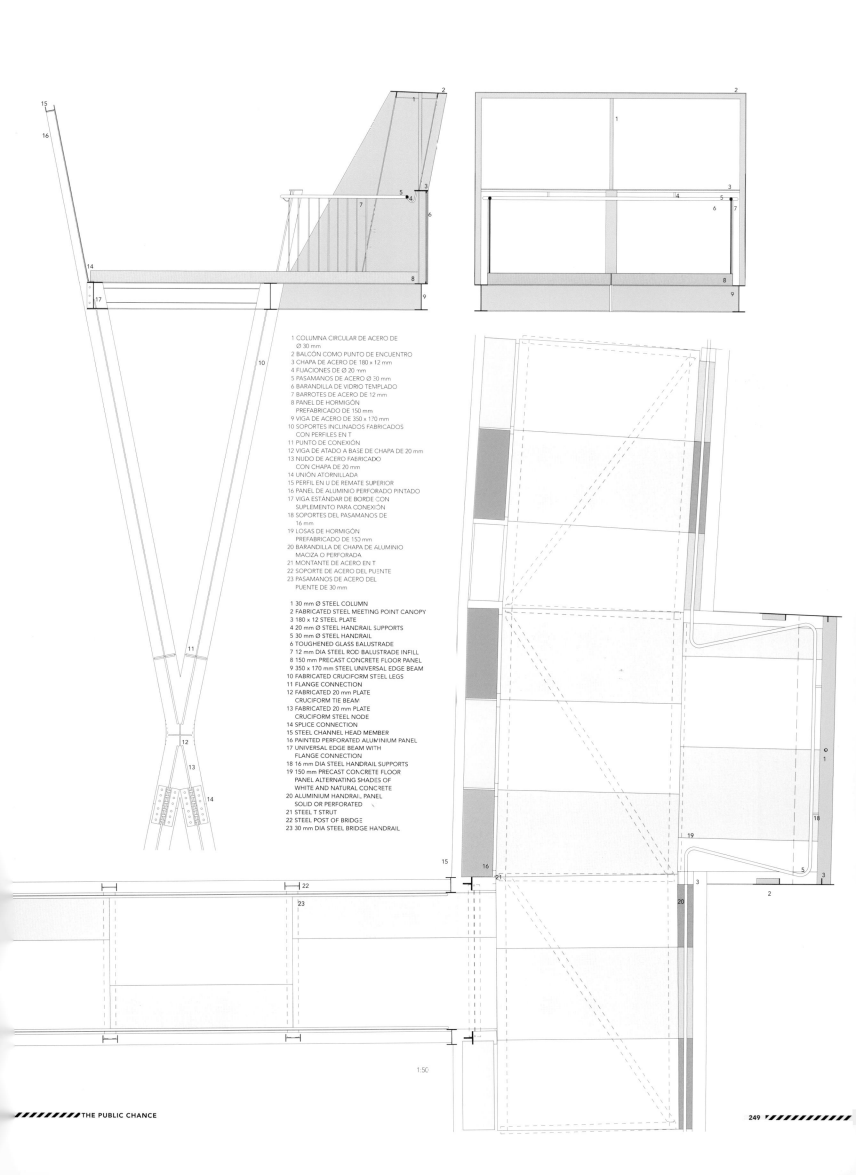

1 COLUMNA CIRCULAR DE ACERO DE
Ø 30 mm
2 BALCÓN COMO PUNTO DE ENCUENTRO
3 CHAPA DE ACERO DE 180 x 12 mm
4 FIJACIONES DE Ø 20 mm
5 PASAMANOS DE ACERO Ø 30 mm
6 BARANDILLA DE VIDRIO TEMPLADO
7 BARROTES DE ACERO DE 12 mm
8 PANEL DE HORMIGÓN
PREFABRICADO DE 150 mm
9 VIGA DE ACERO DE 350 x 170 mm
10 SOPORTES INCLINADOS FABRICADOS
CON PERFILES EN T
11 PUNTO DE CONEXIÓN
12 VIGA DE ATADO A BASE DE CHAPA DE 20 mm
13 NUDO DE ACERO FABRICADO
CON CHAPA DE 20 mm
14 UNIÓN ATORNILLADA
15 PERFIL EN U DE REMATE SUPERIOR
16 PANEL DE ALUMINIO PERFORADO PINTADO
17 VIGA ESTÁNDAR DE BORDE CON
SUPLEMENTO PARA CONEXIÓN
18 SOPORTES DEL PASAMANOS DE
16 mm
19 LOSAS DE HORMIGÓN
PREFABRICADO DE 150 mm
20 BARANDILLA DE CHAPA DE ALUMINIO
MACIZA O PERFORADA
21 MONTANTE DE ACERO EN T
22 SOPORTE DE ACERO DEL PUENTE
23 PASAMANOS DE ACERO DEL
PUENTE DE 30 mm

1 30 mm Ø STEEL COLUMN
2 FABRICATED STEEL MEETING POINT CANOPY
3 180 x 12 STEEL PLATE
4 20 mm Ø STEEL HANDRAIL SUPPORTS
5 30 mm Ø STEEL HANDRAIL
6 TOUGHENED GLASS BALUSTRADE
7 12 mm DIA STEEL ROD BALUSTRADE INFILL
8 150 mm PRECAST CONCRETE FLOOR PANEL
9 350 x 170 mm STEEL UNIVERSAL EDGE BEAM
10 FABRICATED CRUCIFORM STEEL LEGS
11 FLANGE CONNECTION
12 FABRICATED 20 mm PLATE
CRUCIFORM TIE BEAM
13 FABRICATED 20 mm PLATE
CRUCIFORM STEEL NODE
14 SPLICE CONNECTION
15 STEEL CHANNEL HEAD MEMBER
16 PAINTED PERFORATED ALUMINIUM PANEL
17 UNIVERSAL EDGE BEAM WITH
FLANGE CONNECTION
18 16 mm DIA STEEL HANDRAIL SUPPORTS
19 150 mm PRECAST CONCRETE FLOOR
PANEL ALTERNATING SHADES OF
WHITE AND NATURAL CONCRETE
20 ALUMINIUM HANDRAIL PANEL
SOLID OR PERFORATED
21 STEEL T STRUT
22 STEEL POST OF BRIDGE
23 30 mm DIA STEEL BRIDGE HANDRAIL

1:50

BP Park
Sydney. Australia, 2005
McGregor+Partners mcgregorpartners.com.au

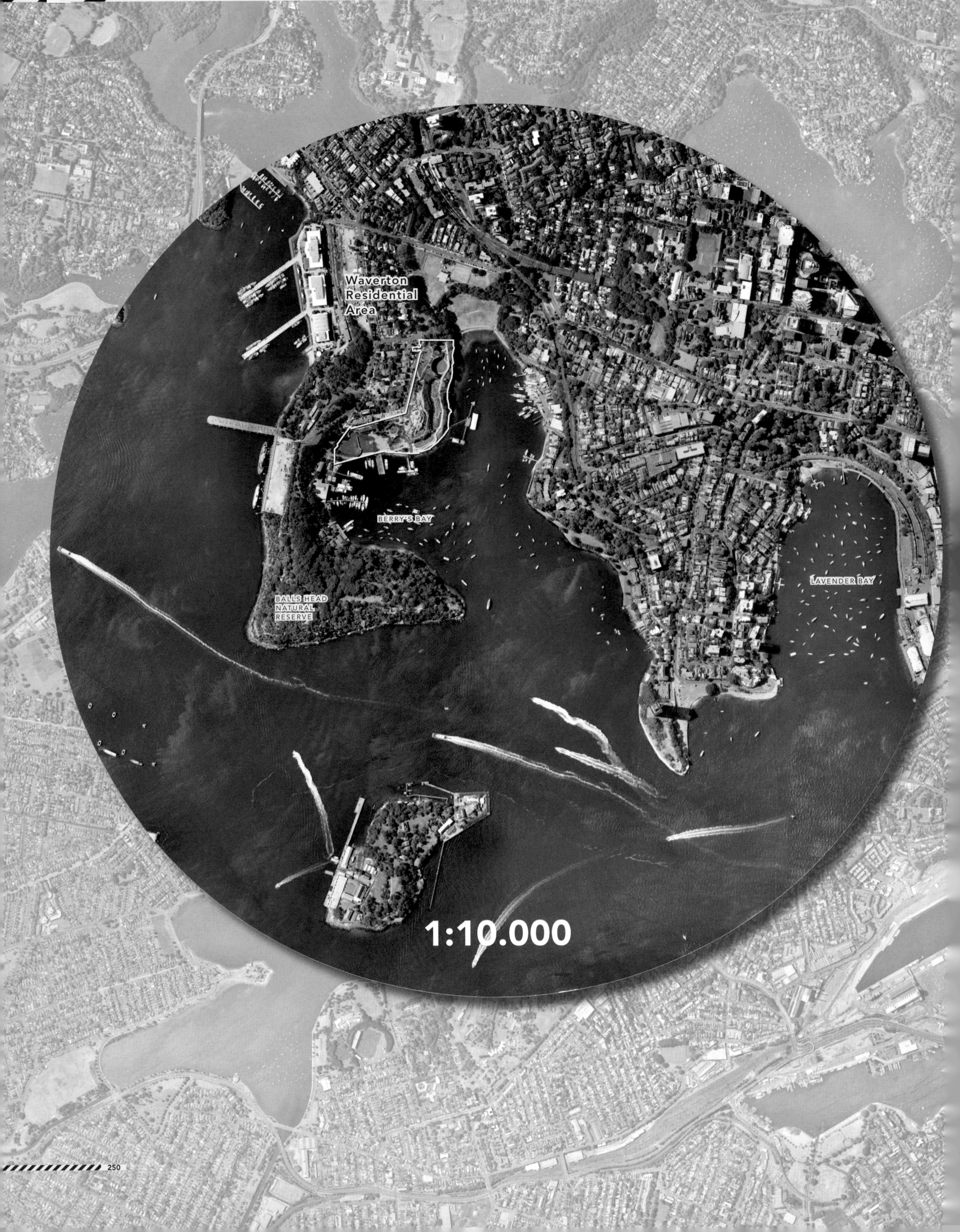
Waverton
Residential
Area
BERRY'S BAY
BALLS HEAD
NATURAL
RESERVE
LAVENDER BAY
1:10.000

North Sydney

WARRRINGAH

28.839m²

HARBOUR BRIDGE

SYDNEY OPERA
HOUSE (JORN UTZON)

ROYAL BOTANIC
GARDENS

Downtown Sydney

Darling Harbour

1:20.000

Influence area /////// North Sydney
Population /////////// 62.407 inhabitants
Density///////////////// 5.240 inhab/km²
Data source////////// northsydney.nsw.gov.au, 2006

Sinclair Knight Merz, 2008

capas layers

TRÁFICO RODADO	VEHICULAR TRAFFIC	
ÁRBOLES	TREES	▮ PEATONAL&BICI	PEDESTRIAN&CYCLIST
AGUA	WATER	CÉSPED	GRASS
EDIFICIOS	BUILDINGS	MONTE BAJO	SCRUBLAND
ACTIVIDADES	ACTIVITIES	MARISMAS	MARSHES
ESTANCIAS	ROOMS		
		─── ÁREA DE INTERVENCIÓN	INTERVENTION AREA

ACTIVIDADES

No hay actividades programadas.

ACTIVITIES

There are no programmed activities.

ESTANCIAS

La huella circular que han dejado tres de los depósitos se convierten en estancias. Una pasarela-mirador metálica recorre parcialmente el borde superior de uno de los acantilados artificiales y otra plataforma permite detenerse durante el recorrido.

ROOMS

The circular marks that three deposits have left become usable areas. A metal viewpoint-walkway runs partially along the upper edge of one of the artificial cliffs and another platform allows for stopping along the path.

RECORRIDOS

La intervención plantea un acceso rodado desde el punto más alto y una serie de recorridos por el lugar que permiten observar el paisaje de la bahía, el ecosistema marino de las proximidades y las trazas de la historia sobre el terreno. Una serie de caminos, escaleras y pasarelas de hormigón in situ o acero galvanizado fueron elegidos por su bajo coste y escasa necesidad de mantenimiento para realizar estos recorridos.

ROUTES

The intervention proposes a road entrance from the highest point and a series of paths along the location that open out to the bay landscape, the marine ecosystem in the area and the design that history has left on the land. A series of paths, stairs and walkways of concrete in situ or galvanised steel were chosen because of their low cost and maintenance requirements to create these paths.

EDIFICIOS

Los depósitos de petróleo que ocupaban el lugar han sido desmantelados y sólo permanece su huella circular como recuerdo del pasado industrial del sitio.

BUILDINGS

The petroleum deposits that occupied the space have been dismantled and now all that is left are the circular marks to remember the industrial past of the location.

VEGETACIÓN

La flora natural del lugar ha sido recuperada esparciendo las semillas de plantas autóctonas, procedentes de las proximidades, sobre el suelo existente mezclado con materia orgánica. El resultado es un paisaje de plantas herbáceas, arbustos y árboles de poco porte.

VEGETATION

The location's natural flora was recovered by spreading the seeds of native plants from the surrounding area on the existing earth mixed with organic material. The result is a landscape of herbal plants, bushes, and low trees.

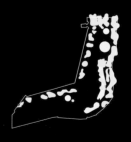

AGUA

El parque se levanta junto a las aguas de la Bahía de Sidney y desde su orilla se contempla el área central de la ciudad. El agua de la bahía ha sido limpiada y en la actualidad alberga un rico ecosistema de animales y plantas autóctonos. Por su parte, el agua de lluvia es recogida en estanques de plantas acuáticas, que además de filtrar el agua sirven de hábitat a ranas, patos y otras especies de aves.

WATER

The park is placed next to the waters of the Sidney Harborr and from the shore the central area of the city is contemplated. The water of the bay was cleaned and currently has a rich ecosystem of native animals and plants. Rainwater is collected in ponds with aquatic plants that not only filter water, but are also a habitat for frogs, ducks and other bird species.

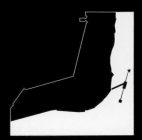

1 DEMOLICIÓN DEL RELLANO DE HORMIGÓN
  EXISTENTE COLOCANDO UNO DE LAS MISMAS
  CARÁCTERÍSTICAS QUE EL CAMINO ADYACENTE
2 ZAPATA DE 400 mm DE ANCHO Y
  600 mm DE PROFUNDIDAD
3 UBICACIÓN DE LOS MONTANTES
4 RELLANO: LOSA DE HORMIGÓN DE 250 mm
5 SOPORTE DE HORMIGÓN 400 mm Ø
6 PETO DE HORMIGÓN DE 150 mm DE ANCHO
7 ESCALERA METÁLICA – 13 TABICAS
8 SUPERFICIE DE LA ROCA
9 MURO DE HORMIGÓN DE 150 mm DE ANCHO
10 RELLANO: LOSA DE HORMIGÓN DE 250 mm
11 PROYECCIÓN DEL VACÍO INFERIOR
12 SUPERFICES PULIDAS EN LOS RELLANOS
13 UBICACIÓN DE LOS MUROS DE
   SOPORTE DE 200 mm DE ESPESOR
14 ESCALERA METÁLICA DE 15 PELDAÑOS
15 PETO DE HORMGÓN DE 200 mm DE ESPESOR

1 DEMOLISHING EXISTING CONCRETE LANDING
  AND REPLACE TO MATCH ADJACENT PATH
2 400 mm WIDE x 600 mm DEEP FOOTING
3 STANCHION LOCATIONS
4 250 mm THICK CONCRETE LANDING
5 400 mm DIA CONCRETE COLUMN
6 150 mm THICK CONCRETE BALUSTRADE
7 METAL STAIR – 13 RISERS
8 ROCK FACE
9 150 mm THICK CONCRETE WALL
10 250 mm THICK CONCRETE LANDING
11 VOID UNDERNEATH
12 SANDBLASTING LANDING SURFACES
13 200 mm THICK SUPPORT WALL LOCATIONS
14 METAL STAIR – 15 RISERS
15 200 mm THICK CONCRETE BALUSTRADE

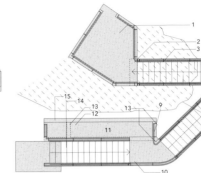

Alzado de la escalera principal 2 **Central stair 2 elevation**

Planta de la escalera principal 2 **Central stair 2 floor plan** 1:200

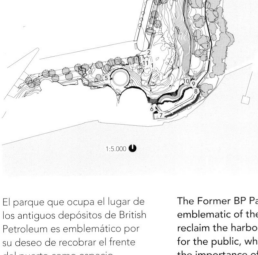

1:5.000

1 TERRAZA SUR
2 PLATAFORMA ELEVADA
3 LÍMITE NORTE
4 DEPÓSITO NORTE
5 DEPÓSITO SUR
6 GAVIÓN DE LA
  ENTRADA SUR
7 ENTRADA SUR 1
8 RAMPA Y ESCALERAS
  PRINCIPALES
9 ESCALERA PRINCIPAL 1
10 ESCALERA PRINCIPAL 2
11 CAMINO DE GRAVA
12 TERRAZA NORTE

1 SOUTH DECK
2 ELEVATED PLATFORM
3 NORTH DRUM END
4 NORTH DRUM
5 SOUTH DRUM
6 SOUTH ENTRANCE
  GABION
7 SOUTH ENTRACE 1
8 RAMP CENTRAL STAIRS
9 CENTRAL STAIRS 1
10 CENTRAL STAIRS 2
11 GRAVEL PATH
12 NORTH DECK

El parque que ocupa el lugar de los antiguos depósitos de British Petroleum es emblemático por su deseo de recobrar el frente del puerto como espacio público, a la vez que reconoce la importancia de mantener la herencia del lugar. Donde una vez estuvieron 31 depósitos de petróleo, oficinas y un espeso muro perimetral de hormigón, para impedir que las filtracíones llegaran al puerto, se rinde hoy homenaje a su antiguo uso industrial a través de una sobria composición de sencillas, pero a la vez potentes estructuras.

The Former BP Park is emblematic of the intention to reclaim the harbour foreshore for the public, while recognising the importance of retaining a site's heritage. Once housing 31 oil tanks, offices and massive concrete perimeter bund walls to prevent oil spills reaching the harbour, the redeveloped site now acknowledges its former use through the restrained composition of simple, yet robust structures.

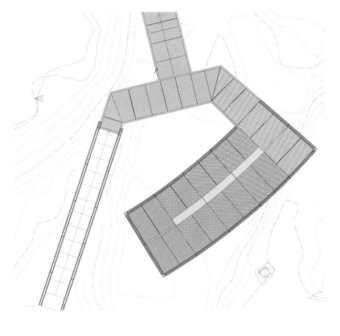

Planta de la terraza sur **South deck floor plan** 1:200

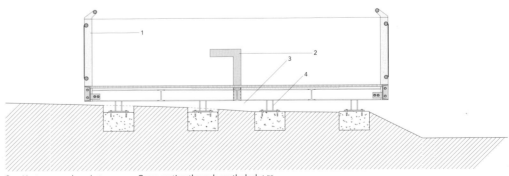

1 BARANDILLA
2 BANCO DE MADERA
3 APOYO TUBO
  CUADRADO HUECO
  DE 75 x 75 x 5 mm
4 LECHO DE ROCA

1 BALUSTRADE
2 TIMBER SEAT
3 75 x 75 x 5 mm THICK
  SQUARE HOLLOW
  SECTION STUB POST
4 BEDROCK

Sección transversal por la terraza sur **Cross section through south deck** 1:50

El nuevo diseño acentúa la herencia industrial del lugar con una serie de espacios abiertos, marismas y miradores que rodean el impresionante acantilado calizo semicircular en el que estuvieron los tanques. Varias escaleras de hormigón y metal rodean los acantilados y penden sobre el atractivo ecosistema marino que se encuentra debajo.

60 años de almacenamiento han contaminado el lugar y para crear el parque se ha utilizado una diversidad de iniciativas medioambientales. El suelo

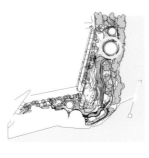

The new design celebrates the site's industrial heritage and harbour location with a series of open spaces, wetlands and viewing decks that embrace the dramatic, semi-circular sandstone cliff cuttings where the tanks formally stood.

A combination of concrete and metal staircases wrap around the cliffs and project over the water-sensitive wildlife-attracting ecosystem found below.

60 years of oil storage had contaminated the site, in order to create the park, a variety of environmentally sustainable design initiatives were employed. Existing site soil, rather than being transferred to a landfill, was mixed with imported organic matter and re-used across the site. Provenance seed stock was collected locally, propagate and used as plant

existente, en vez de levantarlo y llevarlo a un vertedero, se ha mezclado con materia orgánica importada y se ha reutilizado. Se han recolectado semillas en las proximidades y se han esparcido sobre el lugar para reinstaurar la flora autóctona. El diseño incorpora un sistema integrado de recogida de aguas pluviales y de filtración que dirige el agua recolectada hasta unos estanques con plantas acuáticas. Estos estanques filtran y limpian el agua antes de desaguar en el puerto. El establecimiento de este sistema de aguas retenidas tiene beneficios añadidos, pues permite la creación de nuevos hábitats para una diversidad de ranas, patos y otras especies de aves. Los materiales de acabado del parque, hormigón in-situ y acero galvanizado, son referencias al pasado industrial y fueron seleccionados por su bajo coste, bajo impacto y bajo mantenimiento.

stock to reinstate the natural flora of the site.

The design incorporated an integrated storm water collection and filtration system that directs site water into detention ponds planted with aquatic plants. These ponds filter and clean the water prior to discharging it into the harbour. The establishment of this detention system has additional benefits as it will create new habitats for a variety of frogs as well as ducks and other bird species. The park's defining material finishes of in-situ concrete and galvanised steel are references to the industrial past and were selected for their low-cost, low-impact and low-maintenance qualities.

SEATTLE CENTER
(1962 WORLD'S FAIR)

EXPERIENCE MUSIC
PROJECT (FRANK GHERY)

SPACE NEEDLE

1:10.000

South Lake Union District

38.928m²

SEATTLE ART MUSEUM
DOWNTOWN (ALLIED
WORKS ARCHITECTURE)

RAINIER TOWER
(YAMASAKI)

SEATTLE PUBLIC
LIBRARY (OMA)

Seattle
Downtown

1:20.000

Influence area //////// Seattle
Population /////////// 572.600 inhabitants
Density///////////// 2.593 inhab/km²
Data source////////// seattle.gov, 2004

Digitalglobe, 2008

capas layers

— TRÁFICO RODADO	VEHICULAR TRAFFIC	▬ PEATONAL&BICI	PEDESTRIAN&CYCLIST
ÁRBOLES	TREES	CÉSPED	GRASS
AGUA	WATER	MONTE BAJO	SCRUBLAND
EDIFICIOS	BUILDINGS	MARISMAS	MARSHES
ACTIVIDADES	ACTIVITIES		
ESTANCIAS	ROOMS	—— ÁREA DE INTERVENCIÓN	INTERVENTION AREA

ACTIVIDADES

Las actividades tienen lugar en el interior del pabellón: exposiciones, conferencias, actuaciones y actividades educativas. El edificio dispone además de una cafetería desde la que se divisa todo el paisaje circundante.

ACTIVITIES

Activities take place inside the pavilion: exhibitions, conferences, performances and educational activities. The building also has a cafe where all of the surrounding landscape can be seen.

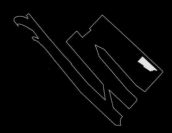

ESTANCIAS

Junto al pabellón, un anfiteatro al aire libre sirve de transición entre el edificio y el parque, y permite contemplar la escultura de Richard Serra *Wake*. Además, la nueva playa sirve de encuentro y reunión junto al agua. Otras zonas del recorrido sirven también para detenerse a contemplar la obras de arte expuestas.

ROOMS

Next to the pavilion, an open air amphitheatre serves as a transition between the building and the park and allows the contemplation of Richard Serra's sculpture *Wake*. In addition, the new beach is a point for meetings and social interaction by the water. Other areas of the path also allow one to stop and contemplate the artwork displayed.

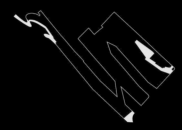

RECORRIDOS

Un camino principal de grava de unos 670 m de longitud atraviesa el sitio desde su punto más alto y desciende hacia la costa ofreciendo diferentes perspectivas de las esculturas expuestas en el parque. Cruza la autopista y las vías del tren y termina recorriendo la nueva playa.

ROUTES

One main 670 m long gravel path crosses the area from its highest point and descends towards the coast, offering different perspectives of the sculptures on display in the park. It also crosses the motorway and the train tracks and then runs along the new beach.

EDIFICIOS

El recorrido por el lugar se inicia a través de un pabellón de 1.700 m² dotado con una sala multiusos, una cafetería, un aula de arte y un aparcamiento subterráneo. El edificio está concebido como una extensión del paisaje y en él se dan cita numerosos eventos relacionados con el programa del parque.

BUILDINGS

The path along the location begins through a 1,700 m² pavilion, equipped with a multipurpose hall, a cafe, an art room and an underground car park. The building is conceived as an extension of the landscape and in it are many events related to the park's programme.

VEGETACIÓN

Entre el acceso principal, junto al pabellón del museo y el agua, se suceden varios tipos de paisajes propios del noroeste de los Estados Unidos: un bosque de coníferas salpicado de helechos, un bosque de hoja caduca con álamos, cuya apariencia se modifica con el paso de las estaciones, una pradera de césped que acompaña el descenso hacia el agua y un jardín de ribera con vegetación de agua salada.

VEGETATION

Between the main entrance, next to the museum pavilion and the water, there are several types of landscape typical of the Northwest United States, a pine forest dotted with ferns, a deciduous forest with poplars, whose appearance is modified with the change of seasons, a grassy field that goes down toward the water and a riverside garden with saltwater vegetation.

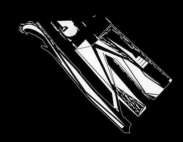

AGUA

El proyecto ocupa el último solar que quedaba por urbanizar en el litoral de Seattle. La propuesta conecta los dos lados de una vía rápida que separa el parque propiamente dicho de un tramo de costa revitalizado. El borde marino ha sido regenerado y se ha recuperado el ecosistema natural.

WATER

The project occupies the last lot left for developing on the Seattle coast. The proposal connects both sides of a motorway that separates the park from a revitalised strip of coast. The sea edge has been regenerated and the natural ecosystem was recovered.

⏱ **1:10.000**

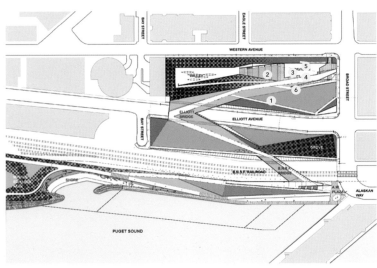

1 PARQUE DE ESCULTURAS
2 ANFITEATRO
3 SALA MULTIUSOS
4 CAFETERÍA
5 AULA
6 APARCAMIENTO

1 SCULPTURE PARK
2 AMPHITHEATRE
3 MULTIPURPOSE HALL
4 CAFE
5 CLASSROOM
6 PARKING

1:5.000 ◗

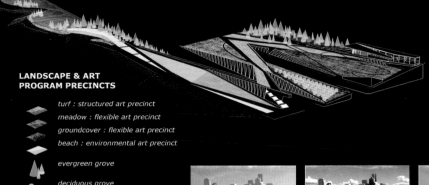

LANDSCAPE & ART PROGRAM PRECINCTS

turf : structured art precinct
meadow : flexible art precinct
groundcover : flexible art precinct
beach : environmental art precinct

evergreen grove
deciduous grove

INFRASTRUCTURAL NETWORKS

bollard lighting
power/teledata/security conduits

HARDSCAPE & PATHS

primary path
secondary path
tertiary path

DRAINAGE & MARINE OUTFALL

surface drainage
subsurface drainage

El proyecto nació con la intención de rescatar de la presión inmobiliaria el último terreno disponible junto al centro de Seattle, recuperando para la ciudad una porción de suelo industrial abandonado. Se trata fundamentalmente de un programa de espacio público al aire libre, mediante un recorrido que comienza en un edificio multiusos.

Si bien la ocupación es del 3% del parque, el complejo trabajo de modelado de terreno, las variaciones topográficas, la creación de espacios diferenciados para el arte y la infraestructura subterránea para llevar energía, voz y datos a cualquier punto de la parcela justifican su inclusión entre los edificios de equipamientos. Ello permite que los artistas puedan colocar sus obras o instalaciones en cualquier punto de la intervención.

De esta manera se logra extender el programa museístico más allá de los recintos tradicionales, acercando el arte al paseo ciudadano y estableciendo nuevas relaciones entre arte, ecología y urbanismo.

This project started with the intention of rescuing the last available land near downtown Seattle from the pressures of real estate, taking an area of abandoned industrial land back for the city. It is fundamentally an open-air public space programme through a route that begins in a multipurpose building.

Although 3% of the park is occupied, the complex work of landscaping, topographic variations, the creation of different areas for art and underground communication and power infrastructures justify its inclusion into civic facilities. This allows artists to place their works and installations at any of the intervention's areas.

This way the programme of a museum can extend beyond its traditional venues, bringing art even to the population's walkways and establishing new relationships between art, ecology and urban planning.

La mayor parte de las ciudades costeras de Estados Unidos está orientada en torno a puertos que en su día fueron polos de actividad económica. En las últimas décadas, muchos de ellos han quedado obsoletos y la industria asociada a ellos ha ido abandonando los frentes marítimos, dejando a su paso un rastro de infraestructuras vetustas.

A medida que las ciudades han crecido y se han transformado, las carreteras y líneas férreas que en su día facilitaron los flujos comerciales se han convertido en barreras que impiden el uso público de los frentes marítimos. El lugar que ocupa el proyecto es paradigmático de esta situación.

En los últimos tiempos, el área que ahora ocupa el parque se convirtió en objetivo primordial de la voracidad inmobiliaria, y habría sido consumida por ella si no hubiese actuado el Museo de Arte de Seattle y su proyecto de crear un nuevo modelo de parque de esculturas, gratuito y abierto al público.

La nueva infraestructura peatonal permite la circulación entre el centro urbano y las playas recuperadas del frente marítimo.

Most large North American coastal cities are oriented around ports that once served as active economic centres. Gradually over the past several decades, older ports have become obsolete and industry has moved away from the American waterfront, leaving behind an antiquated system of urban infrastructure. As cities grew and changed, highways and rail lines that once facilitated the flow of commerce have become barriers blocking public use of urban waterfronts. The site of the Olympic Sculpture Park has been emblematic of this condition. Recently, the area has become prime for residential speculation and would have been highly developed had it not been for the intervention of the Seattle Art Museum and its vision to create a new urban model for sculpture parks, free and open to the public.

The new pedestrian infrastructure allows free movement between the city's urban center and the restored beaches at the waterfront. As a cultural endeavour, this sculpture park circumvents the

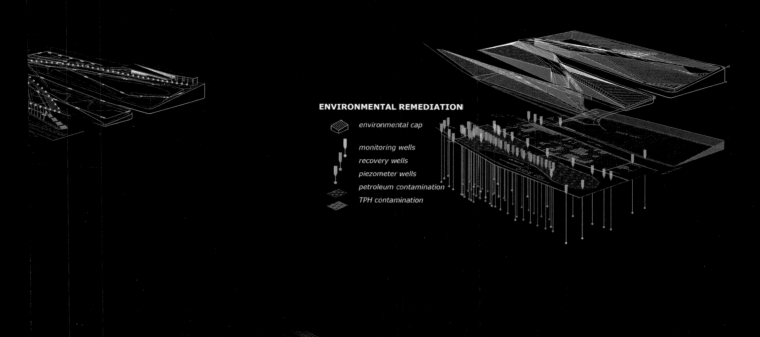

ENVIRONMENTAL REMEDIATION

- environmental cap
- monitoring wells
- recovery wells
- piezometer wells
- petroleum contamination
- TPH contamination

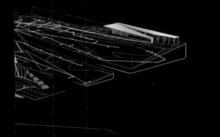

TRANSPORTATION

- Federal Trucking route
- BNSF/Amtrak railways
- Seattle Waterfront Trolley
- bicycle path
- ferry line

Como iniciativa cultural, el proyecto supone una revisión de la relación tradicional del arte con el público en el interior de un museo y propone una alternativa radical: arte y diseño son aquí parte del espacio público.

Nuestra pretensión fundamental es crear un parque de esculturas en la confluencia de la ciudad con su bahía, hasta acabar cuestionando implícitamente dónde comienza y termina el arte.

El proyecto ocupa los antiguos terrenos de una compañía petrolífera en los que se ubicaba una planta de almacenamiento de petróleo y, antes de iniciar las obras, se retiraron 120.000 toneladas de terreno contaminado. El proyecto incorpora un novedoso método de movimiento de tierras con el que diferentes capas de terreno aseguran que ningún producto nocivo escape a la superficie.

Y se añadieron más de 150.000 metros cúbicos de terreno sin contaminar, en su mayoría procedentes de la excavación en las obras de ampliación del Museo de Arte de Seattle en el centro de la ciudad.

typical relationship of art inside the museum and offers a radical alternative: art and design as part of the public realm.

Our fundamental aspiration is to create a sculpture park at the intersection of the city and the sound, defining a new model for bringing art to the public and the public to the park.

Our intent was to establish connections where separations existed, inventing a setting that brings art, city and sound together - implicitly questioning where the art begins and where the art ends.

The design remediates a brownfield site that was formerly owned by an oil company and was an oil transfer facility. Before construction of the park, over 120,000 tons of contaminated soil was removed. The design includes an innovative new landform constructed with multiple layers of engineered soil that cap any remaining petroleum pollutants at the site. This new landform is created with over 150,000 cubic meters of clean fill, much of it excavated and trucked from the Seattle Art Museum's downtown expansion project.

Por su parte, en las orillas del parque se ha realizado una nueva playa que permite el acceso directo al agua. Troncos provenientes de demoliciones dan forma a la playa y, frente al agua, se han dispuesto 240 metros de muro de protección y terrazas acuáticas. Tanto la orilla como la playa recién creadas dotan al frente marítimo de Seattle de un hábitat único, permitiendo la proliferación de algas, crustáceos y salmones.

The shoreline for the Olympic Sculpture Park includes a newly created beach cove that creates access directly to the water's edge. Driftwood logs scale the arc of the beach. The shoreline also features an 240-meter-long stretch of newly reinforced seawall and new aquatic terraces. Both the new shoreline and the newly created beach establish the only habitat of its kind on Seattle's urban waterfront, providing opportunities for algae, sea kelp, crustaceans, and salmon.

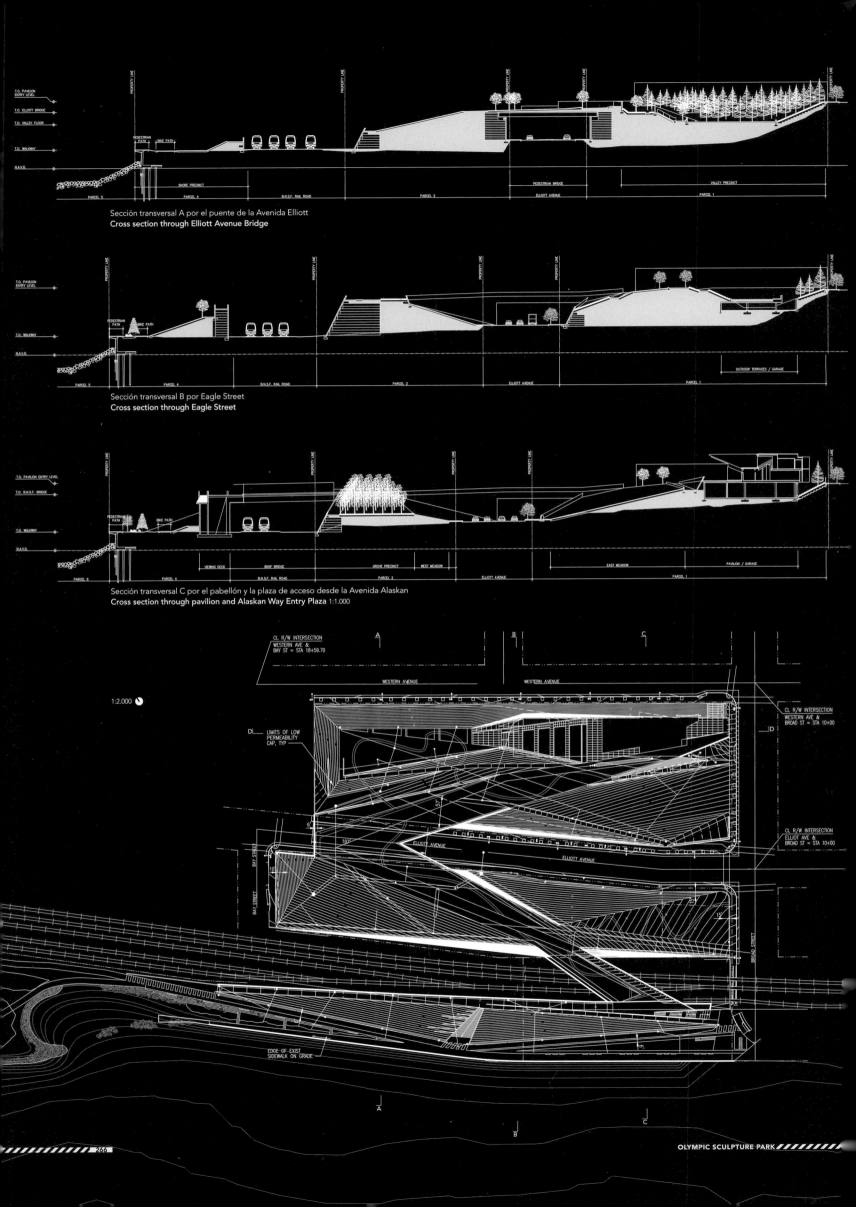

Sección transversal A por el puente de la Avenida Elliott
Cross section through Elliott Avenue Bridge

Sección transversal B por Eagle Street
Cross section through Eagle Street

Sección transversal C por el pabellón y la plaza de acceso desde la Avenida Alaskan
Cross section through pavilion and Alaskan Way Entry Plaza 1:1.000

1:2.000

Sección D por anfiteatro, pabellón y aparcamiento **Section D through valley and pavilion/garage** 1:1.000

Sulzer Factory Area

Winterthur. Switzerland, 2004

Vetsch, Nipkow Partner vnp.ch

WINTERTHUR ch

WINTERTHUR CENTRAL RAILWAY STATION
Historical District
1:10.000

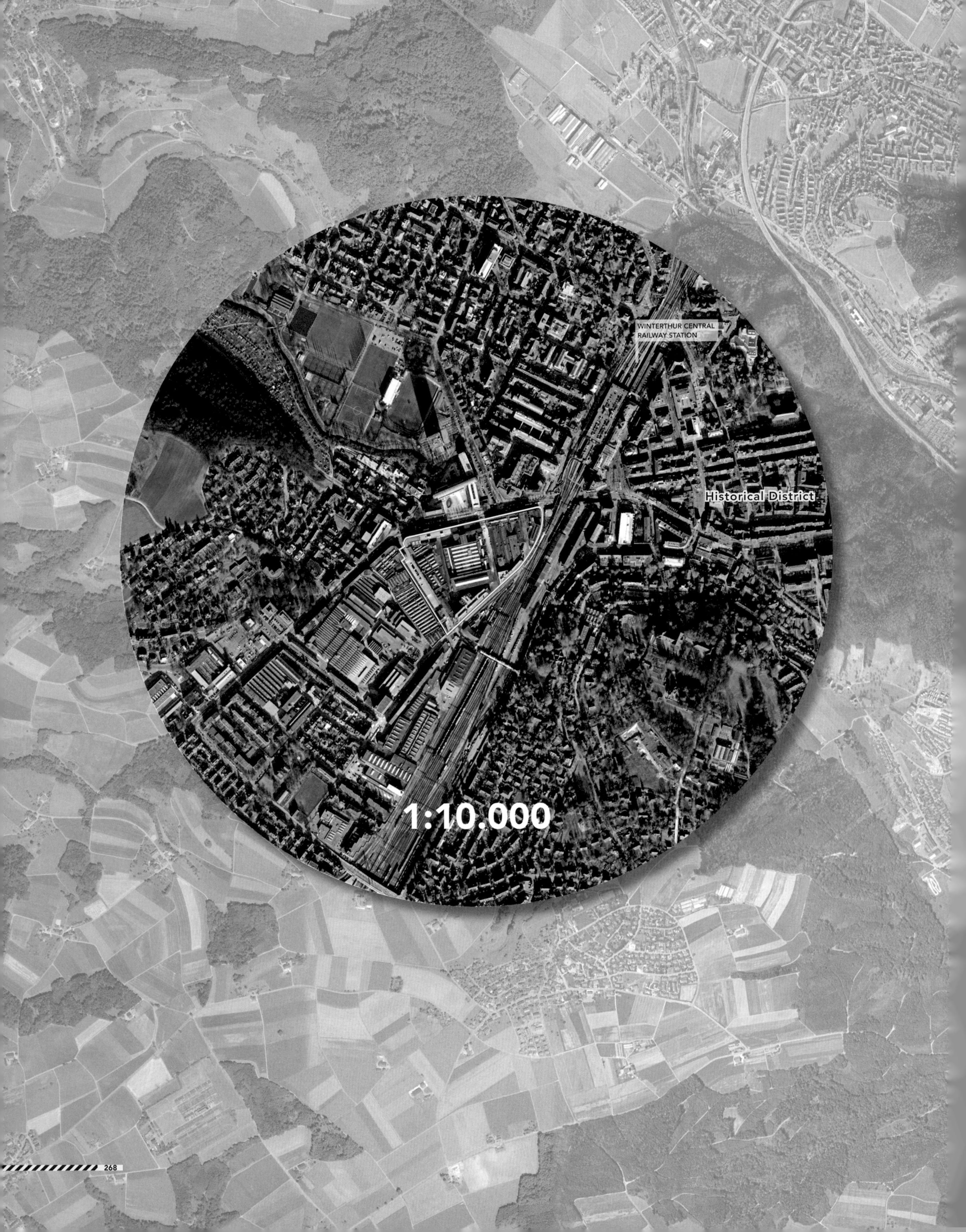

SAMMLUNG OSKAR REIN
HART (GIGON GUYER)

ERWEITERUNG KUNSTMUSEUM
WINTERTHUR (GIGON GUYEF)

51.930m²

Zurich: 20 Km

⏻ 1:20.000

Influence area /////// Winterthur
Population /////////// 99.412 inhabitants
Density//////////////// 1.463 inhab/km²
Data source////////// stadt.winterthur.ch, 2007

Digitalglobe, 2008

capas layers

ACTIVIDADES

No figuran actividades programadas.

ACTIVITIES

There are no programmed activities.

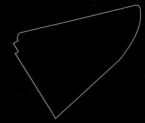

ESTANCIAS

Destaca la gran plaza Katharina Sulzer.

ROOMS

The large Katharina Sulzer Plaza stands out.

RECORRIDOS

El viario de transporte industrial se transforma en peatonal en la mayoría del recinto.

ROUTES

The industrial transport road becomes a pedestrian road on most of the grounds.

EDIFICIOS

Los antiguos edificios industriales se reconvierten para albergar servicios y se añaden nuevos edificios de viviendas.

BUILDINGS

The old industrial buildings are transformed to hold services and new buildings for housing are added.

VEGETACIÓN

Los árboles se utilizan como elemento escultórico.

VEGETATION

Trees are used as sculptural elements.

AGUA

Pequeñas depresiones en la superficie, aleatoriamente situadas, se cubren de agua en los días lluviosos. Están tratadas con una capa de pintura protectora.

WATER

Small random depressions on the surface are covered in water on rainy days. They are treated with a coat of protective paint.

⏻ 1:10.000

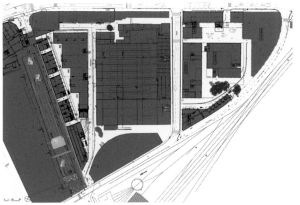

Planta general **General plan** 1:5.000 ◑

MATERIALES DE LA SECCIÓN 1
CANAL ROJO DE RECOGIDA DE PLUVIALES:
    ACERO GALVANIZADO EN CALIENTE
    IMPRIMACIÓN CON ARENA
    DE CUARZO AÑADIDA
    REVESTIMIENTO DE PINTURA ROJA
    EN LA PARTE SUPERIOR
CHAPA PERFORADA DE ACERO
COMO ALCORQUE:
    CHAPA DE 20 mm DE ESPESOR SIN TRATAR
    CONGLOMERADO ASFÁLTICO MEZCLADO
    CON LIMADURA DE ACERO

MATERIALES DE LA TURBINENSTRASSE
CANAL DE RECOGIDA DE PLUVIALES:
    CHAPAS DE ANCLAJE EN ACERO
    GALVANIZADO EN CALIENTE

MATERIALS FOR SECTION 1
RED DRAINAGE CHANNEL:
    HOT-GALVANISED STEEL
    PRIMER WITH ADDED QUARTZ SAND
    COLOURED TOP COAT OF PAINT
PERFORATED STEEL PLATES AS TREE PIT
    COVERS: THICKNESS=20 mm
    UNTREATED
PUDDLES:
    ASPHALT SPRINKLED WITH STEEL POWDER

MATERIALS FOR TURBINENSTRASSE
DRAINAGE CHANNEL:
    HOT-GALVANISED STUD PLATE

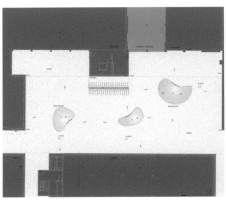

Planta del patio interior de la Sección 1
Courtyard floor plan of the Section 1 1:1.000

Hasta hace poco, los recintos industriales traían a la memoria el pasado glorioso de la ingeniería industrial suiza: fábricas intactas, numerosas siderúrgicas, construcciones en acero, almacenes, motores diesel monumentales y grúas puente en el interior de inmensas naves. Al pasear por estos enormes recintos, uno percibe aún el olor que se desprende de las piezas de acero todavía engrasadas, el ruido es audible y la sensación de caos es considerable.
En otros lugares se ha reestablecido la tranquilidad y cada cosa está en su sitio, como si se tratase de una escenografía teatral. Conscientes de que la atmósfera de épocas pasadas está a punto de desaparecer, nuestro trabajo ha consistido en transferir sistemáticamente las relaciones entre lugares y espacios, objetos, estructuras y texturas de la era industrial conjugando el pasado con un proyecto de futuro. Con ello, un nuevo ambiente está naciendo. Los terrenos de Sulzer albergarán usos variados, de modo que los criterios de flexibilidad tanto en la arquitectura como en los espacios exteriores son primordiales.
La nueva época se caracteriza por su adaptabilidad, tal y como lo hizo la era industrial.
Los espacios que antaño ocupaban usos industriales, acogen ahora usos terciarios, lo que permite que cambie el significado de los espacios abiertos. Aunque los espacios exteriores siguen siendo lugares intermedios, sin embargo, este espacio se convierte en lugar de encuentro.

Until recently, the premises conjured up the golden era of Swiss mechanical engineering: intact production facilities, an abundance of casting tools, steel parts and warehousing installations, a diesel engine as a monument, and enormous craneways in the midst of monstrous factory halls. Strolling through the distinctive open spaces and lofty halls, the odour of oily bare steel parts still dominates, the noise is still remarkable in some places, and the chaos is considerable. In other parts, tranquillity has already taken hold, and everything is still in place as if the spaces had become a theatre stage. Aware of the fact that the atmosphere of past times is on the verge of vanishing, we have systematically transferred the inner relationships between places and spaces, objects, structures and textures from the industrial age, to the new design level of the present. A new atmosphere is emerging. The Sulzer premises are to be utilised for mixed purposes. Therefore, flexibility within the architectural structures and the open spaces is an important criterion. The new era is marked by its need for adaptability, just as the industrial age preceding it. Whereas the spaces used to be purely functional, it is now shifting its focus to humans. In this sense, the meaning expressed by the open spaces is allowed to change. The outdoor space is still a space between. But this space in between is now a space for people to congregate.

Estrategia de proyecto y concepción material

Sección 1
De acuerdo con la normativa, una estructura espacial permeable se sitúa en uno de los extremos del recinto. En el lugar que queda entre los proyectos "Sieb-10" y "Pioneer Park" introdujimos una especie de patio introvertido e íntimo estrechamente ligado a los espacios abiertos adyacentes. Desde la Pioneerstrasse hasta la antigua mina de carbón se despliega un espacio dinámico orientado hacia el paisaje vecino de vías férreas. Una superficie homogénea y fluida separa los edificios.
En el patio interior, la corrección voluntaria de las cotas nos permite manipular las perspectivas. Una serie de abolladuras metálicas en el suelo, recubiertas de polvo de acero corroído, se reparten sobre la superficie del patio delimitando zonas. Si bien pueden resultar molestas, estas abolladuras se convierten en objetos volátiles. Dependiendo de las condiciones climatológicas, estas chapas forman charcos de agua, donde se reflejan la arquitectura del recinto y las variaciones del entorno. Estos espejos sirven de nexo con el crudo pasado del lugar, industrial y funcional. Cuando están secas, cambia de nuevo la imagen del patio.
Un rail de acero oxidado recorre el patio desde Pioneerstrasse hasta la mina de carbón, por delante del edificio de apartamentos. Así, lo que fue una vía férrea es ahora un canal de drenaje.
El contrapunto orgánico a lo descrito, lo ofrece un conjunto escultórico con árboles, que simboliza el cambio.

Design strategy and concept of materials

Section 1
According to the rules of the jointly created design plan, a permeable space structure will be established at the head of the premises. Between the 'Sieb-10' and 'Pioneer park' projects, an introverted, yard-like space will be created with narrow, and therefore stimulating, links to the adjacent open spaces. From Pionierstrasse to the former coal pit, a dynamic space will unfold towards the landscape of the railway lines. A homogeneous, flowing surface spans the building structures.
In the inner yard, the manipulation of the surface height directs one's view into the space. Casually arranged dents in the pavement mark zones. They are coated with corroded steel powder. At first glance perhaps irritating, this unnoticeable measure becomes a volatile object. Depending on the weather, the dents contain puddles of water. They control the motions of the space, reflect old and new images of the premises' architecture and form the link with the crude, semi-finished product of the former environment, which was intended to be industrial and functional. In dry weather, the water evaporates, changing the physical state again.
A fine red steel line guides the visitor from Pionierstrasse past the loft building to the former coal pit. What used to be a railway line, is now a drainage line traversing the space. Justified, island-like bodies of tall tree sculptures form organic counterpoints –symbols of change.

Sección 1 Section

Turbinenstrasse

Plaza Katharina Sulzer

La plaza Katharina Sulzer destaca por su enorme tamaño, especialmente al compararla con la altísima densidad del tejido urbano construido que la rodea. Cabe destacar además el imponente carácter lineal de la arquitectura industrial y residencial que la delimita. El respeto por la inmensidad y singularidad de este espacio nos sirvió como punto de partida. La idea generatriz del proyecto fue mantener una superficie que fuera homogénea desde

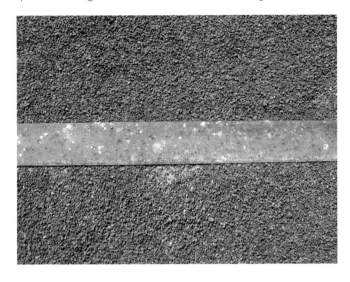

Katharina Sulzer-Platz

The space formed by the Katharina Sulzer-Platz square is distinguished by its size, the space-defining line of facades of the industrial and residential architecture, and the immense contrast of its vast openness to the density of the neighbouring built-up area. These conditions create respect for this space; its vastness and distinctness. The systematic concept is based on a surface of visually consistent homogeneity, which however is allowed to change. The tactile

el punto de vista visual, si bien los cambios le siguen estando permitidos.

La crudeza del lugar en su conjunto, con sus superficies rugosas, suaves o escamosas, da lugar a una paleta de color escogida expresamente para obtener un aspecto cambiante fruto de la corrosión. Otros materiales más refinados se incorporan desde la vecina fábrica en desuso.

Por un lado, tratamos de llevar las materias primas desde el interior de las fábricas a los espacios exteriores. Por otro, los deshechos industriales sirven para sustituir a los materiales convencionales. La superficie es "dura" en sus bordes y "blanda" en el centro. Incluimos además una zona perforada, a modo de tatuaje, heredera de las técnicas industriales tradicionales.

A la superficie de la plaza se le superponen campos imaginarios de gravedad variable. Estos campos sirven para destacar determinados acontecimientos, que se muestran como episodios que podemos ver y sentir.

En el lado sur de la plaza se sitúan los usos culturales y artísticos, presididos por un antiguo puente-grúa restaurado.

properties, the crudeness of the overall space with its rough, smooth, scaly or armour-like properties, will generate a basic colour spectrum deliberately designed to have a variable corrosive appearance. Refined materials will be incorporated in the surfaces from the former manufacturing site.

The goal on the one hand, is to transfer the raw materials from the halls to the outdoor area. On the other hand, modified manufacturing waste will substitute conventional materials. The surface has hard peripheral zones and a soft central core. A perforated area, actually a tattoo, has been adopted from earlier production technology.

This surface is superposed by imaginary fields of varying gravity. They pinpoint certain events on the square, appearing as episodes you can see and feel. The spatial art and culture section is installed in the southern part of the square, partially utilising the gaunty-crane which has been restored to service. Together with the new movable platform, two corresponding levels, which can be used as needed, are created.

Planta de Katharina Sulzer-Platz
Katharina Sulzer-Platz square plan 1:1.000

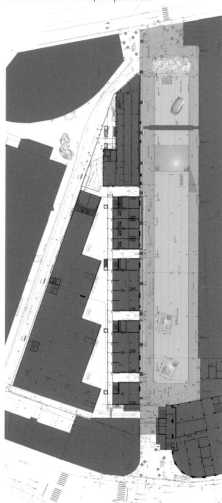

MATERIALES DE LA PLAZA KATHARINA SULZER
PAVIMENTO DE HORMIGÓN:
    DOS CAPAS DE HORMIGÓN IN SITU
    CAPA SUPERIOR COLOREADA CON LA ADICIÓN
    DE PERDIGONES DE ACERO, DE DIÁMETROS
    COMPRENDIDOS ENTRE 0 Y 8 mm.
    EL PAVIMENTO SE HA GRANALLADO
PAVIMENTO DE GRAVA:
    MARGA APISONADA REALIZADA A BASE DE
    UNA MEZCLA ESPECIAL CONSISTENTE EN UNA
    MEZCLA DE GRAVA, PERDIGONES DE ACERO,
    ARANDELAS SIN TRATAR Y TUERCAS HEXAGONALES,
    CON EL PELDAÑO PREFABRICADO
CANALES PERIMETRALES DE RECOGIDA DE PLUVIALES:
    ACERO SIN TRATAR
ESTANQUES DE AGUA:
    ACERO SIN TRATAR
    SUPERFICIES CONTENEDORAS TRATADAS CON
    UNA CAPA DE PINTURA PROTECTORA
PLATAFORMA MÓVIL:
    CHAPA DE ACERO Y PLANCHA DE ACERO
    GALVANIZADA EN CALIENTE
RESALTES:
    ACERO EN BRUTO
    FUNDICIÓN
    CAPA DE REVESTIMIENTO PROTECTORA A LOS
    RAYOS UVA, PINTADA EN COLOR CLARO
SILLAS:
    ACERO GALVANIZADO
    PLÁSTICO

MATERIALS FOR KATHARINA SULZER-PLATZ
CONCRETE PAVEMENT:
    TWO-LAYER CONCRETE PAVEMENT
    FRESHLY PLACED ON TOP OF EACH OTHER. TOP
    CONCRETE LAYER COLOURED, WITH ADMIXTURE
    OF IRON PELLETS, PARTICLE SIZES 0-8 mm
    THE PAVEMENT WAS SHOT-PEENED
GRAVEL PAVEMENT:
    CONVENTIONAL MARL (NETSTAL GRADE), SPREAD
    WITH A SPECIALITY MIXTURE CONSISTING OF
    CRUSHED SAND, HARD GRAVEL, STEEL PELLETS,
    UNTREATED WASHERS AND HEXAGON NUTS
DRAINAGE CHANNELS, BORDERING, RAILS:
    STEEL
WATER BASIN:
    UNTREATED STEEL
    CONCEALED SURFACES TREATED WITH
    PROTECTIVE COAT OF PAINT
MOVABLE PLATFORM:
    STEEL PLATE AND HOT-GALVANISED STUD PLATE
KNOBS:
    CRUDE STEEL
    CAST
    PROTECTIVE COAT OF UV-RESISTANT CLEAR PAINT
CHAIRS:
    GALVANISED STEEL
    PLASTIC

Planta del estanque **Basin plan** 1:100

Junto a la nueva plataforma móvil
se crean dos niveles asociados
de uso público. La presencia
del agua permite abrir grandes
campos de visión; los charcos
sirven tanto de espacios para el
juego como de superficies en
constante transformación sujetas
a la evaporación.
La escultura formada por árboles
invita al público a quedarse.
Es un elemento cargado de
lirismo, un amplificador de
dimensiones espaciales, un
medio para la estratificación, una
nueva vida nacida de un lugar
abandonado.
Completan el proyecto de la
plaza las sillas móviles puestas
a disposición de grandes y
pequeños. Cinco grupos de sillas
apilables de colores distintos
se atan al suelo con cadenas de
longitud variable. Ello permite
que la configuración de la plaza
pueda cambiar constantemente
según las necesidades del
público.

Sección **Section** 1:250

Detalle de la chapa de acero perforado
Detail of perforated sheet steel 1:25

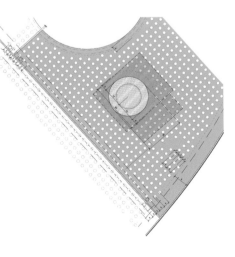

Water creates fields of visual
vastness –as puddles, for
playing, as volatile elements and
as a medium of surface changes.
A tree sculpture invites people
to stay –as a lyrical element, an
amplifier of spatial dimensions,
a means of stratification, or
organic life that has been born
from the unused land. Mobile
chairs are available on the
square for the city's population
and children. Five colour groups
of stackable chairs are fastened
by chains of different length to
rails in the ground.
The configuration of the groups
invites people to play with the
situation of the square, creating
ever-new arrangements.

FINOW CANAL

1:10.000

INDUSTRIAL AND TECHNOLOGICAL
PARK EBERSWALDE (TGE)

ODER-HAVEL CANAL

192.552m²

E b e r s w a l d e

Berlin: 45 Km

⏻ **1:20.000**

Influence area /////// Eberswalde
Population ///////////// 41.787 habitantes
Density /////////////// 718 hab/km²
Data source///////////// eberswalde.de, 2006

GeoContent, 2008

capas **layers**

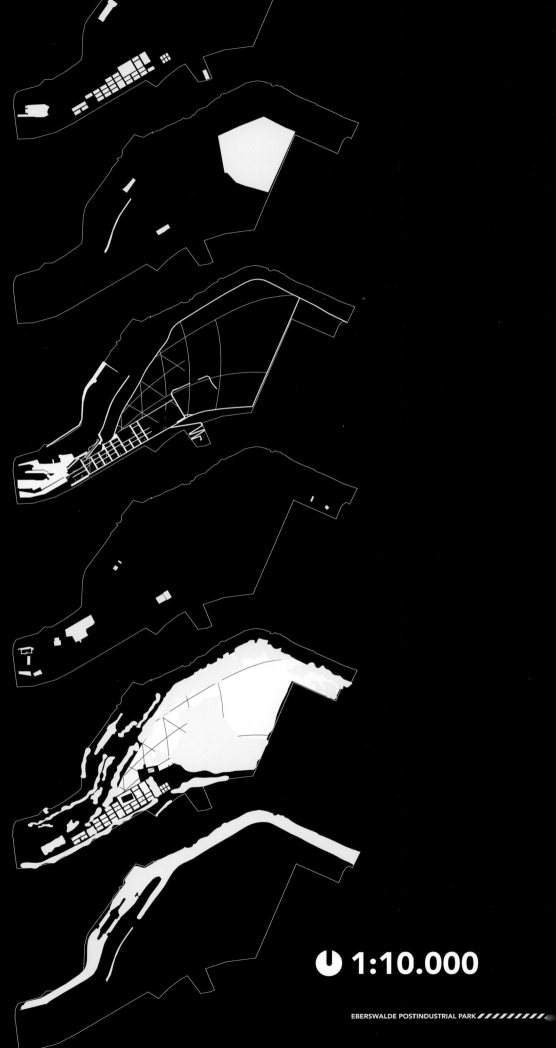

ACTIVIDADES **ACTIVITIES**

Al ser un parque de temática postindustrial, las actividades se convierten en atracciones para los visitantes (mini-puerto, grúa panorámica, exposición de jardines).

Since this is a park with a post-industrial theme, the activities become attractions for visitors (mini-port, panoramic crane, garden exhibition).

ESTANCIAS **ROOMS**

Una amplia pradera y una zona de cesped escalonada, son las principales estancias, junto a la gran plaza de pavimento rosa y el banco que discurre paralelo a uno de los brazos del canal.

A large filed and a staggered grass area are the main areas, next to the large pink paved plaza and the bench that runs parallel to one of the branches of the canal.

RECORRIDOS **ROUTES**

Los recorridos son peatonales en toda la actuación. Cintas de acero de 40 cm de ancho discurren por el terreno describiendo amplios radios, la mayoría de ellos acompañados por senderos.

The paths are for pedestrians throughout. 40 cm-wide steel bands run along the land marking ample radii, most of them with paths.

EDIFICIOS **BUILDINGS**

Se mantienen algunos de los antiguos industriales.

Some of the old industrial buildings are kept.

VEGETACIÓN **VEGETATION**

Las zonas boscosas propias del valle rodean las praderas de estancia. Una banda de jardines, inspirada en la tradición museística del siglo XIX muestra actividades hortícolas.

The forest areas typical of the valley surround the fields. A band of gardens, inspired by the museum tradition of the 19th century shows horticultural activities.

AGUA **WATER**

El canal Finow delimita la actuación por el norte.

The Finow canal borders the project to the north.

1:10.000

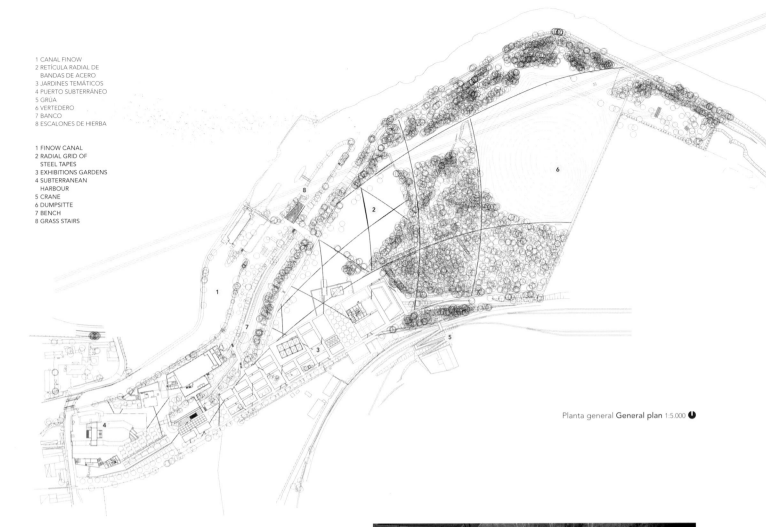

Planta general **General plan** 1:5.000 ⬤

Una antigua zona industrial de principios del siglo XIX, contigua al canal de Finow fue desmantelada y convertida en un innovador parque, que marca su transformación. El concepto de parque paisajístico posindustrial se centra, no en enfatizar la experiencia del romanticismo industrial, sino en balizar el terreno, dar una orientación. En el parque contrastan áreas donde se acumulan las actividades, frente al vacío que caracteriza a los amplios espacios circundantes. Un diseño excepcional, rico en detalles, que van desde situaciones pintorescas a sistemas de gráfica urbana sobre las superficies alquitranadas.

Se puede experimentar el pasado industrial disfrutando de la vista desde *Montage Eber*, una grúa que fue el símbolo de la tradición fabril local.

El enorme lugar industrial primitivo se convierte en un parque posindustrial a través de un sistema de líneas. Cintas de acero de 40 cm de ancho discurren por el terreno describiendo amplios radios, la mayoría de ellos acompañados por senderos. Las cintas de acero abarcan el conjunto del nuevo parque como la retícula de un mapa, con sus meridianos y paralelos. Esta trama define y hace visible la

A former industrial site dating from the early 19th century adjacent to the Finow Canal was cleared and converted into an innovative park. This marks the transformation of an early industrial area. The concept for the post industrial landscape park focuses less on heightening the experience of 'industrial romanticism', but aims at mapping the site, offering orientation.

The park contrasts intensive areas of experience with the vastness of space. A park uniquely designed, lavishing details ranging from picturesque situations to urban graphics on a tarmac.

The industrial past may now be experienced for instance enjoying the view from *Montage Eber*, a crane which is the landmark of the local industrial tradition. The vast former industrial site is 'mapped' as a post industrial park by a system of lines.

Steel tapes, 40 cm wide, run through the terrain describing wide radii, most of them accompanied by paths. The steel tapes span the whole of the new park like the geographical map grid of meridians and parallels. It is the tapes which make the whole park exciting. It defines and make visible the expanse of the

extensión de terreno en la que se asentaban y reasentaban las construcciones industriales a lo largo de la historia. Todo el lugar está conectado por una trama dinámica.

La banda de jardines, que muestran actividades hortícolas, se inspira en la tradición museística del siglo XIX, y se propone como continuación lógica de los pabellones de curiosidades de la época, en los que se reunían objetos curiosos y atractivos con el fin de entretener a sus visitantes.

El marcado diseño de la banda de jardines gana fuerza por su contraste con la vasta extensión del valle boscoso de su alrededor.

terrain which was shaped and re-shaped by the old industrial works in the course of their history. The site's full expanse is connected by a dynamic grid.

The band of gardens –showcasing the horticultural event– was inspired by former presentation manners of museums and is formulated as a logical continuation of the 19th century curiosity cabinets which assemble eye catching sensations for the purpose of entertainment. The strong design of the garden band gains its striking effect especially in contrast to the wide expanse of the wooded valley around it.

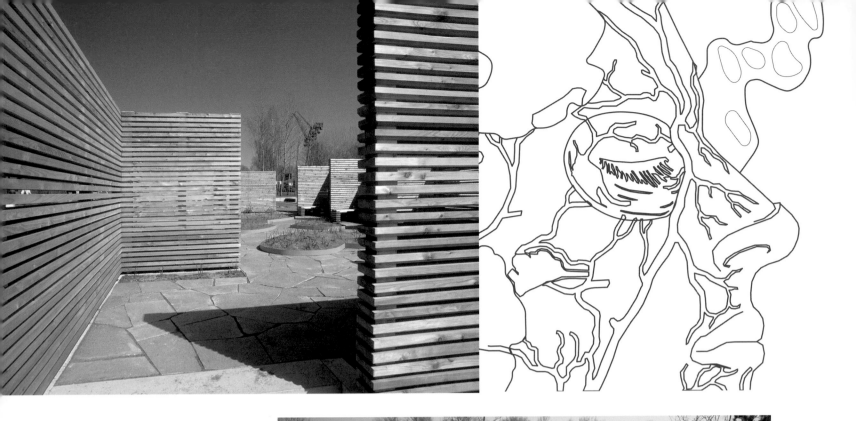

EBERSWALDE POSTINDUSTRIAL PARK

INFRAESTRUCTURAS

10.130m²
Marsupial Bridge
Milwaukee, USA, 2006 288-299

Aprovechamiento del viaducto existente
Use of the existing viaduct

23.236m²
A8ernA
Zaanstad. The Netherlands, 2006 300-309

Aprovechamiento de los espacios bajo una autopista
Use of the space under a motorway overpass

29.000m²
The High Line
Manhattan, New York City. USA, 2004- 310-325

Antigua línea elevada para trenes de mercancías
Abandoned elevated freight rail line

119.561m²
Ronda del Litoral Promenade
Barcelona. Spain, 2004 326-333

Área de regeneración del litoral
Seaside regeneration area

227.589m²
Barcelona Gran Vía
Barcelona. Spain, 2007 334-351

Diseño de nuevos espacios públicos sobre la
cubierta de la autopista soterrada
Design of public spaces on top of the new
motorway roof

378.877m²
Boston Central Artery
Boston. USA, 2007 352-367

Soterramiento de la autopista I-93 y creación de
nuevos espacios públicos sobre la cubierta
Construction of a tunnel for the road I-93 freeway
and design of new public spaces on top

INFRASTRUCTURES

2.462.586m²
Taichung Gateway Park City
Taichung. Taiwan, 2009 380-393

Terrenos del antiguo Aeropuerto Municipal
de Taichung
Site of the former Taichung Municipal Airport

442.930m²
Zona Franca Street A
Barcelona. Spain, 2007- 368-379

Aprovechamiento de los espacios bajo el
viaducto de la nueva línea de metro
Use of the spaces under the new elevated
metroline

8.212.764m²
Madrid Río
Madrid. Spain, 2005-2011 394-417

Soterramiento de la autopista de circunvalación
y creación de nuevos espacios públicos sobre
las cubiertas
Construction of a tunnel for the ring road
motorway and design of new public spaces
on top

1: 20.000

Marsupial Bridge
Milwaukee. USA, 2006

La Dallman Architects ladallman.com

NEAR NORTH SIDE

MILWAUKEE RIVER

HOLTON STREET

EAST SIDE

1:10,000

10.130m²

MILWAUKEE RIVER

VETERANS PARK

WAR MEMORIAL CENTER
(ELIEL AND EERO SAARINEW)

Milwaukee Downtown

MILWAUKEE ART MUSEUM EXTENSION
(SANTIAGO CALATRAVA)

LAKE MICHIGAN

⏻ **1:20.000**

Influence area /////// Milwaukee
Population /////////// 602.782 inhabitants
Density /////////////// 2.399 inhab/km²
Data source////////// city.milwaukee.gov, 2006
TerraMetrics, 2008

capas layers

—	TRÁFICO RODADO	VEHICULAR TRAFFIC		PEATONAL&BICI	PEDESTRIAN&CYCLIST
	ÁRBOLES	TREES		CÉSPED	GRASS
	AGUA	WATER		MONTE BAJO	SCRUBLAND
	EDIFICIOS	BUILDINGS		MARISMAS	MARSHES
	ACTIVIDADES	ACTIVITIES			
	ESTANCIAS	ROOMS		ÁREA DE INTERVENCIÓN	INTERVENTION AREA

ACTIVIDADES

Una plaza instalada bajo la estructura
del puente se usa para proyecciones
cinematográficas o actividades
comunitarias, convirtiendo el espacio
bajo la infraestructura en foco de
actividad.

ACTIVITIES

A plaza located below the structure of
the bridge is used for showing films or
community activities, turning the space
below the infrastructure into a node of
activity.

ESTANCIAS

La plaza urbana revestida simplemente
con grava sirve de punto de encuentro y
reunión bajo el puente.
Los bancos de hormigón instalados
incorporan la iluminación y ofrecen
sensación de seguridad.

ROOMS

The urban plaza simply covered with
gravel serves as a meeting point
underneath the bridge. The concrete
benches installed incorporate lighting
and give a safe sensation.

RECORRIDOS

La pieza principal del proyecto es una
pasarela para ciclistas y peatones que
aprovecha la estructura del puente y da
nombre a la intervención. Este elemento
conecta con las vías peatonales y de
vehículos a ambos lados del paso.
La calidez de sus acabados en madera
ofrece un contrapunto a los elementos
de acero existentes.

ROUTES

The main piece of the project is a bridge
for cyclists and pedestrians that use
the structure of the bridge giving the
intervention its name. This element
connects to pedestrian and vehicular
roads at both sides of the passageway.
The warmth of its wood finish contrasts
the existing steel elements.

EDIFICIOS

La experiencia del lugar está marcada
por la presencia dominante de la vieja
estructura metálica del viaducto, a la que
se adosan los elementos del proyecto.

BUILDINGS

The experience of the place is marked
by the dominating presence of the old
metal structure of the viaduct, to which
the elements of the project are attached.

VEGETACIÓN

La vegetación que acompaña los bajos
del puente es de matorral bajo, capaz
de resistir la escasa cantidad de luz, y de
bosque de ribera en la orilla del río.

VEGETATION

The vegetation that goes along the
lower section of the bridge are low
bushes, capable of surviving in low light,
and on the riverbank, the vegetation is
that of a riverside forest.

AGUA

El río Milwaukee separa el centro de la
ciudad, levantado junto a la orilla del
lago Michigan, de las áreas residenciales
poco densas que se extienden
hacia el Este. El viaducto de Holton
Street comunica estas dos zonas tan
diferenciadas de la ciudad.

WATER

The Milwaukee River separates the
centre of the city, located on the banks
of Lake Michigan, of the low-density
residential areas that extend east. The
Holton Street viaduct connects these
two very different areas of the city.

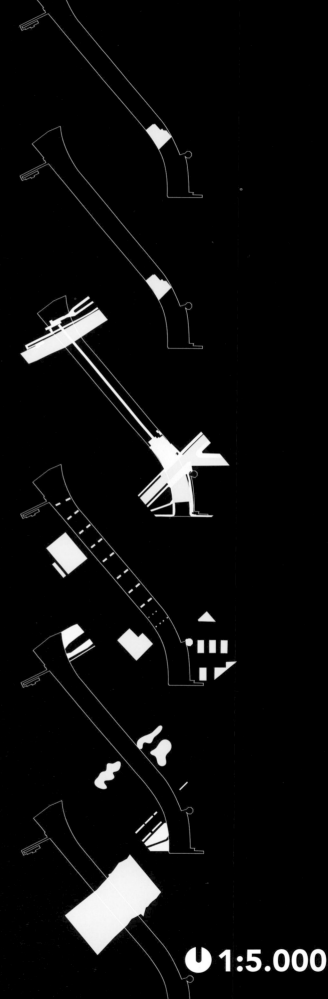

1:5.000

En el corazón del vecindario más denso del sureste de Wisconsin, grandes zonas del centro de Milwaukee estaban aisladas debido a las infraestructuras y a antiguas zonas industriales. Los alrededores del histórico viaducto de Holton Street, que cruza el valle del río Milwaukee, han sido recuperados al introducir tres componentes interconectados: el puente Marsupial, una nueva plaza y una parada de autobús.

Haciendo las veces de acceso hacia nuevos servicios públicos, la parada de autobús es el enlace entre la ciudad y las infraestructuras.

El puente Marsupial es una vía rápida para peatones y ciclistas que une el centro urbano con los barrios residenciales y los alrededores. Está colgado desde el viaducto que cruza el río. Su plataforma ondulada ofrece un contrapunto a los elementos de acero existentes y está inspirado en la idea de insertar una columna vertebral dentro de una estructura.

In the heart of the densest neighborhood in southeastern Wisconsin, vast areas of downtown Milwaukee were disconnected by urban infrastructure and former manufacturing zones.

The surroundings of the historic Holton Street viaduct, that crosses the Milwaukee River valley, are now regenerated by introducing three interwoven components: the Marsupial bridge, a new urban plaza and a bus shelter.

Acting as a gateway toward the new public amenities, the bus shelter is the connecting link between the city and the infrastructure.

The Marsupial Bridge is a pedestrian and bicycle 'highway' that links downtown with residential neighborhoods and natural amenities. It is hung from the over-structured viaduct that crosses the river. Its undulating deck offers a counterpoint to the existing steel members, and was inspired by the notion of weaving a spine through a structure.

Parada de autobús **Bus shelter**

Plano de situación y sección
Site plan and section

1 PARADA DE AUTOBÚS
2 SENDERO AL ASCENSOR
3 JARDÍN MEDIÁTICO
4 PUENTE MARSUPIAL
5 ESCALERA DESDE EL
   PASEO FLUVIAL
6 PASARELA DE ACCESO AL PUENTE
7 EXTREMO NORTE DEL PUENTE

1 BUS SHELTER
2 LIFT STATION PATH
3 MEDIA GARDEN
4 MARSUPIAL BRIDGE
5 RIVERWALK STAIR
6 TRAIN TRESTLE STAR
7 NORTH LANDING

1:1.000 ◗

N. COMMERCE ST.

NORTH COMMERCE ST.

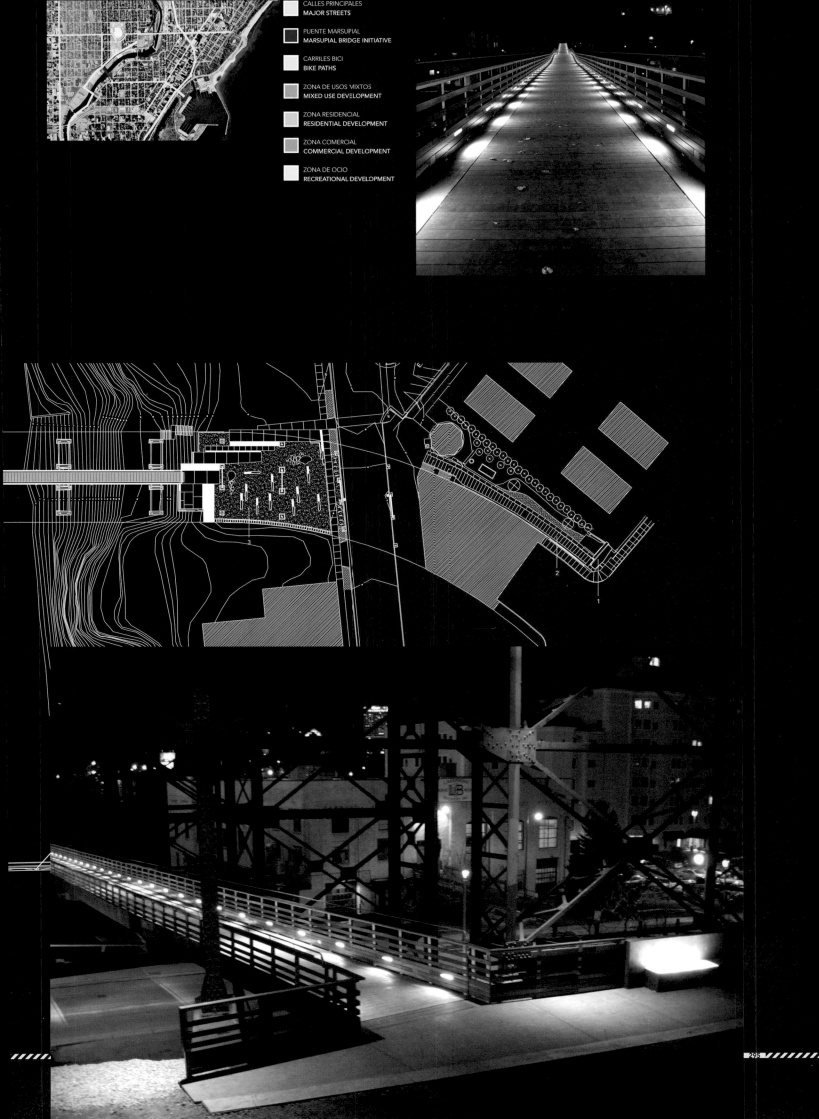

CALLES PRINCIPALES
MAJOR STREETS

PUENTE MARSUPIAL
MARSUPIAL BRIDGE INITIATIVE

CARRILES BICI
BIKE PATHS

ZONA DE USOS MIXTOS
MIXED USE DEVELOPMENT

ZONA RESIDENCIAL
RESIDENTIAL DEVELOPMENT

ZONA COMERCIAL
COMMERCIAL DEVELOPMENT

ZONA DE OCIO
RECREATIONAL DEVELOPMENT

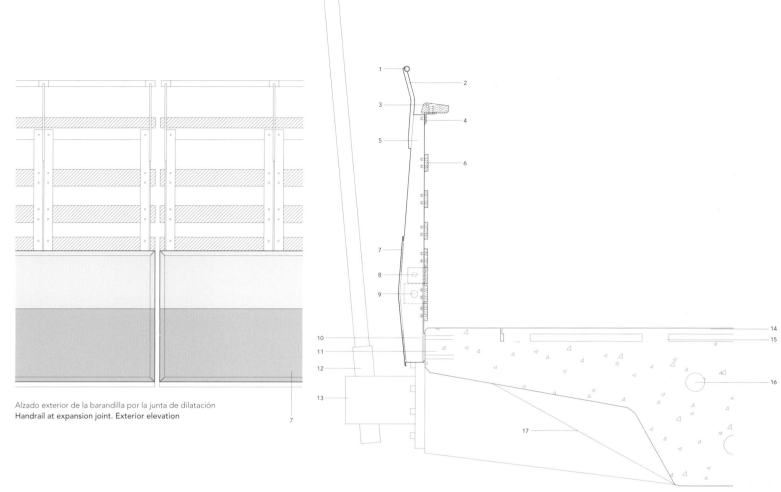

Alzado exterior de la barandilla por la junta de dilatación
Handrail at expansion joint. Exterior elevation

Sección de la barandilla de acero y madera
Steel and wood handrail section 1:20

1 TUBO DE ACERO INOXIDABLE
2 BARRA DE ACERO INOXIDABLE
3 PASAMANOS DE CAOBA
4 PERFIL DE ACERO INCXIDABLE
5 MONTANTE DE ACERO INOXIDABLE
6 LISTÓN DE CAOBA
7 PANEL PERFORADO DE ACERO INOXIDABLE
8 PLETINA DE FIJACIÓN
9 LUMINARIA
10 TORNILLO DE FIJACIÓN
11 LOSA DE HORMIGÓN IN SITU
12 CABLE DE ACERO INOXIDABLE
13 FIJACIÓN DEL CABLE
14 ENTARIMADO DE MADERA
15 TRAVIESAS DE MADERA PRETENSADA
16 CONDUCTO DE POSTENSADO
17 PLIEGUE DE HORMIGÓN

1 STAINLESS STEEL TUBE
2 STAINLESS STEEL BAR
3 MAHOGANY HANDRAIL
4 STAINLESS STEEL ANGLE
5 STAINLESS STEEL POST
6 MAHOGANY SIDING
7 STAINLESS STEEL PERFORATED METAL PANEL
8 JUNCTION BOX
9 LIGHT FIXTURE
10 ANCHOR BOLT
11 POURED CONCRETE SPINE
12 STAINLESS STEEL CABLE
13 CABLE CONNECTION
14 IRONWOOD DECKING
15 PRESSURE TREATED WOOD SLEEPERS
16 POST TENSIONING DUCT
17 FOLD IN CONCRETE

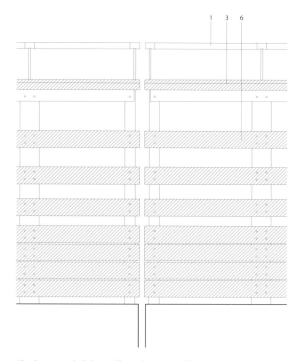

Alzado interior de la barandilla por la junta de dilatación
Handrail at expansion joint. Interior elevation

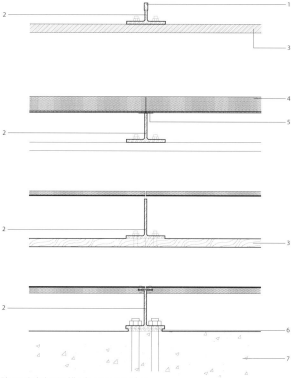

Planta de la barandilla de acero y madera
Steel and wood handrail plan 1:10

1 BARRA DE ACERO INOXIDABLE
  SOLDADA AL MONTANTE
2 PERFIL EN T DE ACERO INOXIDABLE
  COMO MONTANTE
3 LISTÓN DE MADERA
4 PANEL PERFORADO DE ACERO INOXIDABLE
5 FLETIMA DE ACERO INOXIDABLE
6 SEPARADOR DE ACERO INOXIDABLE
7 LOSA DE HORMIGÓN IN SITU

1 STAINLESS STEEL BAR WELDED TO POST
2 STAINLESS STEEL T-SECTION POST
3 WOOD RAILING
4 STAINLESS STEEL PERFORATED METAL PANEL
5 STAINLESS STEEL ATTACHMENT TAB
6 STAINLESS STEEL SPACER
7 POURED CONCRETE BRIDGE DECK

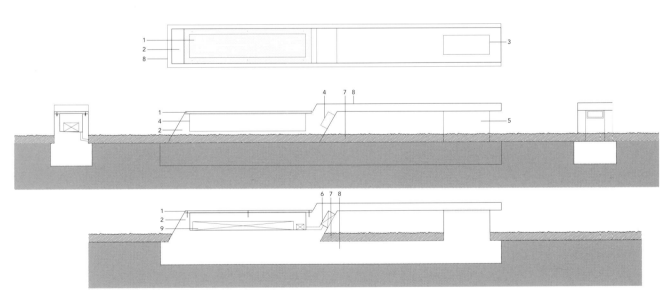

Bancos prefabricados
Precast benches 1:50

1 TAPA DE ACRÍLICO CON
   TRATAMIENTO SUPERFICIAL
2 HORMIGÓN PREFABRICADO
3 PROYECCIÓN DEL SOPORTE DE
   HORMIGÓN PRETENSADO
4 PROYECCIÓN DEL HUECO PARA LUMINARIAS
5 SOPORTE DE HORMIGÓN PREFABRICADO
6 FOCO PUNTUAL
7 GRAVA
8 CIMENTACIÓN DE HORMIGÓN PREFABRICADO
9 TUBO FLUORESCENTE

1 OXIDIZED ACRYLIC LENS
2 PRECAST CONCRETE
3 LINE OF PRECAST CONCRETE COLUMNS BELOW
4 LINE OF LIGHT CAVITY BEYOND
5 PRECAST CONCRETE COLUMN
6 DOWNLIGHT
7 NOR CARLA GRAVEL
8 PRECAST CONCRETE FOUNDATION
9 FLOURESCENT FIXTURE

La plaza urbana, situada bajo el mismo viaducto, ofrecía un raro desafío paisajístico, debido a la insuficiente luz para el crecimiento de plantaciones. La solución fue crear una zona compuesta de un paisaje lunar de grava, en el que se insertan piedras y bancos de hormigón. Al estar iluminados interiormente, estos elementos transforman la plaza en una baliza luminosa para el barrio, ofrecen seguridad para la zona bajo el puente y crean un espacio de encuentro animado, que se usa para festivales de cine o actividades comunitarias. A la vez que reivindica territorios urbanos infrautilizados y crea una serie de espacios públicos, el proyecto ofrece al viajero urbano una nueva perspectiva.

El programa público bajo el puente desafía la noción tradicional de plazas urbanas o zonas verdes y se convierte en un uso específico del lugar para antiguos terrenos baldíos. Vuelve a conectar las orillas del río creando un jardín de actividad y un conector cívico para los nuevos habitantes del centro de Milwaukee.

The urban plaza located under the same viaduct, presented an unusual landscaping challenge, insufficient daylight for plant growth. The solution was an area that consisted of a moonscape of gravel, which was 'planted' with seating boulders and concrete benches. Lit from within by night, these elements transform the plaza into a beacon for the neighborhood. Assuring safety of this under-bridge area and creating a vibrant gathering space that is used for film festivals and community events.

Besides reclaiming underused urban territories and creating a series of public spaces, the project also gives the urban traveler a new vantage point. The under the bridge public program challenges the traditional notion of town squares or village greens and results in site-specific uses for former urban wastelands. It reconnects the shores of the river and creates an event-garden and a civic connector for the new inhabitants of downtown Milwaukee.

A8ernA
Zaanstad. The Netherlands, 2006
NL Architects nlarchitects.nl

ZAANSTAD nl

23.236m²

A-8

A-8

Zaanstad Town Centre

PORT OF AMSTERDAM

300

ZAAN RIVER

A-8

Oud Koog An De Zaan

1:10.000

Amsteradam: 15 Km

1:20.000

Influence area /////// Oud Koog ann de Zaan
Population /////////// 4.578 inhabitants
Density//////////////// 4.768 inhab/km²
Data source////////// zaanstad.nl, 2006
Aerodata International Surveys, 2008

capas layers

ACTIVIDADES

Bajo el puente de la autopista y en las zonas cercanas se ha puesto en marcha un programa de actividades para reactivar el área en desuso y que pretende curar la herida abierta en la ciudad tras la construcción del paso elevado. Se han instalado un muro para pintadas, varias pistas deportivas, una zona de *skate* y pistas de pinpón y *breakdance* bajo la estructura. En las inmediaciones, un nuevo parque acoge un área para barbacoas, una jaula de futbito, y una zona de petanca.

ACTIVITIES

Beneath the motorway bridge and in nearby areas, a programme of activities to reactivate this area in disuse has been started. It also looks to cure the open wound created in the city after the construction of the flyover. A graffiti wall, sports courts, a skate area, and ping pong and break dance areas have been installed under the structure. In the immediate surroundings, a new park has an area for barbecues, a five-a-side football cage and a bowling area.

ESTANCIAS

La otra sección bajo el puente se ha habilitado como una plaza cubierta pavimentada con un color vivo. Los pilares del paso elevado se aprovechan como soportes rotulados retroiluminados y acompañan al acceso al nuevo supermercado instalado bajo la losa del puente. Más allá, un pavimento de madera llega hasta el borde del agua, donde se ha dispuesto un embarcadero.

ROOMS

The other section below the bridge has been fit out as a covered plaza paved in bright colours. The pillars of the flyover are used as backlit sign supports and are part of the entrance to the new supermarket installed under the bridge. Beyond that, wood pavement goes to the water, where there is a pier.

RECORRIDOS

El lugar está dominado por la presencia de las rampas de acceso a la autopista elevada. A nivel del suelo, se ha establecido un área peatonal perpendicular al viaducto con el fin de garantizar la conexión entre los dos lados de la vía. Esta secuencia peatonal está interrumpida tan solo por el acceso rodado hasta al nuevo supermercado.

ROUTES

The area is dominated by the presence of the entrance ramps to the elevated motorway. At ground level there is a pedestrian area perpendicular to the viaduct to guarantee the connection between both sides of the motorway. This pedestrian sequence is interrupted only by the entrance to the new supermarket.

EDIFICIOS

Un supermercado y una tienda de flores y peces aprovechan la losa del puente como cubierta, y aseguran la actividad en los alrededores durante las horas de apertura. A pocos metros, una nueva plaza frente a la iglesia del barrio se ha preparado para alojar un mercado al aire libre y otros eventos espontáneos.

BUILDINGS

A supermarket and a flower and fish shop use the bridge as a roof and ensure activity in the area during opening hours. A few metres away, a new plaza in front of the neighbourhood church has been prepared to hold an open air market and other spontaneous events.

VEGETACIÓN

En el nuevo parque se han previsto zonas plantadas con césped que acompañan a los árboles de gran porte ya presentes en el lugar.

VEGETATION

In the new park there will be areas planted with grass that go along with the existing large trees.

AGUA

El río Zaan atraviesa la zona en su camino hacia el Mar del Norte. El proyecto aprovecha esta situación y propone un embarcadero y un mirador desde el que contemplar la ciudad y el agua.

WATER

The Zaan River goes through the area on its way to the North Sea. The project takes advantage of this and proposes a pier and a viewpoint where the city and water can be contemplated.

1:5.000 ◗

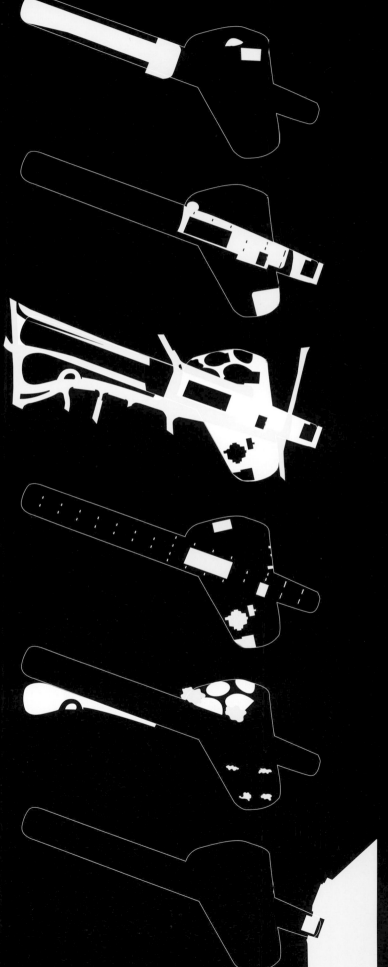

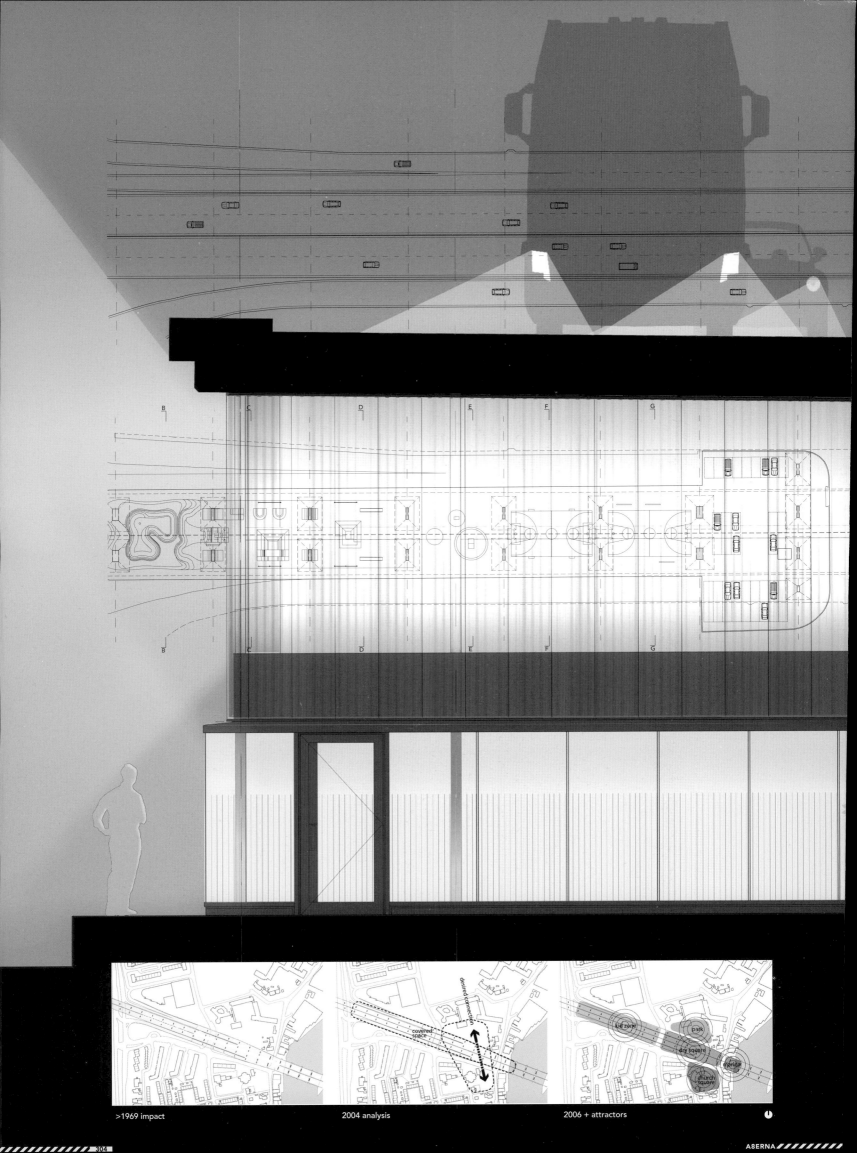

>1969 impact   2004 analysis   2006 + attractors

Bajo el puente, en el centro, la ciudad se interrumpe. Es una pequeña población cerca de Ámsterdam, al pie del río Zaan, a la que una antigua autovía parte en dos mitades.
La carretera se eleva sobre el río formando un viaducto de hormigón sobre la trama urbana. El lugar se abandona, lo invaden la dejadez y los coches. Con su crecimiento la ciudad necesita recuperar ese espacio.

Under the bridge, in the center, the city is interrupted. It is a small town close to Amsterdam, situated at the start of the river Zaan, that an old highway divides into two halves.
The road rises over the river forming a concrete viaduct over the urban scheme. The place is abandoned, invaded by neglect and cars. The growing city needs to bring it back into its fold.

Se elabora un plan.
Las administraciones acuden a los grupos sociales para conocer sus deseos. De sus ideas, seleccionan las actividades que satisfacen a la mayoría de los ciudadanos.
Bajo el puente, descendiendo hacia el río, hay rincones para enamorados, pista de skate, escenario para *break-dance*, canchas deportivas, aparcamientos.

A plan was drawn up. The city administration turned to various social groups, asking them to express their wishes. From the ideas put forward, a selection of activities was made that would address the desires of the largest assortment of citizens. Under the bridge, descending towards the river, are corners for lovers, a skating rink, a place for break-dancing, sport courts, a parking lot.

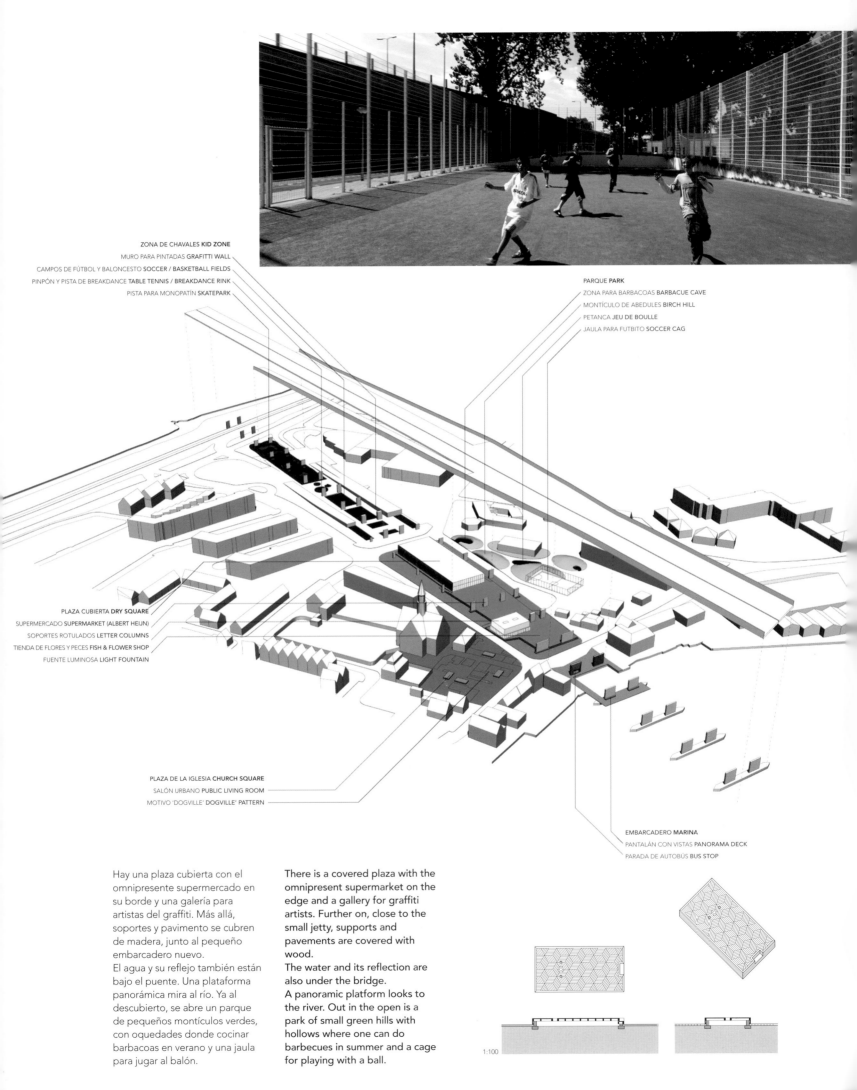

ZONA DE CHAVALES **KID ZONE**
MURO PARA PINTADAS **GRAFITTI WALL**
CAMPOS DE FÚTBOL Y BALONCESTO **SOCCER / BASKETBALL FIELDS**
PINPÓN Y PISTA DE BREAKDANCE **TABLE TENNIS / BREAKDANCE RINK**
PISTA PARA MONOPATÍN **SKATEPARK**

PARQUE **PARK**
ZONA PARA BARBACOAS **BARBACUE CAVE**
MONTÍCULO DE ABEDULES **BIRCH HILL**
PETANCA **JEU DE BOULLE**
JAULA PARA FUTBITO **SOCCER CAG**

PLAZA CUBIERTA **DRY SQUARE**
SUPERMERCADO **SUPERMARKET (ALBERT HEIJN)**
SOPORTES ROTULADOS **LETTER COLUMNS**
TIENDA DE FLORES Y PECES **FISH & FLOWER SHOP**
FUENTE LUMINOSA **LIGHT FOUNTAIN**

PLAZA DE LA IGLESIA **CHURCH SQUARE**
SALÓN URBANO **PUBLIC LIVING ROOM**
MOTIVO 'DOGVILLE' **'DOGVILLE' PATTERN**

EMBARCADERO **MARINA**
PANTALÁN CON VISTAS **PANORAMA DECK**
PARADA DE AUTOBÚS **BUS STOP**

Hay una plaza cubierta con el omnipresente supermercado en su borde y una galería para artistas del graffiti. Más allá, soportes y pavimento se cubren de madera, junto al pequeño embarcadero nuevo.
El agua y su reflejo también están bajo el puente. Una plataforma panorámica mira al río. Ya al descubierto, se abre un parque de pequeños montículos verdes, con oquedades donde cocinar barbacoas en verano y una jaula para jugar al balón.

There is a covered plaza with the omnipresent supermarket on the edge and a gallery for graffiti artists. Further on, close to the small jetty, supports and pavements are covered with wood.
The water and its reflection are also under the bridge.
A panoramic platform looks to the river. Out in the open is a park of small green hills with hollows where one can do barbecues in summer and a cage for playing with a ball.

1:100

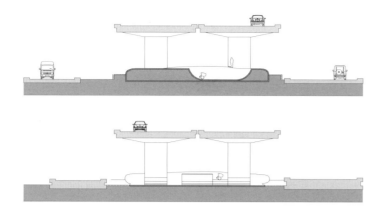

Sección B Section

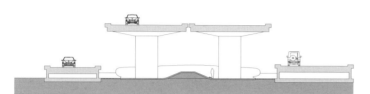

Sección C Section

In cities nowadays, peripheral and residual places are opportunities. Wastelands can be turned into urban attractions, connectors, and active supports. A new way of thinking that transforms the infrastructure of outlying districts into new city centres. Reunited, moreover, with their river.

Sección D Section 1:500

En las ciudades actuales, los lugares periféricos y residuales deben convertirse en oportunidades. Aquí el deshecho se transforma en atracción urbana, en conector y soporte activo: una nueva forma de vida que convierte la infraestructura de extrarradio en nuevo centro para la ciudad. Y le reconcilia, además, con su río.

Sección E Section

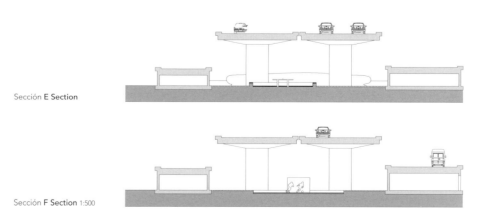

Sección F Section 1:500

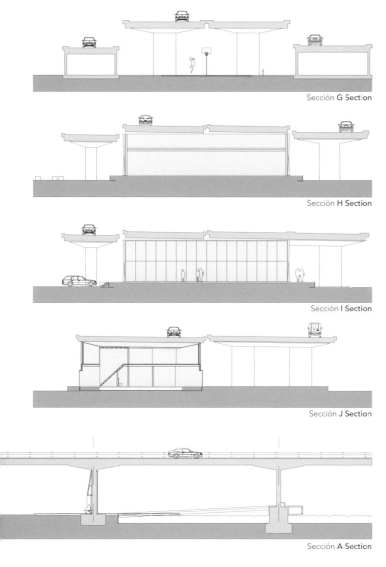

Sección **G** Section

Sección **H** Section

Sección **I** Section

Sección **J** Section

Sección **A** Section

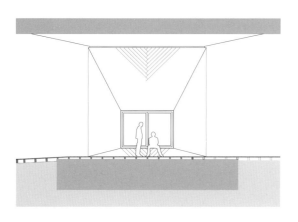

Sección **K** Section

Sección **L** Section 1:500

Parada de autobús **Bus stop**

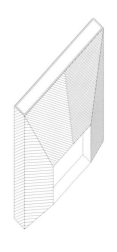

1:200

The High Line Manhattan, New York City. USA, 2004-
Field Operations fieldoperations.net
Diller Scofidio + Renfro dillerscofidio.com

NEW YORK us

HUDSON YARDS

30TH STREET

MADISON SQUARE GARDE

IAC BUILDING
(FRANK GEHRY)

10th AVENUE

CHELSEA PIERS

Chelsea

14th STREET

Phase 1A

1:10.000

Meatpacking Distric

29.000m²

CENTRAL PARK

EMPIRE STATE
BUILDING

HUDSON RIVER
PARK

1:20.000

Influence area /////// Borough of Manhattan
Population /////////// 1.537.195 inhabitants
Density //////////////// 25.698 inhab/km²
Data source////////// ny.com, 2000

Digitalglobe, Sanborn, 2008

capas layers

TRÁFICO RODADO — VEHICULAR TRAFFIC
ÁRBOLES — TREES
AGUA — WATER
EDIFICIOS — BUILDINGS
ACTIVIDADES — ACTIVITIES
ESTANCIAS — ROOMS

PEATONAL&BICI — PEDESTRIAN&CYCLIST
CÉSPED — GRASS
MONTE BAJO — SCRUBLAND
MARISMAS — MARSHES

ÁREA DE INTERVENCIÓN — INTERVENTION AREA

ACTIVIDADES

Se han reservado en la sección 1A de la High Line dos áreas para actividades. Sobre la cubierta de un edifico existente adosado a la estructura se ha concebido un nuevo paisaje y, junto al acceso desde la calle 14, otra zona de actividades cubierta disfruta de la protección de un edificio existente.

ACTIVITIES

In the 1ª section of the High Line two activity areas have been reserved. On the roof of an existing building next to the structure, a new landscape has been conceived and next to the entrance from 14th Street, another covered activity area enjoys the protection of an existing building.

ESTANCIAS

Se han reservado zonas que propician el encuentro, la reunión o la contemplación durante el recorrido sobre la estructura reconvertida: un solarium y varios miradores, con asientos fijos y móviles, a la altura de los cruces con las calles, proporcionan una nueva experiencia de la ciudad.

ROOMS

Areas have been reserved to promote social interaction and meetings or contemplation throughout the path on the transformed structure: a solarium and several viewpoints with attached and moveable seats at the street crossings provide a new experience of the city.

RECORRIDOS

El proyecto propone un recorrido peatonal sobre el intenso tráfico rodado de la retícula de Manhattan. Un sistema de pavimentación mediante placas alargadas de hormigón sirve de base a una red de circulaciones peatonales que reparte a los visitantes por toda la superficie de la estructura.

ROUTES

The project proposes a pedestrian route over the intense vehicular traffic on the grid of Manhattan. A paving system by means of long concrete panels serves as the base for a network of pedestrian walkways that distributes pedestrials throughout the surface of the entire structure.

EDIFICIOS

La High Line recorre la zona oeste del sur de Manhattan atravesando los edificios existentes. Se trata de una estructura de acero que aparece y desaparece al ritmo de las calles perpendiculares. A los edificios industriales de ladrillo ya presentes se están sumando en los últimos tiempos nuevas promociones de vivienda, así como el hotel The Standard -montado sobre la estructura-, atraídos por el empuje del atractivo barrio de Chelsea.

BUILDINGS

The High Line runs along the western part of south Manhattan, going through the existing buildings. It is a steel structure that appears and disappears with the perpendicular streets. New real estate developments are being added to the existing brick industrial buildings, like the Standar hotel, built upon the structure, attracted by the drive of the district of Chelsea.

VEGETACIÓN

El sistema estriado de placas de hormigón como pavimento disminuye gradualmente en distintas zonas y deja paso a bases de plantación, haciendo que las zonas con vegetación y los caminos no estén drásticamente segregados. Las plantaciones comprenden zonas de densos matorrales, césped alto, arbustos bajos y áreas con flores.

VEGETATION

This striated system of concrete panels used for paving gradually diminishes in different areas and allows plants, thus reducing segregation among the areas with vegetation and the paths.
The planted parts make up areas of dense brush, high grass, low bushes and areas with flowers.

AGUA

La sección 1A incluye una lámina de agua a la altura del cruce con la calle 14. Se trata de un estanque flotante traslúcido a través del cual serán visibles las vigas de acero del puente y la circulación de vehículos por debajo.

WATER

Section 1A includes a water surface at the 14th Street crossing. It is a floating translucent pond where the steel beams of the bridge and the traffic below can be seen.

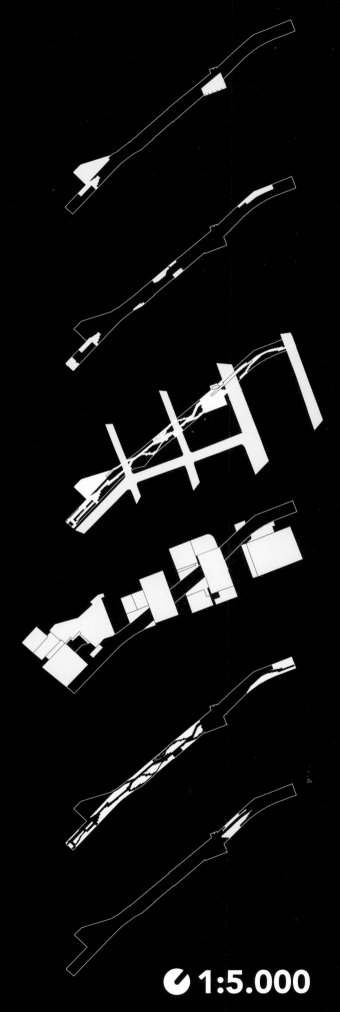

1:5.000

Sección A ascensor con césped
Section A lawn lift

JARDINES CON SETO
HEDGE GARDENS

Bosque tribuna
Grandstand woodland

Sección B jardín con seto
Section B garden hedge

Acceso negociado
Negotiated access

Playa zona húmeda
Grandstand

Sección C arboleda flotante
Section C Flotating grove

Sección D ascendor-árbol
Section D Tree Lift

Bar y entrada Gangsevoort
Gangsevoort entry + bar

Gansevoort

Planta general de toda la línea
High Line general plan 1:7.500

1 GRADERÍO	1 GRANDSTAND
2 PISTA DE BAILE	2 DANCE FLOOR
3 ASEOS	3 W.C.
4 RECUERDOS	4 EVENT SLEEVE
5 ZONA WI-FI	5 WI-FI ZONE
6 PLAYA URBANA	6 URBAN BEACH
7 MAYORISTA DE	7 WHOLESALE
ALIMENTACIÓN	FOOD
8 MERCADO	8 ROOF MARKET
ELEVADO	9 BAR
9 BAR	10 GALLERY
10 GALERÍA	

Antecedentes

The High Line es una antigua línea para trenes de mercancías de 1,9 km de largo que recorre el lado oeste de la zona sur de Manhattan. Esta franja de 2,39 ha de espacio libre se extiende a lo largo de 20 bloques de manzana entre y a través de edificios desde Gansevoort Street, atravesando el Meat Paking District y la parte oeste de Chelsea hasta la calle 30, terminando en las cocheras de trenes del Hudson. The High Line se construyó en los años 30 como parte de un proyecto más amplio de mejora del borde oeste, y fue promovido por la ciudad y el estado de Nueva York y la compañia ferroviaria New York Central Railroad, para eliminar los peligrosos cruces a nivel de calle. El substrato existente consiste principalmente en balastros de roca, anclajes de ráiles, ráiles de acero y hormigón armado. Durante los últimos 24 años, desde que el ultimo tren recorrió The High Line en 1980, se ha formado una fina capa de tierra sobre algunas zonas y ha comenzado a crecer un paisaje oportunista de especies vegetales primarias.

Concepto

Agri-Tectura está inspirado por la melancólica belleza "encontrada" de The High Line, donde la naturaleza ha reclamado lo que fue una pieza vital de infraestructura urbana. El equipo de diseño intenta re-formar este pasaje industrial en un instrumento post-industrial de ocio. Cambiando las reglas del vínculo entre la vida vegetal y peatonal, nuestra estrategia de agri-tectura combina materiales orgánicos y de construcción en una mezcla de proporciones cambiantes, que acomoda lo salvaje, lo cultivado, lo íntimo, y lo hiper-social. En crudo contraste con la velocidad del parque del río Hudson, la experiencia lineal singular del nuevo paisaje de The High Line esta marcado por la lentitud, la distracción y el carácter de "otro mundo" que preservan su carácter extraño y salvaje. Proporcionando flexibilidad y respuesta a las efímeras necesidades, oportunidades y deseos de este contexto dinámico, nuestra propuesta se diseña para permanecer siempre inacabada, sosteniendo el crecimiento emergente y el cambio a través del tiempo.

Background information

The High Line is a 1.2-mile long abandoned elevated freight rail line along the west side of lower Manhattan. This 5.9 acre stretch of open space spans 20 city blocks in between and through buildings from Gansevoort Street, through the meat packing district and West Chelsea, up to 30th Street, ending at the Hudson Rail Yards. The High Line was built in the 1930s as part of the larger West Side Improvement Project, funded by the City and State of New York and the New York Central Railroad, to eliminate dangerous street-level railroad crossings. The existing substrate consists primarily of rock ballast, railroad ties, steel rails and reinforced concrete. Over the past 24 years since the last train ran on the High Line in 1980, a thin layer of soil has formed in some areas and an opportunistic landscape of early successional species has begun to grow.

Statement

Agri-Tecture is inspired by the melancholic, 'found' beauty of the High Line, where nature has reclaimed a once-vital piece of urban infrastructure. The design team aims to re-fit this industrial conveyance into a post-industrial instrument of leisure. By changing the rules of engagement between plant life and pedestrians, our strategy of agri-tecture combines organic and building materials into a blend of changing proportions that accommodates the wild, the cultivated, the intimate, and the hyper-social. In stark contrast to the speed of Hudson River Park, the singular linear experience of the new High Line landscape is marked by slowness, distraction and an other-worldliness that preserves the strange, wild character of the High Line. Providing flexibility and responsiveness to the changing needs, opportunities, and desires of the dynamic context, our proposal is designed to remain perpetually unfinished, sustaining emergent growth and change over time.

Agri-Tectura es:

1. Un sistema flexible y reactivo de organización material donde pueden crecer ecosistemas distintos. La superficie estriada se transforma de zonas de alta intensidad (100 % duro) a bio-planos de gran riqueza vegetal (100 % blando), con variedad de gradientes experimentales entre ellas.

2. Una metodología para construir superficies duras y estructuras, como medio de producción de diversos hábitat sociales y naturales. Está diseñado como una superficie continua y sencilla, pero construida a partir de unidades individuales prefabricadas, que pueden deformarse hacia abajo para permitir el paso atravesando la ancha sección estructural de The High Line, o deformarse hacia arriba para pasar por encima suyo sin perturbar las "reservas" naturales.

3. Un sistema que es capaz de implementarse por fases a lo largo del tiempo. La superficie puede construirse por partes, trabajando con y alrededor del paisaje existente según sea necesario, y eventualmente invadiéndolo. Las primeras intervenciones pueden ayudar a activar The High Line: "carteles crecederos", "lugares de creatividad" y "miradores".

4. Un campo desde el cual espacios y ecologías urbanas más intensos pueden emerger.

Agri-Tecture is:

1. A flexible, responsive system of material organization where diverse ecologies may grow. The striated surface transitions from high intensity areas (100 % hard) to richly vegetated biotopes (100% soft), with a variety of experiential gradients in-between.

2. A methodology for constructing hard surfaces and structures as means of producing diverse social and natural habitats. It is designed as a continuous, single-surface, yet built from individual pre-cast units that may fold down to permit travel through the thick structural section of the High Line or fold up to pass over it without disturbing the natural 'preserves'.

3. A system that is capable of phased implementation over time. The surface can be built in stages, working with and around the existing landscape as needed, but eventually overtaking it. Earlier interventions can help activate the High Line; 'growing billboards', 'hotspot events', and 'overlooks'.

4. A field from which more intense spaces and urban ecologies may emerge.

Concepto de iluminación

Durante el concurso, el equipo de diseño se debatió con el siguiente dilema: ¿cómo podemos preservar la belleza inesperada de The High Line, y no subestimar el uso pretendido, popularidad, y escala de este proyecto como nuevo espacio público? Esto nos llevó a la cuestión del recorrido. ¿Hay algún modo de crear un "paisaje sin recorridos" donde la distinción entre vegetación y camino no esté estrictamente definida? En su lugar, uno esta inmerso en el mismo paisaje y se le permite perderse y moverse a su través de una forma no establecida. Este concepto subraya la estrategia global de la "agri-tectura" y el desarrollo del sistema de placas y plantas que ofrecen variedad de gradientes entre superficies blandas y duras.

Lighting concept

During the competition, the design team struggled with the following dilemma: how can we preserve the High Line's unexpected beauty, and not underestimate the intended use, popularity, and scale of this project as a new public space? This led to the question of the path. Is there a way to create a 'pathless landscape' where the distinction between plantings and path is not strictly defined? Instead, one is immersed in the landscape itself and allowed to meander and move through it in unscripted ways. This notion underpins the overall 'agri-tecture' strategy and the development of the planking and planting system which that for varying ratios of hard to soft surface.

Variedad de gradientes entre superficies blandas y duras
Varying ratios of hard to soft surface

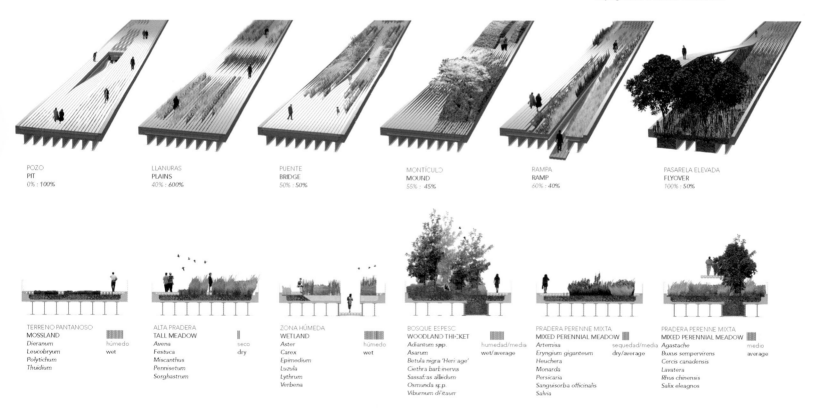

POZO
PIT
0% : 100%

LLANURAS
PLAINS
40% : 600%

PUENTE
BRIDGE
50% : 50%

MONTÍCULO
MOUND
55% : 45%

RAMPA
RAMP
60% : 40%

PASARELA ELEVADA
FLYOVER
100% : 50%

TERRENO PANTANOSO
MOSSLAND
Dieranum   húmedo
Leucobryum   wet
Polytichum
Thuidium

ALTA PRADERA
TALL MEADOW
Avena   seco
Festuca   dry
Miscanthus
Pennisetum
Sorghastrum

ZONA HÚMEDA
WETLAND
Aster   húmedo
Carex   wet
Epimedium
Luzula
Lythrum
Verbena

BOSQUE ESPESO
WOODLAND THICKET
Adiantum spp.   humedad/media
Asarum   wet/average
Betula nigra 'Heritage'
Clethra barbinervis
Sassafras albidum
Osmunda spp.
Viburnum d'itaum

PRADERA PERENNE MIXTA
MIXED PERENNIAL MEADOW
Artemisa   sequedad/media
Eryngium giganteum   dry/average
Heuchera
Monarda
Persicaria
Sanguisorba officinalis
Salvia

PRADERA PERENNE MIXTA
MIXED PERENNIAL MEADOW
Agastache   medio
Buxus sempervirens   average
Cercis canadensis
Lavatera
Rhus chinensis
Salix eleagnos

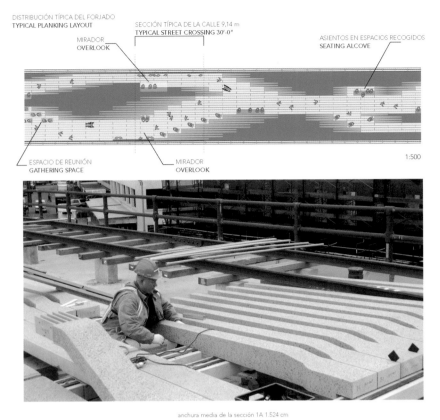

DISTRIBUCIÓN TÍPICA DEL FORJADO
TYPICAL PLANKING LAYOUT

SECCIÓN TÍPICA DE LA CALLE 9,14 m
TYPICAL STREET CROSSING 30'-0"

MIRADOR
OVERLOOK

ASIENTOS EN ESPACIOS RECOGIDOS
SEATING ALCOVE

ESPACIO DE REUNIÓN
GATHERING SPACE

MIRADOR
OVERLOOK

1:500

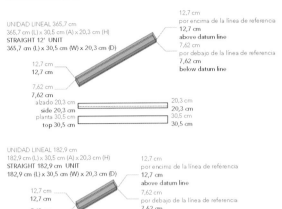

TIPOS DE PLACAS ESTÁNDAR
STANDARD PLANK TYPES

UNIDAD LINEAL 365,7 cm
365,7 cm (L) x 30,5 cm (A) x 20,3 cm (H)
STRAIGHT 12' UNIT
365,7 cm (L) x 30,5 cm (W) x 20,3 cm (D)

12,7 cm
12,7 cm

7,62 cm
7,62 cm

alzado 20,3 cm
side 20,3 cm
planta 30,5 cm
top 30,5 cm

12,7 cm
por encima de la línea de referencia
12,7 cm
above datum line
7,62 cm
por debajo de la línea de referencia
7,62 cm
below datum line

20,3 cm
20,3 cm
30,5 cm
30,5 cm

UNIDAD LINEAL 182,9 cm
182,9 cm (L) x 30,5 cm (A) x 20,3 cm (H)
STRAIGHT 182,9 cm UNIT
182,9 cm (L) x 30,5 cm (W) x 20,3 cm (D)

12,7 cm
12,7 cm

7,62 cm
7,62 cm

alzado 20,3 cm
side 20,3 cm
planta 30,5 cm
top 30,5 cm

12,7 cm
por encima de la línea de referencia
12,7 cm
above datum line
7,62 cm
por debajo de la línea de referencia
7,62 cm
below datum line

20,3 cm
20,3 cm
30,5 cm
30,5 cm

TIPOS DE PLACAS DE TRANSICIÓN
TRANSITION PLANK TYPES

UNIDAD LINEAL 365,7 cm
365,7 cm (L) x 30,5 cm (A) x 20,3 cm A 10.2 cm (H)
STRAIGHT 365,7 cm UNIT
365,7 cm (L) x 30,5 cm (W) x 20,3 cm TO 10,2 cm (D)

12,7 cm
12,7 cm

7,62 cm
7,62 cm

alzado 20,3 cm
side 20,3 cm

planta 30,5 cm
top 30,5 cm

2,54 cm
por encima de la línea de referencia
2,54 cm
above datum line
7,62 cm
por debajo de la línea de referencia
7,62 cm
below datum line

10,2 cm
10,2 cm

10,2 cm
10,2 cm

2,54 cm
por encima de la línea de referencia
2,54 cm
above datum line
7,62 cm
por debajo de la línea de referencia
7,62 cm
below datum line

UNIDAD LINEAL 731,5 cm
731,5 cm (L) x 30,5 cm (A) x 20,3 cm A 10,2 cm (H)
STRAIGHT 731,5 cm UNIT
731,5 cm (L) x 30,5 cm (W) x 20,3 cm TO 10,2 cm(D)

12,7 cm
12,7 cm

7,62 cm
12,7 cm

alzado 20,3 cm
side 20,3 cm

planta 30,5 cm
top 30,5 cm

10,2 cm
10,2 cm

10,2 cm
10,2 cm

1:150

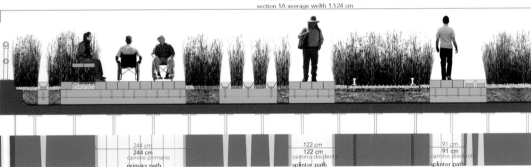

anchura media de la sección 1A 1.524 cm
section 1A average width 1.524 cm

244 cm
244 cm
camino primario
primary path

122 cm
122 cm
camino disidente
splinter path

91 cm
91 cm
camino disidente
splinter path

CAMINO PRIMARIO (ASIENTO + DOS SILLAS DE RUEDAS) + CAMINOS DISIDENTES
PRIMARY PATH (SEATING + TWO WHEEL CHAIRS) + SPLINTER PATHS

mínima anchura de The High Line 914 cm
High Line minimum width 914 cm

MÍNIMA ANCHURA DE THE HIGH LINE
HIGH LINE MINIMUM WIDTH 1:100

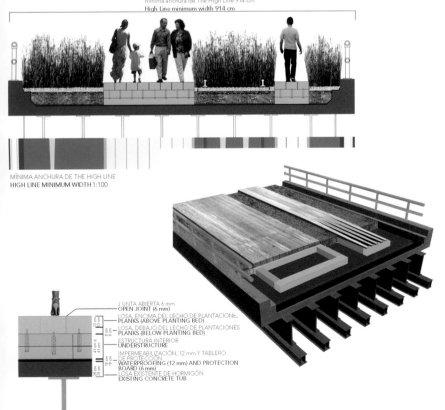

J UNTA ABIERTA 6 mm
OPEN JOINT (6 mm)
LOSA, ENCIMA DEL LECHO DE PLANTACIONE
PLANKS (ABOVE PLANTING BED)
LOSA, DEBAJO DEL LECHO DE PLANTACIONES
PLANKS (BELOW PLANTING BED)
ESTRUCTURA INTERIOR
UNDERSTRUCTURE
IMPERMEABILIZACIÓN, 12 mm Y TABLERO
DE PROTECCIÓN
WATERPROOFING (12 mm) AND PROTECTION
BOARD (6 mm)
LOSA EXISTENTE DE HORMIGÓN
EXISTING CONCRETE TUB

1:40

Sistema de Placa + Plantación
El sistema estriado de placas se compone de cinco planchas de hormigón prefabricado.
La disminución larga y gradual de las placas hasta convertirse en bases para plantas forma una alfombra ricamente integrada y curvada en lugar de segregar caminos y vegetación. Los cinco tipos base de placas pueden reconfigurarse fácilmente para construir superficies duras, que son consistentes en su materialidad y espacialmente cambiantes. En puntos concretos, las placas pueden transformarse en rampa o escalera para acceder al nivel de calle, separarse y convertirse en asiento, o elevarse haciéndose camino suspendido a través de zonas de pradera de o bosque. La cantidad de pavimento se calcula para acomodar una amplia variedad de usos.

Planking + Planting System
The striated planking system is comprised of five pre-cast concrete planks. Long, gradual tapering of planks into planting beds form a richly integrated and combed carpet rather than segregated pathways and planting areas. The five basic plank types are easily re-configured to construct hard surfaces that are materially consistent and spatially variable. At specific locations, planks can transform into a ramp or stairway for access to the street level, peel up into seating, or rise into an elevated pathway through a grassland or woodland area. The amount of paving is calibrated to accommodate a variety of uses.

Las nuevas zonas de plantas se construyen sobre el carácter del paisaje existente, trabajando con condiciones medioambientales específicas y microclimas asociados con el sol, sombra, humedad, sequedad, viento, ruido, espacios cubiertos y al aire libre. La disposición de las placas en degradación conforma una pendiente gradual que desciende hacia las bases de plantas, permitiendo una transición prolongada entre áreas duras y blandas. Las placas se separan dejando entre ellas una junta intencionada que permite que la materia orgánica crezca y sustente las cadenas primitivas y colonizadoras de especies de plantas, similares a las que existen ahora. Mezclas tipo pradera establecen una nueva cota de entre 30 - 90 cm por encima de la superficie, reforzando el carácter peculiar e íntimo de The High Line. Especies de pantano y bosque seco hacen variar esta fusión espacial y horticultural.

BOSQUE 35%
WOODLAND

PRADOS 60%
GRASSLAND

ZONA HÚMEDA 5%
WETLAND

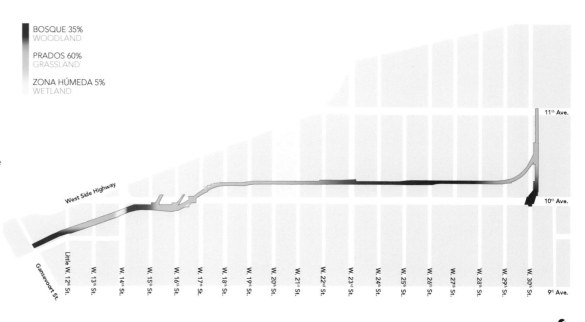

11th Ave.

10th Ave.

9th Ave.

West Side Highway

Gansevoort St.

Little W. 12th St.

W. 13th St.

W. 14th St.

W. 15th St.

W. 16th St.

W. 17th St.

W. 18th St.

W. 19th St.

W. 20th St.

W. 21st St.

W. 22nd St.

W. 23rd St.

W. 24th St.

W. 25th St.

W. 26th St.

W. 27th St.

W. 28th St.

W. 29th St.

W. 30th St.

MATRIZ DE CÉSPED NATIVO
NATIVE GRASS MATRIX

PRADERA CON FLORES
FLOWERING MEADOW

BOSQUE ESPESO
WOODLAND THICKET

New plantings build upon the existing landscape character, working with specific environmental conditions and microclimates associated with sun, shade, wet, dry, wind, noise, open and sheltered spaces. The arrangement of tapered planks gradually grade down into planting beds affording an elongated transition between hard and soft areas. The planks are spaced with an intentional gap that permits organic matter to build-up and support early successional and colonizing plant species, similar to what exists today. Grassland mixes establish a new datum line 30 - 90 cm above the surface, reinforcing the unusual, and intimate character of the High Line. Wetland and dry woodland species vary the spatial and horticultural mix.

DETALLE DE PREPARACIÓN PARA PLANTACIÓN
PLANTING PREPARATION DETAIL

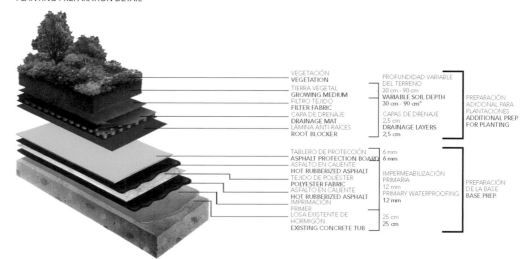

VEGETACIÓN
VEGETATION
TIERRA VEGETAL
GROWING MEDIUM
FILTRO TEJIDO
FILTER FABRIC
CAPA DE DRENAJE
DRAINAGE MAT
LÁMINA ANTI-RAÍCES
ROOT BLOCKER

PROFUNDIDAD VARIABLE
DEL TERRENO
30 cm - 90 cm
VARIABLE SOIL DEPTH
30 cm - 90 cm
CAPAS DE DRENAJE
2,5 cm
DRAINAGE LAYERS
2,5 cm

PREPARACIÓN
ADICIONAL PARA
PLANTACIONES
ADDITIONAL PREP.
FOR PLANTING

TABLERO DE PROTECCIÓN
ASPHALT PROTECTION BOARD
ASFALTO EN CALIENTE
HOT RUBBERIZED ASPHALT
TEJIDO DE POLIÉSTER
POLYESTER FABRIC
ASFALTO EN CALIENTE
HOT RUBBERIZED ASPHALT
IMPRIMACIÓN
PRIMER
LOSA EXISTENTE DE
HORMIGÓN
EXISTING CONCRETE TUB

6 mm
6 mm

IMPERMEABILIZACIÓN
PRIMARIA
12 mm
PRIMARY WATERPROOFING
12 mm

25 cm
25 cm

PREPARACIÓN
DE LA BASE
BASE PREP.

Acceso desde Gansevoort Street
Gansevoort Street entry

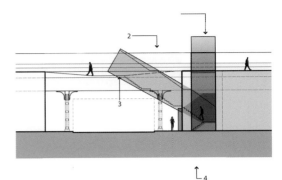

Acceso primario con las secciones y la servidumbre de volumen
Primary access easement volume section 1:500

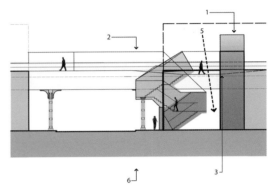

Acceso

La presencia de The High Line desde la calle es una estructura masiva de acero que aparece y desaparece y al ritmo de las calles perpendiculares. Los puntos de acceso son diseñados como experiencias extensas de acercamiento y descubrimiento, conectando las áreas de actividad urbana de abajo con The High Line de arriba. Son intencionadamente lentas, prolongando la experiencia de la transición del paso frenético de las calles de la ciudad hacia el paso más lento del paisaje único y extraordinario de arriba. Allí donde es posible, se diseñan puntos de acceso que atraviesan la estructura masiva de acero con escaleras lentas, rampas, y ascensores que posicionan estratégicamente el cuerpo en alturas diferentes bajo, entre, y sobre The High Line, otorgando un contacto íntimo con la estructura histórica y el material. Escaleras, rampas y ascensores son diseñados para colgar de las columnas de acero existentes para potenciar y utilizar la solidez inmensa de esta estructura sobredimensionada, que puede soportar el peso de dos trenes de mercancías repletos.

Access

The High Line's presence from the street is a massive steel structure that disappears and revels itself with the rhythm of the city cross streets. Access points are designed as durational experiences of approach and discovery, connecting areas of urban activity below with the High Line above. They are intentionally slow, prolonging the transitional experience of leaving the frenetic pace of the city streets in search of the slower pace of the unique and unusual landscape above. Wherever possible, access points are designed to cut through the massive steel structure with slow stairs, ramps, and elevators to strategically position the body at varying elevations under, within, and above the High Line, providing intimate contact with the historic structure and material. Stairs, ramps, and elevators are designed to be hung from the existing steal beams to highlight and utilize the immense strength of this overbuilt structure that can carry the weight of two fully loaded freight trains.

SITUACIONES DE LOS ACCESOS ESPECIALES (ESCALERAS TENDIDAS + ASCENSOR)
SPECIAL ACCESS LOCATIONS (SLOW STAIRS + ELEVAOR)

SITUACIONES DE ACCESO PRIMARIO (ESCALERAS + ASCENSOR)
PRIMARY ACCESS LOCATIONS (STAIRS + ELEVATOR)

SITUACIONES DE ACCESO SECUNDARIO (ESCALERAS)
SECONDARY ACCESS LOCATIONS (STAIRS)

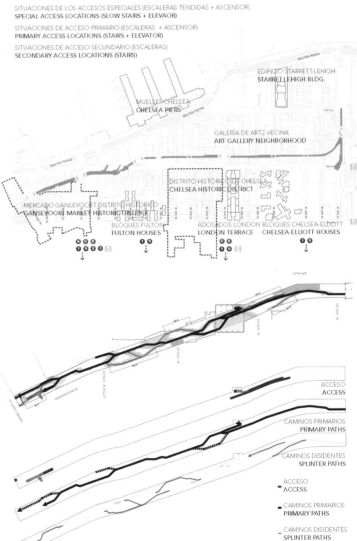

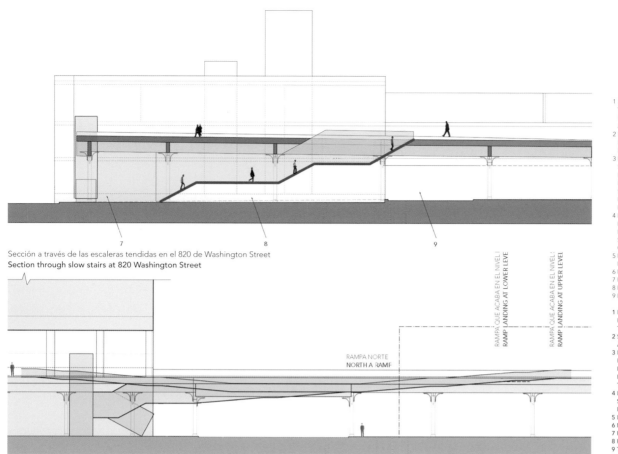

7

8

9

Sección a través de las escaleras tendidas en el 820 de Washington Street
Section through slow stairs at 820 Washington Street

RAMPA NORTE
NORTH A RAMP

RAMPA QUE ACABA EN EL NIVEL I
RAMP LANDING AT LOWER LEVE

RAMPA QUE ACABA EN EL NIVEL :
RAMP LANDING AT UPPER LEVEL

Sección a través de las tierras húmedas en el oeste de la Calle 14
Section through wetlands at W. 14th Street 1:500

1 LA TORRE DEL ASCENSOR ES VISIBLE DESDE EL NIVEL DE LOS PUENTES DE LA LÍNEA ELEVADA AL NIVEL DEL FORJADO
2 LA MARQUESINA DE LA ESCALERA ES VISIBLE DESDE LA LÍNEA ELEVADA
3 DESEMBARCO EN LA PARTE SUPERIOR DE LAS VIGAS EN I: LA RAMPA SUBE AL FORJADO. LA RAMPA TIENE SU LLEGADA REBAJADA PARA REORIENTAR A LOS VISITANTES EN EL EJE NORTE-SUR
4 EL LÍMITE DE LA PRIMERA ESCALERA INTENTA MAXIMIZAR LA PRESENCIA EN LA CALLE. SE MANTIENE EL ASCENSOR CERCA DE LA ACERA
5 POZO DE LUZ HACIA EL NÚCLEO DEL ASCENSOR
6 MÁXIMA PRESENCIA DE LA CALLE
7 PLAZA PÚBLICA/CAFÉ EXTERIOR
8 RESTAURANTE
9 ENTRADA DE CAMIONES

1 ELEVATOR SHAFT VISIBLE AT HIGH LINE LEVEL BRIDGES TO LEVEL OF PLANKING
2 STAIR CANOPY VISIBLE AT HIGH LINE LEVEL
3 LANDING AT TOP OF I-BEAMS: RAMP UP TO PLANKING. RECESSED LANDING AND RAMP TO REORIENT VISITORS TO NORTH-SOUTH AXIS
4 LIMIT 1ST STAIR RUN TO MAXIMIZE STREET PRESENCE KEEP ELEVATOR CLOSE TO SIDEWALK
5 LIGHT-WELL TO ELEVATOR CORE
6 MAXIMUM STREET PRESENCE
7 PUBLIC PLAZA/OUTDOOR CAFE
8 RESTAURANT
9 TRUCK ENTRANCE

Balcón vegetal en el acceso desde Gansevoort Street
Vegetal balcony at Gansevoort Street entry

ANÁLISIS DE LAS OPCIONES DEL PROGRAMA
*El amarillo indica los asientos fijos de la Línea Elevada
*Las opciones del ESPACIO PARA ACTIVIDADES corresponden
a una nueva superficie en el Bloque 646, lote 10, que está al
nivel de la Línea Elevada

PROGRAM OPTIONS ANALYSIS
*Yellow indicates fixed seating on the High Line
*Options for the EVENT SPACE assumes a new surface on
BLOCK 646, LOT 10, which is level with the High Line

1. PLAZA DE ACCESO POR GANSEVOORT 160 m²
GANSEVOORT ENTRY PLAZA (STREET LEVEL) 160 m²

Lugar de encuentro 150 personas
Place to meet 150 people

2. TERRAZA GANSEVOORT 236 m²
GANSEVOORT TERRACE 236 m²

Exposición temporal o cóctel 200 personas
Temporary exhibit or cocktail event 200 people

4. ZONA DE ESTANCIA (BLOQUE 645, LOTE 11) 137 m²
EVENT LOUNGE (BLOCK 645 LOT 11) 137 m²

Mesas de café temporal 90 personas
Temporary café tables 90 people

Exposición temporal o cóctel 150 personas
Temporary exhibit or cocktail event 150 people

3. ESPACIO PÚBLICO 749 m²
PUBLIC ROOFSCAPE 749 m²

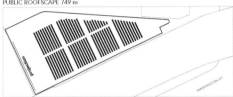

Proyección de películas 900 personas
Film screening 900 people

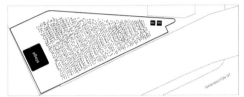

Actuación con público de pie 1.200 personas
Performance with standing audience 1,200 people

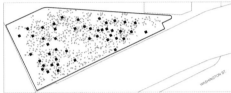

Exposición temporal o cóctel 700 personas
Temporary exhibit or cocktail event 700 people

5. ESPACIO PARA ACTIVIDADES (BLOQUE 646, LOTE 10) 480 m²
EVENT ESPACE (BLOCK 646 LOT 10) 480 m²

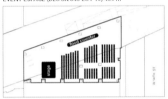

Actuación con público sentado 400 personas
Performance with seated audience 400 people

Proyección de películas con público de pie 600 personas
Performance/film screening with standing audience 600 people

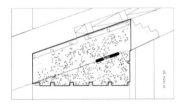

Exposición temporal o cóctel 450 personas
Temporary exhibit or cocktail event 450 people

1:1.250

Programa

La cantidad de aceras está calibrada para situar una diversidad de usos en puntos específicos para uso intensivo. Los asientos se desarrollan con un sistema sencillo de bancos, sillas fijas y móviles, que permiten disposiciones múltiples, tanto en paseos, como en espacios de encuentro, en recodos y en miradores. Una línea de bancos en vuelo sobre los caminos permite despejar la circulación. Los asientos en espacios recogidos son más íntimos, mientras que los que están en miradores (sillas altas y barras de apoyo), permiten grupos mayores y favorecen la perspectiva inusual de estar 9,14 metros suspendidos en el aire. Las combinaciones de bancos fijos y sillas se sitúan en los espacios de encuentro junto a los bordes, como protección de las plantas y para permitir una flexibilidad de programa.
Las configuraciones se adaptan a las necesidades diarias y a las aglomeraciones pequeñas y todavía queda espacio suficiente para los acontecimientos especiales.

Program

The amount of paving is calibrated to accommodate a variety of uses with specific locations identified for high-intensity use. Seating is developed as a simple system of benches, fixed chairs and moveable chairs, which allows for multiple arrangements located on paths, in gathering spaces, in alcoves, and at overlooks. Linear benches line and cantilever over pathways allowing clearance for circulation. Seating in alcoves allows for a more intimate experience and interaction, while seating at overlooks (high chairs and leaning bars) promote larger groups and enhance the unusual perspective of being 9,14 metros up in the air.
Combinations of fixed benches and chairs are arranged in gathering spaces along edges as a plant protection device and to allow for programmatic flexibility. Configurations accommodate everyday activities and small-scale gatherings, and still allow sufficient flexible space for special events.

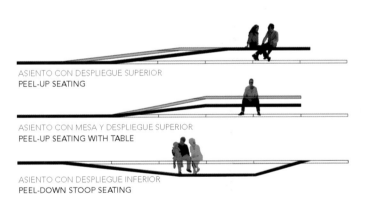

ASIENTO CON DESPLIEGUE SUPERIOR
PEEL-UP SEATING

ASIENTO CON MESA Y DESPLIEGUE SUPERIOR
PEEL-UP SEATING WITH TABLE

ASIENTO CON DESPLIEGUE INFERIOR
PEEL-DOWN STOOP SEATING

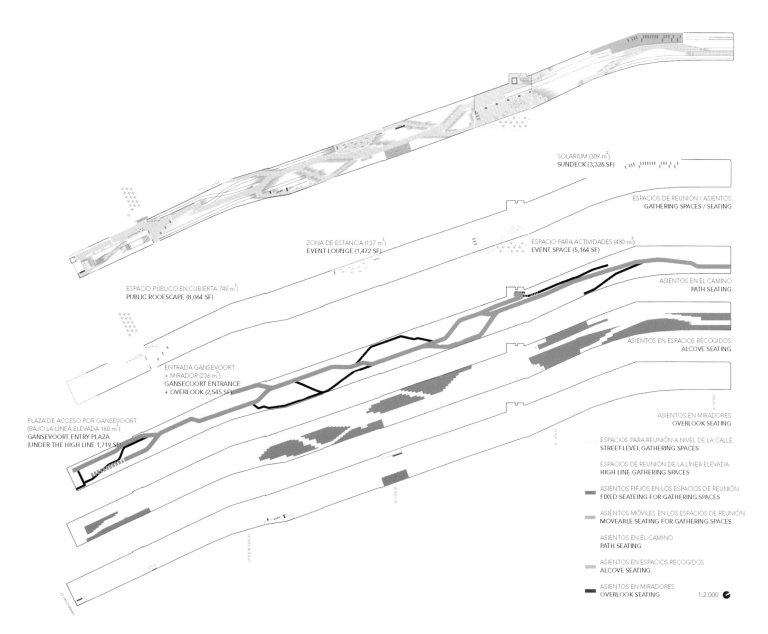

SOLARIUM (309 m²)
SUNDECK (3,326 SF)

ESPACIOS DE REUNIÓN / ASIENTOS
GATHERING SPACES / SEATING

ZONA DE ESTANCIA (137 m²)
EVENT LOUNGE (1,472 SF)

ESPACIO PARA ACTIVIDADES (480 m²)
EVENT SPACE (5,164 SF)

ESPACIO PÚBLICO EN CUBIERTA 749 m²)
PUBLIC ROOFSCAPE (8,064 SF)

ASIENTOS EN EL CAMINO
PATH SEATING

ENTRADA GANSEVOORT
+ MIRADOR (236 m²)
GANSECOORT ENTRANCE
+ OVERLOOK (2,545 SF)

ASIENTOS EN ESPACIOS RECOGIDOS
ALCOVE SEATING

PLAZA DE ACCESO POR GANSEVOORT
(BAJO LA LÍNEA ELEVADA 160 m²)
GANSEVOORT ENTRY PLAZA
(UNDER THE HIGH LINE 1,719 SF)

ASIENTOS EN MIRADORES
OVERLOOK SEATING

ESPACIOS PARA REUNIÓN A NIVEL DE LA CALLE
STREET-LEVEL GATHERING SPACES

ESPACIOS DE REUNIÓN DE LA LÍNEA ELEVADA
HIGH LINE GATHERING SPACES

ASIENTOS FIFJOS EN LOS ESPACIOS DE REUNIÓN
FIXED SEATEING FOR GATHERING SPACES

ASIENTOS MÓVILES EN LOS ESPACIOS DE REUNIÓN
MOVEABLE SEATING FOR GATHERING SPACES

ASIENTOS EN EL CAMINO
PATH SEATING

ASIENTOS EN ESPACIOS RECOGIDOS
ALCOVE SEATING

ASIENTOS EN MIRADORES
OVERLOOK SEATING

1:2.000

Sección 1A

Mide 0,6 hectáreas y se extiende a lo largo de cuatro manzanas, comenzando por el sur en la esquina entre las calles Gansevoort y Washington y llegando al edificio del Chelsea Market, en el borde de la de calle 15. Comprende el 25% del total de The High Line y su gradiente de superfices duras y blandas es de 52% frente al 48%. A pesar de que la Sección 1A se use como prototipo para el resto de la línea, esta porción es bastante atípica y más dura, debido a su anchura (15,24 m aproximadamente), su estiramiento a través de los edificios y la respuesta a un contexto en rápido desarrollo. En el diseño preliminar de estas cuatro primeras manzanas, el sistema de placas discurre a través de unos densos matorrales, una terraza de acceso, césped variado, miradores y recovecos, espacios para actividades, una lámina de agua, un solario y una pradera de flores.

Section 1A

Section 1A is 0.6 hectares and stretches over 4 city blocks, starting at the southern terminus at the corner of Gansevoort and Washington Streets and extending to the Chelsea Market building edge at the north side of 15th Street. Section 1A comprises 25% of the total High Line and is currently configured to have a ratio of hard to soft of 52% to 48%. Although Section 1A is being used as a prototype for the rest of the line, this portion of the line is atypical and 'harder' due to its wider dimension (approx. 15.24 m), stretches through buildings, and response to its rapid developing context. In the preliminary design for these first four blocks of the High Line, the planking system weaves and meanders through a dense woodland thicket, entry terrace, varied grasslands, overlooks and intimate seating alcoves, event spaces, a wetland feature, sundeck and flowering prairie.

Tiene cos puntos de acceso, en Washington 820 y en la calle 14. Las propuestas de cruce incluyen diseños alternativos para limitar el número de zonas sujetas a la norma 2,43 m sobre barandillas de puentes peatonales, tales como variaciones de sección en los cam nos, arbustos vegetales, y otros elementos arquitectónicos que mantienen a los visitantes alejados del borde. En el diseño de la Sección 1A hay dos lugares en los que se emplean estas propuestas:
1. En la calle 13 un mirador suspendido sitúa a los visitantes un tramo de escaleras más bajo para ocupar la sección de las vías y mostrar la actividad de la High Line a la calle inferior, a la vez que se elimina la necesidad de una barandilla adicional sobre el pasamanos.
2. El primitivo camino a la calle 14 baja a través de las zonas húmedas y la pesada estructura de acero inferior, manteniendo a los visitantes alejados del borde en el cruce de calles y elimina la necesidad de una barandilla adicional sobre el pasamanos.

Two special access points are designed in Section 1A at 820 Washington and 14th Street. Proposals for cross street features include design alternatives to limit the number of areas subject to the strict 2,43 m rule for pedestrian bridge fencing such as sectional variation of pathways, vegetated buffers, and architectural features which either keep visitors away from the edge or bring them down within the structure. Within the design of Section 1A there are two locations employing these proposals:
1. The 13th Street sunken overlook brings visitors down a flight of stairs at the edge to occupy the section of the High Line and expose the activity of the High Line to the street below while eliminating the need for additional fencing above the decorative railing.
2. The primary path at 14th Street ramps down through the depth of the wetland and the heavy steel structure below, keeping visitors away from the edge at the cross street and eliminating the need for additional fencing above the decorative railings.

Ronda del Litoral Promenade
Barcelona. Spain, 2004

Ravetllat/Ribas

BARCELONA es

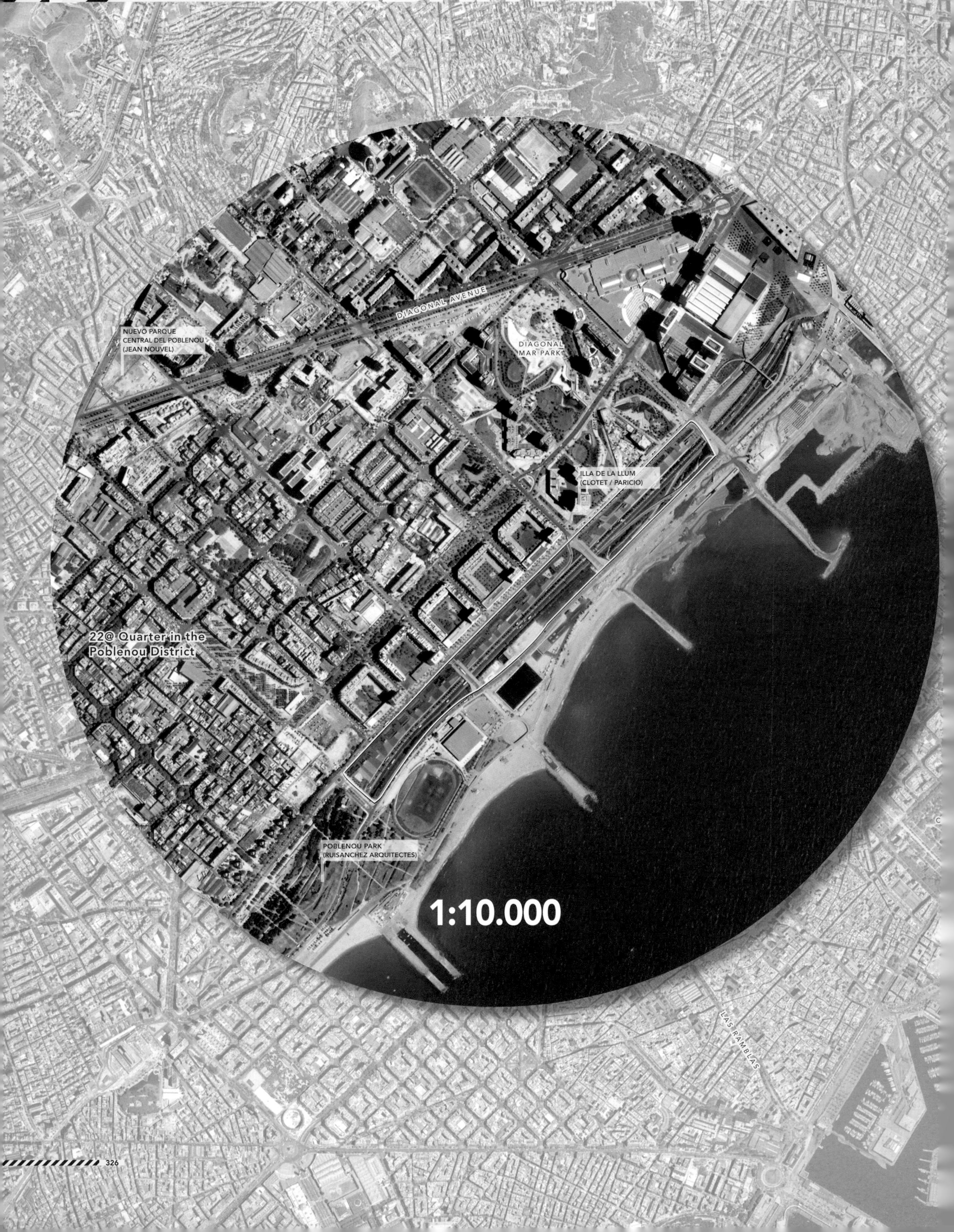

DIAGONAL AVENUE
NUEVO PARQUE
CENTRAL DEL POBLENOU
(JEAN NOUVEL)
DIAGONAL
MAR PARK
ILLA DE LA LLUM
(CLOTET / PARICIO)
22@ Quarter in the
Poblenou District
POBLENOU PARK
(RUISANCHEZ ARQUITECTES)
1:10.000
LAS RAMBLAS

Barcelona Gran Vía (pp. 334-351)

PARQUE LITORAL
(ÁBALOS & HERREROS)

FORUM DE LAS
CULTURAS

CAN JAUMANDREU
(JOSEP LLINÁS)

HOTEL HABITAT SKY
(DOMINIQUE PERRAULT)

B-10

OWER
UVEL)

119.561m²

MEDITERRANEAN SEA

1:20.000

Influence area /////// Barcelona
Population /////////// 1.578.546 inhabitants
Density ///////////// 15.722 inhab/km²
Data source////////// metropolis.org, 2004
Institut Cartogràfic de Catalunya, 2008

capas layers

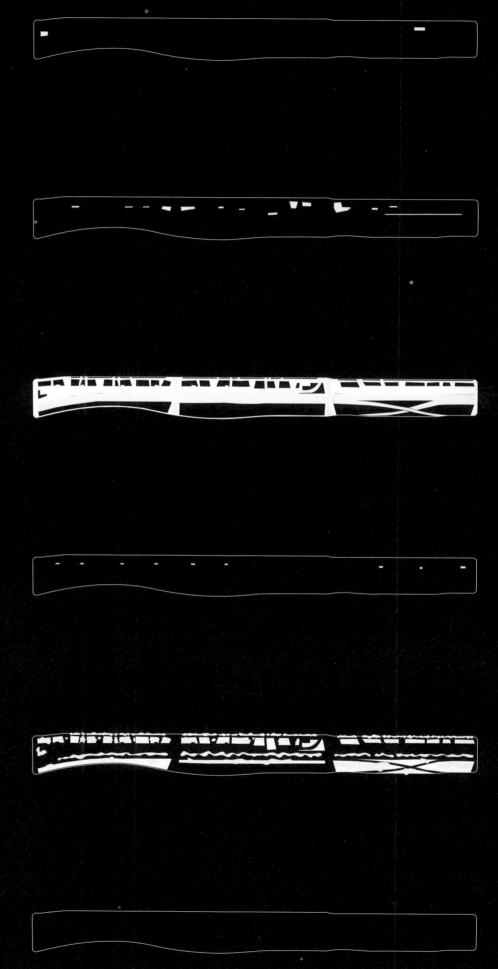

ACTIVIDADES ACTIVITIES

El recinto dispone de dos áreas infantiles acotadas y dotadas de mobiliario específico para el juego de los niños. El resto de la superficie de asfalto se emplea para recorridos en bicicleta y como pista de patinaje.

The grounds have two delimited children's areas which have specific installations for children's play. The rest of the asphalt surface is used for bicycle paths and a skating rink.

ESTANCIAS ROOMS

Las plataformas transversales sobreelevadas que atraviesan la franja vegetal y la comunican con la banda asfaltada funcionan como miradores desde los que se puede contemplar el mar.

The elevated transversal platforms that run through the green strip and connect it to the asphalt strip function as viewpoints where one can contemplate the sea.

RECORRIDOS ROUTES

Sobre la autopista de circunvalación se han trazado dos nuevas vías que permiten el paso del tráfico rodado hacia las playas. El resto de la intervención es una gran plataforma de pavimento asfáltico bicolor atravesada por pasos peatonales para disfrute de actividades en movimiento.

Over the ringroad two new lanes have been drawn to allow vehicle traffic to the beaches. The rest of the intervention is a large two-coloured asphalt pavement platform that pedestrian paths go through for the enjoyment of activities in movement.

EDIFICIOS BUILDINGS

Las únicas edificaciones presentes en la intervención son las cajas de vidrio que contienen los accesos al aparcamiento subterráneo.

The only buildings present in the intervention are the glass boxes that serve as entrances to the underground car park.

VEGETACIÓN VEGETATION

Una vía rápida en trinchera divide por la mitad el espacio de la intervención y su mediana está plantada con palmeras. En uno de sus lados, un talud plantado con césped, herbáceas y arbustos sirve para recuperar la cota de la playa colindante, mientras que en el otro una plataforma horizontal a nivel con el Paseo García Faria cubre un aparcamiento subterráneo. Sobre ella se ha dispuesto una tira ajardinada con plantaciones trapezoidales de césped y una alineación de palmeras junto a la calzada del paseo.

A ditch motorway divides the intervention space in half and its median is planted with palm trees. On one of its sides, a slope with grass, herbs and bushes serves to recover the height of the adjacent beach, while on the other side a horizontal platform at the height of the Paseo García Faria covers an underground car park. On it there is a strip of garden, with trapezoid grass formations and a line of palm trees along the promenade.

AGUA WATER

Si bien el área de intervención no está bordeada por el agua, el paseo discurre paralelo al litoral a pocos metros de la playa sobre el Mar Mediterráneo.

Though the area of intervention is not bordered by water, the promenade runs parallel to the coast very near the beach on the Mediterranean Sea.

1:10.000

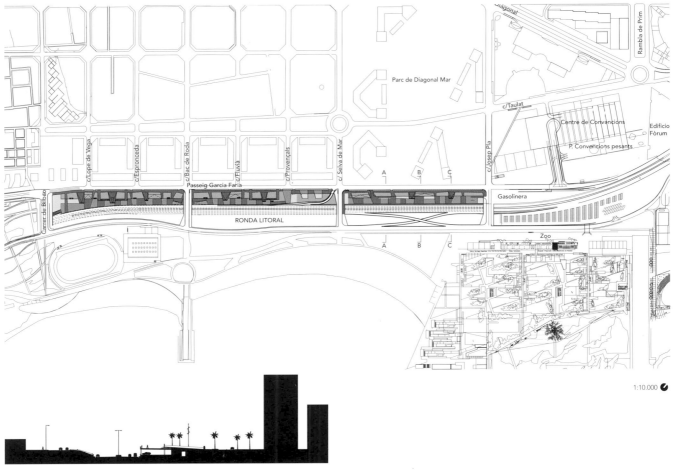

Parc de Diagonal Mar

c/Taulat

Centre de Convencions

Edificio Fòrum

P. Convencions pesants

Gasolinera

RONDA LITORAL

Passeig Garcia Faria

Carrer de Bilbao

c/Lope de Vega

c/Espronceda

c/Bac de Roda

c/Fluvià

c/Provençals

c/Selva de Mar

c/Josep Pla

Diagonal

Rambla de Prim

Zoo

A B C

A B C

1:10.000

Sección **C Section** 1:10.000

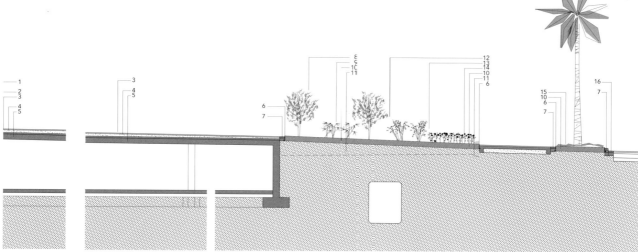

Sección **A** Section

1 IMPOSTA DE HORMIGÓN
2 MURO DE HORMIGÓN ARMADO 40 cm
3 CAPA DE ASFALTO DE 4 cm ESPESOR
  ACABADO CON SLURRY SELLADO Y
  PINTURA COLOR AMARILLO/NEGRO
4 BASE DE HORMIGÓN LIGERO
5 LOSA DEL APARCAMIENTO EXISTENTE
6 PLETINA METÁLICA 10 x 200 mm CON
  PATILLA DE ANCLAJE CADA 70 cm
7 BORDILLO DE LOSETAS NEGRAS DE 30 x 30 cm
8 PLANTACIÓN DE *TAMARIUS*
9 PLANTACIÓN DE *CHAMAEOPS HUMILIS*
10 TIERRA VEGETAL DE 30 cm DE ESPESOR
11 TERRENO COMPACTADO
12 PLANTACIÓN DE *CORTADERIA SELLOANA*
13 PLANTACIÓN DE *HYPARRHENIA HIRTA*

14 PLANTACIÓN DE CÉSPED
15 PLANTACIÓN DE HIEDRA
16 BORDILLO DE GRANITO
17 LUCERNARIO
18 MURO DE HORMIGÓN ALIGERADO DE 30 cm DE
  ESPESOR ENLUCIDO CON POLVO DE MÁRMOL
19 FAROLA
20 VENTILACIÓN DEL APARCAMIENTO
21 PLANTACIÓN DE ADELFAS
22 SOLERA DE HORMIGÓN H-200
  DE 15 cm DE ESPESOR
23 ZAHORRA ARTIFICIAL DE 25 cm DE ESPESOR
24 ESCALÓN DE HORMIGÓN PREFABRICADO
25 RASILLA CERÁMICA DE 4 cm DE ESPESOR
26 MURO DE BLOQUE DE HORMIGÓN LIGERO
  DE ARLITA DE 25 cm DE ESPESOR

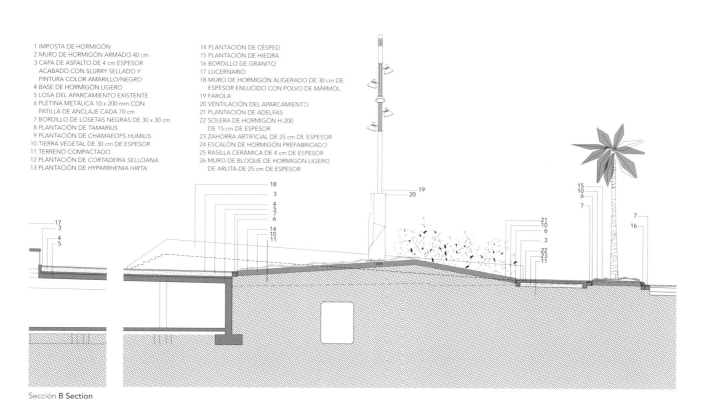

Sección **B** Section

1 CONCRETE PARAPET
2 40 cm THICK REINFORCED CONCRETE WALL
3 4 cm ASPHALT LAYER, WITH SLURRY SEALING
  AND YELLOW/BLACK PAINT FINISHING
4 LIGHTENED CONCRETE LAYER
5 EXISTING PARKING SLAB
6 10 x 200 mm STEEL PLATE FIXED BY
  METAL BRACES EVERY 70 cm
7 30 x 30 cm BLACK PAVERS CURB
8 *TAMARIUS* PLANTING
9 *CHAMAEOPS HUMILIS* PLANTING
10 30 cm THICK VEGETAL SOIL LAYER
11 CRUSHED SOIL
12 *CORTADERIA SELLOANA* PLANTING
13 *HYPARRHENIA* HIRTA PLANTING

14 LAWN
15 IVY PLANTING
16 GRANIT CURB
17 SKYLIGHT
18 30 cm THICK LIGHTENED CONCRETE
  WALL COATED WITH MARBLE DUST
19 STREET LAMP
20 UNDERGROUND PARKING VENTILATION SHAFT
21 OLEANDER PLANTING
22 25 cm THICK H-200 CONCRETE LAYER
23 25 cm ARTIFICIAL BALLAST LAYER
24 PREFABRICATED CONCRETE STEPS
25 4 cm WIDE HOLLOW BRICKS
26 25 cm THICK LIGHTENED CONCRETE WALL

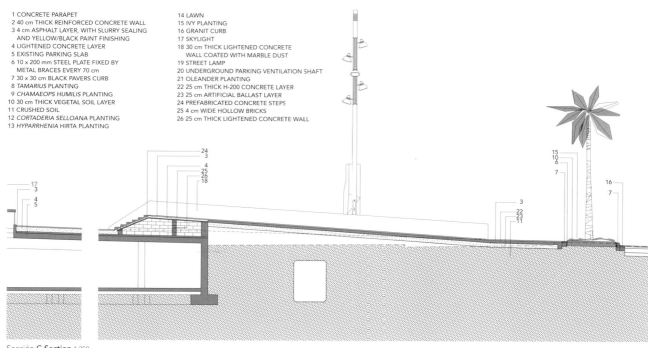

Sección **C** Section 1:250

El proyecto forma parte del programa de regeneración del litoral barcelonés, que desde la nominación de la ciudad a los Juegos Olímpicos de 1992 trata de reconciliar Barcelona con su frente marítimo. A escasa distancia del recinto del Forum de las Culturas, este fragmento costero era uno de los últimos que quedaban por urbanizar dentro del término municipal. La intervención que resulta es una franja paralela al Mediterráneo de unos 40 m de ancho por 1300 m de largo, contenida entre el paseo García Faria y la ronda litoral de circunvalación de Barcelona. El conjunto está atravesado por dos nuevas vías que permiten el paso de tráfico rodado hacia las playas. Dos bandas paralelas formalizan el proyecto. Una tira ajardinada discurre del lado del Paseo, con zonas de plantación trapezoidales a diferentes alturas sobre rasante y atravesadas a menudo por pasos peatonales.

The project falls under a large-scale program aimed at regenerating the Barcelona coast. Ever since the city of Barcelona's bid to host the Olympic Games of 1992, it has tried to reconcile itself with its maritime side. Located just a short distance from the site of the Forum of Cultures, this piece of coast was one of the last sites within the municipal area that still remained to be urbanized. The intervention involves a strip of land lying parallel to the Mediterranean, a rectangle about 40 m wide and 1300 m long positioned between Passeig García Faria and Barcelona's coastal beltway. The complex is penetrated by two new roads that provide wheeled access to the beaches. Two parallel bands give form to the project. A landscaped strip stretches on the Passeig side, with trapezoidal plantation zones at different heights on the slope that are often penetrated by pedestrian passageways.

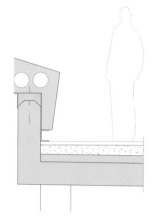

Antepecho de hormigón prefabricado
Prefab concrete parapet 1:50

En esta franja ajardinada aparecen unos elementos singulares de acero corten que hacen de ventilación del aparcamiento de autobuses; paralelamente, una plataforma desnuda cubre un aparcamiento que da a la Ronda.

Las sobrecargas admisibles por esta losa limitaban los tipos de plantación en su superficie, y por ello se decidió finalmente colocar sólo un pavimento asfáltico. A la vista queda, pues, una extensa superficie bicolor para disfrute de actividades en movimiento: peatones, ciclistas, patinadores…

La nota más contemplativa la aportan las plataformas transversales sobreelevadas que comunican ambas bandas, auténticos miradores desde los que se vuelve a divisar el mar.

On this strip appear some unique corten steel elements that serve to ventilate the bus parking lot. Parallel to it, a bare platform covers a parking lot that faces the Ronda.

The weight limit of this slab limited the plantation types allowed on it, and the solution adopted was a simple and bare asphalt pavement. The result is an extensive two-colored surface on which to enjoy a wide range of motion-involving activities: walking, cycling, skating…

The most contemplative note is provided by the high transversal platforms connecting the bands. They are bona fide lookouts from which Barcelona can once again gaze at its sea.

Barcelona Gran Vía Barcelona. Spain, 2007
Arriola&Fiol Arquitectes arquired.es/users/arriolafiol
Miralles Tagliabue EMBT mirallestagliabue.com

BARCELONA .es

TMB Park (pp. 74-89)

PASEO DE GRACIA

Eixample District

227.589m²

MERIDIANA AVENUE

FUTURE LA SAGRERA
RAILWAY STATION

DIAGONAL AVENUE

GRAN VÍA DE LAS CORTES CATALANAS

RADA FAMILIA TEMPLE
ONIO GAUDÍ)

AGBAR TOWER
(JEAN NOUVEL)

GLORIAS
CATALANAS

Ronda del Litoral Promenade (pp. 326-333)

🔵 1:20.000

Influence area /////// Sant Martí District
Population /////////// 218.004 inhabitants
Density //////////////// 20.204 inhab/km²
Data source ////////// bcn.es, 2004
Institut Cartogràfic de Catalunya, 2008

capas layers

ACTIVIDADES

Diversos focos de actividad deportiva jalonan las vias laterales junto a los edificios de vivienda.

ACTIVITIES

Different centres of sport activity mark the lateral roads next to the housing buildings.

ESTANCIAS

Las nuevas plazas que se suceden a ambos lados de la Gran Vía sirven como punto de encuentro, paseo o estancia y se han amueblado con elementos expresamente diseñados para el proyecto. La gran longitud de la intervención requeria que el espacio estuviese fragmentado en sucesivas habitaciones, con un mobiliario específico que las distinguiese.

ROOMS

The new plazas that arise on both sides of the Gran Vía serve as a place for social interaction, walking or sitting and have been furnished with elements specifically designed for the project. The great length of the intervention required the space to be divided into consecutive rooms, with specific furnishings that differentiate them.

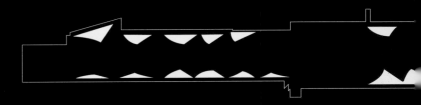

RECORRIDOS

El tráfico rápido discurre por la cota más baja. El tráfico local discurre por dos vias sobre la autopista, donde está permitido el aparcamiento de residentes. Una linea de tranvia discurre bajo la nueva plataforma. Por último, una pequeña via de servicio bordea el acceso a las viviendas.
El diseño de las plataformas permite recorridos peatonales que bordean las plazas públicas. Unas pasarelas atraviesan la Gran Vía cada 100 m, el ritmo habitual de cruce en la reticula del Ensanche barcelonés.

ROUTES

High speed traffic runs at the lowest elevation. Local traffic runs along the two roads above the motorway, where resident parking is allowed. A tram line runs below the new platform and, finally, a small service lane borders the building entrances.
The platform design allows for pedestrian routes that border public plazas. Walkways cross the Gran Vía every 100 m, the habitual rhythm of crossings on the grid of the Eixample of Barcelona.

EDIFICIOS

La Gran Vía se había convertido en una autopista urbana flanqueada por dos contundentes frentes de vivienda a lo largo de unos 2,5 km. Estos frentes son la cara visible de barrios muy densamente poblados, con escasos espacios públicos y que han sufrido durante 30 años altos niveles de ruido originados por el tráfico.

BUILDINGS

The Gran Vía had turned into an urban motorway flanked by two cumbersome façades along 2.5 km. These facades are the visible face of very densely populated neighbourhoods with few public spaces. These neighbourhoods have suffered high noise levels due to traffic for thirty years.

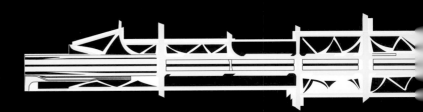

VEGETACIÓN

Las plantaciones se distribuyen en isletas de césped sobre la cota más alta de las nuevas plataformas. Estas isletas están plantadas con álamos como los que bordean la misma autopista una vez que se sale de Barcelona. para introducir en la ciudad el paisaje de la carretera a su paso por el campo.

VEGETATION

Planting is distributed over islands of grass at the highest level of the new platforms. Poplars like the ones that border the motorway outside of Barcelona are planted on these islands to introduce the countryside landscape in the city.

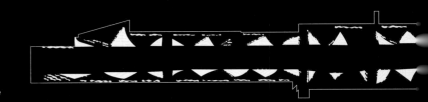

AGUA

Tres estanques triangulares al inicio de la intervención con una fuente.

WATER

Three triangle ponds at the beginning of the intervention with a fountain.

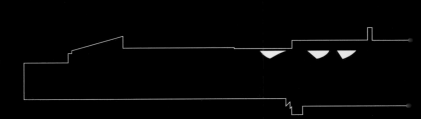

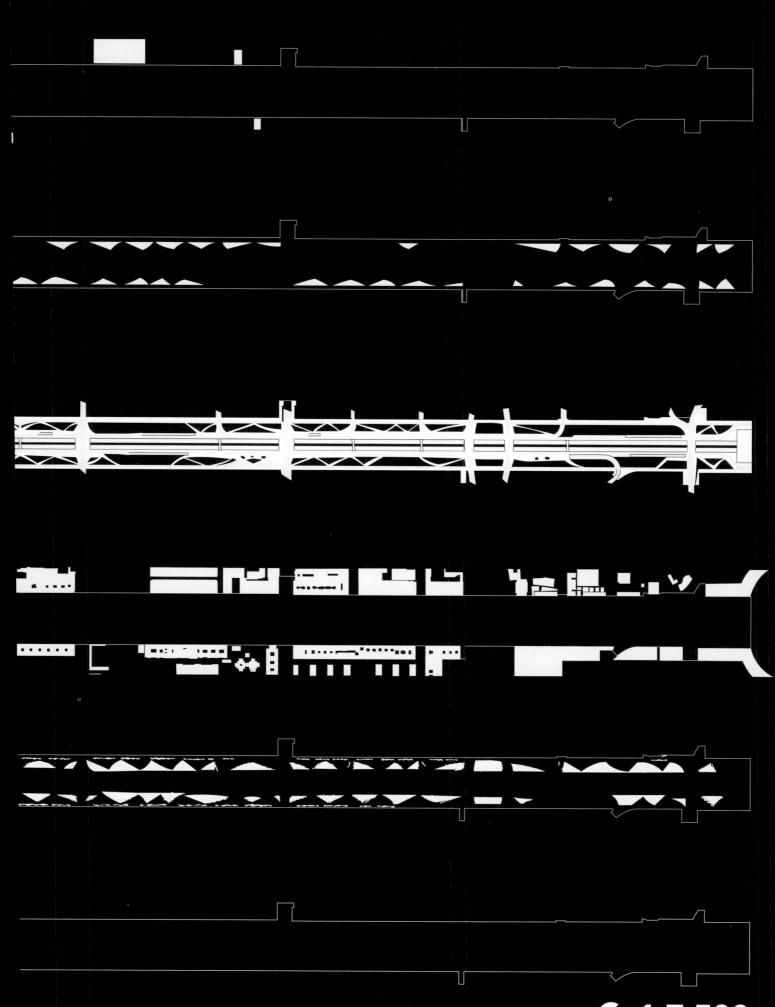

1:7.500

Las infraestructuras tienen un gran impacto físico en la ciudad actual y, muy a menudo, debido a su carácter lineal, se convierten en barreras que dificultan conectividad entre tejidos urbanos contiguos.

El modelo de infraestructura en varios niveles pretende integrar diferentes usos urbanos dentro de la misma híperestructura, dando lugar a un híbrido, un condensador social que aloja, además de las vías de circulación (autopista y vías secundarias), otros usos y servicios: alcantarillado, transporte público, aparcamiento u otros programas como mercado o exposiciones temporales.

Estas infraestructuras en múltiples niveles conllevan el soterramiento del tráfico y la creación de intercambiadores de transporte bajo la superficie, liberando gran cantidad de suelo que puede ser utilizado para la construcción de equipamientos, vivienda social o como espacio público. Se trata de proyectos basados en la superposición de usos en sección, liberando espacio en planta para recomponer los encuentros con el tejido urbano circundante.

En este caso hemos tratado de mejorar las condiciones de la Gran Vía, más conocida por los ciudadanos como la autopista C-31, favoreciendo al peatón frente al vehículo privado.

Infrastructure has a heavy physical impact on today's cities. Too often, due to its lineal edges, infrastructure creates strong borders that prevent easy connectivity between adjacent urban tissues.

Multilevel infrastructure deals with integrating different urban functions into the same hyper-structure in order to create a mix-used element, or social-condenser, holding between its levels of segregate communication (highway, road and service lanes), functions such as sewage lines, public transportation, parking facilities and other possible amenities like a flea-market or temporary exhibits.

Multilevel infrastructures allow possibilities of new buildings and intermodal stations between levels of traffic, transforming traffic junction leftovers into accessible areas of park and sport and creating thus public amenities or social housing in the underused zones.

The project for multilevel infrastructure works in section by means of superimposing levels of use, and in plan by displacing borders to soften limits with adjacent zones.

This project aims to improve the conditions of Gran Via, better known to many citizens as the C-31 motorway, with greater attention to pedestrians than the motorists.

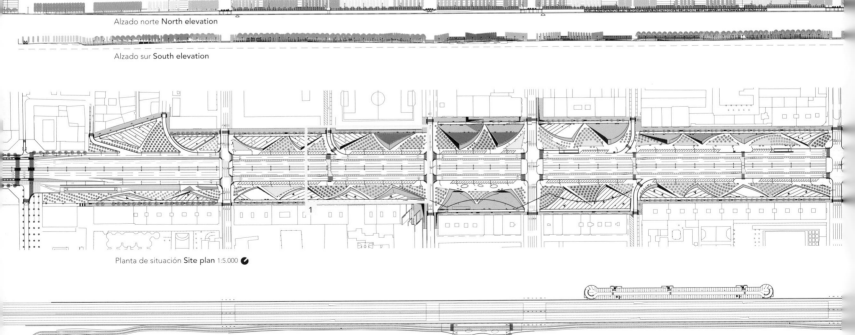

Alzado norte **North elevation**

Alzado sur **South elevation**

Planta de situación **Site plan** 1:5.000

1

Nivel inferior **Lower level**

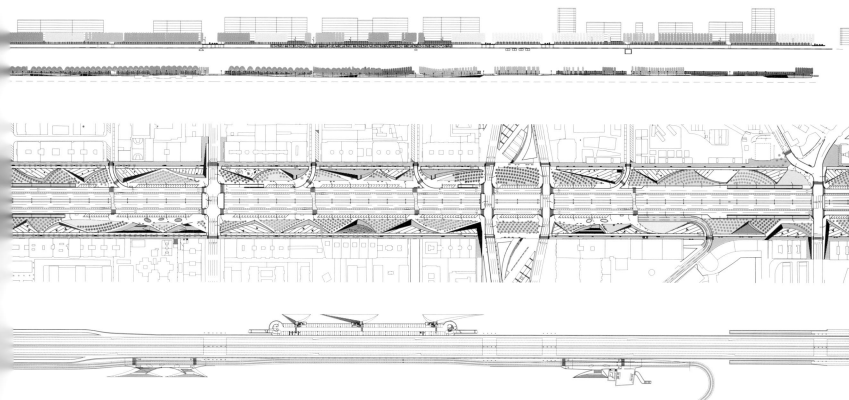

Nuestra intervención propone una nueva sección: un voladizo de 3,5 m de ancho sobre cada lado de la autopista central. Con esta solución logramos reducir la polución acústica y atmosférica, resolvemos la ausencia de conexiones transversales entre ambos lados de la autopista y remediamos la carencia de espacio público. Se han llevado a cabo las siguientes actuaciones: las pantallas sonoras en los extremos de los voladizos protegen a los edificios del ruido que emana de la autopista;

It proposes a new section: a projection of the service roads to form 3.5 m wide cantilevers over the central carriageway. This solution reduces noise and atmospheric pollution, and resolves the absence of cross connections between both sides (northeast and northwest) of the highway and the shortage of public spaces.
The following elements have been put into place: sound screens located along the edge of the cantilevers protect the buildings in the Gran Via from the noise produced by traffic on the central carriageway;

las nuevas aceras de las calles perpendiculares a la infraestructura potencian la relación entre los dos lados; mientras, la elevación de la cota a la que discurren los carriles de servicio sobre el voladizo permite el paso de la línea subterránea de tranvía, paralela a la autopista central; asimismo, se han construido 4 paradas de tranvía a lo largo del lado noroeste de la vía, cuyos accesos se integran en el diseño del parque sobre la superficie; por

the sidewalks situated at the end of all of the perpendicular streets emphasize relations between the two sides; by raising the level to be developed above the central traffic lanes, it is possible to accommodate the new tramline on the same level as the road; four tram stops are planned on the northeast side, and are integrated into the park's topography; on the northwest side, two underground car parks of two floors occupy a 400-metre stretch.

último, al otro lado de la autopista se ha construido un aparcamiento subterráneo en dos plantas que ocupa una longitud de 400 metros.
El tráfico queda así organizado en tres niveles: un sector central por el que discurre la vía rápida, vías de servicio sobre los voladizos (con dos carriles y una banda de aparcamiento en superficie, accesos a la autopista, al aparcamiento subterráneo, zonas de carga y descarga y paradas de autobús), una acera de 3 m de anchura y un carril bici.

Traffic is organized into three levels: a central trunk that channels fast traffic, service roads over the cantilevers (with two traffic lanes and a parking strip with services, access to the central carriageway, car park entrances, loading bays and bus stops), and a 3 m wide sidewalk and a bicycle lane.

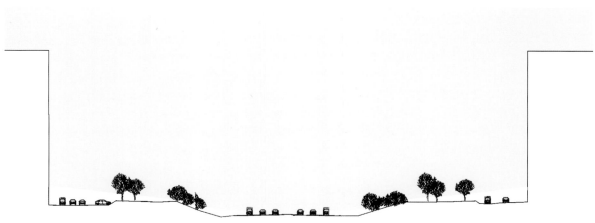

Sección transversal. Estado anterior **Cross section. Previous state**

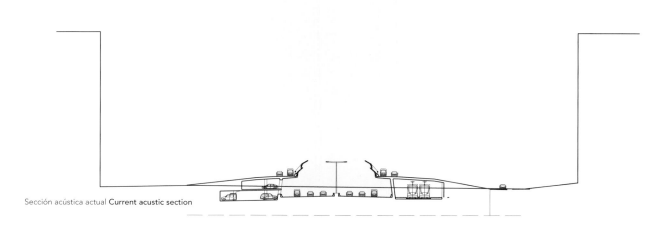

Sección acústica actual **Current acustic section**

Estación de tranvía bajo la superficie **Tramway underground station**

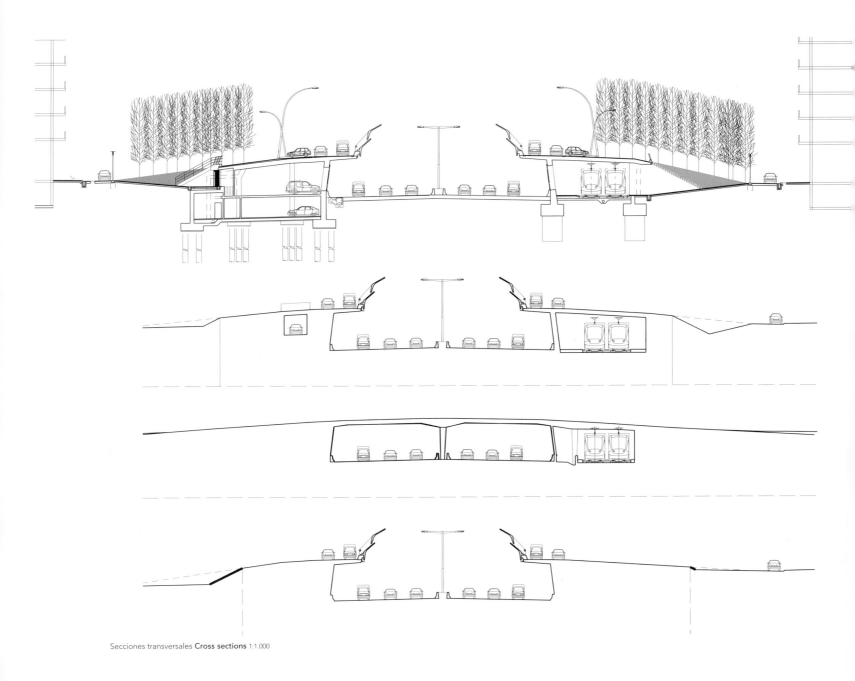

Secciones transversales **Cross sections** 1:1.000

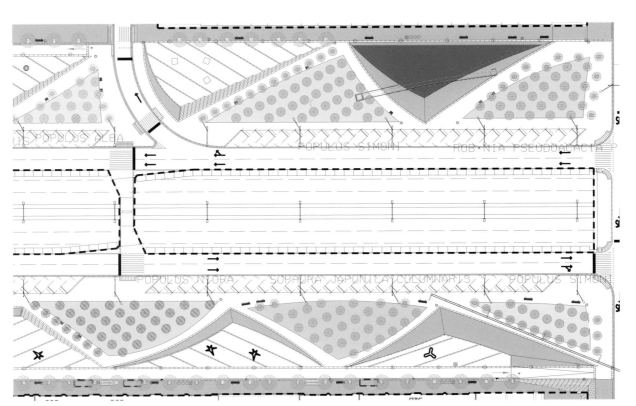

POPULUS ALBA

POPULUS SIMONI   ROBINIA PSEUDOACACIA

POPULUS NIGRA   SOPHORA JAPONICA COLUMNARIS   POPULUS SIMONI

1:2.500

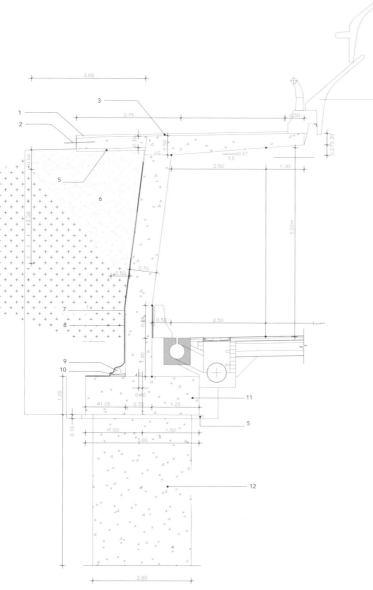

Detalle de la sección transversal
Cross section detail 1:100

1 CORTE DEL PAVIMENTO CON SIERRA DE DISCO
2 ANCLAJES
3 PAVIMENTACIÓN
4 PANTALLA ACUSTICA
5 HORMIGÓN DE LIMPIEZA
6 MEZCLA DE GRAVA-CEMENTO
7 CAPA DRENANTE GEOTEXTIL
8 IMPERMEABILIZACIÓN
9 TUBO DE DRENAJE Ø 160 mm
10 BASE DE HORMIGÓN HM-15
11 ENCEPADO DE 1 m DE ANCHO
12 PANTALLA DE 80 cm DE ANCHO

1 CIRCULAR SAW EDGE ON ROAD SURFACE
2 ANCHOR BOLTS
3 ROAD SURFACE
4 NOISE BARRIER
5 CONCRETE
6 CEMENT GRAVEL MIX
7 GEOTEXTILE DRAINAGE LAYER
8 WATERPROOFING LAYER
9 DIA 160 mm DRAINAGE PIPE
10 HM-15 CONCRETE BASE
11 1 m WIDE PILE CAP
12 80 cm THICK FOUNDATION WALL

El parque lineal resuelve la diferencia de cotas entre los edificios de la Gran Vía y las vías de servicio sobre los voladizos. Las pendientes del 20% resultantes están divididas en plazas peatonales y zonas verdes, que permiten la conexión visual entre los dos lados de la autopista y compiten con la escala de los edificios circundantes. Se han plantado seis especies de árboles diferentes para lograr un frente variado a lo largo de la avenida y además, un canal elevado comunica los cuatro estanques de que dispone el recinto, cada uno equipado con una fuente.

The linear park resolves the difference in level between the buildings in Gran Via and the roads on either side.
The resulting 20% slopes are divided into level squares and sloping green spaces with plantations that allow visual communication between both sides of the avenue and compete with the aligned buildings. Six different species are planted alternately to form an informal stand along the avenue. A raised channel of water connects the four ponds, each with a fountain.

En cuanto al mobiliario, el parque cuenta con una serie bancos cuyo diseño se inspira en el mundo animal, en el medio marino o en objetos voladores, que sirven para amueblar las plazas.

The entire park is fitted out with a series of specially designed benches that take their references from the animal kingdom, marine environments or flying objects, and furnish the squares like outdoor rooms.

El objetivo de las pantallas acústicas esculturales es evitar la salida de las ondas sonoras que produce la circulación de automóviles por la Gran Vía. Estas pantallas reducen la percepción del tránsito del canal central, desde las plantas superiores de los edificios adyacentes y desde el espacio público.

La pantalla consiste en una pieza rígida, formada por una piel exterior resistente que envuelve un núcleo de material acústico. Las superficies envolventes consisten en unas placas curvas cóncavas en la parte expuesta al sonido y planas en la parte posterior que recubren el núcleo de poca densidad. Todo el conjunto conforma un cuerpo con un alzado de 2,5 m por 7,5 de m de largo y anchuras que oscilan entre los 10 y 50 cm.

The goal of the sculptural acoustic screens is to avoid the escape of sound waves produced by automobile traffic on Gran Vía. These screens reduce the perception of transit in the central canal by higher floors of the adjacent buildings and public space.

The screen is made up of a rigid piece, formed by an exterior resistant skin that surrounds a nucleus of acoustic material. The enveloping surfaces are made up of concave curved panels on the part exposed to sound and flat on the outer part that covers the nucleus of low density. The whole of the work makes up a body of 2.5 m by 7.5 m long and widths that run from 10 to 50 cm.

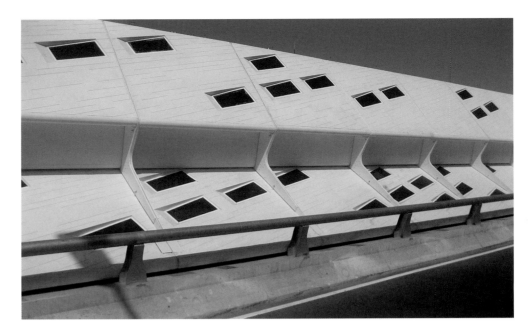

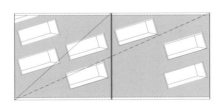
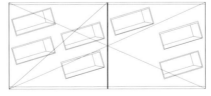

Texturas **Textures** 1:100

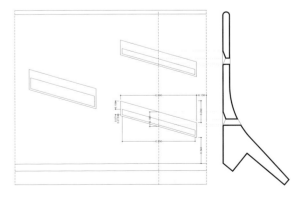

Huecos estrechos **Narrow openings** 1:50

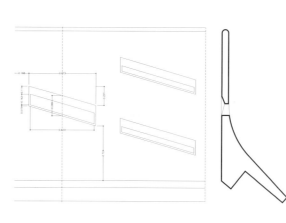

Huecos anchos **Wide openings** 1:50

Boston Central Artery Boston. USA, 2007
Chinatown Park, Dewey Square,
Wharf District Parks, North End Parks

BOSTON us

North End
Neighbourhood

BOSTON CITY HALL

Boston CBD

BOSTON COMMON PARK

Chinatown

1:10.000

378.877m²

North End Parks
11.334m²

Wharf District Parks
20.234m²

BOSTON INSTITUTE OF
CONTEMPORARY ART
*(DILLER SCOFIDIO +
RENFRO)*

Dewey Square
5.300m²

Chinatown Park
025m²

BOSTON-LOGAN AIRPORT

PORT OF BOSTON

1:20.000

Influence area /////// Boston
Population /////////// 596.638 inhabitants
Density //////////////// 4.457 inhab/km²
Data source////////// cityofboston.gov, 2007
MassGIS, Commonwealth of Massachusetts EOEA, 2008

capas layers

TRÁFICO RODADO — VEHICULAR TRAFFIC
ÁRBOLES — TREES
AGUA — WATER
EDIFICIOS — BUILDINGS
ACTIVIDADES — ACTIVITIES
ESTANCIAS — ROOMS

PEATONAL&BICI — PEDESTRIAN&CYCLIST
CÉSPED — GRASS
MONTE BAJO — SCRUBLAND
MARISMAS — MARSHES

ÁREA DE INTERVENCIÓN — INTERVENTION AREA
ÁREAS DE PROYECTO — PROJECT AREAS

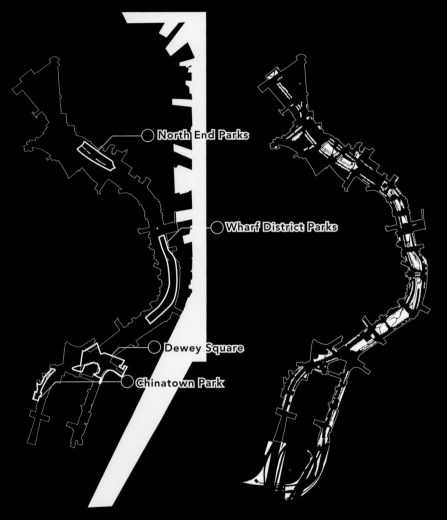

North End Parks

Wharf District Parks

Dewey Square

Chinatown Park

AGUA WATER

A las fuentes ornamentales o los juegos de agua propios del proyecto hay que añadir otra función fundamental: la intervención devuelve el mar a la ciudad haciéndolo accesible. El bulevar Rose Fitzgerald Kennedy es en este sentido una antesala de las numerosas intervenciones públicas de regeneración de la costa de Boston.

Another fundamental function must be added to the ornamental fountains and the waterworks of the project: the intervention gives the ocean back to the city, making it accessible. Rose Fitzgerald Kennedy Boulevard is, in this sense, a precursor to numerous public regeneration interventions on the Boston coast.

VEGETACIÓN VEGETATION

En el nuevo bulevar se ha plantado una alineación de árboles a lo largo de las calzadas y varias praderas de césped se suceden para servir como estancias. También se han reservado espacios para plantaciones de arbustos y herbáceas. Las especies elegidas son autóctonas de Nueva Inglaterra, a excepción de las plantadas en el parque de Chinatown, donde se han escogido plantas provenientes de Asia.

On the new boulevard, a line of trees has been planted along the road and several connecting fields of grass act as seating areas. Spaces have also been reserved to plant bushes and herbaceous plants. The species chosen will be native to New England, except those planted in Chinatown park, where plants from Asia have been selected.

EDIFICIOS BUILDINGS

El vacío dejado por el paso elevado supone una oportunidad para incorporar el degradado barrio de North End, uno de los más antiguos de Boston, al norte del centro, a la vida de la ciudad. Y se facilita, un poco más al sur, la conexión con los edificios del puerto, los muelles y el mar mediante vías transversales que prolongan la trama existente. Además, se ha reservado suelo en el centro del bulevar para la construcción de nuevos equipamientos públicos.

The empty space left by the overpass means an opportunity to incorporate the degraded neighbourhood of the North End, one of Boston's oldest, to the north of the centre, to city life. Connection to the port buildings, docks and the ocean is also facilitated a bit further to the south by transversal roads that extend the existing part. In addition, the ground at the centre of the boulevard has been reserved for the construction of new public service buildings.

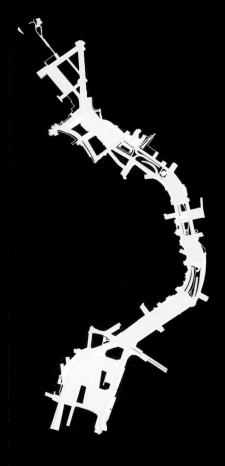
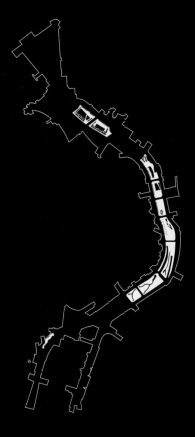
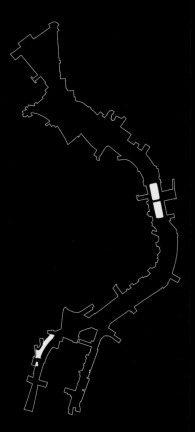

RECORRIDOS ROUTES

La autopista soterrada ha dejado paso a un bulevar clásico, con dos vías laterales para el tráfico rodado a las que se conectan los accesos al túnel, por el que sigue discurriendo, quizás desacertadamente, la misma autopista interestatal que antes lo hacia por encima, con el mismo flujo de tráfico (local y no local) atravesando el centro de Boston. En la superficie, se han recuperado las aceras junto a los edificios y en la mediana del bulevar es posible recorrer a pie los sucesivos parques y plazas.

The tunnelled motorway has made way for a classic boulevard, with two lanes for vehicular traffic which are connected to entrances to the tunnel where, perhaps unwisely, the same Interstate Highway that ran above it, with the same flow of traffic (local and non-local) passing through the middle of Boston. On the surface, pavements next to the buildings have been recovered and on the median strip of the boulevard one can walk along the connecting parks and plazas.

ESTANCIAS ROOMS

Todos los parques ejecutados disponen de zonas de estancia pavimentadas abiertas y amuebladas con bancos, praderas de césped donde relajarse y caminos jalonados con asientos. El diseño de los distintos parques integra una serie de elementos comunes con el fin de obtener un bulevar de aspecto uniforme en toda su longitud.

All of the parks created have open paved seating areas with benches, grass to lie on and paths marked with seating. The design of the different parks integrates a series of common elements so that the boulevard is uniform along its entire length.

ACTIVIDADES ACTIVITIES

El soterramiento de la autopista I-93 a su paso por el centro de Boston liberó un corredor de unos 6 km de longitud que ha sido transformado en una sucesión de espacios públicos. El nuevo bulevar, bautizado como Rose Fitzgerald Kennedy Greenway, pretende curar la herida provocada por la autopista elevada y restablecer el contacto entre los vecindarios más antiguos, poblados y activos de la ciudad. Entre los focos de actividad previstos, destaca el espacio reservado a los eventos programados por la activa comunidad asiática en el parque a la entrada de Chinatown, al sur del bulevar, y las manzanas centrales del Wharf District Park, disponibles para festivales y celebraciones públicas.

The tunnelling of the Boston centre stretch of I-93 motorway freed up a 6 km long corridor that has been turned into a series of public spaces. The new boulevard, named as the Rose Fitzgerald Kennedy Greenway, looks to heal that wound on the city's surface that the elevated motorway created and looks to reestablish contact between the oldest, most populated, and most active neighbourhoods of the city. Among the planned activity centres, the space reserved for events organised by the active Asian community in the Chinatown park and the central blocks of Wharf District Park, available for festivals and public celebrations, stand out.

⏻ 1:20.000

The Big Dig, conocido Oficialmente como Central Artery/Tunnel, consistió en el soterramiento de una autopista urbana que desde 1959 atravesaba el centro de Boston sobre un paso elevado, separando el centro de negocios de los barrios próximos al puerto e impidiendo su participación en el desarrollo económico de la ciudad.

La obra ha supuesto la construcción de unos 6,5 kilómetros de túneles y ha liberado un corredor de unos 60.000 m², bautizado como Rose Fitzgerald Kennedy Greenway. Este espacio ha sido aprovechado para la construcción de nuevos parques que pretenden conectar los barrios más activos y densamente poblados de Boston. De norte a sur las realizaciones han sido las siguientes: North End Parks, Wharf District Parks, Dewey Square y Chinatown Park.

'The Big Dig', officially known as the Central Artery/Tunnel, consisted of the tunnelling of an urban motorway that had passed over the centre of Boston since 1959, separating the business district from the neighbourhoods near the port, hindering their participation in the economic development of the city. The project entailed the construction of 6.5 km of tunnels and freed up 60,000 m² of space, christened the Rose Fitzgerald Kennedy Greenway. This space has been used for the construction of new parks that seek to connect the more active and densely populated neighbourhoods of Boston. From north to south, the actions were as follows: North End Parks, Wharf District Parks, Dewey Square and Chinatown Park.

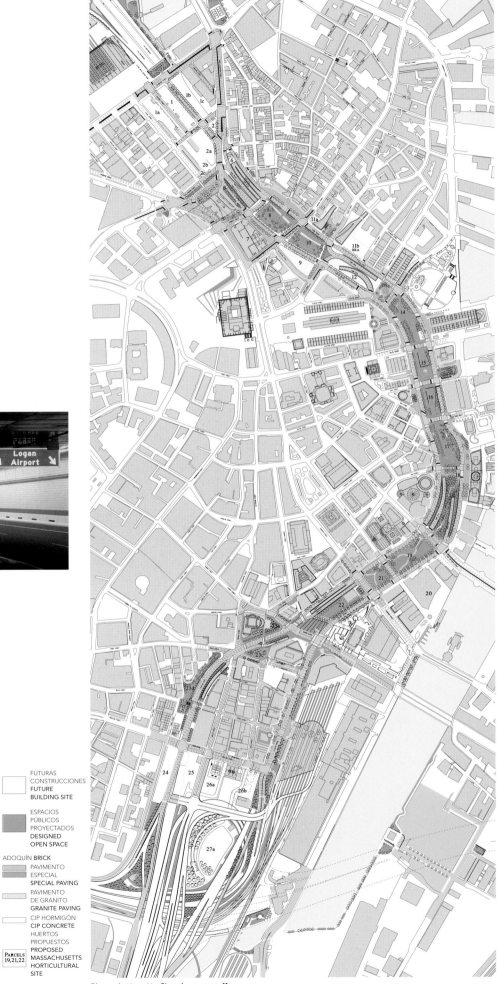

FUTURAS CONSTRUCCIONES
FUTURE BUILDING SITE

ESPACIOS PÚBLICOS PROYECTADOS
DESIGNED OPEN SPACE

ADOQUÍN BRICK

PAVIMENTO ESPECIAL
SPECIAL PAVING

PAVIMENTO DE GRANITO
GRANITE PAVING

CIP HORMIGÓN
CIP CONCRETE

HUERTOS PROPUESTOS
PROPOSED MASSACHUSETTS HORTICULTURAL SITE

PARCELS 19,21,22

Planta de situación **Site plan** 1:10.000

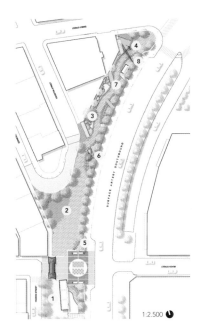

1:2.500

1 ÁREA DE JUEGOS	1 TOT LOT AND
Y BANCOS	SITTING STRUCTURE
2 PLAZA PRINCIPAL	2 MAIN PLAZA
3 JARDÍN DE AZALEAS	3 AZALEA GARDEN
4 PLAZA DE ACCESO	4 ENTRY PLAZA
5 PAVIMENTO	5 'DRY STREAM'
"CAUCE SECO"	PAVING
6 PLANTACIÓN	6 BAMBOO SCREEN
DE BAMBÚ	7 BRIDGE
7 PUENTE	8 LANTERN GATEWAY
8 ESCULTURA EN	
EL ACCESO	

El parque de Chinatown se levanta sobre una antigua salida del túnel de Dewey Square, justo delante de la puerta de entrada al barrio chino por la calle Beach. Se trata del mayor espacio público de *Chinatown* y por este motivo se han atendido las demandas de la pujante comunidad asiática, reservando una gran plaza donde celebrar festivales, eventos y todas aquellas actividades que hasta ahora no disponían de un lugar adecuado. En contraste con la gran plaza, el sector norte de la intervención consiste en un camino sinuoso que recorre un jardín poblado de especies asiáticas con el que se procura alivio a la congestión de las calles adyacentes. Mediante el equilibrio entre pasado y futuro, el diseño del parque interpreta los elementos tradicionales de la cultura china (el espacio para celebraciones, los jardines para la contemplación, los pórticos, los muros, la piedra o el agua que corre) para crear un espacio contemporáneo con referencias al pasado.

Located just outside the traditional Chinatown Gate at Beach Street that marks the entrance to Boston's Chinatown neighbourhood, Chinatown Park is built over the site of an abandoned off-ramp from the Central Artery Dewey Square tunnel. Being the largest open space within Chinatown, the southern portion of the park's design responds to the vigorous social life of the Asian community by providing an open plaza as a framework for the many festivals, celebrations, and daily activities that up until now have had inadequate or inappropriate venues available. Balancing the paved plaza, the northern end of the park is a serpentine path through gardens richly planted with plants of Asian origin that provides a respite from the busy city streets.
Expressing the park's design theme of balancing memory and prophecy, the design interprets these traditional Chinese elements of the village festival space, contemplative gardens, gateways, walls, stone, and flowing water, in a contemporary fashion to create a space that is uniquely modern yet with strong references to the past.

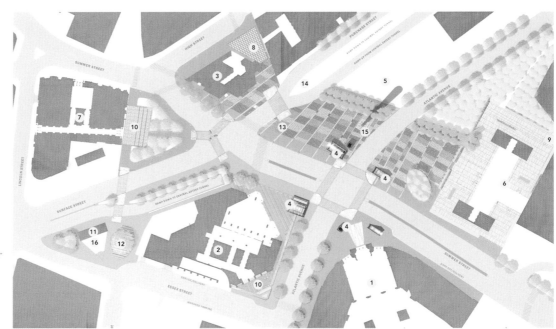

1 ESTACIÓN
2 EDIFICIO "ONE FINANTIAL CENTER"
3 EDIFICIO "THE FIDUCIARY"
4 ACCESO AL METRO
5 SOLAR DEL FUTURO
   JARDÍN BOTÁNICO
6 EDIFICIO "FEDERAL RESERVE
   BANK OF BOSTON"
7 EDIFICIO "125 SUMMER STREET"
8 ACCESO A DEWEY SQUARE DESDE
   EL DISTRITO FINANCIERO
9 ACCESO AL MUSEO DE ECONOMÍA
10 RESTAURANTE AL AIRE LIBRE
11 CAFETERÍA/RESTAURANTE
12 TERMINAL DE AUTOBUSES
   DE SOUTH STREET
13 KIOSKO DE PERIÓDICOS
14 PANEL ELECTRÓNICO
15 COLUMNA DE IFORMACIÓN
   CULTURAL
16 LOCAL COMERCIAL

Planta de situación **Site plan** 1:2.500

1 SOUTH STATION
2 ONE FINANTIAL CENTER
3 THE FIDUCIARY BUILDING
4 'T' SUBWAY ENTRANCE
5 MASSACHUSETTS
   HORTICULTURAL SOCIETY SITE
6 THE FEDERAL RESERVE
   BANK OF BOSTON
7 125 SUMMER STREET
8 THRESHOLD BETWEEN
   DEWEY SQUARE AND THE
   FINANTIAL DISTRICT
9 ENTRANCE TO THE
   MUSEUM OF ECONOMY
10 OUTDOOR RESTAURANT
11 RESTAURANT/CAFE
12 THE TERMIBUS OF SOUTH STREET
13 NEWSSTAND
14 ELECTRONIC SIGN
15 ARTERY ARTS PROGRAM TOWER
16 RETAIL PAVILION

El plan comprende la remodelación a cargo de inversores privados del espacio de Dewey Square, un importante nudo de comunicaciones en el centro financiero de Boston, tras el soterramiento de la Central Artery. El proyecto incorpora en el esquema general de espacios públicos a las plazas de titularidad privada que confluyen en el lugar y plantea un único espacio de carácter contemporáneo sin igual en la ciudad.
El pavimento sirve para unificar todo el espacio de la plaza, y funciona como una gran

The project comprises a privately funded redesign of the surface of the Dewey Square precinct above the Central Artery/Tunnel Project. The design includes the sizeable privately owned plazas that abut the square, and re-conceives the entire area as one urban space with a single contemporary character unique within the city.
The square's overall pavement serves as a continuous carpet of stone and concrete onto which a series of disparate objects are placed. The pavement's patterns reflect the large scale of the plaza, with a giant order of stripes that adjust in width to accommodate the different

alfombra de piedra y hormigón sobre la que se coloca un conjunto de objetos muy dispares. Cada uno de ellos ocupa posiciones que establecen relaciones visuales con los accesos peatonales a la plaza. Se trata de pequeños edificios, quioscos, bocas de metro, o mobiliario.
Las bocas de metro son pabellones de de lamas de vidrio que conducen hacia el intercambiador de transportes subterráneo y confieren cierta identidad a la plaza, al tiempo que se comportan como hitos luminosos durante la noche.

objects. Each object is carefully orchestrated in order to establish visual relationships with the main pedestrian thresholds into the square.
Smaller objects take the form of buildings, pavilions, subway entrance head houses, objectified crosswalks, and infrastructural improvements to provide public services and amenities.
All objects are designed to support urban activities.
The subway glass-louvered entrance pavilions lead to underground train access and give the Dewey Square precinct a distinctive identity and serve as glowing beacons at night.

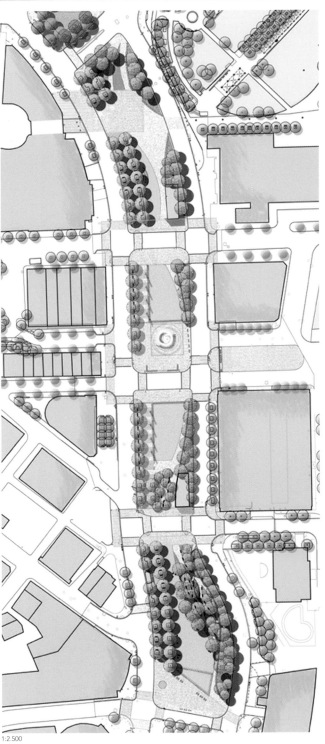

1:2.500

El área de los parques del distrito Wharf es de unos 20.000 m² y está dividida en 5 parcelas separadas por calles trasversales.

La cercanía de los muelles situados al este de la intervención ha tenido un papel determinante en el diseño de los parques.

Por ello, algunos elementos del mobiliario rinden homenaje al protagonismo del puerto como catalizador de la inmigración, el comercio, la pesca y las industrias del mar. Las características de la ciudad y el puerto son responsables de la formalización del parque. El lado de la ciudad es rectilíneo en relación con el frente edificado, mientras que el lado del puerto goza de una composición más suelta: sus formas son curvilíneas y se han plantado especies autóctonas propias del entorno marino. Cada manzana del parque refleja su uso, que va desde un gran espacio para celebraciones a rincones íntimos para leer o hacer pícnic.

The total area of the Wharf District Parks is about 20,000 m² and is divided into five individual parcels defined y vehicular crossroads. Crucial to the Wharf District Parks design are the five wharfs to the east of the Greenway. Design elements here pay tribute to the wharfs' historic contribution to the city's international role in immigration, commerce and trade, and fishing and maritime industries.

The characteristics of the city and the harbour are clearly delineated in the Wharf District Parks' design. The city side is formal and geometric in keeping with the tightly built architectural edge of the park. In contrast, the harbour side is loose. Its form is curvilinear with indigenous plantings indicative of a waterfront environment. Each parcel within the Wharf District Parks reflects its intended use, from grand meeting place to quiet nook for reading or picnicking.

North End Parks Crosby Schlessinger Smallridge cssboston.com
Gustafson Guthrie Nichol ggnltd.com

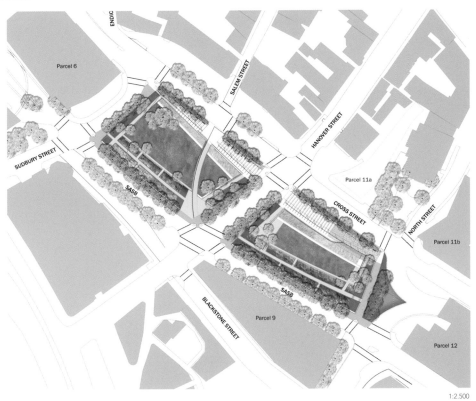

1:2.500

Los parques North End ocupan dos manzanas sobre la cubierta del nuevo túnel, junto a la entrada de uno de los barrios más densamente poblados de Boston. El diseño responde a las reivindicaciones de la comunidad, que reclamaba un espacio de encuentro acogedor e íntimo en contraste con la enorme superficie pavimentada de la cercana City Hall Plaza. Los parques constan de un sistema de espacios adecuados a la escala residencial, al tiempo que como unidad conforman un gran espacio de acceso al barrio. El diseño se basa en entender el parque como umbral de casa, esto es, en él tiene lugar la transición entre la ciudad (City Hall Plaza) y el hogar (el barrio de North End) y por este motivo se ha dispuesto una gran plaza-porche como ampliación espacial de las animadas calles.

The North End Parks are built on the new land over the tunnel roof, at a prime entry to one of downtown Boston's densest neighbourhoods. The design responds to community desire for a welcoming, urban meeting place that complements the expansive paving of nearby City Hall Plaza by offering a more intimate, textured space. The Parks are designed as a system of varied spaces that serve the finely-scaled residential neighbourhood, while forming together as one, unified threshold piece at a grander civic scale. In the 'Home Crossing' design, a series of zones are crossed as one moves from City (Government Centre) to Home (North End). At the entry to Home, a 'porch' plaza is provided as a spatial extension of the lively streets and sidewalk activities within the neighbourhood.

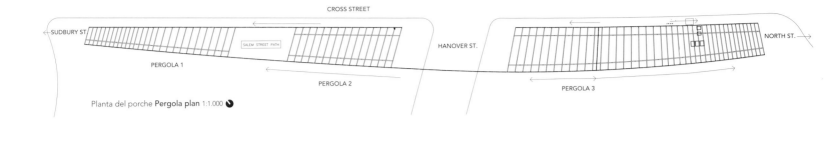

CROSS STREET

SUDBURY ST.

SALEM STREET PATH

HANOVER ST.

NORTH ST.

PERGOLA 1

PERGOLA 2

PERGOLA 3

Planta del porche **Pergola plan** 1:1.000

SALEM ST. PATH

HANOVER ST.

NORTH ST.

PERGOLA 1

PERGOLA 2

PERGOLA 3

Alzado por el parque **Park side elevation** 1:1.000

OLYMPIC S

NEW BOTANICAL GAR-
DEN (CARLOS FERRATER)

GRAN VÍA VENUE
OF THE BARCELONA
TRADE FAIR (TOYO ITO)

GRAN VÍA DE LAS CORTES CATALANAS

B-10

Barcelona Airport: 5 km

Zona Franca
Industrial Site

ZAL

442.930m²

MEDITERRANEAN SEA

Influence area /////// Sants-Montjuic District
Population //////////// 176.027 inhabitants
Density /////////////// 8.248 inhab/km²
Data source////////// bcn.es, 2004
Institut Cartogràfic de Catalunya, 2008

1:20.000

capas **layers**

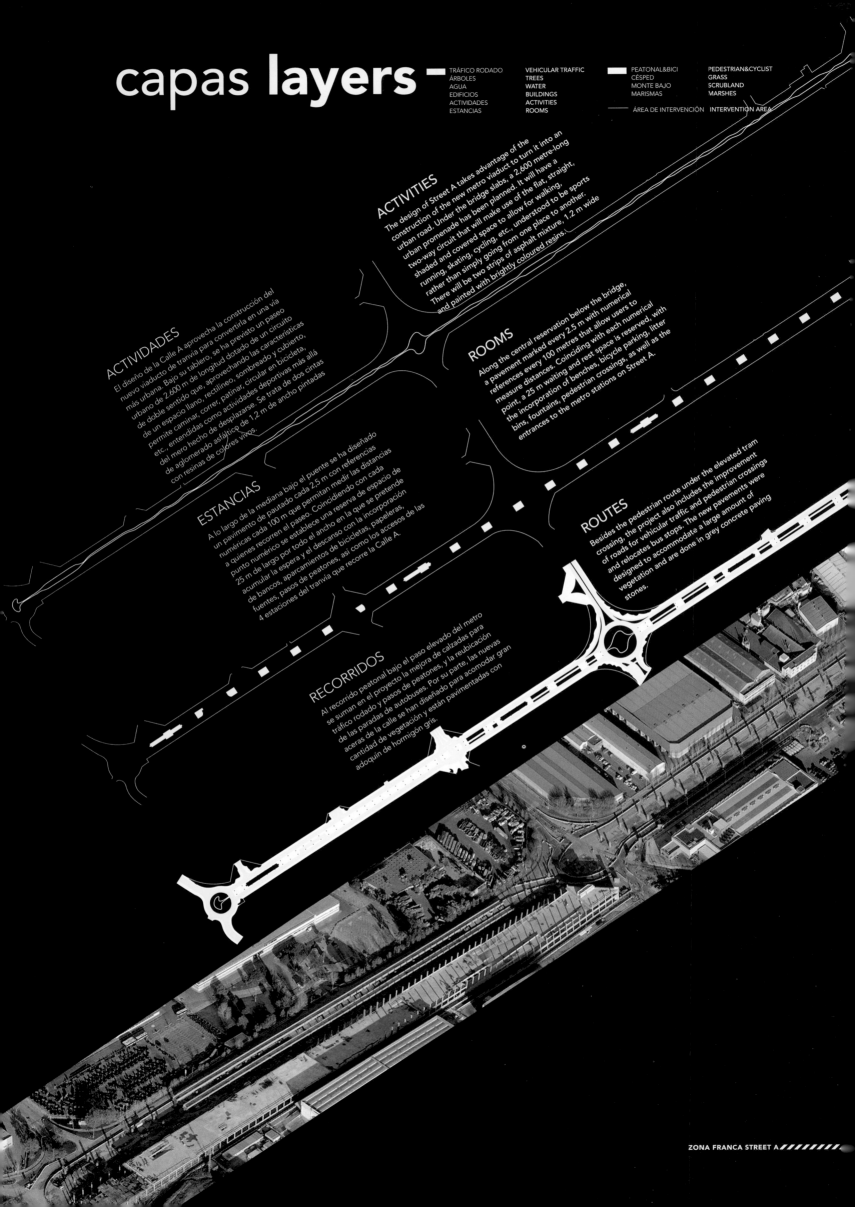

ACTIVITIES

The design of Street A takes advantage of the construction of the new metro viaduct to turn it into an urban road. Under the bridge slabs, a 2,600 metre-long urban promenade has been planned. It will have a two-way circuit that will make use of the flat, straight, shaded and covered space to allow for walking, running, skating, cycling, etc., understood to be sports rather than simply going from one place to another. There will be two strips of asphalt mixture, 1.2 m wide and painted with brightly coloured resins.

ACTIVIDADES

El diseño de la Calle A aprovecha la construcción del nuevo viaducto de tranvía para convertirla en una vía más urbana. Bajo su tablero, se ha previsto un paseo urbano de 2.600 m de longitud dotado de un circuito de doble sentido que, aprovechando las características de un espacio llano, rectilíneo, sombreado y cubierto, permite caminar, correr, patinar, circular en bicicleta, etc., entendidas como actividades deportivas más allá del mero hecho de desplazarse. Se trata de dos cintas de aglomerado asfáltico de 1,2 m de ancho pintadas con resinas de colores vivos.

ROOMS

Along the central reservation below the bridge, a pavement marked every 2.5 m with numerical references every 100 metres that allow users to measure distances. Coinciding with each numerical point, a 25 m waiting and rest space is reserved, with the incorporation of benches, bicycle parking, litter bins, fountains, pedestrian crossings, as well as the entrances to the metro stations on Street A.

ESTANCIAS

A lo largo de la mediana bajo el puente se ha diseñado un pavimento de pautado cada 2,5 m con referencias numéricas cada 100 m que permitan medir las distancias a quienes recorren el paseo. Coincidiendo con cada punto numérico se establece una reserva de espacio de 25 m de largo por todo el ancho en la que se pretende acumular la espera y el descanso con la incorporación de bancos, aparcamientos de bicicletas, papeleras, fuentes, pasos de peatones, así como los accesos de las 4 estaciones del tranvía que recorre la Calle A.

ROUTES

Besides the pedestrian route under the elevated tram crossing, the project also includes the improvement of roads for vehicular traffic and pedestrian crossings and relocates bus stops. The new pavements were designed to accommodate a large amount of vegetation and are done in grey concrete paving stones.

RECORRIDOS

Al recorrido peatonal bajo el paso elevado del metro se suman en el proyecto la mejora de calzadas para tráfico rodado y pasos de peatones, y la reubicación de las paradas de autobuses. Por su parte, las nuevas aceras de la calle se han diseñado para acomodar gran cantidad de vegetación y están pavimentadas con adoquín de hormigón gris.

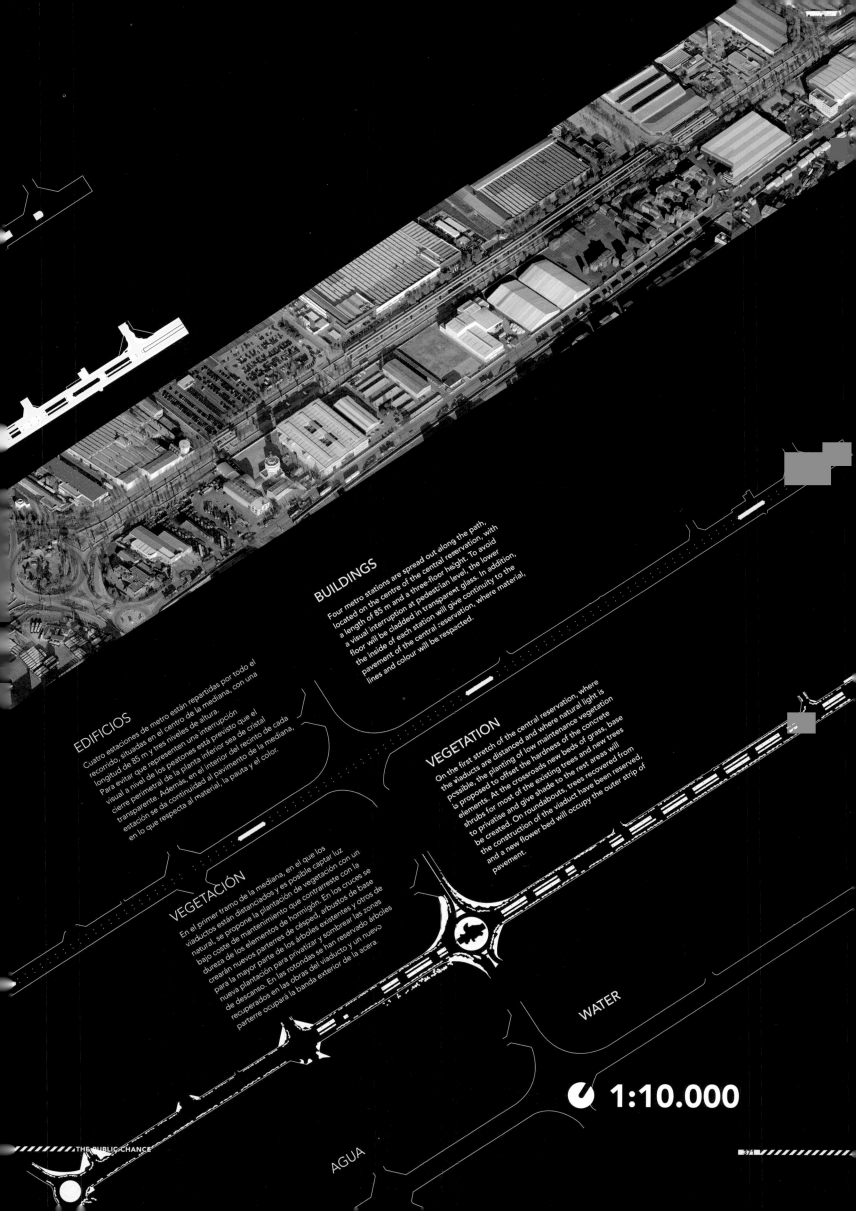

BUILDINGS

Four metro stations are spread out along the path, located on the centre of the central reservation, with a length of 85 m and a three-floor height. To avoid a visual interruption at pedestrian level, the lower floor will be cladded in transparent glass. In addition, the inside of each station will give continuity to the pavement of the central reservation, where material, lines and colour will be respected.

EDIFICIOS

Cuatro estaciones de metro están repartidas por todo el recorrido, situadas en el centro de la mediana, con una longitud de 85 m y tres niveles de altura. Para evitar que representen una interrupción visual a nivel de los peatones está previsto que el cierre perimetral de la planta inferior sea de cristal transparente. Además, en el interior del recinto de cada estación se da continuidad al pavimento de la mediana, en lo que respecta al material, la pauta y el color.

VEGETATION

On the first stretch of the central reservation, where the viaducts are distanced and where natural light is possible, the planting of low maintenance vegetation is proposed to offset the hardness of the concrete elements. At the crossroads new beds of grass, base shrubs for most of the existing trees and new trees to privatise and give shade to the rest areas will be created. On roundabouts, trees recovered from the construction of the viaduct have been reserved, and a new flower bed will occupy the outer strip of pavement.

VEGETACIÓN

En el primer tramo de la mediana, en el que los viaductos están distanciados y es posible captar luz natural, se propone la plantación de vegetación con un bajo coste de mantenimiento que contrarreste con la dureza de los elementos de hormigón. En los cruces se crearán nuevos parterres de césped, arbustos de base para la mayor parte de los árboles existentes y otros de nueva plantación para privatizar y sombrear las zonas de descanso. En las rotondas se han reservado árboles recuperados en las obras del viaducto y un nuevo parterre ocupará la banda exterior de la acera.

WATER

AGUA

🌀 1:10.000

El objeto del proyecto es la urbanización de la Calle A de la ciudad de Barcelona, necesario como consecuencia del impacto que supone la aparición de los viaductos elevados de la línea 9 del metro.

La Calle A está situada en el extremo sudoeste de Barcelona, bordeando los terrenos del polígono industrial de la Zona Franca. Tiene un ancho aproximado de 47 m, una longitud cercana a los 3 km y una topografía prácticamente plana. Actualmente, el lugar no tiene un carácter urbano, y es precisamente este aspecto el que está previsto cambiar en un futuro próximo, en parte por la próxima llegada del metro, en parte por la inminente transformación urbanística de este sector de la ciudad.

El primer paso al elaborar la propuesta ha sido acordar la sección idónea para equilibrar todos los intereses y circunstancias concurrentes. Se parte de un ancho total de 47 m: sobre el eje que pasa por el centro de este ancho se eleva el conjunto de los dos viaductos que ocupan un ancho total de 18,20 m.

Bajo la proyección de los viaductos se reserva un ancho de 18 m para la implantación de una mediana de 2.615 m de longitud.

The aim of the project is the development of Street A in the city of Barcelona, necessary as a consequence of the impact of the elevated viaducts of Metro line 9. Street A is located on the southwest edge of Barcelona, bordering the land of the industrial park of the free trade zone. It has an approximate width of 47 m, a length of nearly 3 km and it is practically flat. Currently, the location does not have an urban character and it is precisely this aspect that will be changed in the near future, partly by the arrival of the Metro and partly by the imminent urban transformation of this sector of the city.

The first step in writing up the proposal was to decide on the ideal section to balance all concurring interests and circumstances. It is based on a 47 m width: on the axis that goes through the middle of this width, the set of two viaducts that take up a total width of 18.2 m is placed.

Under the projection of the viaducts a width of 18 m is reserved for the implementation of a 2615 m long median.

El diseño de de la mediana está inspirado en la idea de dotarla de un circuito de doble sentido que permita caminar, correr, patinar, circular en bicicleta, etc. Para sugerir estas actividades se propone el diseño de un pavimento a imagen de un metro de carpintero o de sastre, fuera de escala, pautado cada 2,5 m con referencias numéricas cada 100 m que permitan medir las distancias. Coincidiendo con cada punto numérico se establece una reserva de espacio de 25 m de largo por todo el ancho en la que se pretende acumular la espera y el descanso con la incorporación de mobiliario urbano.

En el recorrido entre los espacios definidos entre los puntos numéricos, se reserva una banda de pavimento bicolor de 5 m de ancho destinada a los peatones. En el resto de la superficie se plantarán especies que aporten suavidad y colores vivos.

En todo el recorrido se han extendido dos cintas de color vivo de 1,2 m de ancho cada una, que transcurren indistintamente por encima de las zonas vegetales o de hormigón, que certifican la presencia de carriles bici o de patinadores. Las especies vegetales han sido escogidas para favorecer el crecimiento con un bajo coste de mantenimiento.

The design of the central reservation is inspired in the idea to provide it with a two-way circuit that would allow people to walk, run, skate, cycle, etc.

To suggest these activities, a design is proposed for a paving like a tape measure (metro in Spanish) of a carpenter or tailor, out-of-scale, marked every 2.5 m, with numerical references every 100 m, which measure distances. Coinciding with each numerical point, a reserved space of 25 m long along the entire length is reserved.

The waiting and rest areas will be encouraged along it with the placing of urban furniture. Along the defined spaces between the numerical points, there is a 5 m wide strip of pavement for pedestrians.

On the rest of the surface there will be types that contribute softness and bright colours. Throughout the length two 1.2 m wide strips of bright colours have been extended; they run indiscriminately over the vegetation or concrete areas and show the presence of bicycle or skate paths. The plant species were chosen to favour growth with a low maintenance cost.

En el recorrido hay repartidas además 4 estaciones, situadas en el centro de la mediana, y con una longitud de 85 m y tres niveles de altura. Para evitar que representen una interrupción visual a nivel de los peatones está previsto que el cierre perimetral de la planta inferior sea de cristal transparente.
Por su parte, cada uno de los cruces de la Calle A con la trama perpendicular del polígono provoca una incidencia a considerar con detalle. Todos tienen en común una ampliación de la superficie de las aceras producto de la alineación de las esquinas y el esfuerzo en disminuir el radio de giro de las aceras. En los espacios restantes se mantienen unas zonas verdes plantadas de césped y otras arbustivas que permitan una base para los árboles existentes, alineados o en grupo.
Asimismo, se han estudiado también los extremos de la calle para asegurar un correcto enlace con la situación actual y con las previsiones de futuro de las zonas adyacentes.
En el extremo noreste de la calle, se ha previsto un enlace del volumen emergente con la topografía existente, así como la posibilidad de prolongar el circuito y cerrarlo más allá, una vez sobrepasado el soterramiento del metro, con la propuesta de una zona verde sobre el inicio del túnel.

Along the length there are also four stations, located in the central reservation, with a length of 85 m and three levels. To avoid the representation of a visual interruption on pedestrian level, the perimetral closure of the lower floor is planned to be done in glass.
In turn, each of the crossroads of Street A with the perpendicular weft of the industrial park provokes an incidence to look at in detail. All of them have an extension of pavement surface in common, a product of the alignment of corners and and effort to reduce the turning radius of the pavement. On the remaining spaces, green spaces with grass and bushes that allow a base for existing trees, aligned or in groups, are maintained.
In addition, the far ends of the street were also studied to assure a correct connection with the current situation and future previsions of the adjoining areas.
On the far northeast end of the street, a connection of the emerging volume with the existing topography has been planned, along with the possibility to lengthen and close the circuit once it goes over the tunnel of the Metro, with the proposal of a green space over the opening of the tunnel.

Estación de metro **Metro station**

Por el lado sudoeste una última rotonda enlaza con la calle y permite continuar, si procede, tanto el trazado del metro como la calle correspondiente.
Esta superficie redonda está proyectada como otra zona ajardinada sobre la que se prolonga y finalizan las cintas del carril bici. En esta rotonda se ha previsto una zona de descanso y recuperación, con mesas y bancos, aparatos para hacer estiramentos, papeleras, fuente y demás mobiliario urbano.

On the southwest end, a final roundabout is connected to the street and allows the continuation of both the Metro network and the corresponding street. This round surface is designed as another landscaped zone on which the bicycle paths are lengthened and finalised.
On this roundabout, a rest and recovery area has been planned, with tables and benches, stretch equipment, waste baskets, fountain, and other urban furniture.

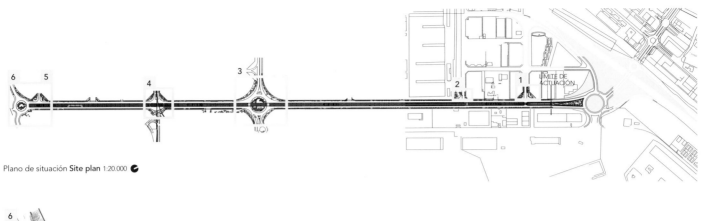

Plano de situación **Site plan** 1:20.000 ⟳

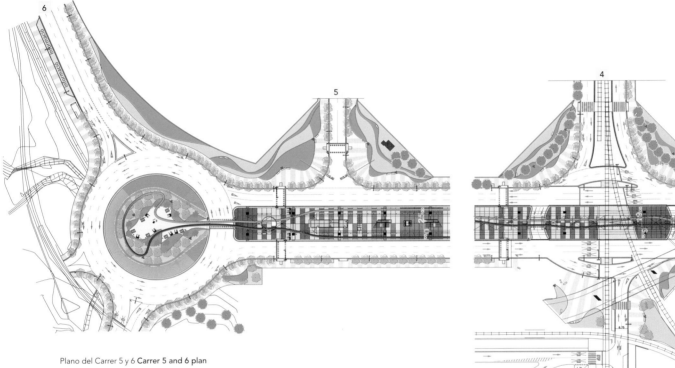

Plano del Carrer 5 y 6 **Carrer 5 and 6 plan**

Plano del Carrer 4 **Carrer 4 plan**

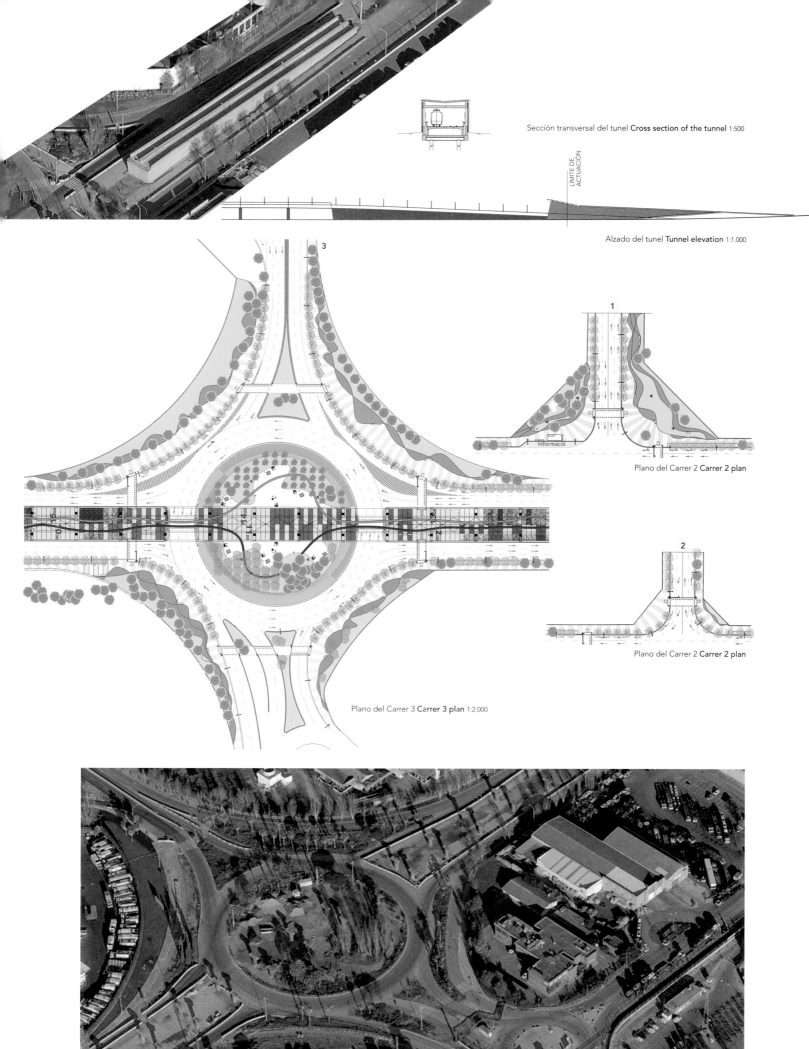

Sección transversal del tunel **Cross section of the tunnel** 1:500

LÍMITE DE ACTUACIÓN

Alzado del tunel **Tunnel elevation** 1:1.000

1

Plano del Carrer 2 **Carrer 2 plan**

Informació

2

Plano del Carrer 2 **Carrer 2 plan**

3

Plano del Carrer 3 **Carrer 3 plan** 1:2.000

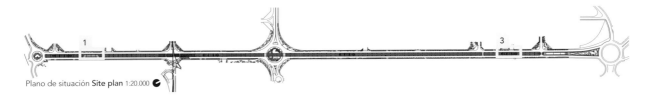

Plano de situación **Site plan** 1:20.000

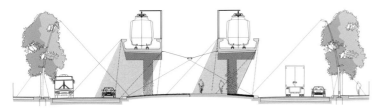

Sección zona descubierta **Uncovered area section**

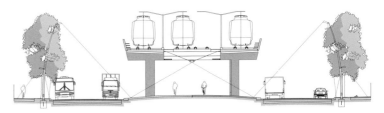

Sección zona cubierta **Covered area section**

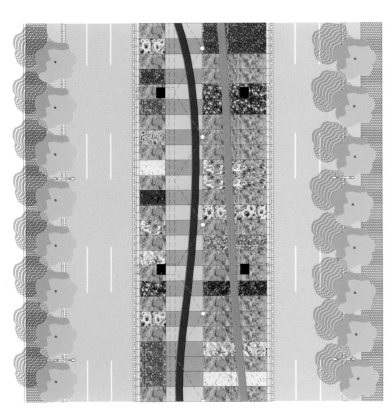

Planta zona descubierta **Uncovered area plan**

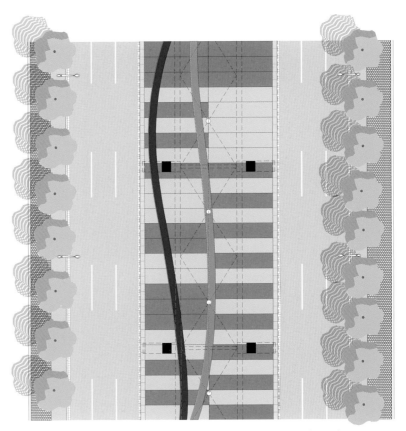

Planta zona cubierta **Covered area plan** 1:500

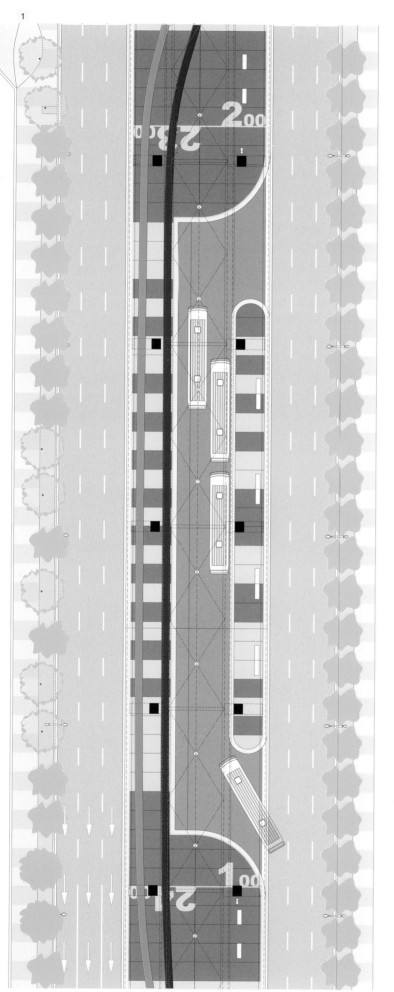

Terminal de autobuses **Bus terminal** 1:500

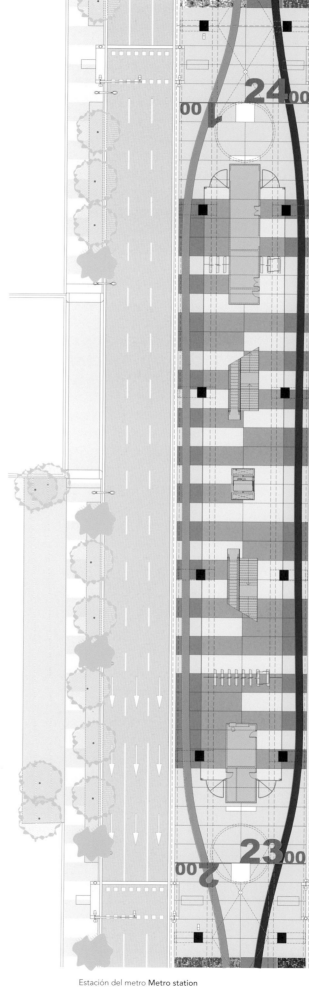

Estación del metro **Metro station**

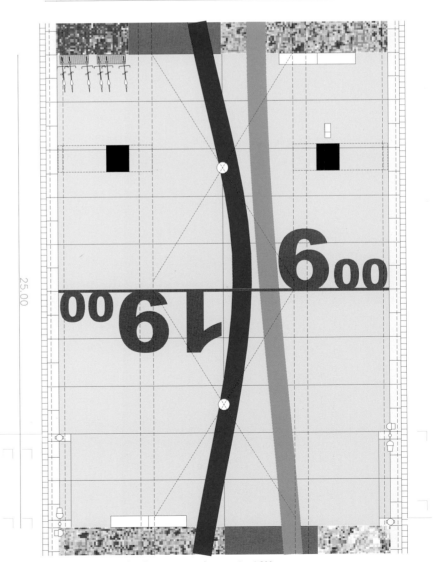

Pavimentos de la zona descubierta **uncovered area paving 1:200**

Pavimentos de la zona cubierta **covered area paving 1:200**

Taichung Gateway Park City
Taichung. Taiwan 2009

Stan Allen Architect stanallenarchitect.com

Fong-Cha University

Taichung City Centre: 5 km

1:10.000

74 MOTORWAY

Beitun District

Situn District

2.462.586m²

North District

1:20.000

Influence area //////// Taichung
Population ///////////// 1.056.993 inhabitants
Density///////////// 6.467 inhab/km²
Data source////////// tccg.gov.tw, 2008
Digitalglobe, 2008

capas layers

TRÁFICO RODADO	VEHICULAR TRAFFIC		PEATONAL&BICI	PEDESTRIAN&CYCLIST
ÁRBOLES	TREES		CÉSPED	GRASS
AGUA	WATER		MONTE BAJO	SCRUBLAND
EDIFICIOS	BUILDINGS		MARISMAS	MARSHES
ACTIVIDADES	ACTIVITIES			
ESTANCIAS	ROOMS		ÁREA DE INTERVENCIÓN	INTERVENTION AREA

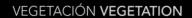

VEGETACIÓN VEGETATION

RECORRIDOS ROUTES

Las superficies cubiertas de vegetación del parque se integran en la trama urbana: grandes praderas plantadas con una población dispersa de árboles sirven de base a las distintas zonas de actividad o se utilizan como áreas de reposo y encuentro. Las cubiertas de los edificios que se construirán en el recinto también estarán cubiertas de un manto vegetal que los camuflará en el interior del parque.

The park's surfaces that are covered in vegetation are integrated in the urban weft: large fields planted with a disperse population of trees serve as a base to the different activity areas or are used as rest and meeting areas. The roofs of the buildings to be built on the premises will also be covered in a layer of vegetation that will camouflage them inside the park.

Un sistema de vías trasversales permite atravesar el parque en dirección este-oeste, conectando con dos vías paralelas en dirección norte-sur que comunican los nuevos barrios con el resto de la ciudad. La red de aparcamientos al exterior del perímetro asegura el acceso a las rutas peatonales y carriles bici en el interior del parque.

A system of transverse roads allows one to cross the park from east to west, a connection to two parallel north-south roads that link the new neighbourhoods to the rest of the city. The parking network on the outside of the perimeter ensures access to pedestrian routes and bicycle paths inside the park.

AGUA WATER

EDIFICIOS BUILDINGS

El proyecto paisajístico recupera la trama original de canales que recorrían el lugar, y que se aprovechan para dibujar el trazado del nuevo espacio público. Estas vías de agua estarán conectadas al resto de canales urbanos y son la infraestructura ecológica soporte del nuevo hábitat natural.

The landscaping project recovers the original network of canals that ran through the area and uses them to draw the layout of the new public space. These waterways will be connected to the other urban canals and are the supporting ecological infrastructure of the new natural habitat.

Tres nuevos barrios se crearán alrededor del parque: un distrito universitario, un barrio cultural y un distrito residencial. Dentro del parque, un centro de convenciones atravesará el solar y a él estarán asociados una gran sala de conferencias, dos hoteles, un intercambiador de transportes, un centro comercial, un aparcamiento subterráneo y una torre de usos mixtos. Por último, una torre panorámica en el extremo sur del parque permitirá a los visitantes disfrutar de las vistas del parque y la ciudad.

Three new neighbourhoods will be created around the park: a university district, a cultural neighbourhood and a residential district. Inside the park, a convention centre will go across the plot and a conference hall, two hotels, a transport interchange, a shopping centre, an underground car park and a tower of varied uses will be associated with it. Lastly, a panoramic tower on the south end of the park will allow visitors to enjoy views of the park and the city.

1:20.000 ◑

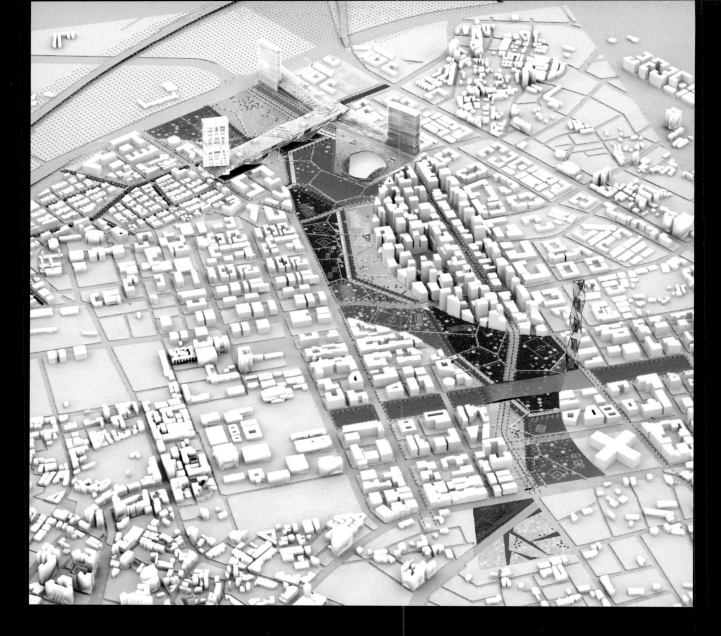

ESTANCIAS **ROOMS**

Las grandes praderas previstas sirven como áreas de descanso y encuentro en el interior de la intervención. Asimismo, l. cubierta de la sala de convenciones será practicable, ofreciendo espacios para la contemplación del parque y la ciudad que lo rodea.

The planned large fields serve as rest and meeting areas inside the intervention. The roof of the conference hall will be factible as well, offering spaces to contemplate the park and the city that surrounds it.

ACTIVIDADES **ACTIVITIES**

El parque funciona como generador de activdad. Se pretende que funcione como los grandes parques centrales tradicionales que esponjan el tejido histórico de muchas ciudades. Sobre sus praderas se reparten los espacios para la realización de actividades deportivas, eventos artísticos, manifestaciones culturales y actividades educativas.

The park functions as an activity generator. It is meant to function like the traditional large central parks that help to ventilate the historic fabric of many cities. Over its fields there will be spaces for sports activities, artistic events, cultural events and educational activities.

FASES DEL PROYECTO PHASING SCENARIO PLAN

0

Parcela existente
Existing site

1

Reserva ecológica
Eco-reserve

2

Restauración de la hidrografía natural+viario
Water restauration+road infrastructure

3

Primeros edificios
Pioneers

4

Edificios-reclamo
Anchor building

5

Primeros residentes
Early adaptors

El proyecto consiste en la transformación de los terrenos del antiguo Aeropuerto Municipal de Taichung en nuevo distrito cultural de la ciudad. En la actualidad, el lugar es un vacío de 250 hectáreas ubicado en uno de los distritos con mayor proyección de la ciudad. ¿Qué hacer ante semejante oportunidad para el urbanismo? Proponemos un único elemento unificador capaz de albergar la mayor cantidad de programas posibles: recorridos, espacios verdes, reserva ecológica, nuevas instituciones culturales, centros de investigación y polos de atracción como el centro de convenciones y una gran sala de usos múltiples.

Plano de situación
Site plan 1:20.000 🌐

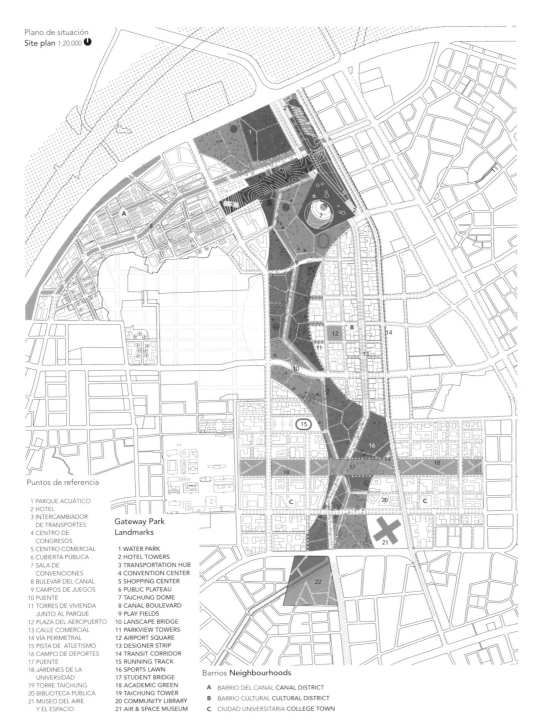

Puntos de referencia

1 PARQUE ACUÁTICO
2 HOTEL
3 INTERCAMBIADOR DE TRANSPORTES
4 CENTRO DE CONGRESOS
5 CENTRO COMERCIAL
6 CUBIERTA PÚBLICA
7 SALA DE CONVENCIONES
8 BULEVAR DEL CANAL
9 CAMPOS DE JUEGOS
10 PUENTE
11 TORRES DE VIVIENDA JUNTO AL PARQUE
12 PLAZA DEL AEROPUERTO
13 CALLE COMERCIAL
14 VÍA PERIMETRAL
15 PISTA DE ATLETISMO
16 CAMPO DE DEPORTES
17 PUENTE
18 JARDINES DE LA UNIVERSIDAD
19 TORRE TAICHUNG
20 BIBLIOTECA PÚBLICA
21 MUSEO DEL AIRE Y EL ESPACIO

Gateway Park
Landmarks

1 WATER PARK
2 HOTEL TOWERS
3 TRANSPORTATION HUB
4 CONVENTION CENTER
5 SHOPPING CENTER
6 PUBLIC PLATEAU
7 TAICHUNG DOME
8 CANAL BOULEVARD
9 PLAY FIELDS
10 LANSCAPE BRIDGE
11 PARKVIEW TOWERS
12 AIRPORT SQUARE
13 DESIGNER STRIP
14 TRANSIT CORRIDOR
15 RUNNING TRACK
16 SPORTS LAWN
17 STUDENT BRIDGE
18 ACADEMIC GREEN
19 TAICHUNG TOWER
20 COMMUNITY LIBRARY
21 AIR & SPACE MUSEUM

Barrios **Neighbourhoods**

A BARRIO DEL CANAL CANAL DISTRICT
B BARRIO CULTURAL CULTURAL DISTRICT
C CIUDAD UNIVERSITARIA COLLEGE TOWN

ESTRATEGIA DE IMPLANTACIÓN POR FASES
PHASING STRATEGY

PROGRAMA **PROGRAM**

FASE **0** PHASE

Suelo privado
Private land

Suelo público
Public land

Pabellones informativos **Ownership/Infobox**

FASE **1B** PHASE

Edificios-reclamo **Anchor build-out**

FASE **2A** PHASE

Parque público **Public park amenities**

FASE **2B** PHASE

Parque público **Public park amenities**

FASE **3** PHASE

Construcción de los edificios restantes
Final build-out

Our office received the mandate to transform Taichung's decommissioned Municipal Airport into the city's new cultural district. The current site is a virtual Tabula Rasa measuring 250 hectares and located at one of the city's main growth corridors. What to do with such an immense opportunity for urbanism? Our proposal creates a single unifying element that incorporates as many program elements as possible: circulation, green space and natural ecologies, new cultural institutions and research facilities, as well as major public attractors such as the convention hall and the new dome.

Imagen tomada en la zona norte de los terrenos mirando hacia el suroeste: usos agrícolas y propiedad privada
Taken in northern section of site (agri uses-private ownership) looking southwest

Imagen tomada desde un edificio de 20 plantas en el extremo sudoeste de los terrenos mirando hacia el noreste
Taken from 20-storey building on southwestern edge looking northeast

Imagen tomada desde un edificio de 7 plantas de la Universidad Fengchia mirando hacia el noreste
Taken from 7-storey building in Fengchia University (faculty lounge) looking northeast

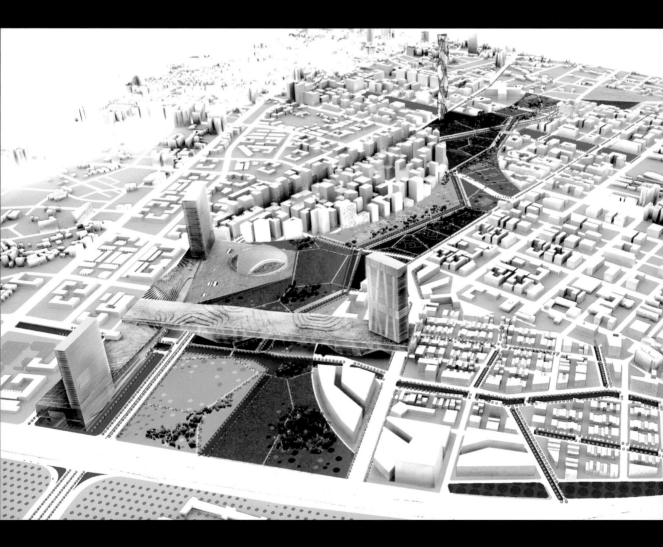

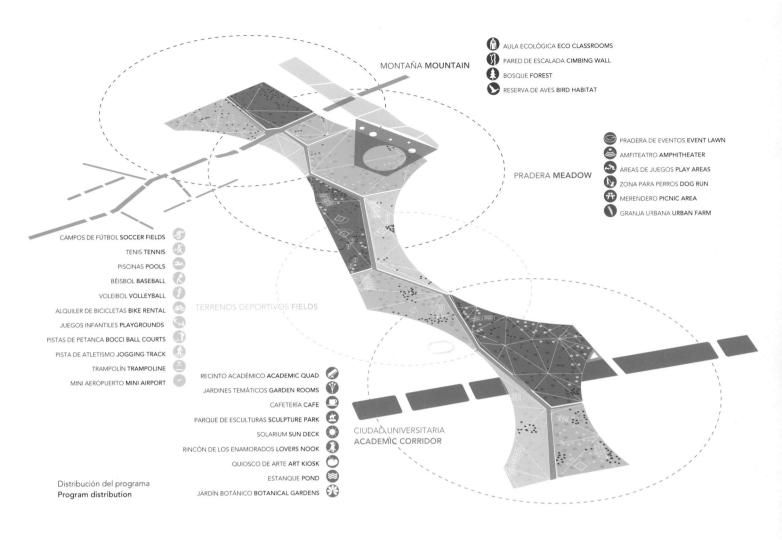

MONTAÑA **MOUNTAIN**

- AULA ECOLÓGICA **ECO CLASSROOMS**
- PARED DE ESCALADA **CIMBING WALL**
- BOSQUE **FOREST**
- RESERVA DE AVES **BIRD HABITAT**

PRADERA **MEADOW**

- PRADERA DE EVENTOS **EVENT LAWN**
- AMFITEATRO **AMPHITHEATER**
- ÁREAS DE JUEGOS **PLAY AREAS**
- ZONA PARA PERROS **DOG RUN**
- MERENDERO **PICNIC AREA**
- GRANJA URBANA **URBAN FARM**

CAMPOS DE FÚTBOL **SOCCER FIELDS**
TENIS **TENNIS**
PISCINAS **POOLS**
BÉISBOL **BASEBALL**
VOLEIBOL **VOLLEYBALL**
ALQUILER DE BICICLETAS **BIKE RENTAL**
JUEGOS INFANTILES **PLAYGROUNDS**
PISTAS DE PETANCA **BOCCI BALL COURTS**
PISTA DE ATLETISMO **JOGGING TRACK**
TRAMPOLÍN **TRAMPOLINE**
MINI AEROPUERTO **MINI AIRPORT**

TERRENOS DEPORTIVOS **FIELDS**

RECINTO ACADÉMICO **ACADEMIC QUAD**
JARDINES TEMÁTICOS **GARDEN ROOMS**
CAFETERÍA **CAFE**
PARQUE DE ESCULTURAS **SCULPTURE PARK**
SOLARIUM **SUN DECK**
RINCÓN DE LOS ENAMORADOS **LOVERS NOOK**
QUIOSCO DE ARTE **ART KIOSK**
ESTANQUE **POND**
JARDÍN BOTÁNICO **BOTANICAL GARDENS**

CIUDAD UNIVERSITARIA
ACADEMIC CORRIDOR

Distribución del programa
Program distribution

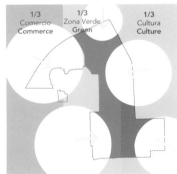

Presión urbanística **Urban pressures**

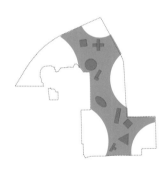

Parque central **Central parkway**

SIGLO XIX **19th CENTURY**

Trazado pintoresco
Picturesque

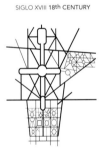

SIGLO XVIII **18th CENTURY**

Trazado barroco
Baroque

EN LA ACTUALIDAD **TODAY**

Ecoinfraestructuras
Ecoinfrastructures

El nuevo parque plantea un espacio con una identidad y diseño muy definidos al tiempo que abre sus bordes a la presión urbanística de las zonas colindantes.

La forma del parque es claramente identificable: se trata de un icono que pretende representar el futuro prometedor de la ciudad de Taichung.

El proyecto prevé la creación de zonas verdes y nuevos centros culturales, y resuelve los problemas de movilidad.

Su forma curva desarrolla tres áreas con una identidad diferenciada: la ciudad universitaria, el distrito cultural y el área del canal.

The new parkway infrastructure defines a zone of intense design investment while strategically opening up edges of the site to existing urban development pressures.

The shape of the park is clear and readily identifiable: it becomes a recognizable icon that represents an optimistic future for the city of Taichung. The design foregrounds active green space, creates sites for new cultural institutions, and solves the major circulation issues. From a development perspective, the curving shape of the new Park creates three neighborhoods, each with a distinct identity: 'College Town;' 'Cultural District;' and 'Canal District.'

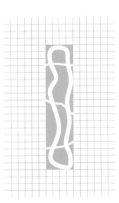

ANTES **OLD**
El parque estaba aislado de la ciudad
Park separated from city

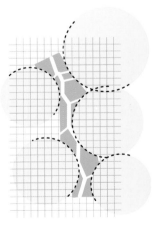

AHORA **NEW**
El parque se integra en la ciudad
Park integrated with city
Aumenta la superficie de parque
Increased surface area of park
Equipamientos en los límites del parque
Boundary facilities active

1 HOTEL DE NEGOCIOS **BUSINESS HOTEL**

2 TORRE DE USOS MIXTOS **MIXED-USE TOWER**

3 ESPACIO PÚBLICO ABIERTO **PUBLIC OPEN SPACE**

4 CANAL **CANAL**

5 VIVIENDAS EN HILERA **ROWHOUSES**

Vista del barrio del canal **Canal district view**

1 TORRE DE USOS MIXTOS **MIXED-USE TOWER**

2 CENTRO DE CONVENCIONES **CONVENTION CENTER**

3 HOTEL **HOTEL**

4 CANAL **CANAL**

5 CARRIL-BICI **BICYCLE PATH**

Vista del centro de convenciones **Gateway view**

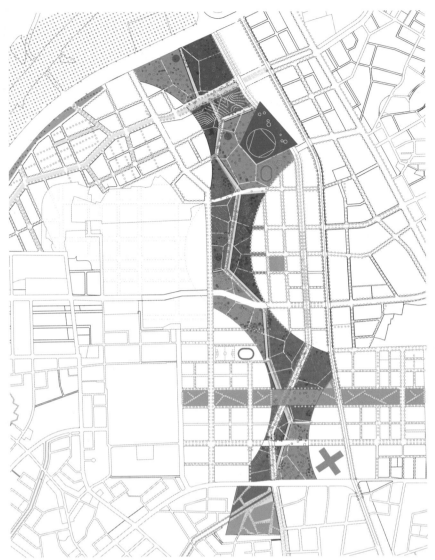

Plano de paisajismo y programa
Landscape and program plan 1:20.000

- ● PARQUE
  GATEWAY PARK
- ● JARDINES UNIVERSITARIOS Y ÁREAS TEMÁTICAS
  ACADEMIC GREEN & POCKET PARK
- ○ CANALES
  CANALS
- ● ACTIVIDADES
  PARK RECREATION CENTER
- ● CENTRO DE CONVENCIONES
  CONVENTION CENTER
- ● CUBIERTA PÚBLICA
  PUBLIC PLATEAU

FASE **1A** PHASE

FASE **1B** PHASE

Reserva ecológica
Ecological reserve

Viario principal
Primary road network

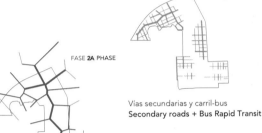

FASE **1A** PHASE

FASE **2A** PHASE

Regeneración de la hidrografía original
Water regeneration

Vías secundarias y carril-bus
Secondary roads + Bus Rapid Transit

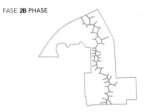

FASE **2B** PHASE

Reforestación
Reforestation

Vías secundarias y senderos peatonales
Secondary roads + Path network

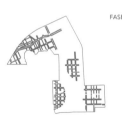

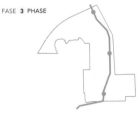

FASE **3** PHASE

Red de vías-parque
Pocket park street greening

Carril bus
Bus Rapid Transit

SISTEMA NATURAL DE CUENCAS DE DRENAJE
NATURAL DRAINAGE

ÁREA DE INTERVENCIÓN
SITE

Hidrografía natural del terreno **Water footprint**

ZONAS DE CAPTACIÓN
DE AGUA
CATCHMENT AREAS

Red hidrológica propuesta **Hydrology network**

El crecimiento de Taichung en su pasado reciente destruyó la conexión de la ciudad con su antigua red de canales y su hidrografía natural. Esta red hidrológica, una vez restituida, ofrecerá la oportunidad de reflexionar sobre el ecosistema existente y crear nuevos espacios públicos acordes con él. El lugar estará conectado con la circulación de la ciudad, tal y como nuestras vidas lo están a través de las redes globales. El proyecto y la ejecución tanto del parque como de los barrios próximos formarán parte de una estrategia paisajística integrada basada en la recuperación de las vías de agua y del hábitat naturales.

Taichung's recent urban growth has destroyed the connection to its traditional canal network, and natural water systems. A restored hydrological network offers an opportunity to rethink site ecologies and create new public space. The site will be smoothly connected to local networks of movement and communication, just as the life of the city today is connected to worldwide networks. The design and execution of both the park and the surrounding neighborhoods will adhere to an integrated and sustainable landscape strategy based on water restoration and habitat restoration.

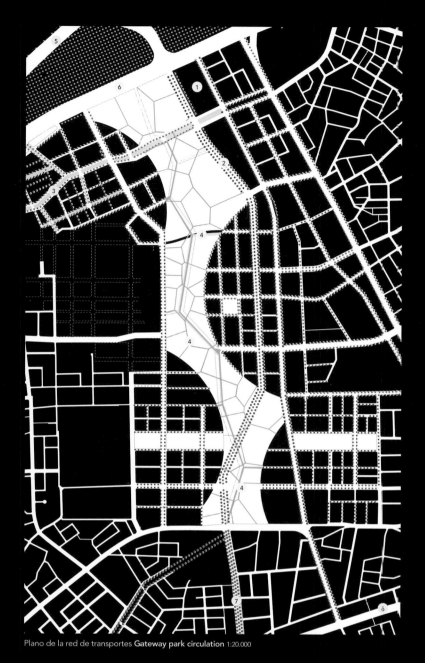

Plano de la red de transportes **Gateway park circulation** 1:20.000

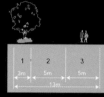

SECCIONES TRANSVERSALES DEL VIARIO **ROAD SECTIONS**

Borde del parque **Park border**

Vía-parque **Park road**

Calle residencial **Residential street**

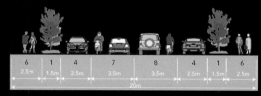

Bulevar Taichun (con carril bus) **Taichung Boulevard (with BRT)**

Ávenida del canal **Canal Avenue**

(1) INTERCAMBIADOR DE TRANSPORTES
TRANSIT HUB

(2) BULEVAR TAICHUNG **TAICHUNG BOULEVARD**

(3) AVENIDA DEL CANAL **CANAL AVENUE**

(4) VÍA TRANSVERSAL DEL PARQUE
EAST-WEST PARK CROSS STREET

(5) AUTOPISTA REGIONAL
REGIONAL HIGHWAY

(6) CARRETERA DE CIRCUNVALACIÓN
CITY RING ROAD

(7) ESTACIÓN DE METRO
MASS RAPID TRANSIT STATION

1 MEDIANA ARBOLADA	1 LANDSCAPE
2 CARRIL-BICI	2 BIKEWAY
3 ACERA	3 WALKWAY
4 APARCAMIENTO	4 PARKING
5 CARRIL-BUS	5 MIXED TRAVEL
6 ACERA	6 SIDEWALK
7 CALZADA	7 MIXED LANE
8 CALZADA	8 LANE
9 CALZADA	9 TRAVEL
10 CANAL	10 CANAL

PARQUE GATEWAY 66 ha
GATEWAY PARK 66 ha

VIVIENDAS EN HILERA 9,2 ha
ROW HOUSES 9.2 ha

BLOQUE ABIERTO RESIDENCIAL 2,4 ha
STAND-ALONE MULTIFAMILY 2.4 ha

HÍBRIDOS DE MEDIA ALTURA 15,5 ha
MID-RISE MIXED USE 15.5 ha

HÍBRIDOS EN ALTURA 10,5 ha
HIGH-RISE MIXED USE 10.5 ha

VIVIENDAS EN ALTURA 5,0 ha
HIGH-RISE RESIDENTIAL 5.0 ha

UNIVERSIDAD/INVESTIGACIÓN 30 ha
ACADEMIC/RESEARCH 30 ha

VIVIENDAS PARA ESTUDIANTES Y
PROFESORES DE MEDIA ALTURA 12,1 ha
MID-RISE STAFF & STUDENT HOUSING 12.1 ha

JARDINES UNIVERSITARIOS Y
ÁREAS TEMÁTICAS 12 ha
ACADEMIC GREEN & POCKET PARK 12 ha

CANAL 3,7 ha
CANAL 3.7 ha

CENTRO COMERCIAL 0,3 ha
SHOPPING ARCADE 0.3 ha

CENTROS DE CONVENCIONES 4 ha
CONVENTION CENTERS 4 ha

CENTRO COMERCIAL 2,8 ha
SHOPPING CENTER 2.8 ha

INTERCAMBIADOR DE TRANSPORTES 3 ha
TRANSPORTATION HUB 3 ha

SALA DE CONVENCIONES Y
CUBIERTA TRANSITABLE 5,1 ha
DOME & PUBLIC PLATEAU 5.1 ha

La ciudad de Taichung se ha comprometido a invertir los recursos necesarios para levantar un complejo de edificios que se situarán en el extremo norte de los terrenos y que incluye un nuevo centro de convenciones, una gran sala de usos múltiples, tres hoteles, un centro comercial y un intercambiador de transportes. Todo este complejo estará techado con la mayor cubierta verde del país.

Tipología de las edificaciones **Gateway park building type** 1:20.000

The city of Taichung will invest in world-class architecture through the construction of a gateway complex housing a distinctive grouping of buildings at the northern end of the site that include a new convention center, a multi-purpose dome, three hotels, a shopping mall and an inter-modal transport station. The entire facility will be connected and covered with Taiwan's largest inhabitable green roof.

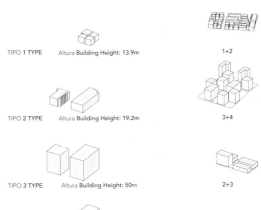

TIPO 1 TYPE — Altura Building Height: 13.9m

TIPO 2 TYPE — Altura Building Height: 19.2m

TIPO 3 TYPE — Altura Building Height: 50m

TIPO 4 TYPE — Altura Building Height: 75m

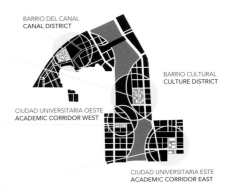

DISTRIBUCIÓN DE DENSIDAD **DENSITY DISTRIBUTION**

1+2

3+4

2+3

2+3

BARRIO DEL CANAL
CANAL DISTRICT

BARRIO CULTURAL
CULTURE DISTRICT

CIUDAD UNIVERSITARIA OESTE
ACADEMIC CORRIDOR WEST

CIUDAD UNIVERSITARIA ESTE
ACADEMIC CORRIDOR EAST

Ampliación del tejido barrial **Neighborhood fabric extension**

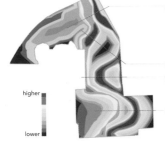

higher

lower

Intensidad de la densidad **Density 'heat' map**

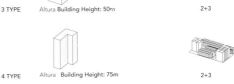

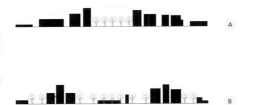

A

B

C

D

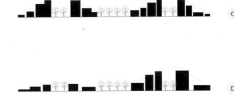

C

D

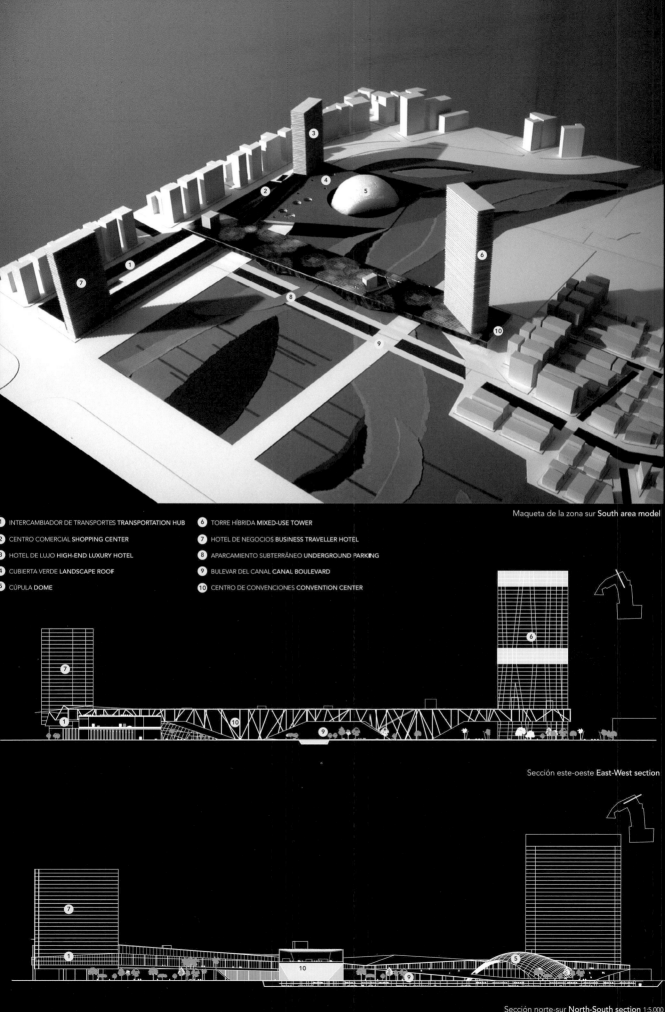

Maqueta de la zona sur **South area model**

1 INTERCAMBIADOR DE TRANSPORTES **TRANSPORTATION HUB**

2 CENTRO COMERCIAL **SHOPPING CENTER**

3 HOTEL DE LUJO **HIGH-END LUXURY HOTEL**

4 CUBIERTA VERDE **LANDSCAPE ROOF**

5 CÚPULA **DOME**

6 TORRE HÍBRIDA **MIXED-USE TOWER**

7 HOTEL DE NEGOCIOS **BUSINESS TRAVELLER HOTEL**

8 APARCAMIENTO SUBTERRÁNEO **UNDERGROUND PARKING**

9 BULEVAR DEL CANAL **CANAL BOULEVARD**

10 CENTRO DE CONVENCIONES **CONVENTION CENTER**

Sección este-oeste **East-West section**

Sección norte-sur **North-South section** 1:5.000

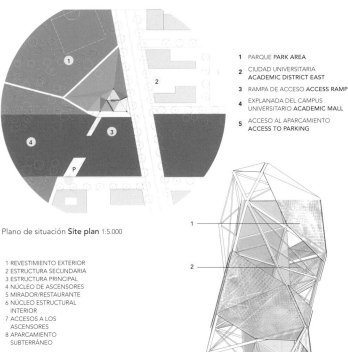

Plano de situación **Site plan** 1:5.000

1 PARQUE **PARK AREA**
2 CIUDAD UNIVERSITARIA **ACADEMIC DISTRICT EAST**
3 RAMPA DE ACCESO **ACCESS RAMP**
4 EXPLANADA DEL CAMPUS UNIVERSITARIO **ACADEMIC MALL**
5 ACCESO AL APARCAMIENTO **ACCESS TO PARKING**

1 REVESTIMIENTO EXTERIOR
2 ESTRUCTURA SECUNDARIA
3 ESTRUCTURA PRINCIPAL
4 NÚCLEO DE ASCENSORES
5 MIRADOR/RESTAURANTE
6 NÚCLEO ESTRUCTURAL INTERIOR
7 ACCESOS A LOS ASCENSORES
8 APARCAMIENTO SUBTERRÁNEO

1 EXTERIOR SKIN
2 SECONDARY STRUCTURAL CORE
3 PRIMARY STRUCTURE
4 ELEVATOR CORE
5 OBSERVATION DECK/RESTAURANT
6 INNER STRUCTURAL CORE
7 MAIN ENTRY TO ELEVATORS
8 UNDERGROUND PARKING

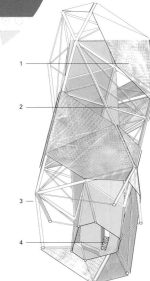

Detalle de la torre **Tower detail**

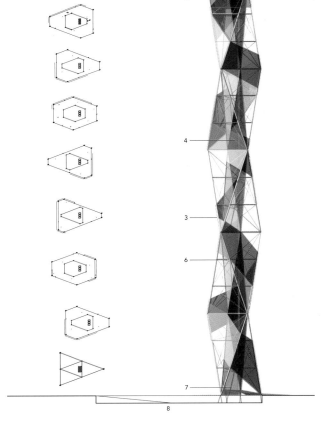

Alzado de la torre **Tower elevation** 1:2.500

En el extremo sur, una torre de observación de 300 m de altura ofrecerá a los visitantes la posibilidad de contemplar las vistas del parque, la ciudad y el paisaje de los alrededores.
En la ciudad del siglo XXI, los ciudadanos y sus identidades son móviles y fluidos.
Los terrenos del antiguo aeropuerto de Taichung son lo

At the southern edge of the park, a 300 m high observation tower will give visitors the chance to experience a panoramic view of the park, the city and the natural landscape beyond.
In the city of the 21st century, citizens and identities are mobile and fluid.

suficientemente grandes como para albergar las distintas maneras de vivir que concurren en la ciudad. La diversidad de usos servirá para activar tanto los equipamientos como el espacio público. Esta mezcla de programas y de ciudadanos es la que ha de construir la ciudad del siglo XXI.

The old Taichung airport site is large enough to support multiple civic lifestyles that forge a new identity for the city of Taichung. A diversity of uses will activate both the built spaces and the open space of the site. A rich mix of programs and populations on site will help construct the 21st century city.

1 HOTEL DE LUJO **HIGH-END LUXURY HOTEL**

2 TORRE TAICHUNG **TAICHUNG TOWER**

3 BARRIO DEL CANAL **CANAL DISTRICT**

Vista desde el sur **View from south**

1 TORRE TAICHUNG **TAICHUNG TOWER**

2 CAMPUS UNIVERSIRTARIO **RESEARCH CAMPUS**

3 CAMINO ENTARIMADO **BOARDWALK**

4 PRADERA **FLOWER MEADOW**

Vista desde la pradera **Flower meadow view**

Madrid Río
Madrid. Spain, 2005-2011

Mrio Arquitectos Asociados burgos-garrido.com, rubioalvarezsala.com, west8.nl

8.212.764m²

GRAN VÍA

OESTE PARK

112.520m²
Huerta de la Partida

CAMPO DEL MORO GARDENS

ROY

CASA DE CAMPO PARK

Avenida de Portugal
511.160m²

EL RETIRO
PARK

MUSEO DEL
PRADO

CAIXAFORUM
(HERZOG & DE MEURON)

ATOCHA RAILWAY
STATION

MUSEO
REINA SOFÍA

BIBLIOTECA REGIONAL JOAQUÍN
LEGUINA (MANSILLA Y TUÑÓN)

ENRIQUE TIERNO
GALVÁN PARK

a+t

MATADERO
MADRID

MANZANARES RIVER

○ Parque de la Argarzuela
80.040m²

New
Pradolongo
Park (pp110-119)

○ Salón de Pinos
47.020m²

PRADOLONGO
PARK

SAN ISIDRO
PARK

Influence area /////// Madrid
Population ////////// 3.155.359 inhabitants
Density //////////// 5.208 inhab/km²
Data source////////// madrid.org, 2005
Digitalglobe, 2008

capas layers

TRÁFICO RODADO — VEHICULAR TRAFFIC
ÁRBOLES — TREES
AGUA — WATER
EDIFICIOS — BUILDINGS
ACTIVIDADES — ACTIVITIES
ESTANCIAS — ROOMS

PEATONAL&BICI — PEDESTRIAN&CYCLIST
CÉSPED — GRASS
MONTE BAJO — SCRUBLAND
MARISMAS — MARSHES

ÁREA DE INTERVENCIÓN — INTERVENTION AREA
ÁREAS DE PROYECTO — PROJECT AREAS

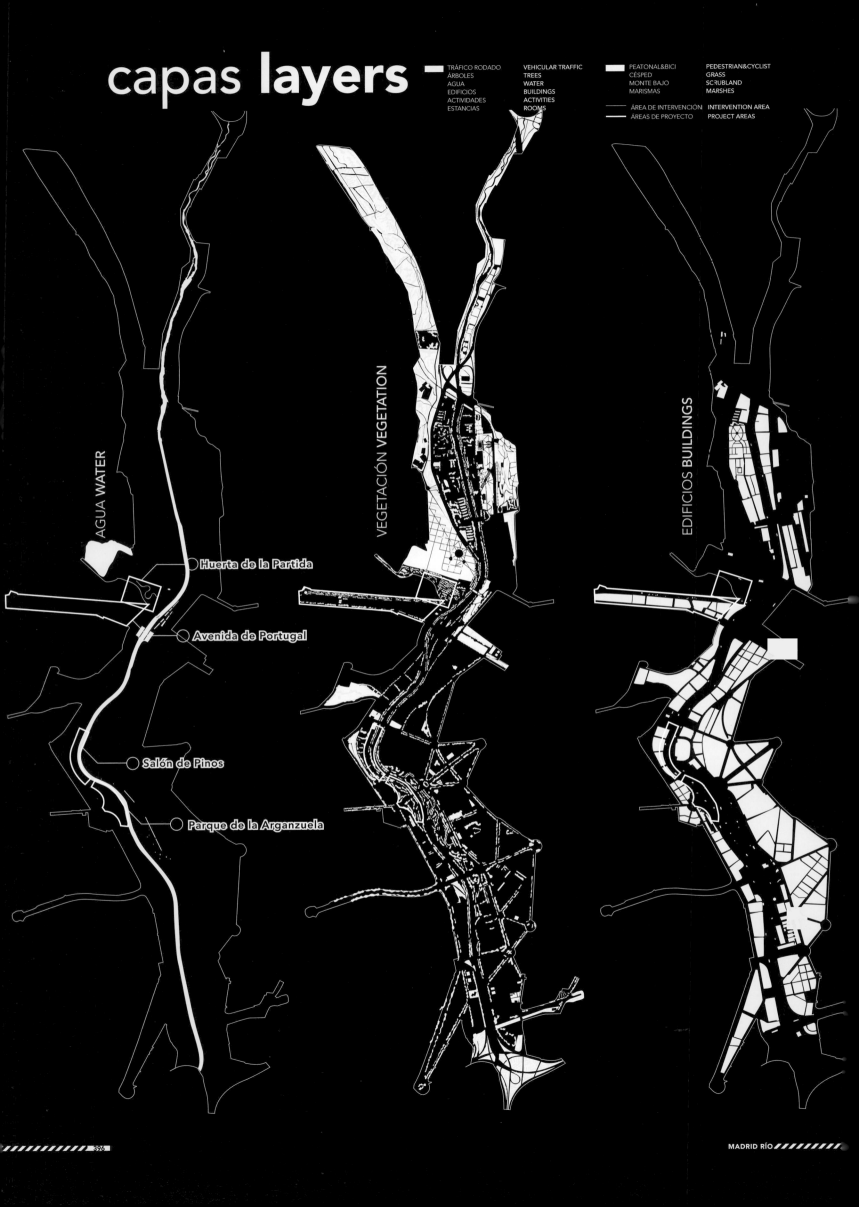

AGUA WATER

VEGETACIÓN VEGETATION

EDIFICIOS BUILDINGS

Huerta de la Partida

Avenida de Portugal

Salón de Pinos

Parque de la Arganzuela

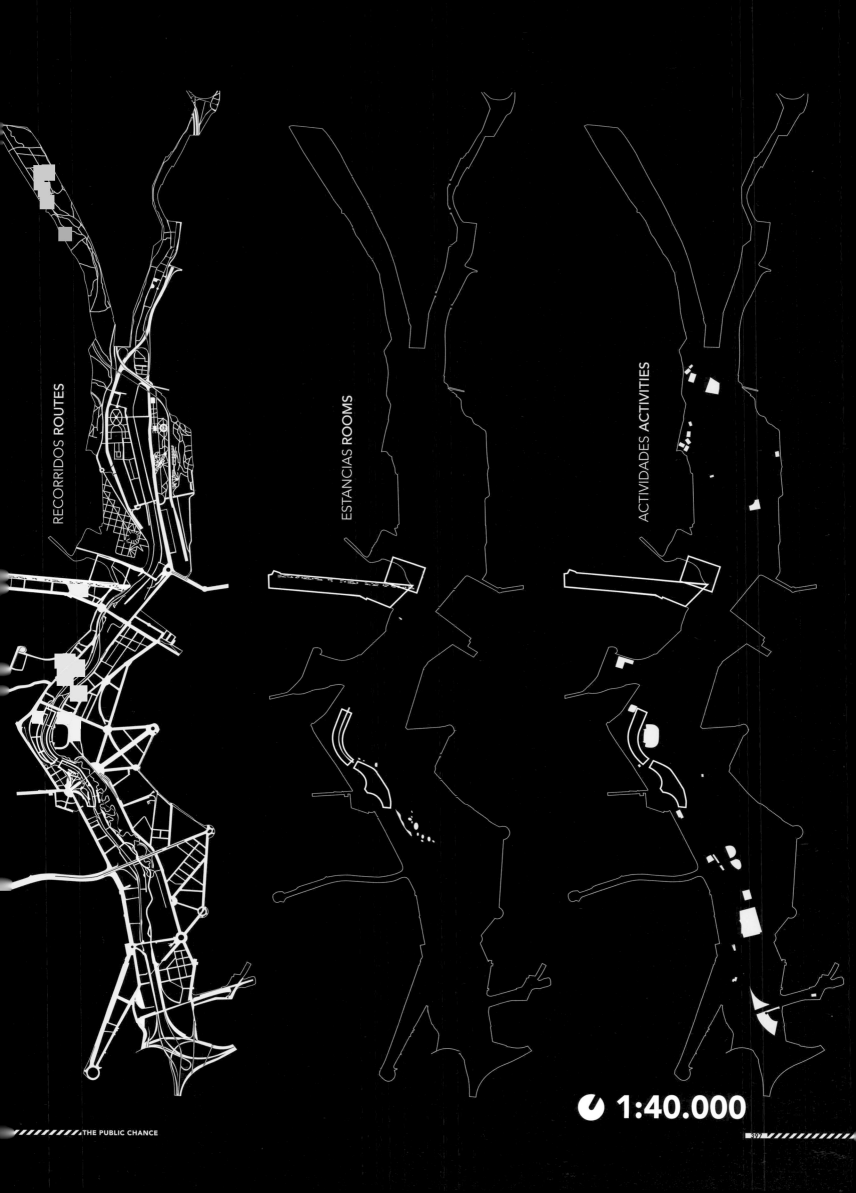

RECORRIDOS ROUTES

ESTANCIAS ROOMS

ACTIVIDADES ACTIVITIES

1:40.000

capas layers

ACTIVIDADES

Las instalaciones deportivas existentes serán recuperadas, y a ellas se añadirán otras nuevas a lo largo de la cuenca. Dentro del recinto de la intervención destaca además la presencia de un estadio de fútbol con capacidad para unos 55.000 espectadores. Por otro lado, en la orilla del río se han puesto en marcha el invernadero de la Arganzuela y el proyecto Matadero Madrid, un nuevo espacio para las artes en el ámbito del antiguo matadero de la ciudad que prolongará el principal eje cultural de la ciudad hasta el río.

ACTIVITIES

The existing sports facitilites will be recovered and to them others will be added along the riverbanks. On the grounds of the intervention the presence of a football stadium for 55,000 spectators also stands out. On the riverbanks the greenhouse of the Arganzuela and the Matadero (Slaughterhouse) Madrid project have been started, the latter a new space for the arts in the venue of the old slaughterhouse of Madrid which will extend the main cultural axis of the city to the river.

ESTANCIAS

A las zonas de estancia propias de cualquier parque se suman una serie de áreas singulares, como las de la Avenida de Portugal y el Salón de Pinos –ya ejecutadas–, así como la playa del futuro Parque de la Arganzuela.

ROOMS

A series of singular areas are added to the sitting areas typical of any park. These areas will be like the Avenida de Portugal and the Salon de Pinos, as well as the beach at the future Arganzuela park.

RECORRIDOS

Sobre la autopista soterrada, dos paseos lineales permiten recorrer a pie la totalidad de la intervención. Los antiguos accesos a la autopista se han mantenido, favoreciendo la llegada de tráfico privado al corazón de la ciudad. La conexión entre ambos lados se asegura mediante pasarelas peatonales que cruzan el río.

ROUTES

On the tunnelled motorway, two linear promenades allow one to walk along the entire intervention. The former entrances to the motorway have been kept, allowing private traffic to arrive to the centre of the city. The connection between the two sides is guaranteed by footbridges that cross the river.

EDIFICIOS

El plan de actuación se extiende más allá de la cuenca del río e incluye fragmentos del tejido consolidado de la ciudad. En las proximidades del Manzanares está prevista la construcción de varias pasarelas y edificios de equipamientos que se sumarán a la red existente de equipamientos singulares que lo bordean. Asimismo, está prevista la construcción de unas 1.600 viviendas en los terrenos que quedarán libres tras el desmantelamiento del estadio de fútbol construido directamente sobre el borde del agua y la autopista.

BUILDINGS

The action plan extends beyond the river bed and includes fragments of the consolidated fabric of the city. Around the Manzanares the construction of several walkways and public service buildings is planned. These will be added to the existing network of singular public service buildings that surround them. The construction of 1600 homes is also planned on the land that will be freed up after the football stadium built directly on the border of the water and motorway is taken down.

VEGETACIÓN

El proyecto aborda la recuperación no sólo del espacio liberado por el soterramiento de la autopista e inmediato al borde del agua, sino que pretende integrar todos los espacios verdes de la cuenca del Manzanares a su paso por la ciudad. El río contribuye a desvelar una red sistemática de zonas verdes antes desconectadas y sustentadas en el pasado sobre las trazas de arroyos, barrancos y asentamientos. Así, se ponen en contacto la Casa de Campo -el mayor parque de Madrid– en la que se ha recuperado la histórica Huerta de la Partida, los jardines del Palacio Real, el paseo bajo los cerezos en la Avenida de Portugal, el Salón de Pinos que recorre la orilla del río, el parque de la Arganzuela hasta el nudo sur de la autopista M-30 y el nuevo Parque Lineal del Manzanares al Sur de la ciudad.

VEGETATION

This project not only takes on the renovation of the space on the water, freed by covering the motorway, but also looks to integrate all of the green spaces on the banks of the Manzanares as it runs through the city. The river helps to reveal a systematic network of green areas that were previously unconnected and supported over the outline of streams, cliffs and sedimentation. In this way, contacts are made between Casa de Campo, the largest park in Madrid, where the historic Huerta de la Partida, the Royal Palace gardens, the promenade under the cherry trees on Avenida de Portugal, the Salon de Pinos that runs along the riverbanks, Arganzuela park to the south junction of the M-30 motorway and the new Parque Lineal del Manzanares to the south of the city.

AGUA

Con la intervención se ha mejorado la calidad del agua mediante la modernización de la red de saneamiento.

WATER

With this intervention water quality has been improved through the modernisation of the drainage system.

Vista de las obras frente a la Puerta de Segovia View of the construction site at Puerta de Segovia

El soterramiento de la autopista M-30 en los bordes del río Manzanares a su paso por Madrid, ha producido una enorme cicatriz de 120 hectáreas en el mismo centro de la ciudad, a menos de 600 metros del Palacio Real. La oportunidad, no sólo de restituir la superficie de esta herida, sino de estructurar y articular un ámbito mucho más amplio, incorporando soluciones que permiten establecer nuevas relaciones a lo largo y a través del río, se está concretando actualmente mediante una importante operación de escala urbana.

Sin embargo, el enfoque inicial del proyecto trasciende esta dimensión e incorpora una visión territorial, en la que la geografía ha sido, antes que la arquitectura, la disciplina sobre la que se asientan las reflexiones que generan este trabajo. La complejidad que caracteriza el territorio fluvial del Manzanares y la gran diversidad de componentes que lo acompañan desde su nacimiento hasta su desembocadura han constituido la base de la propuesta, que concibe el tramo urbano del río como uno más de los acontecimientos que le son propios: Madrid es un evento más del curso del Manzanares.

The road tunnelling of the M-30 motorway on the banks of the Manzanares river through Madrid has created a huge scar of 120 hectares in the very centre of the city, less than 600 metres from the Royal Palace. This opportunity, not only to cover the scar of this area, but to structure and articulate a much wider area, incorporating solutions that allow new relationships along the river, is currently being specified by means of an important urban-scale operation.

Nevertheless, the main focus of the project transcends this dimension and incorporates a territorial vision, where geography was, before architecture, the discipline the reflections that this work generates stood upon. The complexity that characterises the area around the Manzanares and the wide diversity of components that go along side it from its source to the mouth of the river constituted the base of the proposal. The proposal conceives the urban stretch of the river as yet another event that belongs to the river;

Por lo tanto, el proyecto incorpora esta forma de relación entre el río y la ciudad como parte de la comprensión global de su cuenca. El río puede introducir los paisajes verdes del Norte y ocres del Sur en su ámbito urbano, conformando la trayectoria de un corredor longitudinal de ribera. El río contribuye a desvelar una red sistemática de zonas verdes antes desconectadas y sustentadas en el pasado sobre las trazas de arroyos, barrancos y asentamientos, que en la actualidad pueden reformularse como esqueleto de la memoria y la geografía e incorporarse a la estructura urbana estableciendo nuevos equilibrios. El río adquiere la condición de umbral entre el espacio construido y el territorio exterior, que aun conserva un dominante carácter natural, facilitando extremadamente la transición peatonal entre ambos ámbitos. El río se convierte en un lugar fácil de atravesar, en el que la construcción de puentes y pasarelas es inmediata y no traumática para el tejido urbano. El río ofrece materiales y formas intelectualmente válidos para construir los nuevos espacios de uso público, restituyendo sus orillas y mejorando el contacto entre sus bordes y los barrios inmediatos.

Madrid is just another event along the Manzanares. Because of this, the project incorporates this type of relationship between the river and the city as part of the global comprehension of its basin. The river can introduce the green landscapes of the North and the ochre landscapes of the south in its urban environment, shaping the course of a corridor of riverbanks. The river helps to reveal a systematic network of unconnected green spaces, supported in the past on the designs of streams, ravines and settlements, which can now be reformulated as a skeleton of memory and geography, and incorporated into urban structure, establishing new balances. The river takes on the condition of a threshold between constructed space and outside territory, which still has a dominant natural character, greatly facilitating pedestrian transition between the two spaces. The river becomes a place that is easy to cross, where the construction of bridges and walkways are harmonious with urban space and not traumatic to it. The river offers materials and shapes that are intellectually valid for building new spaces for public use, restoring riverbanks and improving the contact of its

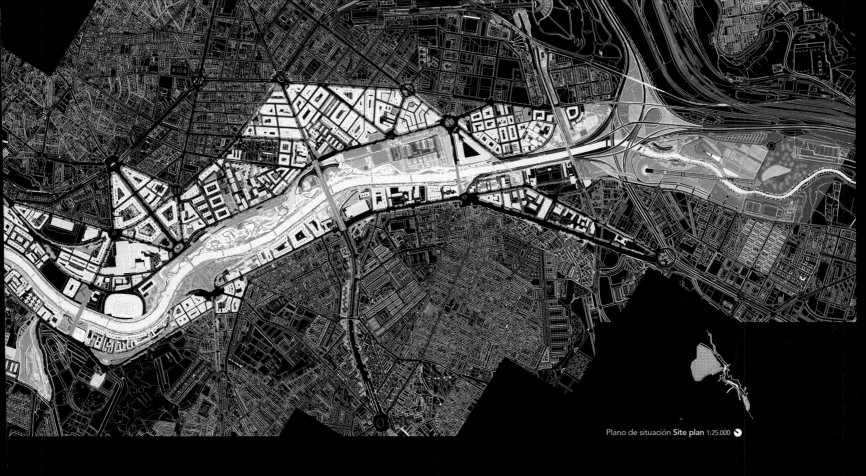

Plano de situación **Site plan** 1:25.000 ↘

Sobre estas ideas se ha redactado el Plan Especial Río Manzanares que, con un horizonte de al menos 15 años, pormenoriza la ordenación de 811 hectáreas y establece un nuevo sistema de conectividad y usos colectivos, capaz de reequilibrar la ciudad. Dentro del plan, se han iniciado algunas obras que reconfiguran el escenario inmediato al río y que se desarrolarán desde 2007 hasta 2010 para suturar el enorme vacío dejado por el soterramiento de la autopista. Como grandes proyectos de paisaje se han identificado inicialmente tres operaciones que incorporan nuevos elementos de relación y continuidad en la ciudad y jalonan las orillas del río a su paso por el tejido consolidado.

borders with the surrounding neighbourhoods.
On these ideas, the Plan Especial Río Manzanares was written. Over a time horizon of 15 years, it details the zoning of 811 hectares and establishes a new system of connection and collective use, capable of balancing the city once again. In the plan, work has begun on projects that restore the scenery bordering the river and that will be developed from 2007 to 2010 to close up the empty space left by the road tunnelling of the motorway.
As large-scale landscaping projects, initially three operations that incorporate new elements of relation and continuity in the city and mark the riverbanks as it goes along the consolidated fabric.

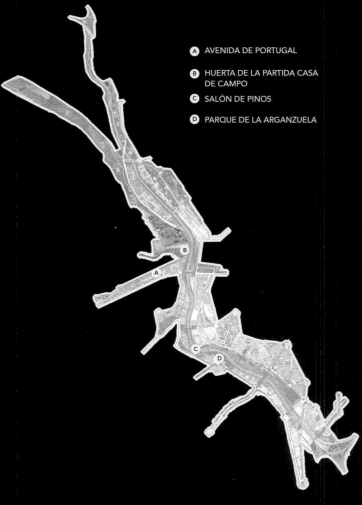

Ⓐ AVENIDA DE PORTUGAL

Ⓑ HUERTA DE LA PARTIDA CASA DE CAMPO

Ⓒ SALÓN DE PINOS

Ⓓ PARQUE DE LA ARGANZUELA

1:75.000

ACTIVIDADES **ACTIVITIES**

ESTANCIAS **ROOMS**

RECORRIDOS **ROUTES**

EDIFICIOS **BUILDINGS**

VEGETACIÓN **VEGETATION**

AGUA **WATER**

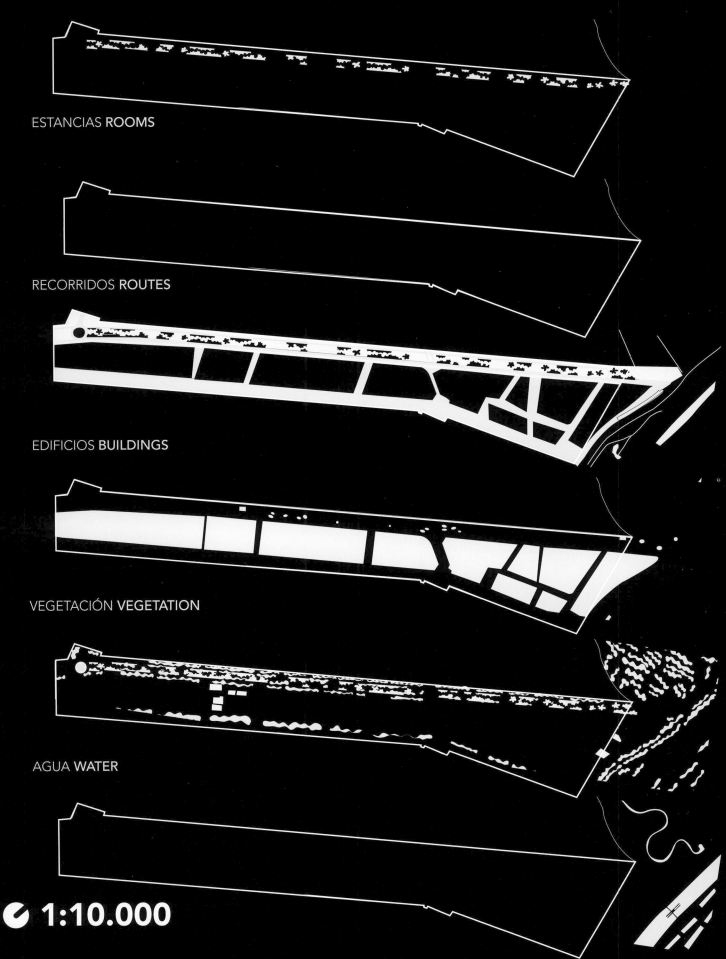

1:10.000

AVENIDA DE PORTUGAL   1:75.000

Plano de situación **Site plan** 1:10.000

En primer término, el proyecto resuelve una nueva forma de conexión de la Casa de Campo, el parque periurbano más importante de Madrid, encadenándola con los espacios de la cornisa sobre la que se asienta el Palacio Real en la orilla opuesta. La rehabilitación de la Huerta de la Partida y la construcción de la Avenida de Portugal, como un bulevar de cerezos que mira al Madrid histórico, son parte del conjunto de acciones que resuelven el carácter monumental del espacio que secularmente separó el gran parque del centro y que ahora, por el contrario, es un eslabón activo que permite una conexión inédita de la que se han apropiado paseantes y ciclistas.

First, the project resolves a new way of connecting the Casa de Campo, the most important perimetral urban park in Madrid, linking it to the cornice spaces where the Royal Palace is located on the opposite bank. The rehabilitation of the Huerta de la Partida and the construction of the avenue Avenida de Portugal, as a boulevard of cherry trees that looks on at historic Madrid, are part of the group of actions that take care of the monumental character of the space which secularly separated the great park in the centre and which is now, nevertheless, an active link that allows an unknown connection that both pedestrians and cyclists have taken up for themselves.

1   1:1.000

1 COMPONENTE DEL BANCO DE HORMIGÓN	1 CONCRETE BENCH ELEMENT
2 ADOQUÍN PORTUGUÉS	2 PORTUGUESE COBBLE-STONE
3 CAPA DE POLVO DE PIEDRA	3 STONEDUST LAYER
4 CAPA DE ARENA	4 SAND LAYER

Sección del pavimento
Paving section

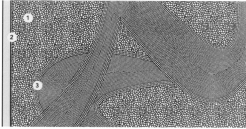

Detalle del pavimento **Paving detail**

1 DISPOSICIÓN ALEATORIA DE ADOQUÍN BLANCO	1 WHITE COBBLE-STONE RANDOMLY PUT TOGETHER
2 1 BANDA DE ADOQUÍN A LO LARGO DEL BORDILLO	2 COBBLE-STONE ALONG CURB
3 3 BANDAS DE ADOQUÍN BLANCO ALREDEDOR DE LAS SILUETAS EN NEGRO	3 WHITE COBBLE-STONE AROUND BLACK COBBLE-STONE PATTERNS

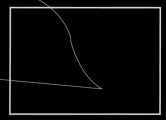

ACTIVIDADES **ACTIVITIES**

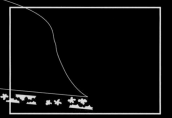

ESTANCIAS **ROOMS**

RECORRIDOS **ROUTES**

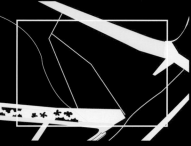

EDIFICIOS **BUILDINGS**

VEGETACIÓN **VEGETATION**

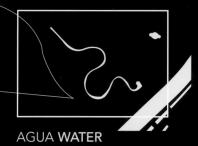

AGUA **WATER**

1:10.000

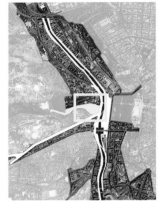

HUERTA DE LA PARTIDA   1:75.000

Plano de situación **Site plan** 1:1.500 🌗

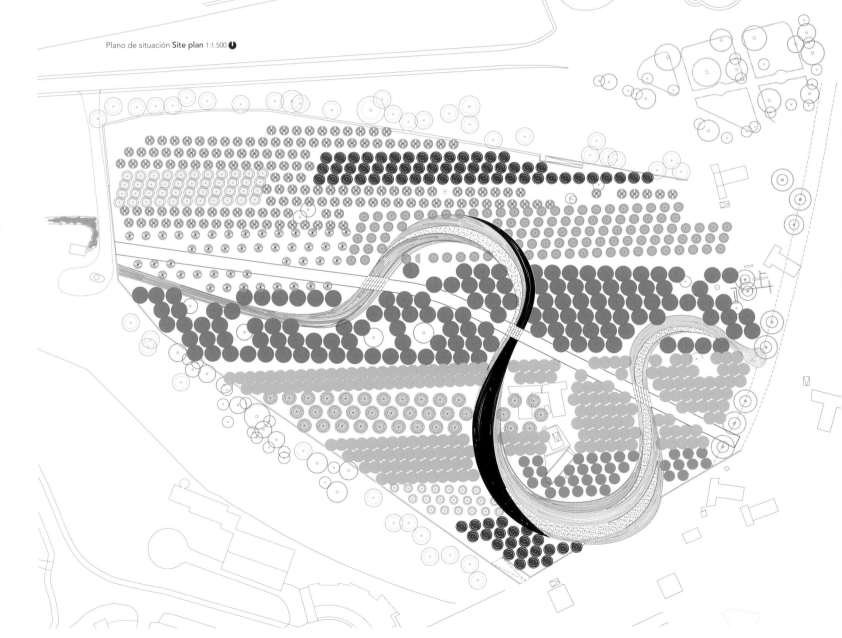

1 REMATE DE CAMINO CON PIEZA DE GRANITO	1 GRANIT PATHWAY EDGE
2 ZAPATA DE HORMIGÓN	2 CONCRETE FOOTING
3 HORMIGÓN DE LIMPIEZA	3 CONCRETE LAYER
4 PIEZA DE GRANITO DE 56 cm DE ALTO x 93 DE ANCHO x 45 cm DE FONDO 56 cm	4 TALL x 93 cm WIDE x 45 cm THICK GRANIT PIECE
5 TALUD VEGETAL	5 EARTH SLOPE
6 SOLERA	6 CONCRETE SLAB
7 ARROYO	7 CREEK
8 PASOS DE GRANITO	8 GRANIT SLABS
9 ADOQUÍN DE GRANITO	9 GRANIT COBBLE-STONE
10 BORDILLO DE GRANITO	10 GRANIT CURB
11 TACÓN CIMENTACIÓN	11 FOOTING
12 LOSA	12 SLAB
13 SECCIÓN DEL CAMINO	13 AGGLOMERATE LAYER
14 MICROAGLOMERADO	14 BITUMINOUS MIX
15 MEZCLA BITUMINOSA	15 CONCRETE BASE
16 BASE DE HORMIGÓN	16 SAND LAYER

Detalle de las piezas de paso de granito **Granit bridge slabs detail**

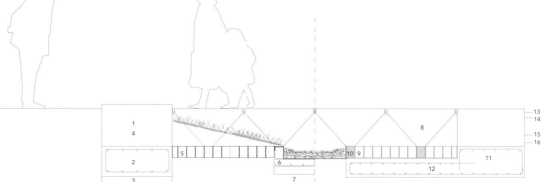

Sección constructiva de pontón A **Bridge construction detail** 1:50

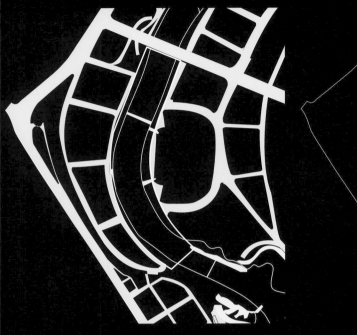

RECORRIDOS **ROUTES**

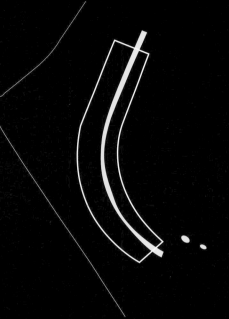

ESTANCIAS **ROOMS**

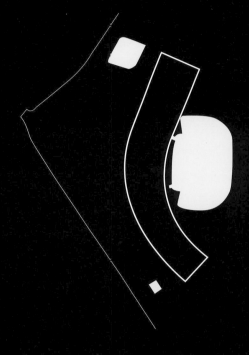

ACTIVIDADES **ACTIVITIES**

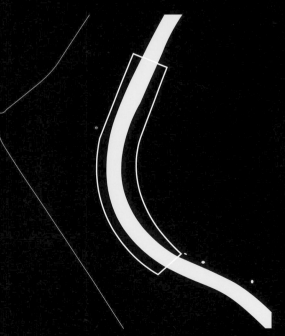

AGUA **WATER**

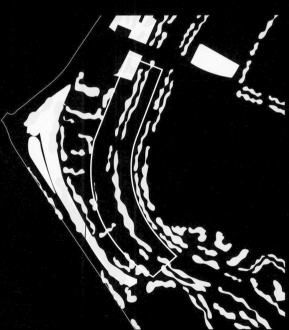

VEGETACIÓN **VEGETATION**

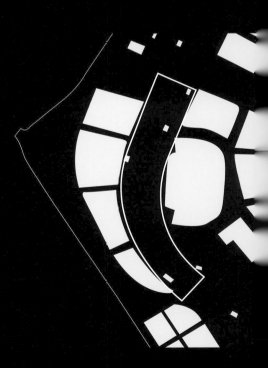

EDIFICIOS **BUILDINGS**

◐ **1:10.000**

SALÓN DE PINOS   1:75.000

En segundo lugar, está el Salón de Pinos, corredor arbolado construido sobre las losas de los túneles que alojan la autopista bajo rasante y que se sitúa fundamentalmente sobre la margen derecha del río.
Una lengua verde de carácter forestal vertebra la ribera exterior de la ciudad, permite un enlace permanente con el Manzanares y contiene espacios para la actividad colectiva.
La intersección el Salón con los puentes históricos se resuelve con la implantación de jardines extremadamente cuidados que contrapesan la fuerza de la estructura verde de hoja perenne.

In the scond place is the Salón de Pinos, a tree-lined corridor on the slabs of the tunnels that hold the underground motorway and that is located mainly on the right edge of the river. A green forest-like strip lines the basin furthest from the city and allows a continuous link to the Manzanares and has spaces for collective activity. The intersection of the Salon and historic bridges is resolved by means of extremely cool and well-cared gardens, which compensate for the strength of the perennial leaf structure.

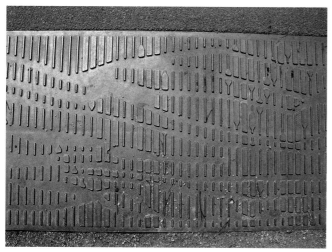

VARIANTES EN EL DESARROLLO DEL ARBOLADO
TREE DEVELOPMENT VARIETIES

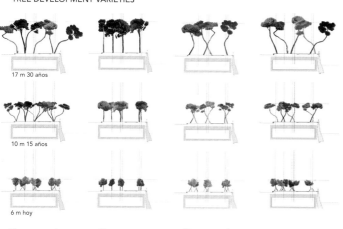

17 m 30 años

10 m 15 años

6 m hoy

Pinos pareados
Pine pairs

Pinos rectos
Straigth pines

Pinos cruzados
Crossed pines

Pinos en bóveda
Pines vault 1:1.500

Sección tipo **Type section** 1:500

EDIFICIOS **BUILDINGS**

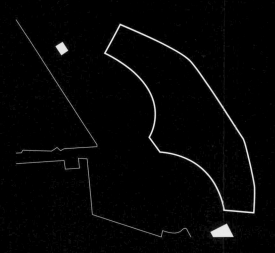

ACTIVIDADES **ACTIVITIES**

VEGETACIÓN **VEGETATION**

ESTANCIAS **ROOMS**

AGUA **WATER**

RECORRIDOS **ROUTES**

1:10.000

PARQUE DE LA ARGANZUELA   1:75.000

Sección del río seco **Dry river section**

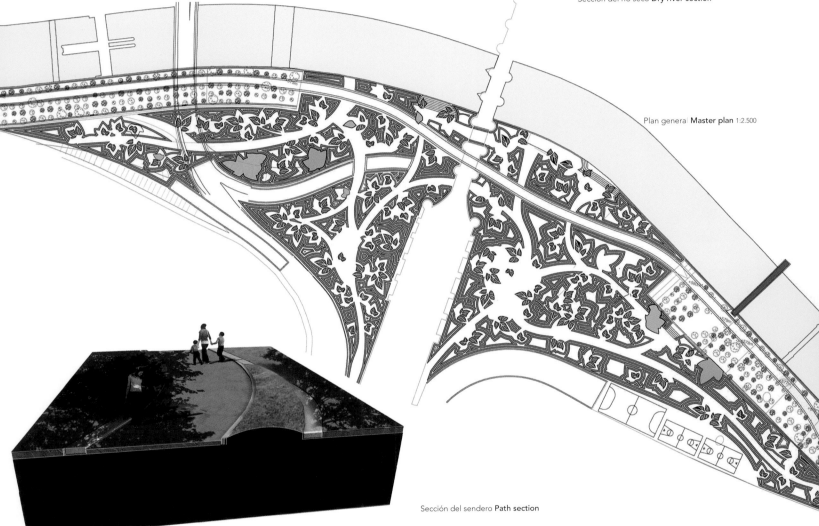

Plan general **Master plan** 1:2.500

Sección del sendero **Path section**

La tercera intervención, que incide con capacidad transformadora en el paisaje central del río, es el Parque de la Arganzuela que, a través de la propuesta, se amplía y se transforma. Esta área de oportunidad se construye con las ideas y los materiales que arrastra el río desde su desembocadura. Es una ensenada de ribera ordenada longitudinalmente por los rastros imaginados del agua de un río ahora canalizado.
La suma y cruce de estos rastros, canales, fuentes, huellas secas y senderos, se superpone a una estructura vegetal fresca y densa, a la que se confía la construcción del espacio colectivo.
Sobre estas tres propuestas de paisaje se añaden 150 proyectos urbanos (construcción de puentes y pasarelas, pabellones y edificios públicos, rehabilitación de presas y de viario, implantación de nuevos modos de transporte...) que resuelven problemas locales así como conforman un nuevo sistema articulado que trasladará definitivamente el río al centro de Madrid.

The third intervention, that influences the main landscape of the river by transforming it, is the Parque de la Arganzuela, which, through the proposal, is enlarged and transformed.
This opportune area is built on the ideas and materials that the river carries from its source. It is an inlet ordered lengthwise by the imaginary traces of the now channelled river. The sum and crossing of those traces, channels, fountains, dried markings and paths is placed upon a cool, dense green structure that the construction of the collective space is entrusted to.
To these three landscape proposals, 150 urban projects are added (bridges and walkways, pavilions and public buildings, dam and road rehabilitation, implementation of new modes of transport...) that resolve local problems and to make up a new articulated system that will definitively move the river to the centre of Madrid.

Álvaro Siza

Vila do Conde Seafront........ 210-221
Author: Álvaro Siza
First preliminary study coordinators:
Marco Rampulla, Bárbara Rangel
Second preliminary study and
Development project coordinator:
Benjamin Bancel
On site coordination and Technical
assistance: António Mota
Collaborators: (1st phase) Antje Kartheus
Francisco R. Guedes, (2nd phase) Kenji
Araya Ola Boman
Technical studies: Gabinete de
Organização de Projectos:
Structures: João Maria Sobreira
Water system: Raquel Fernandes,
Alexandre Santos
Lighting: Alexandre Martins (GPIC)
Mechanical installations:
Costa Pereira (GET), Raul Bessa (GET)
Agronomy: Pedro Melo
Quantity surveyor: Alvaro Raimundo
Location: Vila do Conde. Portugal
Date: 2005
Photos: FG+SG

Arriola&Fiol Arquitectes

Barcelona Gran Vía 334-351
Authors: Andreu Arriola, Carmen Fiol
Collaborators: Elena Amat,
Xavier Arriola, Vincenzo P. Bagnato,
Mario Cró, Massimiliano Fiore,
Clemens Kolar, Sascha Rux,
J. Carles Morla, Magnus Lundström
Engeneering: Xavier Montobbio,
Javier Bespín, Alvaro Melo (GPO
Engeneering)
Acustic: Higini Arau
Structure: Agustí Obiol (OMA)
Installations: Joan Gallostra (JG)
Client: Generalitat de Catalunya,
General De Transports; Ajuntament
de Barcelona, Institut Municipal
d'Urbanisme, BIMSA
Builder: Vias y Construcciones, UTE-Gran
Via Nord, FCC, COMSA, NECSO
Footbrigde Architects: Albert Viaplana y
David Viaplana
Location: Gran Vía de las Cortes
Catalanas, Barcelona. Spain
Date: 2007
Photos: Arriola&Fiol, Beat Marugg,
Javier Mozas

Base Paysagistes

Prés de Lyon Park 132-143
Authors: Franck Poirier, Bertrand Vignal,
Clément Willemin.
Architect: Vincent Parreira
Engeneering: Cabinet Merlin
Ligthning: ATV Vincent Thiesson
Drafting: Atelier LAB
Carpentry for solarium: Pyrhus
conception
Location: Avenue de
Neckarbischofsheim,
La Chapelle St Luc. France
Date: 2006
Photos: Olivier Helbert, BASE Paysagistes

Batlle i Roig Arquitectes

Las Llamas Park 174-183
Authors: Enric Batlle y Joan Roig
Collaborators: Albert Gil, (Architect)
Elena Mostazo (landscaoe engineer)
Engineering: APIA XXI
Client: Ayuntamiento de Santander
Location: Avenida de la Constitución,
Santander. Spain
Date: 2005-2007
Photos: Jorge Poo, Isabel Mozas

Carol R Johnson Associates

Chinatown Park 352-367
Authors: Bill Taylor
Collaborators: Jill Ochs Zick, Tang
Hong Bing, Tom Doolittle, Nancy Stack,
Kathleen Lynch, Christopher Bridle
Client: Massachusetts Turnpike Authority
(Fred Yalouris, Anne Gorczyca, Charlotte
Fleetwood, Mayor's Central Artery Task
force)
Local advisors: Chinatown and Leather

District Advisory Group (Stephanie Fan,
David Seeley)
Sail sculpture design: Christopher Bridle
Feng Shui advisor: Dr. Yu Kongjian
(Beijing University)
Sculptural Elements: Communication
Arts of Boulder, Design Communications
Water feature system design: CMS
Collaborative
Structural Engineering: Lim Consultants
Lighting Design: Ripman Lighting /
Collaborative Lighting
Electrical Engineering: Shekar and
Associates
Civil Engineering: Nitsch Engineering
Irrigation Design: Irrigation Consulting
Incorporated
General Contractor W.T.Rich Company
Steel elements: Auciello Ironworks,
Pavements: Architectural Paving and
Stone
Landscaping: MON Landscaping
Bamboo supplier: New England Bamboo
Location: Rose Fitzgerald Kennedy
Greenway and Beach Street, Boston. USA
Date: 2007
Photos: Chuck Mayer, Massachusetts
Turnpike Authority, Carol R Johnson
Associates

Caffarena, Cobos, García Alcaraz y Gómez Delgado

Centenario Park 144-155
Authors: María Caffarena De La Fuente,
Víctor Cobos Márquez, Andrés García
Alcaraz, Bernardo Gómez Delgado.
Client: Autoridad Portuaria de la Bahía
de Algeciras
Location: Calle del Delfín, Algeciras. Spain
Date: 2007
Photos: Jesús Granada

Coll-Leclerc

TMB Park.................................... 74-89
Authors: Jaime Coll y Judith Leclerc
Collaborators: Adrià Goula, Narcis Font,
Jordi Giralt, Tomeu Ramis,
Alberto Sanchez, Thomas-Bernard Kenniff,
Cristian Vivas, Jose Ulloa.
Landscape architect: Teresa Galí,
Structures: David Garcia. Bis arquitectes
Civil Engineer: Manel Comas
Quantity surveyor: Xavier Badia
Location: Carretera d'Horta a
Cerdanyola, Barcelona. Spain
Date: 2006
Photos: José Hevia

Crosby Schlessinger Smallridge, Gustafson Guthrie Nichol

North End Parks........................ 352-367
Project Landscape Architect: Crosby,
Schlessinger, Smallridge LLC
Design Landscape Architect: Gustafson
Guthrie Nichol Ltd
Client: Massachusetts Turnpike Authority
Structural Engineer: Earth Tech
Mechanical, Electrical and Civil Engineer:
DMC Engineering, Inc.
Fountain Consultant: CMS Collaborative
Lighting Consultant: Collaborative
Lighting, LLC, Ripman Lighting
Consultants, Inc
Irrigation: Irrigation Consulting Inc
Environmental Graphic Design: Selbert
Perkins Design
Historical Consultant: American History
Workshop
Location: Rose Fitzgerald Kennedy
Greenway and Hanover St., Boston. USA
Date: 2007
Photos: Massachusetts Turnpike
Authority, Crosby Schlessinger Smallridge

David Franco, Renata Sentkiewicz

Kroken Park.................................. 156-173
Authors: David Franco and
Renata Sentkiewicz
Collaborators: Malgorzata Czaban, Ana
Belén Franco, Arantza Gil Recalde and
Pablo Martínez Capdevila

Landscaping: Finn Haugli
Location: Tromsoysundvegen, Kroken,
Tromsø. Norway
Date: 2004-

Durbach Block Architects

Ring Walk 240-249
Authors: Durbach Block Architects
Neil Durbach, Camilla Block, David
Jaggers, Lisa Le Van, Joseph Grech
Project Manager: Complete Urban
Solutions. Scott Williams
Structural Engineer: Arups Pty Ltd.
Tristram Carfrae, Taylor Thomson
Whitting. Barry Young
Landscape Architects: Sue Barnsley
Design. Sue Barnsley, Kate Dewar
Interpretation Soundscape: CDP Media.
Gary Warner Peter Emmett
Colour Consultant: Virginia Carroll
Art direction & design: Eskimo
Design & illustration: Peter Moore &
Lyndal Harris
Graphic Design Project Management:
Andrea Nixon
Location: The Brick Pit. Sydney Olympic
Parklands. Australia
Date: 2005
Photos: Kraig Carlstom, Brett Boardman,
Bob Peters and Peter Hyatt

Ecosistema Urbano

Ecoboulevard.............................. 90-109
Authors: Ecosistema Urbano
Belinda Tato, José Luis Vallejo,
Diego García-Setién
Competition Collaborators :
Ignacio Prieto, David Benito,
Asier Barredo, Jaime Eizaguirre,
Patricia Lucas
Project Collaborators: Ignacio Prieto,
David Delgado, Maria Eugenia Lacarra,
Laura Casas, David Benito,
Jaime Eizaguirre, Patricia Lucas,
Ana López, Fabrizio Pepe,
Constantino Hurtado (Tectum Ingeniería),
Julio Bernal (Ip Ingeniería)
Location: Vial C-91. Vallecas, Madrid.
Spain
Date: 2005
Photos: Emilio P. Doiztua, Roland Halbe

EDAW, Copley Wolff Design Group

Wharf District Parks................ 352-367
Authors: EDAW, Inc., Copley Wolff
Design Group
Client: Massachusetts Turnpike Authority
Engineers: Fay, Spofford & Thorndike
Structural Engineers: Lim Consultants
Water Display Design: WET Design
Irrigation: EDAW
Text: Helen Graves
Location: Rose Fitzgerald Kennedy
Greenway and High Street, Boston. USA
Date: 2007
Photos: Massachusetts Turnpike
Authority

Field Operations, Diller Scofidio + Renfro

The High Line............................ 310-325
Authors: Field Operations and
Diller Scofidio + Renfro
Design team:
Field Operations, Team Lead, Landscape
Architecture / Urban Design
James Corner, Tom Jost, Lisa Switkin,
Nahyun Hwang, Lara Shihab-Eldin
Diller Scofidio + Renfro, Architecture
Elizabeth Diller, Ricardo Scofidio,
Matthew Johnson, Charles Renfro,
Gaspar Libedinsky, Hayley Eber
With: Piet Oudolf (Horticulture)
L'Observatoire (Lighting Design)
Buro Happold (Structural Engineering
Sustainable Engineering)
Robert Sillman Associates (Structural
Engineering, Historic Preservation)
Philip Habib Associates (Traffic Planning)
GRB (Environmental Engineering)
VJ Associates (Capital and Operating
Cost Estimating)

ETM (Public Space Management)
DVS Associates (Site Security)
Applied Ecological Services, Inc.,
(Ecology)
Code Consultants, ADA (NYC Code
Regulations)
Creative Time (Public Art Programming)
Control Point, (Site Surveyor)
Location: Gansevoort St. to 30th S.
on the west side of Manhattan, NewYork
City. USA
Date: 2004-

Foreign Office Architects

Meydan Shopping Square
.... 120-131
Authors: Farshid Moussavi y Alejandro
Zaera-Polo
Competition: Friedrich Ludewig,
Kenichi Matzusawa, Chris Yoo
Scheme/Detailed Design:
Friedrich Ludewig, Christian Wittmeir,
Samina Azhar, Andrei Gheorghe,
Emory Smith, Ebru Simsek, Eduarda
Lima
Project Controlling: IMS
Local Architects: TAM (Turgut Alton
Mimarlik), ETUD
Structural Consultant (concept phase):
AKT
Structural Consultant (executive phase):
BALKAR
Mechanical Consultant (concept phase):
IP5
Mechanical Consultant (executive
phase): Çilingiroğlu
Electrical Consultant: Öeneren
Lighting Consultant: Luxwelt Lichtdesign
Landscape Consultant: GTL
Infrastructure Consultant: Köroglu
Engeneering: Traffic Consultant, PGT
Client: Metro Asset Management
Location: Yolu Kvs, Umraniye, Istanbul.
Turkey
Date: 2007
Photos: Cristobal Palma

Froestcher Lichtenwagner, Idealice

O-Dorf Square 56-67
Authors: Froetscher Lichtenwagner
Landscape Architect: Idealice (Alice
Grössinger)
Location: Kajethan-Sweth-Strasse,1.
6020 Innsbruck, Austria
Date: 1996-2006
Photos: Lukas Schaller, Froetscher
Lichtenwagner

Janet Rosenberg, Claude Cormier, Hariri Pontarini

HtO Park.................................... 352-367
Authors: Janet Rosenberg + Associates,
Claude Cormier Architectes Paysagistes,
Hariri Pontarini Architects
Location: Queens Quay W, Toronto.
Canada
Date: 2007
Photos: Janet Rosenberg + Associates

José Luis Esteban Penelas

New Pradolongo Park 110-119
Authors: José Luis Esteban Penelas
Collaborator: Gema Roa (project leader,
Ayuntamiento de Madrid), Chun Ling Yu,
Alberto Galindo, Jorge Navarro, Esther
Sánchez Mazarías, Jorge Álvarez-
Builla, Juan Manuel Sánchez Guitierrez
(architects).
Civil engeneering: Luis Benito Olmeda
(BCP INGENIEROS)
Engineer in chief (Departamento de
Obras, Ayuntamiento de Madrid):
Luis Martínez López
Sculptor: Esther Pizarro (Intervenciones
escultóricas en pavimentos)
Light engeneering: Lidia García Matas
Civil engeneering: Carlos Asenjo
(Ayuntamiento de Madrid)
Lighting: Philips Ibérica
IT: Elena Casañas
Quality surveyors: Antonio Herranz
(Construction phase, Ayuntamiento de

Madrid), Antonio Atienza (Construction documents)
Developer: Ayuntamiento de Madrid – Dirección de Servicios para el Desarrollo Urbano
Client: Ayuntamiento de Madrid
Contractor: Ferrovial
Location: Calle del Doctor Tolosa Latour, Madrid. Spain
Date: 2006
Photos: Miguel de Guzmán, Ayuntamiento de Madrid, Penelas Arquitectos

Kristine Jensens Tegnestue
Authors: Kristine Jensens
Location: Prags Boulevard, Copenhagen. Denmark
Date: 2005
Photos: Simon Høgsberg, Christina Capetillo, Javier Arpa

La Dallman Architects
Authors: James T. Dallman, Grace E. La (Principals)
Brook L. Meier (Project Architect)
Douglas M. Gerlach, Nathaniel J. Zuelzke (Project Team)
Master Planning: La Dallman Architects with Crisman+Petrus
Engineer: Bloom Consultants
Lighting Designer: Noele Stollmack Lighting Design
Electrical Engineer: Powrtek Engineering
Location: Holton Street, Milwaukee. USA
Date: 2006
Photos: La Dallman Architects, Jim Brozek, Blyth Meier, Greg Murphey Studios

Lab Architecture Studio, Bates Smart
Authors: Lab architecture studio in association with Bates Smart
Landscape architects: Karres en Brands
Civil enginners (deck): Hyder Consulting
Specialist + plaza lighting: Lighting Design Partnership
Location: Federation Square, Melbourne, Australia
Date: 2004
Photos: John Gollins, Peter Clarke, Javier Mozas, Trevor Mein

Machado and Silvetti Associates
Principal in Charge: Rodolfo Machado
Project Designers: Rodolfo Machado, Jorge Silvetti
Associate in Charge: Tim Love
Project Director: Peter Lofgren
Project Coordinator: Nader Tehrani
Project Team: Raed Al-Rabiah, Davin Hong, Christopher Keane, Christopher Kirwan, Dana Manoliu, Monica Ponce de Leon, Colin Smith, Matthew Littell, Adib Cure, Christian Dagg, John Clegg, Christina Crawford, Nicholas Papaeithimiou, Matthew Littell, Ted Touloukian, Stephanie Randazzo-Dwyer, Steven Poon, Stephen Lee, Aaron Follet, Seiee Kim
Clients: Massachusetts Highway Department, Commonwealth of Massachusetts.
The Dewey Square Urban Design Group (The Federal Reserve Bank, Rose Associates, Equity Office. Cornerstone, the Artery Business Committee) William McDonough and Bob O'Brien, co-chairs.
Massachusetts Bay Transportation Authority
General Contractor: J.F. White Contracting Company
Curtain Wall Consultants: CDC Curtain Wall Design
Location: Dewey Square, Boston. USA
Date: 2004
Photos: Steven Poon/MSA

Martín Lejárraga
Author: Martín Lejárraga
Client: Ayuntamiento de Torre-Pacheco
Location: Avenida Luis Manzanares, Torre-Pacheco, Murcia. Spain
Date: 2007
Photos: Martín Lejárraga, Jesús Granada, David Frutos Ruíz

McGregor+Partners
Authors: McGregor+Partners
Civil Engineering: Northrop
Geo Tech: Jeffery and Katauskas
Location: Larkin Street, Waverton, Sydney. Australia
Date: 2003-2005
Photos: Brett Boardman, Simon Wood

Miralles Tagliabue EMBT
Authors: Benedetta Tagliabue
Project leader: Karl Ungleub
Project architects: Stefan Geenen, Elena Nedelcu
Collaborators: Elena Rocchi, Jorge Carvajal, Eugenio Cirulli, Massimo Chizzola, Santiago Crespi, Marco de Gregorio, Annunziata Dezio, Daniel Domingo, Jörgen Dreher, Gianfranco Grondona, Joana Guerra, Simon Junge, Irene Kasjanenko, Maximilian Kneucker, Jan Kokol, Ana Catarina Miguel, Beatriz Minguez, Amanda Mori, Gordon Moss, Fernando Mota, Lucía Ortiz, Adelaide Pasetti, Jakob Pitroff, Judit Rigerszki, Elena Rocchi, Jorge Rollán, Thorsten Saul, Ida Sborgia, Alex Schmidt, Bastian Schubert, Kerstin Schwindt, Roberto Sforza, Alexandra Spiegel, Lidia Tomaro, Nuno Torres, Laura Valentini, Umberto Viotto, Henrike Wettner, Waldemar Wilwer, Sabine Zaharanski
Model: Gabriele Rotelli, Guile Amadeu, Nuno Almeida, Felipe Bernal, Milena Boxberger, Daniel Burston, Giovanni Cardone, Carolina Civarolo, Carla Cruz, Daniel Erfeld, Elizabeth Farkas, Ina Fertig, Rafael Galvis, Sergio Leone, Cassía de Godoy Lima, Abelardo Gomez, Enno Hergenhan, Valentin Kokudev, Michael Kührt, José Manuel LaTorre, Javier Logreira, Desirée Mann, Dirk Mayer, Sylman Mirza, Christian Molina, Kate Moore, Maria Pierres, Ligita Nicgale, Lina Parra, Catalina Pinzon, Jordi Roldán, Nuno Rodrigues, Miguel Romero, Miguel Sanchez, Jana Scheifele, Anna Stoppani, Rocco Tenca, Martina Viganò
Contact Architects: WES & Partner Landschaftsarchitekten
Location: Hafencity, Hamburg. Germany
Date: 2005
Photos: Alex Gaultier, Roland Halbe

Miralles Tagliabue EMBT
Acustic screens
Authors: Enric Miralles, Benedetta Tagliabue
Project leader: Joan Callis
Project director: Makoto Fukuda, Lluís Corbella,
Colaborators: Peter Sándor Nagy, Joan Callís
Model: Christian Molina, Abelardo Gómez, Miguel Sánchez, Felipe Bernal, Miguel Andrés Sánchez, Catalina Pinzón
Acoustic: Higini Arau
Structure engineering: MC2,Julio Martínez Calzón
Location: Gran Vía de las Cortes Catalanas, Barcelona. Spain
Date: 2007
Photos: Miralles Tagliabue EMBT, Beat Marugg, Javier Mozas

Mrío Arquitectos Asociados
Team Director: Ginés Garrido
Authors: Burgos & Garrido arquitectos
Porras & La Casta arquitectos

Rubic & Álvarez Sala arquitectos
Landscape Architects: West-8 urban design & landscape architecture
Client: Ayuntamiento de Madrid
General Engineering: Typsa ingenieros consultores y arquitectos
Structural Engineers: Fhecor Ingenieros
Consultores Gestión de Proyectos S.A
Location: Madrid. Spain
Date 2011
Photos: Mrío Arquitectos Asociados, Javier Arpa

NL Architects
Authors: NL Architects
Collaborators: Sören Grünert, Erik Moederscheim, Sarah Möller, Annarita Papaschi, Michael Schoner, Wim Sjerps, Crystal Tang
Location: Verzetstraat, Koog aan de Zaar, Zaanstad. The Netherlands
Date: 2006
Photos: Luuk Kramer, NL Architects

Pepita Teixidor
Authors: Pepita Teixidor Roca
Construction document: Tec-Cuatro & Intraesa (Diego Cobo, Felipe Limongi, Antonio Santiago, Ferran Casanovas, Eduard Borrell)
Contractor: Dragados, Copcisa, Rubau, Copisa
Developer: GISA/IFERCAT/Direcció General de Transports, Departament de Política Territorial i Obres Públiques, Generalitat de Catalunya
Location: Calle A, Zona Franca, Barcelona. Spain
Date: 2007-
Photos: Pepita Teixidor, Institut Cartografic de Catalunya

Ravetllat/Ribas
Ronda del Litoral Promenade
Authors: Pere Joan Ravetllat & Carme Ribas, architects
Colaborators: Mariana Plana, Federico Francolíni, Olga Schmid, architects
Daniel Abella, Adriana Mazzara, Carles Oliver, architecture students
Mireia Fernández, technical agriculturist
Mireia Rubio, biologist
Site supervisor: RIAZU S.A.
Pere Joan Ravetllat & Carme Ribas, Jordi Castelló, architects
Location: Passeig García Faria, between calle Selva de Mar and calle Josep Pla. Barcelona. Spain
Date: 2004
Photos: Roger Casas, Lourdes Jansana, Martí LLorens

Ronald Jones, Helena Piha
Authors: Ronald Jones, Helena Piha
Location: Batman Avenue, Melbourne Australia
Date: 2004
Photos: Javier Mozas

Stan Allen Architects
Taichung Gateway Park City
Authors: Stan Allen, Carlos Arnaiz
Collaborators: Benjamin Cadena, Marc McQuade, Rosalyne Shieh, Frank Mahan, Ryan Neiheiser
Engineers: ARUP, Trent Lethco, Susan Lim (traffic)
Consultants: ARUP:Trent Lethco, Susan Lim (planning). SCAPE: Kate Orff, Daniela Fernanda Serna Jimenez (landscape). DRANGONPOLIS: Carol Wang, Christina Liao, Ritchie Huang, Jing-Yao Chang (local planning). David Tseng (architecture and urban cesign adviser to the City of Taichung)
Client: City of Taichung
Location: Taichung former airfield. Taichung. Taiwan
Date: 2009
Photos: Stan Allen Architects

Topotek1
Eberswalde Postindustrial Park
Authors: Topotek1
Location: Lichterfelder Strasse, Eberswalde. Germany
Date of completion: 2002
Photos: Hanns Joosten

Topotek1
Authors: Topotek1
Client: Wasserstadt GmbH
Location: Goltzstrasse,Spandau, Berlín. Germany
Date: 2006
Photos: Hanns Joosten

Vetsch, Nipkow Partner
Authors: Vetsch, Nipkow Partner
Beat Nipkow (responsible partner for the Project), Walter Vetsch
Collaborators: Urs Baumgartner, Nadia Bühlmann
Light planning: Vogt + Partner
Location: Zürcherstrasse. Winterthur. Swizertland
Date: 2004
Photos: Ralph Feiner

Weiss/Manfredi
Authors: Weiss/Manfredi
Structural and Civil Engineering: Magnusson Klemencic Associates
Landscape Architecture: Charles Anderson Landscape Architecture
Mechanical and Electrical Engineering: ABACUS Engineered Systems
Lighting Design: Brandston Partnership Inc.
General Contractor: Sellen Construction
Geotechnical Engineering: Hart Crowser
Environmental: Aspect Consulting
Aquatic Engineering: Anchor Environmental
Graphics: Pentagram
Security and AV/IT: ARUP
Catering and Food Service: Bon Appetit
Kitchen: JLR Design
Retail Consultant: Doyle + Associates
Project Management: Barrientos LLC
Client: Seattle Art Museum
Location: 2901 Western Avenue. Seattle, Washington. USA
Date: 2007
Photos: Benjamin Benschneider, Paul Warchol

West 8
Toronto Central Waterfront
Authors: West 8 - Adriaan Geuze, Jerry van Eyck, Marc Ryan, Alyssa Schwann, Shachar Zur, Alexander Sverdlov, Claudia Wolsfeld, Christian Gausepohl, Karsten Buchholtz, Daphne Schuit
Client: Waterfront Toronto
In Joint Venture with: DuToit Allsopp Hillier
In Association with: Schollen & Company, Diamond + Schmitt Architects, Arup, Halsall Associates, and David Dennis Design
Location: Queens Quay, Toronto. Canada
Date: 2007-